Jürgen Paul

Die politische und soziale Bedeutung der Naqšbandiyya

STUDIEN ZUR
SPRACHE, GESCHICHTE UND KULTUR
DES ISLAMISCHEN ORIENTS

Beihefte zur Zeitschrift „Der Islam“

Herausgegeben von

Albrecht Noth

Neue Folge

Band 13

W
DE
G

Walter de Gruyter · Berlin · New York
1991

Jürgen Paul

Die politische und soziale Bedeutung der Naqšbandiyya in Mittelasien im 15. Jahrhundert

W DE G

Walter de Gruyter · Berlin · New York
1991

Gedruckt mit Unterstützung des Förderungs- und Beihilfefonds Wissenschaft
der VG Wort

Gedruckt auf säurefreiem Papier,
das die US-ANSI-Norm über Haltbarkeit erfüllt.

Die Deutsche Bibliothek – CIP-Einheitsaufnahme

Paul, Jürgen:
Die politische und soziale Bedeutung der Naqšbandiyya in Mittelasien im 15. Jahrhundert / Jürgen Paul. – Berlin ; New York : de Gruyter, 1991
(Studien zur Sprache, Geschichte und Kultur des islamischen Orients ; N.F., Bd. 13)
ISBN 3-11-012720-2
NE: GT

Printed in Germany
Satz und Druck: Arthur Collignon GmbH, Berlin 30
Buchbinderische Verarbeitung: T. Fuhrmann KG, Berlin 36

Für A.

Vorwort

In diesem Buch verwende ich im allgemeinen die für das Arabische übliche Umschrift, und zwar auch im Persischen. Dies einmal aus Gründen der Einheitlichkeit, zum anderen aber auch, weil vor allem in den archivalischen Quellen oft in einem grundsätzlich persischen Text Satzteile und ganze Sätze auf Arabisch eingeschoben werden. Diese persisch oder anders als den umgebenden Text zu transskribieren, widerstrebte mir.

Umschriften aus dem Russischen folgen gleichfalls dem Üblichen; allerdings ergeben sich gelegentlich Unstimmigkeiten, z. B. bei *vakf* statt *waqf*. Dies war in Kauf zu nehmen, unter anderem, um die leichtere Auffindbarkeit der zitierten Titel zu gewährleisten.

Ortsnamen werden, soweit sie allgemein bekannt sind, nicht in Umschrift gegeben, so z. B. „Taschkent". Sonst folge ich lieber dem in Atlanten gebräuchlichen System statt der Schriftform, die sich als Umschrift aus den persischen Quellen ergäbe, so z. B. „Syr-Darja". Auftauchende Widersprüchlichkeiten, Inkonsequenzen u. dgl. bitte ich zu entschuldigen.

Die Arbeit an diesem Buch wurde 1988 abgeschlossen, so daß im Literaturverzeichnis manches fehlt. Insbesondere sei auf den zwischenzeitlich erschienenen Band mit den Vorträgen der *Table Ronde de Sèvres* verwiesen: *Naqshbandis. Cheminements et situation actuelle d'un ordre mystique musulman.* Istanbul/Paris 1990. Auf einige der dort enthaltenen Texte konnte ich dank der freundlichen Unterstützung von A. Popović eingehen; gleichfalls danke ich Jo-Ann Gross, die mir den Text ihres Beitrags zur Verfügung gestellt hat.

Diese Arbeit wäre nicht entstanden ohne die vielfältige und freundliche Hilfe all derer, die mir vor allem bei der Beschaffung der Quellentexte mit Rat und Tat zur Seite gestanden haben. An erster Stelle möchte ich Herrn Prof. O. F. Akimuškin (Leningrad) meinen Dank abstatten. Er hat das Projekt der Arbeit mehrfach mit mir besprochen; seiner tatkräftigen Unterstützung danke ich die Möglichkeit, in Leningrad befindliche Quellen zu nutzen. Frau Prof. M. Šahidi (Dušanbe) verdanke ich freundliche Aufnahme und Hilfe. In Taschkent habe ich der Leitung des Orientalischen Instituts der Akademie der Wissenschaften der Uzbekischen SSR zu danken, die bereit war, mir für diese Arbeit unentbehrliche Quellentexte zur Verfügung zu stellen. Für manche Hinweise danke ich insbesondere Frau Prof. S. A. Azimdžanova, Herrn Prof. A. U. Urunbaev und Herrn Prof. B. A. Achmedov. Mit großer Liebenswürdigkeit und Energie hat sich Herr Dr. S. L. Martynov in Taschkent meiner angenommen. Wichtige Quellentexte entstammen ferner der India Office Library (London), deren Leitung und Mitarbeiter an dieser Stelle bedankt seien. Besonders verbunden bin ich Herrn Prof. A. Noth, der diese Arbeit als Doktorvater betreut hat. Seinem kritischen Blick und seiner Leidenschaft für historische Zusammenhänge verdankt diese Arbeit viel; ihm als meinem Lehrer in der Forschung zu danken, ist mir eine besonders angenehme Pflicht.

Die Arbeit selbst wurde durch ein Doktorandenstipendium der Studienstiftung des Deutschen Volkes, der Druck durch einen Zuschuß der Verwertungsgesellschaft WORT großzügig gefördert.

Inhaltsverzeichnis

Einleitung

Die sufische Organisation der Ḫwāǧagān, später nach einem ihrer bedeutendsten Lehrer, Bahā'uddīn-i Naqšband, Naqšbandiyya genannt, hat ihre historisch faßbaren Wurzeln in der Oase von Buchara. Noch zur Zeit Bahā'-uddīns (st. 1389 bei Buchara) beschränkt ihr Einfluß sich im wesentlichen auf die Stadt Buchara und ihre Umgebung. Zu Beginn des 16. Jahrhunderts jedoch zählt sie bereits zu den bedeutendsten sufischen Gruppen des sunnitischen Islam im Osten, finden sich ihre Lehrer und Schüler im Osmanischen Reich, in Mittelasien und Indien.

Das 15. Jahrhundert, in Mittelasien und Ḫurāsān die timuridische Epoche, erlebt also den Aufstieg der Naqšbandiyya von einer örtlich begrenzten zu einer „international" operierenden Gruppierung.

Mit diesem Aufstieg verbunden ist die „Politisierung" der Gruppe. Zunächst zögernd, von der Mitte des 15. Jahrhunderts an entschlossen und massiv mischt sie sich in das politische Geschehen ein. Von dieser Zeit an datiert die politische Rolle, die sie zumindest in Mittelasien bis in die Moderne (d. h. bis zur Auflösung der Khanate durch die Sowjetmacht) behalten sollte.

Mit beiden Entwicklungen verbindet sowohl die Erinnerung der Naqšbandiyya als auch die orientalistische Forschung den Namen des Ḫwāǧa Nāṣiruddīn ʿUbaydullāh b. Maḥmūd, bekannt als Ḫwāǧa Aḥrār (1404 – 1490). Wenn von mittelasiatischen Derwischen der Timuridenzeit die Rede ist, fällt auch sein Name. Dabei ist seine Tätigkeit von verschiedenen Forschern unterschiedlich dargestellt und eingeschätzt worden.

Nach einigen kürzeren Arbeiten (Vjatkin, Veselovskij, Hartmann, Beveridge)[1] erwies sich Bartol'ds Studie „Ulug Bek und seine Zeit"

---

[1] Vjatkin, V.: Iz biografii Chadži Achrara [Aus der Biographie Ḫwāǧa Aḥrārs]. – In: *Turkestanskie vedomosti* 1904 Nr. 147.

Veselovskij, N. I.: *Pamjatnik Chodži Achrara v Samarkande.*

Hartmann, M.: *Ein Heiligenstaat im Islam*; hier: S. 306 - 315 Darstellung der Naqšbandi-*silsila.*

Beveridge, H.: *The Rashahat-i Ainal- Hayat.*

über Jahrzehnte hin als maßgeblich[2]. BARTOL'D sieht Ḫwāǧa Aḥrār als Antipoden des Timuriden Ulug Bek, als dessen *de facto* Nachfolger er den Ḫwāǧa beschreibt:

„Die vierzigjährige Herrschaft Ulug Beks wurde von der gleichfalls vierzigjährigen Herrschaft des Exponenten des Naqšbandi-Ordens, Ḫwāǧa Aḥrār, abgelöst", wobei BARTOL'DS Urteil lautet: „In Wirklichkeit war die Regierungszeit Abū Saʿīds, im Gegensatz zur Regierungszeit Ulug Beks, eine Zeit der kulturfeindlichen Derwische"[3].

Diese griffigen Formeln haben sich als einflußreich erwiesen; BARTOL'DS Urteil hat in die wesentlichen Überblicksdarstellungen mittelasiatischer und timuridischer Geschichte Eingang gefunden (SPULER, ROEMER)[4]. Als Grund für die Gegnerschaft Ḫwāǧa Aḥrārs gegen alles, was Ulug Beks Traditionen fortsetzte, werden genannt: Ulug Beks Förderung der exakten Wissenschaften, besonders der Astronomie; seine Teilnahme an Trinkgelagen und anderen Lustbarkeiten; sein (unspezifiziertes) Festhalten an türkisch-mongolischen Traditionen. Ḫwāǧa Aḥrār erscheint dagegen als Führer der „streng muslimischen, von Derwischen beeinflußten breiten Massen"[5], als Feind der nicht-religiösen Kunst und Kultur, besonders natürlich der nicht-religiösen Wissenschaft. Diesen Gegensatz betonen, ihrer anti-religiösen Haltung bzw. Aufgabe entsprechend, einige sowjetische Autoren besonders stark (JAKUBOVSKIJ, NABIEV u. a.)[6]. In der sowjetischen Literatur wird dabei, auch gegen BARTOL'D, abgestritten, Ḫwāǧa Aḥrār sei tatsächlich der „Führer der Massen" gewesen oder habe seinen Einfluß geltend gemacht, um eben diese Massen vor der Willkür der türkisch-mongolischen Machthaber zu schützen[7]. BOLDYREV ist einer der wenigen, die diesen Aspekt in BARTOL'DS Beurteilung Ḫwāǧa Aḥrārs weiter entwickeln: Ḫwāǧa Aḥrār als Volksführer[8].

---

[2] BARTOL'D, V. V.: *Ulug Bek i ego vremja.*

[3] Ebda S. 166.

[4] SPULER, B.: *Geschichte Mittelasiens seit dem Auftreten der Türken.*
ROEMER, H. R.: *Die Nachfolger Timurs.* Vgl. auch *ders.*, in *CHI* 6.

[5] SPULER wie Anm. 4, S. 225.

[6] JAKUBOVSKIJ, A. JU.: *Čerty obščestvennoj i kul'turnoj žizni.*
ders.: in *„Istorija Uzbekskoj SSR"*, Bd. 2 „Feodal'nyj stroj", Kapitel 11 „Maverannachr i Chorasan pri Timuridach (XV v)."
NABIEV, R. N.: *Iz istorii politiko-ėkonomičeskoj žizni Maverannachra.*

[7] So im Vorwort des Herausgebers des entsprechenden Bandes von BARTOL'DS *Sočinenija* (II/2), Ju. BREGEL'.

[8] BOLDYREV, A. N.: *Eščë raz k voprosu o Chodža-Achrare.* – Dieser Aufsatz enthält eine umfangreiche Diskussion der sowjetischen Literatur zu Ḫwāǧa Aḥrār. Der Autor scheut sich nicht, auf die zahlreichen Widersprüche und Sottisen sowjetischer Autoren hinzuweisen.

Nach BARTOL'D und im Anschluß an ihn haben sich mehrere sowjetische Forscher mit dem Reichtum Ḫwāǧa Aḥrārs befaßt (IVANOV, ČECHOVIČ, NABIEV, KUTBAEV)[9]. Sie alle ergänzen BARTOL'DS Urteil dadurch, daß sie Ḫwāǧa Aḥrār Bereicherungsstreben und Ausplünderung der von ihm abhängigen Bauern vorhalten. Bei aller Kritik, die dies Herangehen herausfordert, sollte die wertvolle Quellenarbeit, die in vielen ihrer Publikationen enthalten ist, nicht vergessen werden. Das gilt besonders für die Arbeiten von ČECHOVIČ. Vor allem ihre Texteditionen, nicht zuletzt der auf Ḫwāǧa Aḥrārs Besitz bezogenen Urkunden, sind unverzichtbares Arbeitsinstrument nicht nur für die Person Ḫwāǧa Aḥrārs und die Geschichte seiner Zeit, sondern für die Untersuchung der wirtschaftlichen Verhältnisse im mittelasiatischen Dorf vom 13. bis zum 19. Jahrhundert[10].

Im Westen sind in den letzten Jahrzehnten zwei Monographien über die frühe Geschichte der Naqšbandiyya angekündigt worden (ALGAR, FLETCHER)[11], die beide nicht erschienen sind. FLETCHER verstarb, bevor er die Studien vollenden konnte; von ihm sind nur einige kürzere Arbeiten über die mittelasiatischen Naqšbandiyya erschienen; sein Interesse galt eher der späteren Entwicklung der Gruppierung nach Osten, nach Sinkiang und China[12]. ALGAR ist in neuester Zeit wieder mit zusammenfassenden Untersuchungen zur Geschichte der Naqšbandiyya insgesamt hervorgetreten[13]. Sein früherer Aufsatz *The Naqshbandī Order: A Preliminary Survey of Its History and Significance* ist von zentraler Bedeu-

---

[9] ČECHOVIČ, O. D.: *Samarkandskie dokumenty.* Einleitung der Herausgeberin.
NABIEV wie Anm. 6.
KUTBAEV, Z. A.: *K istorii vakufnych vladenij Chodža Achrara.*
IVANOV, P. P.: *Chozjajstvo džuybarskich šejchov*, S. 9 – 17.

[10] ČECHOVIČ, *Samarkandskie dokumenty.* – Vgl. auch die lange Liste der Editionen im Literaturverzeichnis. Ein Verzeichnis veröffentlichter Arbeiten von ČECHOVIČ ist erschienen als: *Spisok opublikovannych rabot doktora istoričeskich nauk O. D. Čechovič.*

[11] ALGAR, H.: *The Naqshbandi Order. A Preliminary Survey of Its History and Significance* (zit. als „Survey"); S. 125 f. Anm. 3.
FLETCHER, J.: *Integrative History*, S. 52 Anm. 36.

[12] Vgl. *A Bibliography of the Publications of J. Fletcher* und seinen Beitrag „Les voies (*ṭuruq*] soufies en Chine". In: *Les ordres mystiques dans l'Islam* (ed. A. POPOVIĆ und G. VEINSTEIN), Paris 1986, S. 13 – 26.

[13] Vgl. die umfangreichen „papers" von ALGAR auf der „Table ronde sur les Naqšbandīs", Paris – Sèvres Mai 1985. Ihre Titel: *A Brief History of the Naqshbandi Order, The Present State of Naqshbandi Studies, Political Aspects of Naqshbandi History.* Der Sammelband mit den Vorträgen dieser Konferenz ist jetzt erschienen: *Naqshbandis.* Ed. Marc GABORIEAU, A. POPOVIĆ, Th. ZARCONE. Istanbul/Paris 1990. – Ich bin A. POPOVIĆ zu Dank verpflichtet, der mir Einblick in die Papiere der Tagung gewährt hat.

tung, weil in ihm erstmals die Entwicklung der Gruppe von den Anfängen bis zur Gegenwart abrißartig gegeben wird. Dabei ist sich ALGAR der politischen und gesellschaftlichen Rolle der Naqšbandiyya vollauf bewußt[13].

MOLÉ hat eine Reihe von Traktaten von Naqšbandī-Autoren ediert; eine vorbereitete Edition der wichtigsten hagiographischen Quelle über Bahā'uddīn-i Naqšband ist nicht erschienen[14]. Seine bekannteste einschlägige Untersuchung *Autor du Daré Mansour*[15] geht den geistes- und mystikgeschichtlichen Grundlagen Bahā'uddīns nach[16].

Als einzige Monographie zur Geschichte der Naqšbandiyya in Mittelasien im 15. Jahrhundert liegt die – unveröffentlichte – Dissertation von GROSS vor[17]. Die Autorin beschränkt sich jedoch auf eine individualisierende Darstellung Ḫwāǧa Aḥrārs; ihr Gegenstand ist eher die Frage, wie Zeitgenossen diese Gestalt gesehen haben, als die Geschichte der Gruppe selbst. COSLOVIS These, die Naqšbandiyya habe eine Mittlerrolle zwischen der seßhaften, städtischen oder ländlichen, Bevölkerung einerseits und den türkisch-mongolischen Eroberern andererseits innegehabt, verdient Beachtung[18]; leider führt er sie für Mittelasien nicht aus, sein Interesse gilt der späteren Entwicklung in Indien. Bemerkenswert ist daher vor allem der Ansatz, die Geschichte der Gruppe selbst in den Mittelpunkt zu stellen, und zwar, wie der Titel des Aufsatzes *Il ruolo secolare* programmatisch ankündigt, die weltliche. Das unterscheidet COSLOVI von ALGAR, für den, so sehr politisch er die Naqšbandiyya auch sieht, doch deren spiritueller Kern am wichtigsten ist.

---

[14] Vgl. in MOLÉ, M.: *Les mystiques musulmans*, Paris 1965, S. 125.

[15] MOLÉ, M.: *Autour du Daré Mansour. L'apprentissage mystique de Bahā' al-Dīn Naqshband.*

[16] „Molé, dans ses articles, ne s'occupe qu'occasionnellement des aspects proprement historiques, sociologiques et rituels des *tariqa* et préfère toujours l'étude des origines des rituels", COSLOVI, F.: *Liste des manuscrits arabes et persans microfilmés (Fonds Molé)* I, S. 125. – Im erwähnten Aufsatz überschätzt MOLÉ jedoch die Bedeutung von Ibn Manṣūr al-Ḥallāǧ für die Naqšbandiyya.

[17] GROSS, Jo-Ann: *Khoja Ahrar.* Diss. NY 1982. – Zwei „papers", die auf dieser Arbeit basieren, sind *Multiple Roles and Perceptions of a Sufi Shaikh: Symbolic Statements of Political and Religious Authority* im Sammelband *Naqshbandis*, vgl. Anm. 12, 109 – 121; The Economic Status of a Timurid Sufi Shaykh: A Matter of Conflict or Perception? In: *Iranian Studies* 21 (1988), 84 – 104.

[18] „[...] così in Asia Centrale, devante il periodo che la [sc. die *ṭarīqa*, J. P.] vede nascere ed affermarsi, essa, dopo aver svolto in un primo tempo la funzione di mediatrice tra le popolazioni urbane o comunque sedentarie e gli invasori mongoli, si allea a la classe dominante partecipando in prima persona al potere, sempre però in nome di una sua presunta mediazione o difesa degli interessi popolari", COSLOVI, *Il ruolo secolare*, S. 124.

Weitere Aussagen zur Geschichte der Naqšbandiyya finden sich in Gesamtdarstellungen zum Sufismus und seiner Geschichte (TRIMINGHAM, SCHIMMEL u. a.)[19]. Dabei wird Mittelasien im 15. Jahrhundert jeweils nur kurz berührt.

Es sind also verschiedene Fragen, die in der Forschung über die Geschichte der Naqšbandiyya bisher berührt worden sind. Erstens interessierte man sich für diese Gruppe im Zusammenhang mit Herrschern, deren Geschichte im Mittelpunkt der Darstellung stand (BARTOL'D, ROEMER). SPULERS Interesse ist daneben eher kulturgeschichtlich. Zweitens interessierte man sich für geistes- und mystikgeschichtliche Aspekte (MOLÉ, SCHIMMEL). Drittens können wirtschaftshistorische Überlegungen im Mittelpunkt stehen (ČECHOVIČ und andere sowjetische Autoren). Andere Autoren gehen von der Entwicklung der Gruppe aus, wobei sie diese in einen jeweils verschiedenen Zusammenhang stellen: Das Verhältnis Ḫwāǧa Aḥrārs zu Herrschern und die Wahrnehmung Ḫwāǧa Aḥrārs in Historiographien (im Unterschied zur hagiographischen Literatur), die aus dem Blickwinkel der Herrschergeschichte verfaßt sind, dominiert bei GROSS; die Besonderheit der Naqšbandiyya, ihr politisches Selbstverständnis, ist das Thema von ALGAR; auch COSLOVI interessiert sich vor allem für das Verhältnis der Naqšbandiyya zu Herrschern.

Eine ganz untergeordnete Rolle hat daneben die Herausbildung der Gruppe selbst, ihrer Organisation und ihrer Tätigkeit als Organisation in der Gesellschaft gespielt. Was damit gemeint ist, soll im Folgenden kurz umrissen werden.

Wenn Geschichtsschreibung sich von der Fixierung auf Herrscher- und Dynastiegeschichte löst und sich die Untersuchung gesellschaftlicher Strukturen vornimmt, ist es eine der wichtigeren Aufgaben, gesellschaftliche Gruppen ausfindig zu machen und sie in ihrem Funktionieren zu beschreiben. Solche gesellschaftlichen Gruppen sind in der islamischen Geschichte schwerer faßbar als in der europäisch-mittelalterlichen mit ihren vielfältigen Korporationen. Das heißt aber nicht, daß es solche Gruppen in der islamischen vormodernen Geschichte nicht gäbe.

Neben manchen anderen kommen auch sufische Gruppen als gesellschaftlich wirksame in Frage, sei es, daß sie selbst Einfluß auf das gesellschaftliche Geschehen nehmen, sei es, daß sie als Kristallisationskern größerer Zusammenhänge dienen, die ihrerseits in einer gegebenen Gesellschaft Gewicht haben. Sufische Gruppen bieten regelhaft jedenfalls ein Minimum an Organisiertheit. Als spirituelle Gruppen unterscheiden

---

[19] TRIMINGHAM, J. S.: *The Sufi Orders in Islam.*
SCHIMMEL, A.: *Mystical Dimenisons of Islam.*

sie zwischen solchen, die in die Überliefererkette ihres Inneren Wissens, die *silsila*, initiiert sind, und solchen, die es nicht sind. Eines der Grundmerkmale von Organisiertheit, die definierte Mitgliedschaft, erfüllen sie somit bereits ihrem Wesen nach, ebenso wie ein anderes, das der internen Strukturiertheit: Unterschieden wird zumindest zwischen solchen, die berechtigt sind, eigenständig Adepten auszubilden (den Scheichen), und solchen, die dazu nicht berechtigt sind. Diese, wie man sagen könnte, „innere Seite" der sufischen Organisation kann unter Umständen zum Kern eines umfassenderen Gefüges werden. Es kommt nämlich vor, daß Personen oder Gruppen von Personen sich um einen Scheich und dessen Zirkel scharen, in welchen Formen auch immer dies geschehen mag. Darüber hinaus können Personen in einem „rein weltlichen" Abhängigkeitsverhältnis zu einem Scheich stehen, als Sklaven oder sonstige Bedienstete (meist nur in kleinerem Umfang), aber auch als Pächter oder „Partner", wobei sich unter „Partnerschaft" gelegentlich Verhältnisse verstehen lassen, die eher als Beauftragten- oder Angestelltenverhältnisse anzusehen sind. Zur „inneren" Seite der sufischen Organisation tritt also eine „äußere", ein Geflecht von Beziehungen zwischen dem Scheich und seinem Zirkel einerseits und einer Reihe von mehr oder weniger abhängigen oder sonst mit ihm verbundenen Personen oder Gruppen von Personen, ohne daß diese aber der sufischen Organisation als solcher angehörten: Sie müssen nicht in die *silsila* initiiert sein.

Ein Beispiel für das Bestehen eines solchen komplexen Beziehungsgefüges bietet die Naqšbandiyya in der zweiten Hälfte des 15. Jahrhunderts, also zur Zeit Ḫwāǧa Aḥrārs und unter dessen Leitung. In der vorliegenden Arbeit wird beschrieben, wie dieses Gefüge aufgebaut war und wie es funktionierte. Dabei beschränkt sich die Darstellung nicht auf Ḫwāǧa Aḥrār, sondern bezieht die Geschichte der Ḫwāǧagān von Bahā'uddīn bis zu Ḫwāǧa Aḥrār jedenfalls in einem gewissen Maße mit ein.

Zur Untersuchung der Naqšbandiyya als sozialer Gruppierung gehören dabei folgende Fragen:

- Wer waren die Ḫwāǧagān, aus welchem sozialen Umfeld stammten sie und in welchem Milieu waren sie tätig? Diese Frage muß für die verschiedenen Städte oder Provinzen unterschiedlich beantwortet werden; in Buchara wurde ein anderer Lebensstil gepflegt als in Herat, beide wieder unterschieden sich von der Art, wie man zur Zeit Ḫwāǧa Aḥrārs in Samarkand lebte.
- Wie und wovon lebten die fraglichen Gruppen? Wieder fällt die Antwort je nach Region und Zeit unterschiedlich aus.

- „Innere Seite“ der Organisation: Wie definiert sich die Gruppe der Ḫwāǧagān in bezug auf andere Strömungen im Islam, in der islamischen Mystik? Welche Formen der gemeinschaftlichen Tätigkeit, nach innen und nach außen, lassen sich nachweisen? Wie konnte eine sufische Gruppe an einem gegebenen Ort Einfluß gewinnen, auch gegen die Konkurrenz anderer Gruppen? Wie wird der innere Zusammenhalt der Gruppe gesichert, wie die Nachfolge geregelt?
- „Äußere Seite“ der Organisation I: Wirtschaftsorganisation Ḫwāǧa Aḥrārs. Wie war die Verwaltung seines landwirtschaftlichen Besitzes aufgebaut? Welche „Ämter“ gab es in dieser Verwaltung? Beschrieben wird die „Zentrale“ dieser Verwaltung in Samarkand.
- „Äußere Seite“ der Organisation II: Welche Beziehungen zwischen Ḫwāǧa Aḥrār und den von ihm abhängigen Bauern sind festzustellen? Dazu gehört eine etwas breitere Darstellung der wirtschaftlichen Beziehungen auf dem Lande überhaupt.
- „Äußere Seite“ der Organisation III: Sind innerhalb der wirtschaftlichen Organisation bzw. darüber hinaus Schutz- und Patronageverhältnisse nachweisbar? Den Hintergrund bildet eine Untersuchung, welche Formen solcher Verhältnisse es gegeben hat und wie sie bezeichnet wurden.
- Ziele der Organisation. Wie verstand sich die Gruppe im politischen Raum, welche Ziele verfolgte sie, welche Mittel setzte sie dabei ein? Wer waren ihre Gegner? Wie stand sie zu verschiedenen Herrscherpersönlichkeiten?

Die These der Arbeit ist, daß sich unter der Leitung Ḫwāǧa Aḥrārs und um ihn und seinen Zirkel herum ein umfangreiches Gefüge von wirtschaftlichen Abhängigkeitsverhältnissen wie Pacht und „Partnerschaft“ einerseits, innerhalb dieses Gefüges und darüber hinaus aber auch ein System von Schutz- und Patronageverhältnissen andererseits herausbildete, mit dessen Hilfe die leitende Gruppe, also der Zirkel um Ḫwāǧa Aḥrār, für islamische Gesetzmäßigkeit wirkte und auf diese Weise die Interessen der handel- und gewerbetreibenden Stadtbevölkerung sowie der seßhaften Landbevölkerung gegen willkürliche und unmäßige Abpressungen seitens der herrschenden türkisch-mongolischen, nomadischen Traditionen verhafteten Militär-Schicht vertrat, welche die Machtbasis der timuridischen Herrscher bildete. Der Erfolg dieser Bemühungen ist nicht genau abschätzbar, kann aber nicht ganz unbedeutend gewesen sein. Abgesehen von Ḫwāǧa Aḥrār zugeschriebenen Erfolgen in der Steuerpolitik und beim Friedenstiften muß bereits der Umstand, daß es gelang, ein solches System aufzubauen, als Erfolg gewertet werden. Die Ursachen für die Notwendigkeit eines Systems von Schutz und Patronage einerseits, für den Erfolg, soweit vorhanden, andererseits sind in der zunehmenden Schwäche herrscherlicher Macht in den timuridischen Regionen Mittelasiens und dem entsprechend zunehmenden Gewicht militärischer Führer (Amire) zu suchen. Die Naqšbandiyya setzt dann ihren Einfluß in der Hauptsache auch gegen Amire ein; sie versucht, Entscheidungen des Herrschers zugunsten ihrer Klientel gegen den Widerstand von Amiren durchzusetzen.

Das Schwergewicht der Arbeit liegt dabei auf der Beschreibung der fraglichen Schutz- und Patronageverhältnisse. Die Analyse der Ursachen, die ein solches System erforderlich, möglich und bis zu einem gewissen Grad erfolgreich machen, würde eine ausführliche Darstellung der Entwicklung der „timuridischen“ Gesellschaft erfordern, insbesondere der anderen Seite, der Amire und ihres Verhältnisses zur herrscherlichen Macht und ihrer Stellung in der Gesellschaft. Dazu sind die Voraussetzungen nicht gegeben. Auch ein Vergleich mit etwa gleichzeitigen Verhältnissen in anderen Bereichen der islamischen Welt, so attraktiv er wäre, kann im Rahmen dieser Arbeit nicht geleistet werden[20].

Die Untersuchung der wirtschaftlichen, gesellschaftlichen und politischen Bedeutung der Naqšbandiyya in Mittelasien im 15. Jahrhundert kann verhältnismäßig weit vorangetrieben werden, weil umfangreiches und verschiedenartiges Quellenmaterial vorliegt. Im engeren Umkreis des Themas sind folgende Quellentypen relevant: Erstens Urkunden, besonders Kaufverträge und Stiftungsurkunden, die sich auf Ländereien und anderen Besitz Ḫwāǧa Aḥrārs beziehen; zweitens Korrespondenz Ḫwāǧa Aḥrārs und seiner Mitarbeiter, teils im Autograph, teils in Abschriften; drittens eigene Schriften Ḫwāǧa Aḥrārs, daneben auch solche seiner Lehrer und Schüler; viertens Hagiographien über Amīr Kulāl, Bahā'uddīn und Ḫwāǧa Aḥrār, letztere von engen Mitarbeitern des Ḫwāǧa verfaßt; fünftens Historiographien. Alle diese Quellen sind – in unterschiedlichem Ausmaß – für das Thema von Bedeutung und daher auch herangezogen worden[21].

---

[20] In manchen Arbeiten wird die Dominanz von Patronage- und Klientelverhältnissen erläutert, so in Lapidus, I. M.: *Muslim Cities in the Later Middle Ages*. Cambridge (Mass.) 1967, Index s. v.: „Clienteles“. Dort erscheinen aber nicht Sufi-Scheiche als Patron, sondern Amire und gelegentlich Ulama. – Zu solchen Verhältnissen auch Mottahedeh, R.: *Loyalty and Leadership in an Early Islamic Society*, Princeton 1980.

[21] Von der Korrespondenz lag mir nur *Maǧmū'a-yi murāsalāt* vor, und auch diese Quelle nur, insofern die Stücke veröffentlicht sind (s. u. Anm. 115 zu S. 236). Etwa 20 weitere Briefe konnte ich während eines Aufenthaltes in Taschkent abschreiben. Die Abschriften von Briefen, die in Taschkent, Leningrad, Duschanbe und Istanbul vorhanden sind, waren mir unzugänglich.

Von diesen Quellen erwiesen sich, neben den Urkunden, besonders die Hagiographien als ergiebig. Daher seien einige Bemerkungen zuerst zur Abhängigkeit der einschlägigen Texte voneinander, dann zur Arbeit mit ihnen als historischer Quelle vorausgeschickt.

Die früheste für diese Arbeit verwendete Hagiographie ist ein Werk über das Leben und die Taten Bahā'uddīn-i Naqšbands, *Anīs al-ṭālibīn wa ʿuddat al-sālikīn*. Als Autor wird ein Ṣalāḥ-i Buḫārī angegeben. Die Autorschaft ist jedoch ungewiß, weil ein Mann dieses Namens unter den Gefährten Bahā'uddīns nicht begegnet[22]. Die älteste bekannte Handschrift der sog. „langen Fassung" datiert von 831/1427, der sog. „kurzen Fassung" von 856/1452. Man kann also mit Sicherheit davon ausgehen, daß die Schrift in der Generation der Nachfolger Bahā'uddīns entstanden ist.

Chronologisch als nächstes folgt *Maqāmāt-i Amīr Kulāl*, von einem Urenkel dieses Scheichs, der sich als Šihābuddīn benennt[23]. Dieser Mann ist seinerzeit am Grab seines Ahnen tätig gewesen; mehr ist von ihm nicht bekannt, er hat sein Werk auch nicht datiert, so daß die in ihm genannten Daten herangezogen werden müssen. Das letzte genannte Datum ist das Todesjahr des Ḥusāmuddīn-i Šāšī (840/1436). Andererseits wird von Ulug Bek als einem Lebenden gesprochen (Ulug Bek wurde 1449 ermordet). Auch kommen Ḫwāğa Aḥrār und die Seinen nicht vor, so daß ein Vorschlag zur Datierung wäre „in den 1440er Jahren". Die Hagiographien über Bahā'uddīn sind Šihābuddīn entweder unbekannt, oder er hat sie für sein Buch nicht benutzt. Er räumt Bahā'uddīn keineswegs eine überragende Stellung ein, sondern hält seinen Großvater Amīr Ḥamza, Sohn des Amīr Kulāl, für dessen bedeutendsten Nachfolger.

---

22 Die vollständigste Aufzählung von Handschriften dieses Werks bringt Coslovi, *Fonds Molé* I. Molé beabsichtigte, eine Edition der „langen Fassung" zu erstellen, vgl. Anm. 14. Zum Vergleich der beiden Fassungen vgl. Molé, *Daré Mansour*, S. 38 Anm. 25; Molé, *Quelques traités*, S. 276 Anm. 1. – Zur Frage der Autorschaft: Ein Mawlānā Ṣalāḥuddīn wird als „Zusammensteller der *Maqāmāt*" erwähnt in *Silsilat* fol. 79 b mit einer Variante in *Masmūʿāt* 125 a. Er befindet sich in einer Sitzung mit den anderen bedeutenden Gefährten Bahā'uddīns. Dies ist das einzige Mal, daß er erwähnt wird; man kann schließen, daß das Vorkommen dadurch bedingt ist, daß die „lange Fassung" von *Anīs* unter diesem Verfassernamen verbreitet ist. – Tagirdžanov gibt im Katalog *Opisanie* S. 286 ff. eine ausführliche Diskussion der Autorschaft. Er kommt zu dem Schluß, Ḫwāğa Pārsā müsse der Verfasser sein. Sehr entschieden dieser Meinung ist auch Ruspoli, St.: *Notice sur les manuscrits naqshbandi du Fonds Molé* (gleichfalls zur Publikation in den Akten der „Table Ronde sur les Naqšbandīs" vorgesehen; vgl. Anm. 12). Die Daten der ältesten bekannten Manuskripte schließen diese Möglichkeit nicht aus.

23 *Maqāmāt-i Amīr Kulāl*, S. 60, 67, 69, 74.

Die Hagiographien über Ḫwāǧa Aḥrār entstanden teilweise recht bald nach dessen Tod. Auf die Abhängigkeiten der Texte untereinander ist Čechovič bereits eingegangen[24]. Die früheste Schrift ist wahrscheinlich *Masmūʿāt* des Mīr ʿAbdulawwal; das Buch ist nicht datiert, aber, da der Autor im Jahr 1500 starb, muß es innerhalb der ersten zehn Jahre nach Ḫwāǧa Aḥrārs Tod entstanden sein.

Möglicherweise fast gleichzeitig und wahrscheinlich unabhängig von *Masmūʿāt* ist *Silsilat al-ʿārifīn wa taḏkirat al-ṣiddīqīn* des Mawlānā Qāḍī. Auch dies Buch ist nicht datiert; da es aber in *Rašaḥāt* intensiv genutzt wird, muß es vorher, also vor 1504 verfaßt worden sein.

In diesen beiden Werken sind explizite Hinweise auf Hagiographien über Bahā'uddīn oder über Amīr Kulāl nicht zu finden.

Im Gegensatz dazu gibt Kāšifī, der Autor des Werks *Rašaḥāt-i ʿayn al-ḥayāt* an, alle die bisherigen Hagiographien benutzt zu haben, darüber hinaus noch weitere, besonders die *Nafaḥāt al-uns* von Ǧāmī. Wie erwähnt, ist der Text auf 1504 datiert. Auch Kāšifī schreibt aber aus persönlicher Kenntnis Ḫwāǧa Aḥrārs; er war zweimal bei ihm in Samarkand, einmal für vier Monate und einmal für acht[25]. Es nimmt nicht wunder, daß er sich auch auf schriftliche Vorlagen stützt, haben doch Mīr ʿAbdulawwal und Mawlānā Qāḍī lange Jahre an der Seite ihres Meisters verbracht[26].

Rašaḥāt unterscheidet sich auch sonst stark von den übrigen hagiographischen Quellen. Das Buch ist in Kapitel, diese wieder in Abschnitte gegliedert, es hat eine Einleitung und einen Schluß; der Autor hat sein Material redigiert, wahrscheinlich hat er allzu krasse Wunderberichte ausgeschlossen; es scheint, daß er für einige Abschnitte eigens „Zeitzeugen" aufgesucht und befragt hat[27]. Aus allen diesen Gründen bringt er doch allerhand über die beiden erstgenannten Quellen hinaus. Es muß ihm aber deswegen auch besonders kritisch begegnet werden.

Eine weitere Zusammenstellung aus *Masmūʿāt* und *Silsilat*, die aber kaum eigenes Material bringt (aber andererseits nicht auf *Rašaḥāt* aufbaut), ist die in dieser Arbeit *Malfūẓ* genannte Schrift eines unbekannten Autors, zu einem nicht ermittelbaren Zeitpunkt entstanden. Sie formu-

---

[24] Čechovič, *Samarkandskie dokumenty*, S. 14–17.

[25] *Rašaḥāt*, S. 3, 230, 330, 360.

[26] Mīr ʿAbdulawwal: eine unbestimmte, aber lange Zeit; Mawlānā Qāḍī: 11 Jahre. Vgl. *Rašaḥāt* S. 344; Čechovič, *Samarkandskie dokumenty*, S. 14 f.

[27] Das Material in *Rašaḥāt* ist u. a. nach Überlieferern geordnet.

liert gelegentlich pointierter als die Vorlagen und wird daher mit verwendet, wenn auch nur ganz selten ohne die Parallelstellen[28].

Eine Sonderstellung nimmt die konventionell *Manāqib* genannte Hagiographie ein. Der Text ist nach den Worten eines engen Mitarbeiters Ḫwāǧa Aḥrārs niedergeschrieben worden, nämlich des Mawlānā Šayḫ[29]. Dieser war lange Zeit in leitender Funktion in der Wirtschaftsorganisation Ḫwāǧa Aḥrārs tätig. Die Schrift enthält daher erwartungsgemäß eine Menge von Angaben zu diesem Themenbereich, die in anderen Quellen fehlen. Diese werden nicht zitiert, das Buch ist eine eigenständige Quelle. Entstehungsort und -zeit sind nur ungenau faßbar, vielleicht „um 1510 in Transoxanien".

Besonders die Hagiographien über Ḫwāǧa Aḥrār sind also, mit Ausnahme von *Malfūẓ*, in einem vertretbaren örtlichen und zeitlichen Abstand von ihrem Gegenstand entstanden.

Dennoch stellen sich für die Arbeit mit Hagiographien Fragen hinsichtlich ihrer Verwertbarkeit als historische Quelle, die beantwortet werden müssen, will man nicht auf das Dilemma zurückgeworfen werden, sich von Fall zu Fall entscheiden zu müssen, ob man der Quelle „glauben" kann oder nicht. Eine solche Entscheidung müßte immer voluntaristisch sein, wenn sich nicht in einem anderen Quellentyp, in Urkunden etwa oder in Historiographien, die Angabe der Hagiographie bestätigt oder nicht bestätigt findet. Obwohl im vorliegenden Fall Vergleiche mit anderen Quellentypen stellenweise möglich sind, gibt es doch viele Bereiche, die nur in den Hagiographien berührt werden, und ihre Zuverlässigkeit muß daher auch grundsätzlich erörtert werden.

Die auf Ḫwāǧa Aḥrār bezogenen Hagiographien, vor allem *Rašaḥāt*, sind in der eingangs erwähnten Literatur durchaus mit berücksichtigt worden. Dabei unterlag die Verwendung der Quellen aber in der Regel Beschränkungen, die sich aus der jeweiligen Fragestellung ergeben. Forscher, die sich auf die Geschichte von Herrschern konzentrieren, werden auch einen hagiographischen Text entsprechend befragen. Im vorliegenden Fall etwa ist gefragt worden, ob *Rašaḥāt* Auskunft gibt über das Verhältnis „der Derwische" zu den interessierenden Herrschern, besonders zu Ulug Bek. Die „Optik" der Fragestellung konzentriert also den Blick auf die Herrschergestalten.

---

[28] *Malfūẓ* in HS Ethé 1919/IV, so bezeichnet wegen eines späteren Eintrags auf dem Vorsatzblatt. – Ethés Annahme, der Text sei von ʿAlāʾuddīn-i ʿAṭṭār oder enthalte dessen Aussprüche, ist zu korrigieren.

[29] *Manāqib* fol. 1 b. – Zur Person s. u. S. 97.

Diejenige Gruppe von Forschern, deren Gegenstand eine geistes- bzw. mystikgeschichtliche Problematik war, haben hagiographische Quellen nach der Lehre der Ḫwāǧagān befragt. Dazu gehört auch die Art und Weise, in der die Gruppe ihre politische und wirtschaftliche Tätigkeit rechtfertigt. Bei dieser Fragestellung bleiben tendenziell alle Nachrichten, die sich auf das tatsächliche Geschehen in dieser Tätigkeit beziehen, solange unberücksichtigt, wie sie nicht in einem legitimatorischen Zusammenhang stehen; die Fragestellung führt nicht immer dazu, Rechtfertigung und ausgeübte Praxis einander gegenüberzustellen.

Eine weitere Beschränkung in der Auswertung hagiographischer Texte liegt in der direkten Auswahl des Materials als Funktion der Fragestellung. So kann, um im Beispiel zu bleiben, *Rašaḥāt* nach dem Verhältnis „der Derwische" zu Ulug Bek befragt werden. Man findet dann etwa die Geschichte, in der Ulug Beks Šayḫulislām durch Eingreifen eines Derwischs ums Leben kommt. Der Schluß drängt sich auf: Die Derwische betrieben eine gegen Uluk Bek gerichtete Politik[30]. Berücksichtigt man das gesamte Material, kommt man zu anderen Ergebnissen[31].

Ferner wird die Auswertung dadurch beschränkt, daß die Fragestellung sich in der Regel, ob programmatisch oder nicht, auf Einzelpersonen bezieht. Dies können Herrschergestalten sein, aber auch Hauptfiguren der Hagiographien wie Bahā'uddīn oder Ḫwāǧa Aḥrār.

In allen diesen Fällen führen die Einschränkungen in der Auswertung dazu, daß der Forscher der Anlage der Quelle folgt, ihren Blickwinkel im wesentlichen übernimmt; man sieht sich *nolens volens* in das Anekdoten- und Episodenhafte der Quelle hineingezogen; es gibt kaum eine Möglichkeit, aus der Form der Einzelbiographie (*l'homme et son œuvre*) auszubrechen. Gerade dadurch gerät man in das erwähnte Dilemma, angesichts von Berichten, die den Wahrscheinlichkeitskriterien des modernen Europäers nicht entsprechen, sagen zu müssen: „Das glaube ich nicht"; durch eine solche Haltung geht der historische Wert einer Hagiographie stark nach unten.

Um diesen Gefahren zu begegnen, um die Hagiographie als Quelle von historischem Wert zu bewahren bzw. zu erschließen, sollen in dieser Arbeit eine Reihe von methodischen Grundsätzen angewendet werden.

Erstens: Vollständigkeit der Auswertung. Darunter ist zu verstehen, daß die Auswertung auch sehr kurze Berichte über unbedeutende Vertreter der Gruppe mit einbeziehen muß, wird doch immer zumindest ein

---

30 Vgl. BARTOL'D, *Ulug Bek*, S. 123 nach *Rašaḥāt* S. 111 und 115.

31 S. u. S. 213 ff. und den Abschnitt über Ulug Bek S. 240 ff.

Name mitgeteilt, der Aufschlüsse über Herkunft, Beruf usw. erlauben kann. Das Material an Namen ist vollständig zu sammeln. – Ferner müssen auch die Wunderberichte in die Auswertung einbezogen werden. Sie bilden einen wesentlichen Teil der Hagiographie als Gattung, und zwar denjenigen, der sie als historische Quelle zunächst zu disqualifizieren scheint. Es scheint vorteilhaft, bei Wundertaten nach den „Begünstigten" und den „Geschädigten" zu fragen und in den „Begünstigten" die Zielgruppe oder „Wir-Gruppe" der Wundertäter zu sehen, andersherum in den „Geschädigten" die Gegner der Wundertäter bzw. ihrer Zielgruppe. Dabei müssen ggf. aber alle Wundergeschichten berücksichtigt werden, die von einem Scheich berichtet werden, um voreilige und einseitige Schlüsse zu vermeiden. Weiter sind Wundergeschichten von Bedeutung, weil in ihnen besonders klar zum Ausdruck kommt, was die Anhänger eines Scheichs von ihrem Meister erwarteten. Bei dieser Sichtweise spielt es keine Rolle mehr, ob man die Wunder „glaubt" oder nicht; entscheidend ist, daß die Zeitgenossen von einem Scheich Wunder erwarteten und glaubten.

Zweitens: Entpersonalisierende Betrachtungsweise. Hagiographien beschäftigen sich mit Einzelpersonen, deren besonderes Verhältnis zu Gott (*wilāya*) ihren Gegenstand bildet. Dabei ist das Verhältnis der Hagiographie zu ihren Gestalten anders als das der modernen Biographie zu den ihren:

> "It should in general be remembered that the whole purpose of the genre of *manāqib*, of hagiography, is to transmit to a believing and pious audience matters of practical spiritual value; the specifically 'human' – the whole stuff of modern biography – is trivial and profoundly uninteresting from a traditional viewpoint."[32]

Das Problem ist hier von ALGAR sehr treffend gestellt. Sowohl der personenorientierte Biograph als auch der an sozialen Zusammenhängen Interessierte sind von der Hagiographie als Gattung zunächst einmal schlecht bedient; der erstere, weil personenbezogene Daten und vor allem personenbezogene Motivationen in der Regel fehlen: Heilige erklären ihre Handlungen nur in seltenen Fällen; die Hagiographie bietet „Wissen für" (nämlich den spirituellen Weg), nicht „Wissen über" (nämlich den einzelnen Heiligen); auch wenn die äußere Form einer Lebensbeschreibung ähnelt, so ist mit der Lebensbahn des Helden einer Hagiographie doch immer dessen Weg zu Gott gemeint. Der zweite Forschertyp hat es im Umgang mit Hagiographien auf den ersten Blick schwer, weil die Hagiographie über diesseitig-weltliche Zusammenhänge ja gar keine

---

[32] ALGAR, *Survey*, S. 134.

Aussagen machen will. Wer sich für Soziales interessiert, ist auf weit verstreute, oft spärlich gesäte Einzelinformationen angewiesen, eben weil alles dies den Autoren von Hagiographien „trivial and profoundly uninteresting" vorkam.

Es bleibt nichts anderes, als die erwähnten verstreuten Informationen sorgfältig zu sammeln. Dabei ist die gleichberechtigte Behandlung jeder auftretenden Person Bedingung. Dabei müssen – außer den Namen – mindestens folgende Angaben beachtet werden: Alle Personen beigelegten Epitheta und Titel (z. B. *az kibār-i aṣḥāb*), alle „namenlosen" Funktionsbezeichnungen (z. B. *sar-kardārān-i ānḥaḍrat*).

Drittens: Sammeln von „Nebensächlichkeiten", Umwandeln von Unbedeutendem in Bedeutendes. Der oben skizzierte Charakter von Hagiographien als Textgattung, nämlich daß sie über weltlich-diesseitige Verhältnisse gar nichts mitteilen wollen, bietet auch eine Chance. Derartige Verhältnisse werden oft nebenher, *en passant* erwähnt, als Begleitumstand von etwas anderem. Die in diesen Begleitumständen mitgeteilten Zustände sind den Autoren wie den Hörern und Lesern selbstverständlich, sie gehen gewissermaßen unwillkürlich in die Erzählung mit ein. Eben die Begleitumstände, etwa eines Diktums oder einer Wundertat, sind in ihrer Masse eher aufschlußreich als die eigentlich intendierten Berichte. Denn sie weisen eine bestimmte milieu-gebundene Färbung auf, die zwar von Ort zu Ort und von Epoche zu Epoche schwanken kann, aber für einen Ort und für eine Epoche doch recht genau mit einiger Zuverlässigkeit charakterisierbar ist. Eben aus dieser Färbung läßt sich das Milieu, in dem die Gruppe lebt und arbeitet, ermitteln. Besondere Beachtung verdient dabei der Umstand, daß die einzelnen Mitteilungen, deren Gesamtheit diese Färbung ausmacht, als einzelne nicht „historisch wahr" zu sein brauchen. Es ist z. B. unerheblich, ob ein gewisser Muḥammad wirklich ein Schneider war oder jener ʿAlī ein Kleiderverkäufer: Entscheidend ist, daß solche Personen vorkommen. Selbst wenn sie ganz erfunden sein sollten, charakterisieren sie immer noch ein eher unteres, eher städtisches als dörfliches Milieu, das demzufolge als Adressat oder als soziale Basis der Gruppe eine Rolle gespielt haben dürfte.

So betrachtet, erweisen sich Hagiographien in mancher Hinsicht und für manche Fragestellungen als den Historiographien überlegen. Besonders, wenn man Verhältnisse außerhalb der engen Kreise der Mächtigen in Erfahrung bringen möchte, sind Hagiographien unverzichtbar. Sie sind eine der wenigen Textgattungen, deren sozialer Schauplatz eher Stadt und Land im allgemeinen ist und nicht der Hof oder die Madrasa.

1. Örtliche und ethnische Einflußbereiche

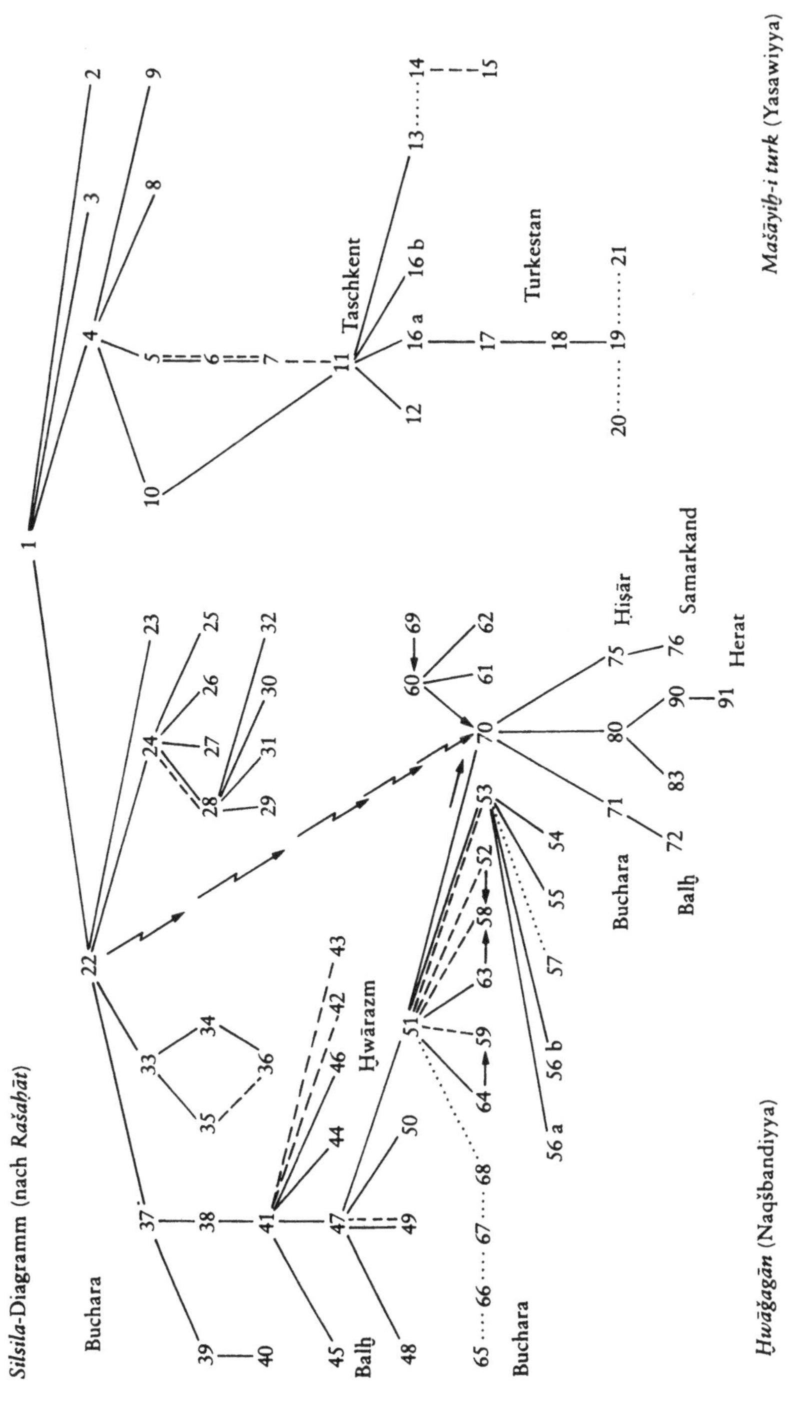

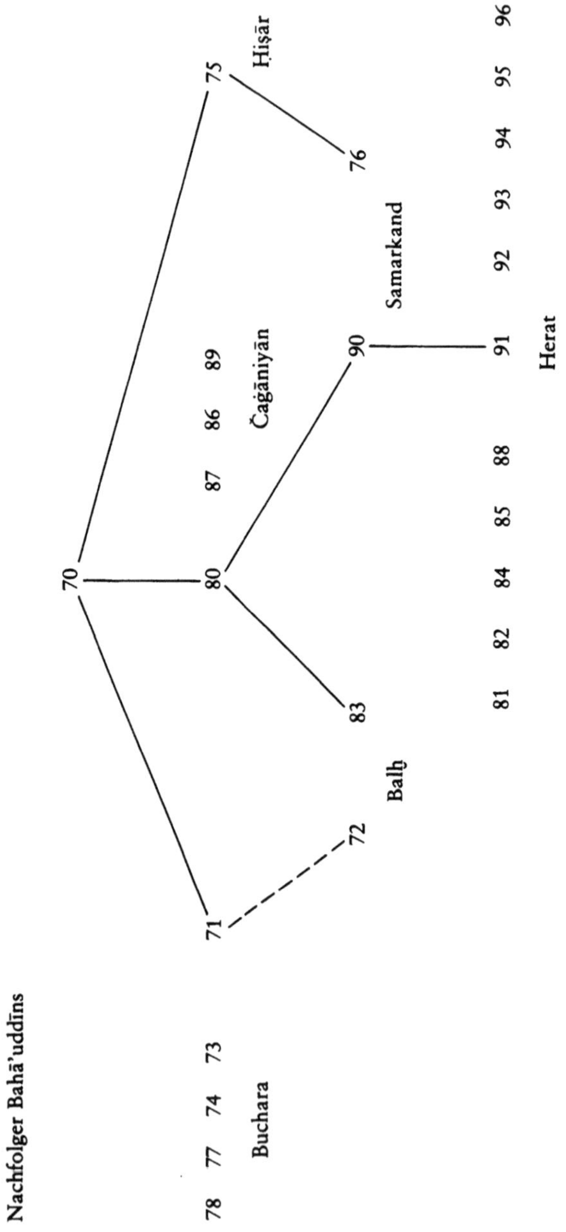
Nachfolger Bahā'uddīns
78 77 74 73
Buchara
71
72
Balḫ
70
80
83
87 86 89
Čaġāniyān
90
Samarkand
75
Hiṣār
76
81 82 84 85 88
91
Herat
92 93 94 95 96

Erläuterungen zum *silsila*-Diagramm. Zeichenerklärung

Durchgezogene Linie	*ḫilāfa*, direktes Nachfolger-Verhältnis
Gestrichelte Linie	Sohnes- oder sonstiges Verwandtschaftsverhältnis
Gepunktete Linie	*ṣaḥāba*, Gefährtenverhältnis oder nicht als *ḫilāfa* benanntes Nachfolgerverhältnis
Pfeil	*tarbiyat*, „Erziehungsverhältnis" im Auftrag eines Meisters
Blitz	Initiation durch *rūḥāniyyat* (ohne materiellen Kontakt)

Es ist nichts Ungewöhnliches, *silsila*-Diagramme in dieser oder einer ähnlichen Form zu erstellen. Die HS Ethé 636 hat ein vergleichbares Diagramm; der Text enthält die *Maqāmāt* von Abū'l-Muḥsin zusätzlich zu aus *Rašaḥāt* entnommenen Nachrichten über die Scheiche zwischen Bahā'uddīn und Ḫwāǧa Aḥrār.

Erläuterungen zum *silsila*-Diagramm. Namensregister

1 Yūsuf-i Hamadānī (1)
2 Ḫwāǧa ʿAbdullāh-i Barqī
3 Ḫwāǧa Ḥasan-i Andāqī (2)
4 Ḫwāǧa Aḥmad-i Yasawī (3)
5 Manṣūr Atā
6 ʿAbdulmalik Ḫwāǧa
7 Tāǧ Ḫwāǧa
8 Saʿīd Atā
9 Ṣūfī Muḥammad Dānišmand Atā
10 Ḥakīm Atā
11 Zangī Atā (4)
12 Ūzūn Ḥasan
13 Sayyid Atā (5)
14 Ismaʿīl Atā
15 Isḥāq Atā
16 a Ṣadr Atā; 16 b Badr Atā
17 'LMYN Bābā
18 Šayḫ ʿAlī Šayḫ
19 Mawdūd Šayḫ
20 Kamāl Šayḫ
21 Ḫādim Šayḫ
22 Ḫwāǧa ʿAbdulḫāliq-i Ġiǧduwānī (6)
23 Ḫwāǧa Aḥmad-i Ṣiddīq
24 Ḫwāǧa Awliyā-yi Kabīr
25 Ḫwāǧa Dihqān-i Qillatī (?) (7)
26 Ḫwāǧa Zakī-yi Ḫudābādī (8)
27 Ḫwāǧa Sūkmān
28 Ḫwāǧa Ġarīb
29 Ḫwāǧa Awliyā-yi Pārsā
30 Ḫwāǧa Ḥasan-i Šādī
31 Ḫwāǧa Awkitmān
32 Ḫwāǧa Awliyā-yi Ġarīb
33 Ḫwāǧa Sulaymān-i Karmīnī (9)
34 Ḫwāǧa Muḥammad Šāh-i Buḫārī (10)
35 Šayḫ Ṣadruddīn-i Ġiǧduwānī
36 Šayḫ Abū Saʿīd-i Buḫārī
37 Ḫwāǧa ʿĀrif-i Rīwgarī (11)
38 Ḫwāǧa Maḥmūd-i Angīr Faġnawī (12)
39 Amīr-i Ḫurd-i Wābkanī (13)
40 Ḫwāǧa ʿAlī-yi Arġandānī (?) (14)
41 Ḫwāǧa ʿAlī-yi Rāmītanī (15)
42 Ḫwāǧa-yi Ḫurd
43 Ḫwāǧa Ibrāhīm
44 Ḫwāǧa Muḥammad-i Kulādūz (16)
45 Ḫwāǧa Muḥammad-i Ḥallāǧ-i Balḫī (17)
46 Ḫwāǧa Muḥammad-i Bāwardī (18)
47 Ḫwāǧa Muḥammad Bābā-yi Samāsī (19)
48 Ḫwāǧa Muḥammad Ṣūfī-yi Sūḫārī (20)
49 Ḫwāǧa Maḥmūd-i Samāsī
50 Mawlānā Dānišmand-i ʿAlī
51 Sayyid Amīr Kulāl (21)
52 Amīr Burhān
53 Amīr Ḥamza (22)

54 Mawlānā Ḥusāmuddīn-i Šāšī Buḫārī (23)
55 Mawlānā Kamāluddīn-i Maydānī
56 a/b Amīr-i buzurg/ Amīr-i ḫurd
57 Šayḫ Mubārak-i Buḫārī
58 Amīr Šāh
59 Amīr (Sayyid) ʿUmar (24)
60 Mawlānā ʿĀrif-i Dīkkarānī (25)
61 Mawlānā Amīr Ašraf-i Buḫārī
62 Amīr Iḫtiyāruddīn-i Dīkkarānī
63 Šayḫ Yādgār-i Kasarūnī (26)
64 Šayḫ Ǧamāluddīn-i Dihqānī
65 Šayḫ Muḥammad-i Ḫalīfa
66 Amīr Kalān-i Dāšī
67 Šayḫ Šamsuddīn-i Kulāl (27)
68 Mawlānā ʿAlāʾuddīn-i Kasarūnī
69 Bahāʾuddīn-i Qišlāqī
70 Bahāʾuddīn-i Naqšband (28)
71 Ḫwāǧa Muḥammad-i Pārsā (29)
72 Ḫwāǧa Abū Naṣr-i Pārsā
73 Ḫwāǧa Muḥammad-i Faġaturī (30)
74 Ḫwāǧa Musāfir-i Ḫwārazmī
75 Mawlānā Yaʿqūb-i Čarḫī (31)
76 Ḫwāǧa Nāṣiruddīn ʿUbaydullāh (Ḫwaǧa-yi Aḥrār) (32)
77 Ḫwāǧa ʿAlāʾuddīn-i Ġiǧduwānī
78 Šayḫ Sirāǧ-i Kulāl-i Parmasī (33)
79 Mawlānā Sayfuddīn-i Manārī (34) (und andere)
80 Ḫwāǧa ʿAlāʾuddīn-i ʿAṭṭār (35)
81 Ḫwāǧa Ḥasan-i ʿAṭṭār (36)
82 Šayḫ ʿAbdurrazzāq
83 Mawlānā Ḥusamuddīn-i Pārsā-yi Balḫī
84 Mawlānā Abū Saʿīd
85 Hwāǧa ʿAbdullāh-i Imāmī-yi Iṣfahānī
86 Šayḫ ʿUmar-i Māturīdī (37)
87 Mawlānā Aḥmad-i Maska
88 Darwīš Aḥmad-i Samarqandī
89 Sayyid Šarīf-i Ǧurǧānī (38)
90 Niẓāmuddīn-i Ḫāmūš
91 Saʿduddīn-i Kāšġarī (39)
92 Mawlānā Nūruddīn ʿAbdurraḥmān-i Ǧāmī
93 Ustādī Mawlānā Riḍāuddīn ʿAbdulġafūr
94 Mawlānā Šihābuddīn-i Parǧandī (Bīrǧandī) (40)
95 Mawlānā ʿAlāʾuddīn-i Apazī (Abīžī) (41)
96 Mawlānā Šamsuddīn-i Rūčī (42)

Erläuterungen zum *silsila*-Diagramm. Anmerkungen zur Namensliste

(In diesen Anmerkungen werden folgende Abkürzungen benutzt:
BT: Bartol'd, *Turkestan*
KrH: Krawulsky, *Ḫurāsān*
Kaz: *Kazachstan i Srednjaja Azija* (Straßenkarte)
R: *Rašaḥāt*.)

(1) Nach Hamadān im westlichen Iran. Lebensdaten: 440–535 (R). – Eine Aufzählung wichtiger Naqšbandī-Scheiche mit Todesdaten, wie sie heute überliefert werden, in Eraydin, *Tasavvuf ve Tarikatlar*, s. 221 f. Die Daten sind unbrauchbar, weil Quellenangaben durchweg fehlen.

(2) Nach einem Dorf 3 Farsaḫ von Buchara (R), so auch BT 173, wo ein gleichnamiges Dorf 3 Farsaḫ von Samarkand ebenfalls verzeichnet.

(3) Nach der Stadt Yasi (heute Turkestan).

(4) Sein Grab wird in der Nähe Taschkents besichtigt, vgl. Pugačenkova, *Šedevry Srednej Azii* S. 44 (mit Abb.).

(5) Nach ihm benannt ist die Gruppe der Atāʾiyya (vgl. *Encyclopedia Iranica* s. v. [de Weese]).

(6) Nach Ġiǧduwān, ca. 45 (Straßen-)km NO von Buchara (Kaz). – Ich habe die moderne Aussprache übernommen; vgl. HARTMANN, *Heiligenstaat* S. 309 Anm. 2. Ebendort wird ʿAbdulḫāliqs Todesjahr mit 575 angegeben. Faḍlullāh b. Rūzbihān gibt unter Berufung auf seine Quelle *Maslak al-ʿārifīn* von Saʿdullah-i Buḫārī (vgl. Katalog PERTSCH Berlin Bd. 4, Nr. 260 und MIKLUCHO-MAKLAJ Nr. 4048–4051) das Todesjahr 617 (*Šarḥ al-wiṣāya* fol. 150 b). Damit rückt man näher an das Datum „kurz vor dem Mongolensturm", das in den *Maqāmāt* ʿAbdulḫāliqs nahegelegt wird (FIZ 2, S. 17).

(7) Nach einem Dorf QLT 1 Farsaḫ von Buchara.

(8) Nach einem Dorf 5 Farsaḫ von Buchara.

(9) Nach dem Ort Karmīna (heute Karmana) am Zerafschan, in der Nähe der heutigen Stadt Navoi, ca. 110 Straßen-km stromauf von Buchara (Kaz).

(10) Wahrscheinlich der Autor des in Anm. 6 zitierten Werkes *Maslak al-ʿārifīn*.

(11) Nach einem Ort 6 Farsaḫ von Buchara und 1 Farsaḫ von Ġiǧduwān (R). Vgl. HARTMANN, *Heiligenstaat*, S. 309.

(12) Nach einem Dorf in der *wilāyat* Buchara, in der Nähe von Wābkan (Vabkent, 25 km NO von Buchara; Kaz).

(13) Nach Wābkan (s. Anm. 12).

(14) Nach einem Dorf 5 Farsaḫ von Buchara (R), zu einer *qaṣaba* Zendana, 4 Farsaḫ von Buchara (BT 164).

(15) Nach dem Ort Rāmītan, 16 km N von Buchara. – Sein Todesjahr wird verschieden angegeben: 715 oder 721 (R), HARTMANN nennt auch 705 (Heiligenstaat, S. 310 Anm. 1).

(16) In HS Ethé 636 geschrieben *kulāh-dūz* „Mützenmacher", aaO. fol. 7b.

(17) *Ḥallāǧ* bezeichnet bekanntlich jemanden, der Baumwolle von Kernen befreit.

(18) Nach der Stadt Abīward.

(19) Nach dem Dorf Samāsī (oder Sammāsī), 3 Šarʿī von Buchara, in der Nähe von Rāmītan.

(20) Nach einem Dorf 2 Farsaḫ von Buchara und gleichfalls 2 von Sammāsī (R).

(21) *Kulāl* = Töpfer. Seine Lebensdaten werden in den *Maqāmāt-i Amīr Kulāl* angegeben mit ca. 683–772 (aaO. S. 5 und 39).

(22) Starb 808 (R und *Maqāmāt-i Amīr Kulāl*, S. 67).

(23) Starb 840 (*Maqāmāt-i Amīr Kulāl*, S. 70).

(24) Starb 803 (R und *Maqāmāt-i Amīr Kulāl*, S. 60).

(25) Nach einem Dorf *Dīk-garān* „Kesselmacher", am Zerafschan 9 Farsaḫ von Buchara (R).

(26) Nach einem Dorf 2 Farsaḫ von Buchara (R).

(27) Ungefähr zur gleichen Zeit gestorben wie Amīr Kulāl. Ein Grabmal in Šahr-i sabz wird mit ihm in Verbindung gebracht (vgl. MASSON/PUGAČENKOVA *Šachr-i sjabz pri Timure i Ulug Beke*, Üb. ROGERS, Teil 2, S. 121 f).

(28) Lebensdaten: 718–791.

(29) Starb 822 (R).

(30) Nach einem Ort (*qaṣaba*) halbwegs zwischen Buchara und Samarkand (R).

(31) Nach einem Ort im nördlichen Afghanistan.

(32) Lebensdaten: 806–895.

(33) Nach einem zu Wābkan gehörigen Dorf, 4 Farsaḫ von Buchara.

(34) Nach einem Dorf in der *wilāyat* Farkat (das heutige Parkent ca. 35 km O von Taschkent; Kaz).

(35) Starb 802 (R).

(36) Starb 826 (R).
(37) Nach einem Vorort von Samarkand.
(38) Nach der Stadt Ǧurǧān.
(39) Starb 860 (R).
(40) Nach einem Dorf in der *wilāyat* Qāyin in Ḫurāsān/Quhistān (R, KrH 41 und 158). „Bīrǧandī" bei AUBIN, *Un santon quhistani*, S. 203.
(41) Nach einem Dorf in Ḫurāsān/Quhistān. Zur Schreibung vgl. Katalog Ethé sub 632. (R, KrH S. 39). S. auch AUBIN, *Un santon quhistani*, S. 204.
(42) In der Schreibung angepaßt an KrH S. 36; dort ein Dorf „Rūč" 60 km W von Herat, das würde mit der Angabe in R „9 Farsaḫ von Herat in Richtung der *qibla*" gut zusammenpassen.

Die graphische Darstellung der *silsila* der Ḫwāǧagān legt eine Einteilung ihrer Vertreter vor Ḫwāǧa Aḥrār in drei örtlich und zeitlich unterschiedene Gruppen nahe. Dies sind: a) Scheiche der Yasawiyya oder *mašāyiḫ-i turk* (Nrn. 4–21), b) Buchara (Nrn. 22–71); c) Herat (Nrn. 81–96 mit Ausnahmen). Die unter den Nummern 72–80 genannten Scheiche gehören teils nach Buchara, teils nach Herat, teils in andere Orte. Dies ist die Periode der ersten Nachfolgergeneration Bahā'uddīns, in der die Gruppe kein in dem Sinn eindeutiges Zentrum hatte, daß es eine einzige überragende Gestalt gegeben hätte.

Schon aus den Namen und den Orten, die mit ihnen in Verbindung gebracht werden können, sei es über die Namen selbst, sei es über die Texte, geht die allgemeine Entwicklungsrichtung der Gruppe hervor. Daneben ergeben sich „privilegierte Beziehungen" zwischen einzelnen Orten bzw. Regionen. Dabei ist gleichfalls von Bedeutung, zwischen welchen Orten und Regionen die Texte solche Beziehungen nicht herstellen.

Die Scheiche der Yasawiyya oder, wie sie in den hagiographischen Texten genannt werden, der *mašāyiḫ-i turk*, werden in der einen oder anderen Weise mit Turkestan in Verbindung gebracht. Darunter versteht man im 15. Jahrhundert vor allem die Region von Taschkent und die am Syr-Darja gelegenen Städte.

Die Yasawiyya hat besonders enge Beziehungen zu Buchara. Es wirkt wie ein Topos, daß Aḥmad-i Yasawī und andere ihre Ausbildung als Gelehrte in Buchara absolvieren und dann nach Turkestan gehen (wird außerdem von Ūzūn Ḥasan, Nr. 12, berichtet). Umgekehrt gehen Ṣadr Atā und Badr Atā (16 a und b) nach Buchara, wo sie gestorben und begraben sind. Ob dabei jedem dieser Namen eine historische Gestalt entspricht, darf bezweifelt werden. Aber gerade das hebt die besonders enge Verbindung von Buchara und Turkestan noch hervor.

Auch unter den Gefährten Bahā'uddīns sind Turkestaner (z. B. die Nummern 54 und 79). Schließlich kommt auch Ḫwāǧa Aḥrār aus der Taschkenter Gegend. Er ist allerdings der erste, von dem berichtet wird, er sei über Samarkand nach Buchara gekommen. In der Zeit davor erweckt die Darstellung den Anschein, als habe man um diese Stadt einen Bogen gemacht[1].

Die in der *silsila* dargestellte Verwandtschaft der Yasawiyya mit den Ḫwāǧagān über den gemeinsamen Ursprung in Yūsuf-i Hamadānī muß nicht historisch sein. Die ersten Generationen nach Yūsuf weisen deutlich schematische Züge auf: Viele Meister haben genau vier Nachfolger, *ḫulafā'*; das erinnert an die vier „rechtgeleiteten Kalifen". Weiter ist beachtlich, daß sich die *silsila* regelhaft über den 4. *ḫalīfa* fortschreibt. Das spricht dafür, daß die später ausgeprägt anti-schiitische Tendenz der Naqšbandiyya im 15. Jahrhundert noch nicht bestand[2]. Wäre damals schon, wie später, die Verknüpfung über Abū Bakr betont worden, so hätte man wohl eher den 1. *ḫalīfa* herausgestellt. So scheint die Vermutung gerechtfertigt, in den älteren Gliedern der *silsila* würden, wie in den ersten Generationen einer Genealogie, nicht so sehr die wirklichen Verwandtschaftsverhältnisse ausgedrückt, sondern eher die Bündnisse, welche die im Stammbaum dargestellte Gruppe mit anderen unterhielt. Entscheidend dabei ist, daß die fraglichen Gruppen sich dann verwandt fühlten und sich entsprechend zueinander verhielten. Vor allem in Zusammenhang mit Amīr Kulāl und Bahā'uddīn wird das Gefühl der Verbundenheit mit den *mašāyiḫ-i turk* betont. Beide sind auch bei türkischen Scheichen in die Lehre gegangen[3], und aus ihrem späteren Leben wird nichts von Konkurrenz gegen solche Meister berichtet[4]. Dabei sind

---

[1] Die m. W. einzige Ausnahme bildet der Bericht, dem zufolge Bahā'uddīn als Knabe von seinem Großvater nach Samarkand gebracht worden ist, „und überall, wo ein Derwisch oder Mystiker war, brachte er mich in dessen Gesellschaft" (*Anīs* 12 b, *Maqāmāt* Abū'l-Muḥsin S. 7). Die Initiation Bahā'uddīns erfolgt dann aber doch in Buchara.

[2] Vgl. unten, Abschnitt „Einordnung in das gesamtislamische Spektrum".

[3] Für Amīr Kulāl spielt Sayyid Atā eine Rolle (*Maqāmāt-i Amīr Kulāl* S. 3), zu einem Mann namens Kök Atā hat er ein Verhältnis wie Meister zu Schüler (ebda. S. 31 f.). – Bahā'uddīns türkische Lehrmeister sind Quṯam Šayḫ und Ḫalīl Atā, beide von Ǧāmī mit einem eigenen Eintrag bedacht (*Nafaḥāt* S. 383). Ḫalīl Atā ist derjenige, von dem es heißt, er sei Pādišāh von Māwarānnahr geworden (*Anīs* 14 b, *Maqāmāt* Abū'l-Muḥsin S. 8); dieser Ḫalīl Atā wird mit Qāḏān Sulṭān identifiziert (*Maqāmāt-i Amīr Kulāl*, S. 22 und *Maqāmāt* Abū'l-Muḥsin S. 9). Vgl. dazu Z. V. TOGAN: *Gazan-Han Halil ve Hoca Bahaeddin Nakşbend.*

[4] Solche Konkurrenz wird von Ḫwāǧa Aḥrār berichtet.

die Bräuche und die rituellen Besonderheiten der beiden Gruppen recht verschieden[5].

Am ehesten ist an eine regionale und/oder ethnische „Aufteilung von Interessenssphären" zwischen der Yasawiyya und den Ḫwāǧagān zu denken. Die Ḫwāǧagān verstanden sich, zumindest in der Zeit vor Ḫwāǧa Aḥrār, nicht so sehr als Konkurrenz, sondern als verwandt, als Ergänzung zur Yasawiyya. Hierin drückt sich auch die damalige ethnische Situation Transoxaniens aus: Die Städte waren (und sind es zum Teil heute noch) iranisch bestimmt, ländliche Gebiete, soweit seßhaft, wohl gemischt, die Steppe ganz türkisch[6].

Von ʿAbdulḫāliq bis Bahā'uddīn (Nr. 22–70) und einem Teil seiner unmittelbaren Nachfolger, wie Ḫwāǧa Pārsā (Nr. 71) und ʿAlā'uddīn-i Ġiǧduwānī (Nr. 77) konzentrieren sich die Ḫwāǧagān in der *wilāyat* Buchara. Nur wenige der aufgeführten Personen stammen aus anderen Gebieten. Dabei verläuft die Grenze der *wilāyat* Buchara dort, wo das bewässerte Land endet[7]. Nach Samarkand zu, dem Lauf des Zerafschan folgend, liegt die Grenze etwa in der Mitte zwischen den beiden Städten.

Auffallend ist die Bedeutung, die Dörfer haben, und zwar nicht nur als Orte, aus denen Meister kommen oder an denen sie begraben sind, sondern auch als Zentren ihrer Tätigkeit. Das gilt besonders für die Zeit von Muḥammad Bābā-yi Sammāsī (Nr. 47) und Amīr Kulāl (Nr. 51); der erstere lehrte und arbeitete in dem Dorf, das seine Nisba anzeigt, letzterer wohl in Sūḫārī. Der Schwerpunkt der Tätigkeit der Gruppe scheint erst zur Zeit Bahā'uddīns in die Stadt Buchara selbst verlagert worden zu sein. Allerdings lebte Bahā'uddīn, nachdem er seine Lehr- und Wanderjahre beendet hatte, in einem Dorf Rīwartūn hart außerhalb der Stadt[8],

---

[5] Die Ḫwāǧagān übten vor allem den stillen *ḏikr*, die Yasawiyya hatte als Besonderheit den „*Ḏikr* der Säge", bei dem es wohl ziemlich laut und mißtönend hergehen konnte. Vgl. FLETCHER: *The Naqšbandiyya and the ḏikr-i arra*; ALGAR, H.: *Silent and vocal dhikr*. – Eine genaue Beschreibung des Naqšbandī-*ḏikrs* gibt GRAMLICH, *Schiitische Derwischorden* II, Glaube und Lehre, S. 398 ff. – Heutige Bräuche sind beschrieben in HABIB, *Some Notes on the Naqshbandi Order*, sowie in den mehr oder weniger auf moderne Verhältnisse bezogenen türkischen Gesamtdarstellungen: ŞAPOLYO, *Mezhepler ve Tarikatlar Tarihi*, bes. S. 145 ff. und ERAYDIN, *Tasavvuf ve Tarikatlar*, bes. S. 227 ff.

[6] Vgl. MOLÉ, *Daré Mansour*, S. 42.

[7] Vgl. die Karte in der 1. Ausgabe der *Bol'šaja Sovetskaja Ėnciklopedija* von 1927 Bd. 8 s. v. „Bucharskij okrug". Dort ist die Zone der Bewässerung deutlich abgegrenzt. An ihrem Rand liegt ein Streifen, in dem neben Ackerbau auch Karakul-Schafzucht getrieben wird. Die dort abgebildeten Verhältnisse sind vielleicht von denen des 15. Jahrhunderts nicht grundsätzlich verschieden.

[8] In *Anīs* passim, in *Nafaḥāt* S. 385.

wobei die von ihm berichteten Erzählungen teils dort, teils in Buchara selbst spielen.

Ibn Baṭṭūṭa, der 1333 oder 1335 durch Buchara kam, hat von den Ḫwāǧagān niemanden getroffen. Jedenfalls hat er von ihnen nichts berichtet, obwohl er immer auch nach heiligen Männern Ausschau gehalten hat. Er war nicht lange genug dort, um „über die Dörfer" zu gehen. Im Übrigen ist sein Bericht ein Indiz dafür, daß der Einfluß der Ḫwāǧagān zu seiner Zeit noch nicht groß gewesen sein kann: Was ist ein Bābā-yi Sammāsī gegen die Nachkommen Sayfuddīn-i Bāḫarzīs, des großen Kubrawī-Scheichs[9]?

Die Stadt Buchara selbst war in der ersten Hälfte des 14. Jahrhunderts noch sehr zerstört. Die Lage dort scheint sich erst nach und nach, vielleicht entscheidend erst unter Timur, gebessert zu haben[10]. Mit der Zerstörung Bucharas ist möglicherweise auch die „ḫwārazmische Enklave" um ʿAlī-yi Rāmītani (Nr. 41) zu erklären. Ebenso wie er sollen auch seine Gefährten Muḥammad-i Kulādūz (Nr. 44) und ʿAlī-yi Bāwardī (Nr. 46) dort begraben sein.

Wieder ist auffällig, daß unter den für diese Zeit erwähnten Namen so gut wie niemand ist, der aus Samarkand oder der näheren Umgegend kommt[11].

Der geographische Einzugsbereich der Gruppe vergrößert sich ab Bahā'uddīn, von dem bei Gelegenheit seiner Pilgerfahrt berichtet wird, er habe in Ḫurāsān erfolgreich gewirkt. Nachfolger Bahā'uddīns trifft man außer in Buchara auch in Čaġāniyān[12], nämlich ʿAlā'uddīn-i ʿAṭṭār (Nr. 80) und in Ḥiṣār, wo Yaʿqūb-i Čarḫī (Nr. 75) tätig wird. Die Ausbreitung erfolgt über die Oase des Kaška-Darja, insbesondere die Gegend

---

[9] Ibn Baṭṭūṭa: *Voyages*, Bd. 2, S. 274 f. und *Préface*, S. 53. – Nachkommen Sayfuddīn-i Bāḫarzīs, eines Kubrawī-Scheichs, unterhielten vor den Toren Bucharas ein Ḫānaqāh, in dem Ibn Baṭṭūṭa zu Gast war. Das Grabmal Sayfuddīns ist (in einem späteren Bauzustand) noch erhalten; das Ḫānaqāh war mit großzügigen Stiftungen bedacht. Vgl. ČECHOVIČ, *Bucharskie dokumenty*.

[10] Zur Zerstörung Bucharas und langsamem Wiederaufbau vgl. DAVIDOVIČ, E. A.: *Denežnoe chozjajstvo i častičnoe vosstanovlenie torgovli*; PETRUŠEVSKIJ, I. P.: *Iz istorii Buchary v XIII v.*; Vorwort der Herausgeber zu „Bucharskij vaqf XIII v.".

[11] Amīr Kulāl und Amīr Ḥamza (Nr. 53) haben je einen *ḫalīfa* mit der Nisba „Samarqandī". Es überwiegen Nisben aus der Umgebung von Buchara und den angrenzenden Gebieten, besonders Karmina und Nasaf (in der Nähe des heutigen Karši). Vgl. die entsprechenden Einträge in *Rašaḥāt* und Listen in *Maqāmāt-i Amīr Kulāl*, S. 79. Für beide werden etwa je 20 *ḫulafā* namentlich benannt.

[12] Das heutige Denau und Umgebung, im Tal des Surchan-Darja, Stadt ca. 100 km oberhalb von Termez. Vgl. EI[1] s. v. „Čaġaniyān" (BARTOL'D).

von Qaršī. Zwischen dieser Stadt und Buchara bestand schon zur Zeit Amīr Kulāls ein reges Kommen und Gehen[13].

Ḥasan-i ʿAṭṭār (Nr. 81) ist der erste, von dem berichtet wird, er habe sich in Herat niedergelassen und dort Einfluß gewonnen[14]. Allerdings wird die Anhängerschaft der Ḫwāǧagān in Herat offenbar erst mit der Ankunft Saʿduddīn-i Kāšġarīs (Nr. 91) zahlreicher. Saʿduddīn, so heißt es, sei es gelungen, sich gegen andere in Herat tätige Scheiche, insbesondere Zaynuddīn-i Ḫwāfī[15], durchzusetzen und einen bedeutenden Teil ihrer Gefolgschaft zu übernehmen. Eine ganze Reihe von Gefährten anderer Meister, insbesondere ʿAlāʾuddīn-i ʿAṭṭārs, übersiedeln jedenfalls nach Herat. Gleichzeitig herrscht, was Buchara betrifft, in den hagiographischen Quellen von der Zeit nach dem Tode Ḫwāǧa Pārsās und endgültig nach dem Ḥusāmuddīn-i Šāšīs (Nr. 54, st. 840/1436) und dem ʿAlāʾuddīn-i Ġiǧduwānīs (etwa zur gleichen Zeit, Nr. 77) ein eigentümliches Dunkel. Der Schwerpunkt der Gruppe verlagert sich demzufolge zunächst vielleicht nach Herat, später, zur Zeit Ḫwāǧa Aḥrārs, nach Samarkand, wobei Herat, nicht zuletzt wegen des Einflusses von Ǧāmī (Nr. 92), immer bedeutend bleibt.

Mit Samarkand verbindet sich in der Zeit vor Ḫwāǧa Aḥrārs Ankunft dort die Tätigkeit von Niẓāmuddīn-i Ḫāmūš (Nr. 90, „der Schweiger"). Er wird, vor allem in *Rašaḥāt*, als Zeitgenosse, in manchen Situationen als Kontrahent Ulug Beks dargestellt. Die von ihm überlieferten Straf- und Rachewunder sind typisch für die Situation der Durchsetzung der Gruppe an einem Ort. Aber durchschlagenden Erfolg scheint er nicht gehabt zu haben. Sein bedeutendster Gefährte, Saʿduddīn, verläßt ihn, angeblich, um zum Ḥaǧǧ zu gehen, bleibt aber in Herat hängen. Auch wird nichts von Nachfolgern und Fortsetzern in Samarkand berichtet, an seinem Platz im *silsila*-Diagramm bildet sich kein Knoten. Und schießlich hat er die letzten Jahre seines Lebens nicht in Samarkand, sondern in Taschkent verbracht; dort ist er auch begraben[16]. Dies alles spricht nicht für eine erfolgreiche Tätigkeit in Samarkand.

---

[13] Das geht so weit, daß das (übernatürlich schnelle) Reisen von Buchara nach Qaršī in der späten Hagiographie Abū'l-Muḥsins zum Topos wird (vgl. *Maqāmāt* Abū'l-Muḥsin S. 12, 22, 23, 24, 25, 35, 50 usw.).

[14] Insbesondere wird ihm Einfluß auf Šāhruḫ zugeschrieben (*Rašaḥāt* S. 90). Er wird auch von Ḫwāndamīr erwähnt (*Ḥabib al-siyar* IV, S. 6; der ebda. S. 204 erwähnte Scheich ist vielleicht ein Nachkomme). Fāṣiḥ berichtet unter dem Jahr 821 eine Geschichte, in der Ḥasan zwischen Šāhruḫ und Bewohnern Badaḫšāns vermittelt (*Mudžmal* S. 180 f.).

[15] Vgl. Kissling, H. J.: *Einiges über den Zejnije-Orden im Osmanischen Reiche*. Kisslings Quellen stellen die Situation in Herat aus der Sicht der Zayniyya dar. Es ergeben sich für die Beurteilung des Verhältnisses zu den Ḫwāǧagān deutliche Unterschiede.

[16] Das Grab Niẓāmuddīns in Taschkent bei Castagné, *Culte des lieux saints*, S. 51.

Zusammenfassung: Die Ḫwāǧagān konzentrieren sich bis etwa zur Zeit Bahā'uddīns in der *wilāyat* Buchara, und zwar, bis Bahā'uddīn zumal, vor allem in den ländlichen Gebieten. Dies in „Arbeitsteilung" mit der Yasawiyya: Jener fällt vor allem die Steppe zu, mit einem geographischen Schwerpunkt in Turkestan. Ab Mitte des 14. Jahrhunderts breitet sich die Einflußzone der Gruppe langsam aus, zunächst in Richtung Qaršī; die Turkestaner Verbindungen bleiben bestehen. Die Tendenz zur Ausbreitung nach SO, auf Herat zu, setzt sich zu Lebzeiten Bahā'uddīns und sprunghaft nach dessen Tod fort; seine Nachfolger finden sich bereits in verhältnismäßig weit entfernt liegenden Gebieten. Im zweiten Viertel des 15. Jahrhunderts verlagert sich der Schwerpunkt nach Herat, Buchara verblaßt. Auffällig ist für diese ganze Periode die geringe Bedeutung Samarkands; Samarkand wird erst zur Zeit Ḫwāǧa Aḥrārs, in der zweiten Hälfte des 15. Jahrhunderts, zum geographischen Zentrum der Gruppe.

Enge Verbindungen bestehen zunächst zwischen Buchara und Turkestan, später zwischen Buchara und den Orten, an denen Nachfolger Bahā'uddīns tätig sind. Zur Zeit Ḫwāǧa Aḥrārs rückt Buchara an den Rand des Interesses, die Hauptverbindungslinien sind zwischen Samarkand, Herat und Taschkent zu ziehen.

Bis weit in das 15. Jahrhundert hinein dürfte die Gruppe also außerhalb der *wilāyat* Buchara kaum Bedeutung gehabt haben, allenfalls Verbindungen nach Taschkent/Turkestan, Ḫwārazm und Herat, aber nicht nach Samarkand[17].

[17] Diesem Ergebnis steht entgegen die Einschätzung der Naqšbandiyya zu dieser Zeit (Mitte 15. Jh.) als „clearly Iranian and urban" durch TRIMINGHAM, *Sufi Orders*, S. 92. – Das iranische Element überwiegt deutlich, aber städtisch waren die Ḫwāǧagān zumindest in ihrer Bucharer Ausprägung nicht. Bekanntlich ist auch Ḫwāǧa Aḥrār vorgeworfen worden, er sei ein Dorfscheich (*Rašaḥāt* S. 304, *Silsilat* fol. 174 a, dort sogar *šayḫak-i rūstāʾī*), und er selbst betont verschiedentlich seine bäuerlichen Wurzeln. Die landwirtschaftliche Grundlage seines Reichtums wird weiter unten herausgearbeitet. – Die Charakterisierung der Ḫwāǧagān als „urban" trifft auf die Herater Gruppe zu; diese aber nimmt gerade in dieser Hinsicht eine Sonderstellung ein.

2. Geistige Grundlagen

In diesem Kapitel soll nicht die Lehre der Naqšbandiyya in aller Ausführlichkeit dargestellt werden; eine Würdigung der theologischen und spirituellen sowie der geistes- und mystikgeschichtlichen Aspekte ist nicht beabsichtigt. Es kommen vielmehr einige wenige Bereiche zur Sprache, die für das Leben der Gruppe in der Gesellschaft und des Einzelnen in der Gruppe von Bedeutung sind. Weitere Bereiche werden an anderer Stelle behandelt[1].

Folgende Komplexe werden berührt: a) Wie haben führende Vertreter der Naqšbandiyya sich und ihre Gruppe in das gesamtislamische Spektrum eingeordnet? Hierunter fällt das Verhältnis zur mystischen Tradition, das unter anderem dadurch untersucht werden kann, daß festgestellt wird, welche Autoritäten zitiert und wie sie zitiert werden. Hierunter fällt weiter das Verhältnis zur Schia, das sich nicht zuletzt in der *silsila* der Gruppe niederschlägt, und die Veränderung, die dies Verhältnis im Lauf der Zeit erfuhr. Hierunter fällt schließlich das Verhältnis zu den Ulama, zum Studieren an der Madrasa und dem dort erwerbbaren Wissen überhaupt. b) Gibt es „moralische Grundlagen" für das Alltagsleben der Gruppe? Untersucht wird die Verwendung von Begriffen wie *futuwwat* und *ǧawānmardī*. c) Welche religiösen Übungen werden von einem Anhänger der Ḫwāǧagān verlangt, welche werden empfohlen? In welcher Weise wird das Alltagsleben der Anhänger durch ihre Zugehörigkeit zu einer spirituellen Gruppe bestimmt? Welche Regelungen für das Verhalten im Alltag gibt es, insbesondere für das Verhalten in einem zunächst nicht-religiösen Kontext?

Einordnung in das gesamtislamische Spektrum

In den Naqšbandī-Texten wird auch zu dieser Zeit die Zugehörigkeit zur Sunna, den *ahl-i sunnat wa ǧamāʿat*, stark betont. In diesem Sinn wird die Vorbildhaftigkeit des Propheten herausgestellt, dem zu folgen

[1] Besonders die Auffassung zu Erwerbstätigkeit und Reichtum sowie das politische Selbstverständnis; vgl. die entsprechenden Kapitel.

sei. Die Erfüllung aller religiösen Pflichten, insbesondere die Beachtung der rituellen Reinheit, ist Voraussetzung dafür, daß man überhaupt beginnen kann, auf dem mystischen Pfad zu gehen. Diese Pflichterfüllung wird auch den höchsten Rängen nicht erlassen, sie ist Kriterium für die Echtheit der behaupteten Errungenschaften, besonders des Entwerdens *fanā'*: Die „Erfüllung aller Pflichten des religiösen Gesetzes und das Befolgen des Gebots, das Rechte anzuordnen und das Unrechte zu hindern" ist der Prüfstein; liegt das nicht vor, so ist es ein Hinweis darauf, daß *fanā'* entweder nicht wirklich oder nicht mit erlaubten Mitteln erreicht wurde[2]. Man zitiert demzufolge vor allem entweder ausgewiesene Sunni-Autoritäten oder erklärt Mystiker, die andernortes als von zweifelhafter Rechtgläubigkeit gelten, für unbedenklich. Ersteres gilt natürlich vor allem für die Scheiche des eigenen *silsila*, daneben aber auch für die Imame der vier sunnitischen Rechtsschulen, die Autoren der großen Traditionssammlungen usw. Für das Letztere möge ein Beispiel genügen: Über Ḥallāǧ soll einer der Großen geschrieben haben, er habe 400 Schriften von ihm studiert und in ihnen nichts gefunden, was auf Heterodoxie hindeute[3]. Dennoch bleibt aber zu betonen, daß Šayḫ Ǧunayd unvergleichlich häufiger vorkommt als Ḥallāǧ; er gilt als völlig sichere Autorität. Am auffälligsten ist jedoch, wie stark man sich auf Vertreter der Ḫurāsāner Mystik beruft. Verweise auf diese Richtung überwiegen gegenüber solchen auf die Bagdader[4]. MOLÉs Bemerkung, die geistesgeschichtlichen Wurzeln der Naqšbandiyya seien in dieser Strömung, besonders in der *malāmatiyya*[5] zu suchen, findet sich bestätigt. MOLÉ spricht von „une tariqa aussi orthodoxe que les Naqshbandiyya qui, au moins dans ses premiers temps, paraît même avoir le mieux gardé les traditions khorassaniennes"[6].

Bei den Schriften Ḫwāǧa Aḥrārs müssen zwei Sonderfälle beachtet werden. Dies sind der Ṣafawiyya-Propagandist Sayyid Qāsim-i Tabrīzī, auch genannt Qāsim-i Anwār[7], und Muḥyīuddīn Ibn al-ʿArabī.

---

[2] *Qudsiyya* fol. 49 a.

[3] *Čahār ṣad az muṣannafāt-i Ḥusayn-i Manṣūr [qaddasa llāhu rūḥahu] muṭālaʿa kardam hīč čīz na-yāftam ki dalālat bar ʿadam-i istiqāmat-i ū kunad wa munāfī-yi ʿaqīda-yi ahl-i ḥaqq bāšad, Masmūʿāt* fol. 135 b.

[4] Besonders häufig genannt werden ʿAlī Ḥakīm al-Tirmiḏī, Abū Saʿīd-i Abū'l-Ḫayr, Abū Ḥafṣ-i Ḥaddād, Abū ʿUṯmān-i Ḥīrī usw. Will man sich auf Ältere berufen, steht Bāyazīd-i Bisṭāmī deutlich im Vordergrund. – Über Tirmiḏī vgl. RADTKE, *Al-Ḥakīm at-Tirmiḏī*; über Abū Saʿīd: MEIER, Fritz: *Abū Saʿīd-i Abū'l-Ḫayr*. Dort auch Auskunft über die übrigen Scheiche.

[5] Zur *malāmatiyya* vgl. einführend in EI² s. v. (DE JONG, ALGAR, IMBER), v. a. ALGAR S. 225 b.

[6] MOLÉ, *Version persane*, S. 44.

[7] Zu Qāsim-i Tabrīzī: SAVORY: *A 15th Century Safavid Propagandist at Herat.*

Qāsim könnte Ḫwāǧa Aḥrārs hauptsächlicher Lehrmeister in dessen Herater Zeit gewesen sein. Jedenfalls berichtet Ḫwāǧa Aḥrār, er habe sich hauptsächlich in Qāsims Gefolge aufgehalten und der, so Ḫwāǧa Aḥrār nicht ohne Stolz, habe ihn durch allerhand Aufmerksamkeiten ausgezeichnet. Nun war damals die Ṣafawiyya wohl noch nicht schiitisch, dennoch war Qāsim in Herat keineswegs unumstritten. Er war in irgendeiner Weise vielleicht doch in das Ḥurūfī-Attentat auf Šāhruḫ (1427) verwickelt; jedenfalls fiel er aufgrund oder unter dem Vorwand dieses Verdachts in Ungnade und mußte Herat für einige Jahre verlassen. Er ging nach Samarkand, wo Ḫwāǧa Aḥrār ihn getroffen haben will[8]. Möglicherweise hängt es mit Qāsims Rückkehr nach Herat zusammen, daß Ḫwāǧa Aḥrār auch dorthin ging.

Was Ibn al-ʿArabī angeht, so ist Ǧāmīs Vorliebe für diesen Meister bekannt[9]. Weniger bekannt ist, daß Ǧāmī mit dieser Vorliebe nicht allein steht. Auch Ḫwāǧa Aḥrār zitiert ihn laufend, vor allem die *Futūḥāt*. Gelegentlich wird er einfach mit der Bezeichnung *al-šayḫ* eingeführt.

Das Studium der Schriften Ibn al-ʿArabīs und ihre breite Rezeption scheint sich ab der Mitte des 15. Jahrhunderts durchzusetzen, in den früheren Schriften kommt er weit seltener vor[10].

Weder bei Qāsim noch bei Ibn al-ʿArabī werden irgendwelche Zweifel an ihrer sunnitischen Rechtgläubigkeit laut[11].

Die *silsila* kann als ein weiterer wichtiger Indikator für die Selbsteinordnung der Gruppe in das gesamtislamische Spektrum herangezogen werden. Über diese Frage ist bereits in den Arbeiten von MOLÉ und ALGAR ausführlich gehandelt worden[12]. Es bleibt festzuhalten, daß in dieser Zeit die Rückführung des charakteristischen inneren, stillen *ḏikr* sowie des gesamten mystischen Wissens der Gruppe auf Abū Bakr noch nicht ausschließlich Lehre war. Zwar enthält Ḫwāǧa Pārsās *Qudsiyya*

---

[8] Eine Unstimmigkeit in der Chronologie. Wenn Ḫwāǧa Aḥrār, wie er selbst angibt, 22-jährig zuerst nach Samarkand gekommen ist (das wäre 1425 etwa) und dort 2 Jahre blieb, so müßte er Qāsim ganz zum Schluß seines Aufenthalts erst getroffen haben. Vielleicht war Ḫwāǧa Aḥrār doch etwas länger in Samarkand.

[9] Vgl. ALGAR, *Survey*, S. 144. – Ein Beispiel für Rezeption Ibn al-ʿArabīs durch Ǧāmī gibt die Schrift *Suḫanān-i Ḫwāǧa Pārsā*, deren Inhalt zumindest in der *Qudsiyya* keine Entsprechung hat, also vielleicht doch eher Gedankengut Ǧāmīs enthält; vgl. ALGAR, *Bibliographical Notes*, S. 256.

[10] Jedenfalls in den mir bekannten, in der *Unsiyya*, der *Qudsiyya* sowie den früheren Hagiographien *Anīs* und *Maqāmāt-i Amīr Kulāl*.

[11] Von Ibn al-ʿArabī wird sogar berichtet, er habe die – notorisch Sufi-feindlichen – Anhänger Aḥmad b. Ḥanbals wegen ihrer Frömmigkeit sehr geschätzt, *Silsilat* 116 a.

[12] Vgl. ALGAR, *Survey*; MOLÉ, *Daré Mansour*.

einen Preis Abū Bakrs[13], aber zuvor hat Pārsā ebenso die Verknüpfungen geschildert, die auf ʿAlī zurückgehen. „[...] l'isnâd bakrî est loin d'être exclusif. Il est l'un des quatre admis, et on a même l'impression qu'il sert en quelque sorte à souligner la richesse de la tradition spirituelle de l'ordre qui peut invoquer le patronage de plus d'un ancêtre."[14] Im von MOLÉ hierzu angeführten Zitat aus der *Unsiyya* bezeichnet Čarḫī die Ḫwāǧagān dann auch als das „Salz der Scheiche"[15]. MOLÉs Auffassung ist zuzustimmen; die Gruppe zeigt in dieser Zeit nichts oder nur sehr wenig von der anti-schiitischen Kampfhaltung, die später für sie bezeichnend wurde[16]. Dazu paßt auch, wie MOLÉ im Folgenden bemerkt, daß ein Merkmal der Gruppe, nämlich der stille *ḏikr*, auch von Pārsā, der doch einen Abschnitt dem Preis Abū Bakrs widmet, nicht mit diesem in Verbindung gebracht wird[17].

Die von ALGAR als sekundär bezeichnete Verbindung über die Imame der Schia, von Pārsā bereits *silsila al-ḏahab* genannt, wirkt dabei nicht als Nebenverbindung, sondern als mindestens gleichberechtigt neben der über Abū Bakr[18].

Zu stark ist dennoch MOLÉs Bemerkung: „Le sunnisme de la congrégation est intermittant"[19]. Gewiß war die Verehrung für die Imame der Schia, auch für die Märtyrer um Ḥusayn usw.[20] groß, größer, als sie in einer Organisation mit prononciert anti-schiitischer Tendenz sein

---

[13] *Qudsiyya* fol. 24 a/b.

[14] MOLÉ, *Quelques traités*, S. 278.

[15] MOLÉ aaO Anm. 3; *Unsiyya* fol. 5 a.

[16] Vgl. ALGAR, Survey, S. 128.

[17] Vgl. Anm. 13. – Bei Pārsā ist übrigens der stille *ḏikr* nicht so exklusiv zu verstehen, wie spätere Autoren das tun, z. B. in der *Risāla az ḥaḍrat Maulānā Muḥammad Qāḍī*, fol. 159 a, der zufolge die Zunge sich beim *ḏikr* nicht bewegen darf, sondern am Gaumen kleben soll. Bei Pārsā wird der *ḏikr* allmählich von der Zunge über Herz und Geist ins Innerste *sirr* verinnerlicht, vgl. *Qudsiyya* 36 a/b. – Wenn die Frage, woher die Gruppe die Methode des stillen *ḏikr* gelernt habe, berührt wird, so geben die Quellen einhellig die Antwort, ʿAbdulḫāliq sei hierin von Ḫiḍr unterwiesen worden. So *Ḏikr-i Ḫwāǧa-yi [...] ʿAbdulḫāliq-i Ġiǧduwānī*, fol. 2 a/b; ebenso die (ähnlichen) *Maqāmāt* ʿAbdulḫāliqs (FIZ 2 S. 2) und der entsprechende Eintrag in *Rašaḥāt*.

[18] ALGAR, *Survey*, S. 129 f. – Vgl. die Dichtung Ǧāmīs *Silsilat al-ḏahab*. – Sogar der relativ späte Autor Abū'l-Muḥsin schreibt: *Silsila-yi šarīf-i ahl-i bayt-rā az ǧihat-i šarafī ki dārad silsila al-ḏahab nām karda and*, „Die edle Verknüpfung über die Familie des Propheten hat man wegen des Adels, den sie hat, die ‚Goldene Kette' genannt", *Maqāmāt* Abū'l-Muḥsin S. 4.

[19] MOLÉ, *Quelques traités*, S. 278.

[20] So wird der Tod, den Ḫwāǧa Aḥrārs Sohn Muḥammad Yaḥyā während der özbekischen Eroberung von der Hand özbekischer Amire erleidet, mit dem Martyrium Ḥusayns verglichen, vgl. *Rašaḥāt* S. 324 f. und HS IVAN UzSSR 1883/III fol. 93 b.

dürfte. Ebenso gewiß ist aber, daß man für ausgesprochene Schiiten nicht viel übrig hatte. Der Autor der *Rašaḥāt* etwa muß sich rechtfertigen, weil seine Familie aus Sabzawār in Ḫurāsān stammte, einer Stadt, die für ihren hohen Anteil von extremen Schiiten in der Bevölkerung bekannt und bei Sunniten entsprechend berüchtigt war[21].

Die Ursache für die Verhärtung der sunnitisch/anti-schiitischen Tendenz sieht Molé in den Ereignissen um die Eroberung Ḫurāsāns durch die Ṣafawiden[22]. In späterer Zeit wird jedenfalls die Bakrī-*silsila* betont, so auch im anonymen Text *Haḏā intisāb*, der aus dem 19. Jahrhundert stammt, und der stille *ḏikr* als Merkmal der Gruppe wird Abū Bakr zugeschrieben.

In Anbetracht dieser Umstände kann man kaum davon ausgehen, daß ein Grund für die Konsolidierung betont sunnitischer sufischer Gruppen in Transoxanien und Ḫurāsān in mongolischer und nachmongolischer Zeit die Notwendigkeit ist, sich gegen die vordringende Schia zu behaupten. Transoxanien ist im ganzen Verlauf seiner islamischen Geschichte nie oder so gut wie nie in der Lage gewesen, eine bedeutende schiitische Bewegung zu beherbergen. Das ist in Ḫurāsān gewiß sehr anders; aber die Naqšbandiyya geht von Transoxanien nach Ḫurāsān und nicht umgekehrt. Auch dafür, daß die im Zuge der mongolischen Eroberung nach Transoxanien eingewanderten Türken und Mongolen irgendwelche Sympathien für Schiitisches gehabt hätten, gibt es keine Anhaltspunkte. In dieser Hinsicht ist die Lage jenseits des Oxus von der in Iran und besonders in Ostanatolien sehr verschieden[23].

Als dritten Punkt hatte ich das Verhältnis zu den Ulama, zur Madrasa und dem dort erwerbbaren Wissen genannt. Zunächst soll betont werden, daß die Autoren der vorliegenden Texte nicht zuletzt selbst durch die Madrasa gegangen sind; am wenigsten noch Ḫwāǧa Aḥrār, der sich dort nur zwei Jahre aufgehalten haben will[24]. Andere, wie Yaʿqūb-i Čarḫī oder Ḫwāǧa Pārsā, werden als voll ausgebildete Ulama dargestellt.

---

[21] *Rašaḥāt* S. 273. – Zur Stadt Sabzawār, die auch die Hochburg der Sarbadārān war, vgl. Smith, John M.: *The History of the Sarbadār Dynasty.*

[22] Molé, *Version persane*, S. 40 Anm. 3; *Quelques traités*, S. 278 f. – Es muß berücksichtigt werden, daß vor 1500 die Abgrenzung von Sunna und Schia in Iran in vielen Bereichen ganz unklar war. Der für die Naqšbandīs angenommene Zustand ist weit verbreitet. Vgl. Aubin: *Šāh Ismāʿīl et les notables de l'Iraq persan*, S. 55 f.

[23] Die Rolle der Schia in diesem Zusammenhang überbewertet bei Coslovi, *Il ruolo secolare*, S. 124. – Eine Reaktion auf die von den Einwanderern mitgebrachten Vorstellungen sieht Bregel', Yuri: *The Role of Central Asia in the History of the Muslim East.*

[24] *Rašaḥāt* S. 228. – Seine Schriften und die von ihm überlieferten Aussprüche weisen ihn dennoch als Madrasa-gebildet aus.

Darüber hinaus geht aus den Quellen hervor, daß nicht nur ein bedeutender Teil des inneren Kreises um Ḫwāǧa Aḥrār eine Madrasa-Ausbildung hatte, sondern auch, daß Madrasa-ähnliche Tätigkeiten in diesem Kreis ausgeübt wurden[25]. Erwähnt werden sollte auch, daß Ḫwāǧa Aḥrār selbst zwei Madrasen hat errichten lassen, in Samarkand und in Taschkent. Eine völlige Verurteilung der Ulama und der Madrasa ist daher nicht zu erwarten.

Es stehen dann auch sehr lobende Äußerungen über Ulama neben einiger Kritik. Die Grundposition Ḫwāǧa Aḥrārs zu „den Ulama" geht aus folgenden zwei längeren Zitaten mit großer Klarheit hervor:

„[Jedes Herz, das mit Gottes Hilfe auf dem mystischen Weg ans Ziel kommt], soll diesen Gnadenerweis *niʿmat* für groß halten und beständig dafür danken und sich darum ganz dem Gottesdienst hingeben, und zwar nach der Weise, wie es die Großen unter den Gelehrten und Gottesfreunden hinsichtlich der Entscheidungen über den Gottesdienst nach Art der Sunna getan haben. Diese sind in Wahrheit die rettungsverheißende Gruppe dieser Gemeinschaft, *firqa-yi nāǧiyya-yi īn ǧamāʿat and* [...]. Nach der Unterweisung durch Gelehrte, die in Wahrheit die Barmherzigkeit der Weltbewohner sind, *ʿulamā ki ba-ḥaqīqat raḥmat-i ʿālamiyyān and*, soll es [sc. das Herz, bzw. er, der Adept] sich ganz der Methode der Gottesfreunde widmen"[26]. Der erste Teil der hier ausgesprochenen Grundposition heißt: Wenn man der Sunna des Propheten folgen will, und da man ihr folgen soll, muß man einiges darüber wissen. Dazu ist Buchwissen erforderlich, dieses bedingt Studium. Bevor man sich also auf den mystischen Weg begeben kann, muß man, mindestens eine Weile, Sunna studieren[27].

Dieses sehr positive Urteil, das den Ulama einen festen und unverzichtbaren Platz im Werdegang eines Mystikers zuweist, gilt aber nicht uneingeschränkt. Nicht alle Buchgelehrten werden ihrem Auftrag gerecht, nicht alle führen die Gemeinde zum Heil. Es wird in *Faqarāt* auch ein Kriterium gegeben, woran man erkennen kann, bei welchen Gelehrten man das nötige Wissen erwerben kann und welche man besser meidet. Die Grundvoraussetzung ist wieder, daß man, um der Sunna folgen zu können, mindestens ein Grundwissen braucht. „Dies ist ohne Studium der Wissenschaften vom religiösen Gesetz ausgeschlossen. Notwendigerweise muß man in dieser Absicht sich von den Gelehrten, die die Erben

---

[25] S. u. S. 65 f.

[26] *Faqarāt* 10/15. – In Verweisen auf *Faqarāt* bezeichnet die Zahl hinter dem Schrägstrich die Zeile.

[27] Ebda 10/21.

der Wissenschaften vom religiösen Gesetz sind, unterweisen lassen. Vorm Umgang mit Gelehrten aber, die die Wissenschaften zum Mittel des diesseitigen Lebensunterhalts gemacht haben, soll man sich hüten, es sei denn, es seien keine gottesfürchtigen Gelehrten zu finden, so daß man gezwungenermaßen sein Ziel mit Hilfe dieser Art Menschen anstreben muß"[28].

Zunächst wird wieder die hohe Aufgabe der Gelehrten gepriesen, auch der Topos der Gelehrten als der „Erben der Wissenschaften" findet sich. Die Einschränkung, die dann folgt, die Gelehrten sollten aber nicht von der Wissenschaft leben, ist gleichfalls nicht neu, sondern eine alte Forderung frommer Menschen. Als Quelle des Lebensunterhalts wird hier keine Alternative genannt; es ist aber, wie aus anderen Zusammenhängen hervorgeht, an Einkünfte aus eigener Erwerbstätigkeit bzw. aus *awqāf* gedacht. An dieser Stelle werden zunächst diejenigen Gelehrten als wünschenswerte Gemeinschaft ausgeschlossen, die von ihren Schülern Sitzungsgelder nehmen; zu denken ist aber gleichfalls an solche, die sich aufgrund ihrer Ausbildung vom Herrscher bezahlen lassen, indem sie Ämter annehmen.

Es ergibt sich aus dieser Grundposition eine generelle Verpflichtung der Adepten, jedenfalls einiges aus den Buchwissenschaften zu studieren. Zu diesem Zweck sind die Gelehrten wichtig. Aber eine Verbindung von Wissenschaft und weltlichem Erwerb soll unterbleiben.

Für den Umgang mit Gelehrten in Samarkand und in anderen Städten, vor allem am Sitz von Herrschern, ergibt sich eine Frontstellung gegen die „Hofgelehrten", nicht gegen „die Ulama" überhaupt.

Die Anekdoten allerdings, die von Gelehrten berichten, zeichnen ein etwas kritischeres Bild. Typisch ist der Fall eines Mannes, der in einer mystischen Sitzung sich befindet und einfach nichts versteht. Die Scheiche schweigen nämlich[29]. Ähnlich fordert ein Scheich in Herat seine Anhänger auf, einen Gelehrten, der in der Ferne sichtbar wird, nicht bis zum Mağlis vorzulassen, auch gegen alle Regeln der Höflichkeit, denn, so der Scheich, jener habe für ihn die Gestalt einer nackten alten Vettel[30]. Solche Beispiele ließen sich vermehren; Gegenbeispiele, in denen Gelehrte, weil sie Gelehrte sind, positiv oder auch nur neutral wohlwollend beurteilt werden, gibt es nur äußerst selten. Sie werden immer am Ausmaß der Sympathie gemessen, das sie der mystischen Gruppe entgegenbringen.

---

[28] Ebda 47/9–12; auch *Silsilat* 156a und *Rašaḥāt* S. 345.

[29] *Masmūʿāt* 125 a.

[30] Ebda und *Malfūẓ* 96a und 157a.

Ein allgemeines Mißtrauen spricht auch aus dem gelegentlich aufgestellten Vergleich der exoterischen Gesetzes-Gelehrten mit stehendem, der Gottesfreunde mit fließendem Wasser[31].

In diesen Zusammenhang gehören auch die Geschichten, vor allem aus *Rašaḥāt*, in denen Madrasa-Studenten, von den Wissenschaften frustriert, Anschluß an die mystische Gemeinschaft suchen, aber, bevor sie aufgenommen werden können, erst dem Studium Lebewohl sagen müssen[32].

Das Studieren kann nämlich den in der Vorewigkeit erworbenen Islam, die *fiṭra*[33] stören bzw. zerstören, einen vollen Schleier zwischen Mensch und Gott ziehen. Wenn und solange aber die geistige Kraft, der aus der *silsila* entspringende Energiestrom *rūḥāniyyat* die Oberhand hat, geht die Reinheit der *fiṭra* beim Studieren nicht verloren und leidet auch nicht darunter[34].

Es bleibt also im Grundsatz die Möglichkeit offen, daß auch ein Buchgelehrter auf dem mystischen Weg gehen kann. Es werden dafür allerdings besondere geistige Gaben bzw. eine besondere Gnade Gottes vorausgesetzt; erforderlich ist in jedem Fall die Kontrolle durch die mystische Verknüpfung, also den Scheich.

Die Haltung zu den Buchgelehrten ist also zusammenfassend nicht allgemein oder schroff ablehnend. Sie können ihren Platz in der mystischen Gemeinschaft finden. Allerdings ist Wissenschaft ein gefährliches Gebiet und keine Tätigkeit, die an sich bereits gottwohlgefällig wäre.

Alltagsmoral

Viele Stellen in den Texten weisen auf Regeln des Benehmens im Alltag hin. Oft sind solche Hinweise begleitet von der Ermahnung, in allen Lebenslagen die Regeln des richtigen Benehmens, *adab*, zu beachten[35]. Diese Regeln beruhen auf einigen wenigen Grundsätzen, die ihrerseits wieder mit dem Verhaltensideal der „Ritterlichkeit" *futuwwat*, auch

[31] *Masmūʿāt* 115 b und 145 a, *Malfūẓ* 96 a und 157 a.

[32] *tark namūdan-i taḥṣīl-i bī ḥāṣil*, ein Ausdruck, der in *Rašaḥāt* häufiger wiederkehrt.

[33] *Masmūʿāt* 126 a. – Zu *fiṭra* vgl. Ritter, *Das Meer der Seele*, S. 264 und Index s. v. *āšnāʾī*. – Kurz gesagt geht die *fiṭra*, der ursprüngliche Islam aller Menschen, zurück auf den „Tag des *a-lastu*", *a-lastu bi-rabbikum* „Bin Ich denn nicht euer Herr?" Auf diese Frage Gottes antworten die Seelen der Menschen mit Ja. Vgl. Koran 7:127.

[34] *Masmūʿāt* 126 a.

[35] Z. B. *Faqarāt* 12/1, 20/21 und 23/5. – Besonders sind die *ādāb-i ṣuḥbat* zu behandeln, s. u. S. 76 ff.

ǧawānmardī oder *muruwwat* zusammenhängen. Verabscheut wird der Geiz *buḫl*. Diese beiden Grundmuster des Verhaltens werden gelegentlich direkt kontrastiert: „Der Geizige ist fern von der Gnade Gottes, fern von den Herzen der Menschen, fern vom Paradies, nahe der Hölle. Der Edle, *ǧawānmard*, ist nahe der Gnade Gottes [usw.]. Nichts bringt die Religion der Menschen so zum Heil wie ein gutes Wesen und die Ritterlichkeit *ǧawānmardī*"[36].

Die Forderung, nicht geizig, nicht kleinlich zu sein, äußert sich zunächst darin, daß Gäste bevorzugt zu behandeln sind. Selbst ungebetene oder feindlich gesonnene sind entsprechend zu empfangen[37]. Es ist ungehörig (*bī-adabī*), Gästen gegenüber etwas zurückzuhalten[38].

Eine gewisse Rolle spielen Einladungen der Brüder reihum. Dies wird über die Gruppe Bahā'uddīns in Buchara berichtet: Dort sei es Brauch gewesen, sich reihum bei einem der Mitglieder zum Essen zu versammeln. Dabei sei ein gutes Mahl aufgetragen worden, ein Nachtisch, Obst oder Süßspeise, sei obligatorisch gewesen. In der Geschichte trifft einen Gastgeber, den Kaufmann Sayfuddīn-i Ḫwārazmī, Zorn und Verachtung, weil er zu geizig war, dafür zu sorgen[39].

Bei diesen Gastereien war es keineswegs üblich, sich im Essen zurückzuhalten, etwa aus Askese-Überlegungen. In einem Bericht muß vielmehr Amīr Kulāl jemanden trösten, der ein Gastmahl im Gemeinschaftshaus (*ǧamā'at-ḫāna*) der Gruppe ausgerichtet hatte, aber, obwohl der Gastgeber die Vorräte reichlich bemessen zu haben meinte, hatte 'Ārif-i Dīkkarānī (Nr. 60) alles ganz allein aufgegessen. Dennoch, so Amīr Kulāl, sei der Zweck erfüllt: Das ganze Essen sei zu Licht geworden[40].

Berichte von Einladungen untereinander finden sich in verschiedenen Formen in allen hagiographischen Quellen, also auch für alle Perioden und Regionen, in denen die Ḫwāǧagān tätig waren. Gastfreiheit als Grundzug von *futuwwa* charakterisiert eine Seite des Alltagslebens der Gruppe.

Im engen Zusammenhang damit steht die Forderung, den Brüdern das zum Lebensunterhalt Notwendige zukommen zu lassen. Die so Bedachten sollen wiederum Gott (nicht dem Spender) für die empfan-

---

36 *Maqāmāt-i Amīr Kulāl* S. 36. – Zu *futuwwa* vgl. außer den bekannten Arbeiten TAESCHNERS auch CAHEN, *Mouvements populaires* I.

37 *Rašaḥāt* S. 311.

38 Vgl. die folgenden Geschichten.

39 *Rašaḥāt* S. 77 f.

40 *Maqāmāt-i Amīr Kulāl* S. 28.

genen Gaben danken[41]. Nicht nur in bezug auf Einladungen ist es verpönt, etwas zurückzuhalten. Das gilt auch für die Anstrengung, für den Einsatz bei den Aufgaben, die der Scheich einem Adepten übertragen hat. Hier ist der Fall eines Nağmuddīn typisch, der als Kaufmann im Auftrag und für Rechnung Ḫwāğa Aḥrārs mit einer Karawane nach Turfan unterwegs war. Diese wurde von ungläubigen Qalmāq überfallen. Alle halten Widerstand für zwecklos und ergeben sich einzeln in Gefangenschaft, d. h. Sklaverei. Nağmuddīn jedoch packt folgender Gedanke: „Es liegt der Methode der aufrichtigen Unterordnung und dem Geleitetwerden auf dem Pfad sowie der Lebensweise nach Mannesehre und *futuwwa* äußerst fern, das Gut Ḫwāğa Aḥrārs Wegelagerern zu überlassen [...] Es gibt nichts Besseres, als daß ich um des Kapitals Ḫwāğa Aḥrārs willen getötet werde!"[42] Mit diesen Worten drischt er drauflos, durch Ḫwāğa Aḥrārs wundersame Hilfe erfolgreich. Dieser Mann wird also dafür gelobt, daß er meint, nicht einmal das eigene Leben „zurückhalten" zu dürfen[43].

Ein weiterer Grundsatz des edlen Verhaltens, *ğawānmardī*, könnte als Respekt vor den Wünschen des Gegenübers, ja vor der Schöpfung überhaupt formuliert werden. Ein angebotenes Geschenk darf man nicht ablehnen, und wenn ein Herrscher die eigene Tochter zur Ehe anbietet, so muß man alle Bedenken hintanstellen[44]. Von Bahā'uddīn heißt es, er habe, bei einem Anhänger zu Gast, alle, auch die Sklaven, nach ihrem Befinden gefragt, für alle ein freundliches Wort gehabt. Beim Abschied habe er der Mühe wegen, die sein Besuch verursacht hat, sich bei allen entschuldigt und davon auch die Tiere, die für ihn eingesetzt worden waren, nicht ausgenommen[45]. Besonderer Respekt gebührt natürlich den Älteren und vor allem dem Scheich.

Vielleicht können auch die allgemeinen „Benimm-Regeln" in diesem Zusammenhang erwähnt werden. (Man soll nicht gähnen, nichts aus dem Munde herauskommen lassen, auch nicht beim Husten; man soll nicht mit untergeschlagenen Beinen sitzen usw.)[46]. Pflicht im Verhalten Brüdern gegenüber ist auch der Krankenbesuch.

Nachlässigkeit im Beachten all dieser Grundsätze oder Verstöße gegen sie nennen die Quellen *bī-adabī*. Solches Verhalten ist oft der Grund für

---

[41] *Faqarāt* 11/7.

[42] *Rašaḥāt* S. 298 f.

[43] Zur Formel „Einsatz von Leib und Gut für die Scheiche" s. u. S. 77.

[44] Eine entsprechende Geschichte wird von Aḥmad-i Ḥiḍrūyā erzählt, *Silsilat* fol. 142 b – 143 a, *Masmūʿāt* 187 a. Zu Aḥmad-i Ḥiḍrūyā vgl. MEIER, *Abū Saʿīd*, S. 22.

[45] *Anīs* 46 a.

[46] Solche „Benimm-Regeln" z. B. in *Rašaḥāt* S. 230.

strafendes Eingreifen des Scheichs, wobei er seine von Gott verliehene Kraft einsetzt, in der Welt auch jenseits des alltäglich Gewohnten wirken zu können (*himmat* oder *taṣarruf*). Dabei werden auch Handlungsweisen politischer Gegner, die sich gegen die Interessen der Gruppe und ihrer Anhänger richten, in der gleichen Weise bezeichnet und daher auch geahndet[47]. Das Verhalten nach dem Ideal von *futuwwat* und *ǧawānmardī* ist nichts speziell Sufisches und schon gar keine Eigenheit der Ḫwāǧagān. Es ging hier darum, festzustellen, daß diese Grundsätze den Alltag auch dieser Gruppe durchdringen, daß Gastfreiheit und die Forderung, im Dienst an der Gruppe, vor allem ihrem Haupt, aber auch den Gliedern, nichts zurückzuhalten, ebenso wie Achtung vor den Geschöpfen und Respekt vor Älteren das Verhalten der Anhänger der Gruppe bestimmen sollen. Dabei können auch kleinere Verstöße streng bestraft werden[48].

Tägliche Pflichten

Für Mitglieder einer sufischen Vereinigung wie den Ḫwāǧagān ist, wie gezeigt, die Erfüllung der täglichen religiösen Pflichten eines Muslim selbstverständlich. Gleiches gilt für das Fasten im Ramadan; auch die Pilgerfahrt wird, wo es geht, durchgeführt. Darüber hinaus werden den Adepten spirituelle Übungen auferlegt, und zwar im wesentlichen solche, die ein jeder für sich zu treiben hat. Das sind vor allem supererogatorische

---

[47] Erläuterungen zu *himmat* und *taṣarruf* gibt GRAMLICH, *Wunder der Freunde Gottes* S. 171 – 173. – Eine etwas andere Sicht von *bī-adabī* bei GROSS, *Khoja Ahrar*, S. 72 ff. GROSS betont die Klarheit, mit der die Grenzen gezogen sind: „The great number of examples of *bī-adabī* behavior implied that Ahrar demanded strict guidelines of behavior. The boundaries of proper and improper behavior were clearly drawn." (S. 73). – Ihre Erklärung ist: „This behavior was perceived as *bī-adabī* by Ahrar, and so could be interpreted as an insult to Ahrar's divine self, a challenge which could not be tolerated" (aaO). Das erklärt, warum auch geringfügige Verstöße hart geahndet werden können, oder besser: warum es keine „geringfügigen Verstöße" gibt.

[48] Als Hinweis auf Definition von *futuwwat* bei anderen sufischen Gruppen folgende Stelle aus *Mirṣād al-ʿibād*: „Das zehnte [Prinzip beim Verhalten] ist die *futuwwat*. Der Murid soll ein Edler, *ǧawānmard*, sein und jeder Person geben, was ihr gebührt, so wie er es vermag, und nicht darauf bestehen, daß ihm nach Gebühr gegeben wird", *Mirṣād* S. 260, Üb. ALGAR S. 262; Ablehnung von Geiz: „Das neunte ist die Freigebigkeit *baḏl* [...]. Der Geiz ist eine mächtige Fessel und ein dichter Schleier" (aaO, S. 259 f.; Üb. S. 262).

Nachtgebete[49]. In den entsprechenden Texten werden Form, Wortlaut und Zeitpunkt der Gebete genau vorgeschrieben, und es wird für sie ein bestimmter Jenseitslohn in Aussicht gestellt[50]. Hinweise darauf, wie oft und in welcher Form etwa gemeinsame *ḏikr*-Übungen stattgefunden hätten, gibt es nicht. Fast scheint es, daß solche Übungen gar keinen zentralen Platz im Gemeinschaftsleben der Gruppe eingenommen hätten. Ist von gemeinschaftlichen spirituellen Veranstaltungen die Rede, so heißen sie *ṣuḥbat* oder *ham-nišīnī*. Dabei werden sowohl *ḏikr*-Übungen als auch andere Formen mystischer Praxis stattgefunden haben[51]. Da aber die Ḫwāǧagān keine *samāʿ*-Sitzungen kennen, steht die gemeinschaftliche Andacht nicht so sehr im Mittelpunkt des Interesses.

Die vorgeschriebenen supererogatorischen Übungen ziehen sich von einem Zeitpunkt vor dem Morgengebet bis weit in den Vormittag hinein. Bestimmte Koranstellen und Reueformeln (*tawba*) werden teilweise sehr oft wiederholt. Diese Gebete sind teils zu Hause, teils in der Moschee zu verrichten[52]. Erst nach alledem soll der Adept, je nachdem, welchem Berufsstand er angehört, sich dieser Tätigkeit widmen; genannt werden das Studieren für den *ṭālib-i ʿilm*, die Erwerbstätigkeit für den *kāsib* und Gottesgedenken und Selbstkontrolle (*ḏikr wa murāqaba*) für den *sālik*, „Schreitenden“[53]. Neben diesen Vorschriften regeln die „8 Prinzipien“ das tägliche religiöse Leben der Adepten[54], insbesondere der Grundsatz *ḫalwat der anǧuman*. Die ausführlichste Erläuterung zu diesem Grund-

---

[49] Schilderungen der im Verlauf eines Tages dringend empfohlenen, also eigentlich obligatorischen Übungen in *Unsiyya* 14 a – 15 b und in dem Ḫwāǧa Aḥrār zugeschriebenen Traktat *Anfās-i nafīsa*, dessen Hauptgegenstand sie sind.

[50] Besonders deutlich in *Anfās-i nafīsa*.

[51] Vgl. z. B. die Schrift Ǧāmīs *Risāla-yi Ǧāmī*, in der die drei Methoden *ḏikr*, *tawaǧǧuh* und *rābiṭa* unterschieden werden; S. 141 – 148.

[52] Eine Vorliebe für die Moschee in *Unsiyya*, für das Privathaus in *Anfās-i nafīsa*.

[53] *Unsiyya* 15 a.

[54] Die 8 Grundsätze, die ʿAbdulḫāliq-i Ġiǧduwānī zugeschrieben werden, sind: Bewußt atmen, Auf die Schritte achten, Im Heimatland reisen, Abgeschiedenheit in der Menge, Gedenken, Zurückkehren, Aufmerksamkeit, Erinnernde Sammlung; *hūš dar dam*, *naẓar bar qadam*, *safar dar waṭan*, *ḫalwat dar anǧuman*, *yād kard*, *bāz gašt*, *nigāh dāšt*, *yād dāšt*. Aufzählung und Erläuterung in *Rašaḥāt*, S. 20 ff. – Bahāʾuddīn hat 3 weitere Grundsätze hinzugefügt, nämlich Achten auf die Zahl, Achten auf die Zeit, Achten auf das Herz, *wuqūf-i ʿadadī*, *wuqūf-i zamanī*, *wuqūf-i qalbī*, die an gleicher Stelle genannt und erläutert werden. – Zu den Grundsätzen vgl. ALGAR, *Survey*, S. 133 ff.; zu *ḫalwat dar anǧuman* auch GROSS, *Khoja Ahrar*, S. 68 f. Moderne Darstellungen der Grundsätze in ERAYDIN, *Tasavvuf ve Tarikatlar*, S. 222 – 227; ŞAPOLYO, *Mezhepler ve Tarikatlar Tarihi*, S. 145 ff.; AFSACHZOD, *Rūzgor wa osori Abdurrahmoni Ǧomī*, 56 f. – Besonders das Prinzip *ḫalwat dar anǧuman* hat weit über die Naqšbandiyya hinaus Verbreitung gefunden, vgl. GRAMLICH, *Schiitische Derwischorden* II, S. 455.

satz, von dem es heißt, Bahā'uddīn habe ihn für den eigentlich unterscheidenden der Ḫwāǧagān-Methode gehalten, finden sich in *Rašaḥāt*. Dort werden im wesentlichen zwei Sätze dazu ergänzt. Der erste lautet, das Prinzip bestehe darin, mit dem Herzen bei Gott, äußerlich aber bei den Geschöpfen zu sein[55]. Der zweite Satz, Ḫwāǧa Awliyā-yi Kabīr (Nr. 24) zugeschrieben, besagt, man solle so vertieft sein, daß man auf den Basar gehen und dort Handel und Gewerbe treiben könne, dabei aber alles Geschrei und Geschwätz nur als *ḏikr* wahrnehme[56].

Aus dieser Anordnung der täglichen Pflichten ergibt sich, daß die Mitglieder der Ḫwāǧagān sich nur in unauffälliger Form von ihren nichtaffiliierten Nachbarn unterscheiden. Es gibt keine spektakulären Gemeinschaftsversammlungen, insbesondere keinen *samā'*; es ist nachgerade Prinzip, alltägliches Leben und mystischen Fortschritt so zusammenzubringen, daß Nichteingeweihte vom Letzteren nichts bemerken. Dabei sind die Anforderungen, die die Gruppe an ihre Mitglieder stellt, möglicherweise keineswegs geringer als die anderer Vereinigungen; daher sind auch die Bande, die den einzelnen Adepten mit der Gruppe verknüpfen, nicht weniger eng als anderswo.

Aus dieser Unauffälligkeit des Ritus, der mystischen Praxis in Verbindung mit alltäglichem Leben hat die Naqšbandiyya in späterer Zeit einen großen Teil ihrer Lebensfähigkeit gezogen, besonders in Situationen, in denen öffentliches Auftreten von sufischen Vereinigungen nicht opportun oder schlicht verboten war[57].

Zusammenfassung: Der kurze Blick auf einige der geistigen Grundlagen der Ḫwāǧagān wies sie als eine fest in der Sunna stehende Gruppe aus, die sich besonders auf die Ḫurāsāner mystische Tradition beruft. Eine besonders „nüchterne" Methode charakterisiert ihre mystische Praxis. Vor allem das Prinzip *ḫalwat der anǧuman* ermöglicht es auch weniger bemittelten Menschen, vollgültige Mitglieder zu werden, ohne ihren bisherigen Lebensstil ganz ändern zu müssen; sie können wie zuvor ihrem Gewerbe nachgehen; oft wird es sogar so gewesen sein, daß die Mitmenschen von ihrer Affiliation bei den Ḫwāǧagān nichts wußten. Hierin kam die Lehre der Ḫwāǧagān vielleicht einem Lebensgefühl ihrer handwerklich-kleinstädtischen und bäuerlich-seßhaften Anhängerschaft entgegen.

---

[55] *Rašaḥāt* S. 23 und 200 (*rašaḥa* 8).

[56] *Rašaḥāt* S. 23 und 268 (*rašaḥa* 27); *Masmūʿāt* 119 b – 120 a.

[57] Vgl. die zahlreichen Publikationen von A. Bennigsen und Ch. Lemercier-Quelquejay zum Fortleben sufischer Organisationen in der Sowjetunion. Für ein ähnliches Fortleben in der kemalistischen Türkei s. Algar: *The Naqshbandi Order in Republican Turkey*.

3. Erwerb der Mittel des Lebensunterhalts

Für die soziale Einordnung der Naqšbandiyya wie anderer mystischer Gruppierungen auch ist die Frage, woraus die Mitglieder, Anhänger und Scheiche der Gruppe ihren Lebensunterhalt bestritten, gewiß eine der wichtigsten. Die Quellen geben hierzu auch reichlich Auskunft. Der Komplex wird in mehreren Abschnitten behandelt: a) Lehrhafte Äußerungen zum Erwerb des Lebensunterhalts, b) die in den Quellen belegten Fälle, und hier zuerst die eigene Berufstätigkeit, sei es landwirtschaftlich, handwerklich, kaufmännisch oder „intellektuell", c) Einkünfte aus der Eigenschaft als Mystiker selbst, Tätigkeit als Scheich eines Grabmals, Zuwendungen von Gläubigen aus Gelübden oder als Geschenk, d) Einkünfte aus Stiftungen *awqāf*, e) übrige Quellen des Lebensunterhalts, besonders Betteln und Tricks. Es folgt f) eine Erörterung, welche Form des Erwerbs wann und wo überwog.

Lehrhafte Äußerungen

Aus den Ausführungen im vorigen Kapitel, besonders zum Grundprinzip *ḫalwat dar anǧuman*, ergibt sich eigentlich zwangsläufig, daß die Gruppe von ihren Mitgliedern grundsätzlich erwartet, daß diese für den eigenen Lebensunterhalt selbst sorgen. So empfiehlt Ḫwāǧa Aḥrār: „Wenn [ein Adept] von den Brüdern keine Hilfe zum Lebensunterhalt bekommt, so soll er in dem Maße, wie es nötig ist, Gewerbe oder Handel oder etwas anderes treiben, damit er sein Genüge habe"[1]. So ist also die

[1] *Faqarāt* 11/17. – Ganz programmatisch formuliert Riḍā'uddīn 'Abdulġafūr (Nr. 93) die Forderung, jeder Adept müsse auch einen Brotberuf haben: „Die Beschäftigung mit irgendetwas zum Erwerb des Äußeren [sc. des Lebensunterhalts] ist nötig, damit diese Person [sc. der Adept] nicht vom Rest des Volkes herausgehoben werde und sich irgendwie auszeichne. Hast du nicht gehört, daß jemand zu einem Großen [sc. einem sufischen Meister] kam und bat, er möge ihn eine Methode lehren? Dieser fragte: Hast du einen Beruf? Jener: Nein. Darauf dieser: Dann geh, lern Baumwolle nähen [? *panba-dūzī ba-āmūz*], denn der leuchtende innere Sinn dieser Gruppe ergibt sich nicht ohne ein äußeres Gewerbe!", *Rašaḥat* S. 164. – Afsachzod zitiert an der fraglichen Stelle *pīna-dūzī* „Flickschneiderei"; *Rūzgor* [...] S. 57.

Erwerbstätigkeit *kasb* kein Ziel in sich, sondern dient nur zur Abdeckung der Grundbedürfnisse. Ein zweites Motiv, selbst für sich zu sorgen, ist, daß man den Leuten nicht zur Last fallen soll[2], ein drittes, daß es besser ist, wenn man auch anderen geben kann. Dies letztere Motiv wird mit dem Verhaltensgrundsatz der *futuwwa* und *muruwwa* in Verbindung gebracht; so heißt es, daß Qāsim-i Tabrīzī und seine Gefährten erwerbstätig gewesen seien, den Erlös hätten sie aus Wohltätigkeit und Freigebigkeit weggegeben[3]. Bei alledem ist natürlich darauf zu achten, daß der Erwerb erlaubt, *ḥalāl* ist; besser ist es jedenfalls, auch mühsamen und verachteten Gewerben nachzugehen als Geschenke zweifelhaften Ursprungs, gar von Herrschern, anzunehmen[4]. Weiter darf die Erwerbstätigkeit den Adepten nicht von seiner Ausrichtung auf Gott ablenken[5]. Dies wird besonders Kaufleuten ans Herz gelegt, weil das kaufmännische Profitstreben leicht einen Schleier zwischen Gott und den Adepten zieht[6].

Vom andernorts an die erste Stelle gesetzten Prinzip des absoluten Vertrauens auf Gott, *tawakkul*, ist im Zusammenhang mit Reisen, nicht zuletzt der Pilgerfahrt, die Rede. Reisen soll nur, wer entweder in diesem Gottvertrauen oder in der Erwerbstätigkeit *kasb* sehr stark ist[7]. Für die große Mehrzahl derjenigen, die zu Hause bleiben, gilt, daß sie auf natürliche Weise, sei es durch gegenseitige Hilfe, sei es durch eigene Erwerbstätigkeit, für den Lebensunterhalt sorgen müssen.

Ein weiteres allgemein-sufisches Prinzip, das der Armut *faqr*, wird durchaus auch hochgehalten. Von neu zur Gruppe stoßenden Adepten wird vielleicht nicht nachgerade verlangt, daß sie ihren irdischen Besitz aufgeben, es wird aber doch empfohlen, soweit der Besitz über das hinausgeht, was zum Nötigsten gehört. Es wird die Frage diskutiert, ob ein Scheich einem Adepten, der unbedingt gleich alles weggeben will, dies erlauben dürfe. Als Regel dabei soll gelten, daß der Adept dies Nötigste behalten müsse; sei er aber nicht davon abzubringen, gar nichts mehr besitzen zu wollen, so müsse ihm auch dies erlaubt werden[8]. Das

---

[2] *Masmūʿāt* 136 b.

[3] *Rašaḥāt* S. 237. – Eine ähnliche Aussage in einem anderen Zusammenhang: *Maqāmāt-i Amīr Kulāl* S. 35. – Qāsims Gewerbe war das Mützennähen, *Masmūʿāt* 115 b.

[4] *Masmūʿāt* 136 b.

[5] *Faqarāt* 37/18; *Silsilat* 43 b.

[6] Vgl. die Geschichte aus der Umgebung Bahāʾuddīns, s. u. S. 44. – Hierzu auch die Explikationen zu *riǧālun lā tulhīhim tiǧāratun wa lā bayʿun ʿan ḏikri llāhi* (Koran 24:37) in *Masmūʿāt* 115 b.

[7] *Masmūʿāt* 180 a; *Silsilat* 82 a.

[8] *Faqarāt* 40/3; *Silsilat* 182 b, 185 a, 211 a, 221 b. In *Masmūʿāt* wird einmal Abū Bakr als Vorbild hingestellt, der sein ganzes, und ʿUmar, der sein halbes Vermögen gespendet habe (191 b). Auch Ibn al-ʿArabī habe sein ganzes Eigentum weggegeben (*Masmūʿāt* 192 a; *Silsilat* 125 a).

unterscheidet die Ḫwāǧagān von anderen Gruppen, bei denen die Aufgabe des gesamten Besitzes und auch der Stellung im Leben außerhalb der Gemeinschaft verlangt wird[9].

Eine dem entsprechende weitgehende Ablehnung von Reichtum findet sich in den Quellen ebenfalls. Yaʿqūb-i Čarḫī empfiehlt, während man die rituelle Reinigung vornehme, um Reinigung vom Besitz zu bitten[10], in den *Maqāmāt* des ʿAbdulḫāliq wird gedroht, jeder fahre zur Hölle, der sich zu den Reichen geselle[11]; es wird dringend geraten, sich vor dem Tode seines Besitzes zu entledigen, andernfalls sterbe man unrein[12].

Für welche Zwecke der Besitz weggeschenkt werden soll, kann nur indirekt erschlossen werden[13].

Andersherum kommt auch der Reichtum von Gott; *al-ġanī*, „der Reiche", ist einer der Namen Gottes, daher soll man sich Reichen demütig nähern[14].

Es ergibt sich eine Position, die den Anhängern ein Leben in Genüge nahe legt, ohne die Möglichkeit zu verschließen, daß man auch wohlhabend, ja reich sein kann, solange man ansonsten gottesfürchtig lebt und den Besitz vor dem Tod einem guten Zweck zuführt. Reichtum ist nicht an sich schlecht, aber es bedarf der Rechtfertigung, wenn jemand sich über das Nötigste hinaus mit Erwerb befaßt. Solche Rechtfertigungen hat Ḫwāǧa Aḥrār, was seinen eigenen nicht unerheblichen Besitz angeht, mehrere gegeben; sie werden im Zusammenhang mit seiner wirtschaftlichen Tätigkeit dargestellt.

Berufstätigkeit in Landwirtschaft, Handwerk und Handel sowie „intellektuelle" Tätigkeit

Wer von den erwähnten Personen welchen Beruf ausübte, kann einmal durch Namensbestandteile, zum andern durch direkte Angaben im Text festgestellt werden. Dabei ergibt sich bei Namensbestandteilen insofern eine Unsicherheit, als auch Fälle vorkommen, in denen jemand den Beruf, den sein Name bezeichnet, nicht oder nicht mehr ausgeübt

---

[9] *Awrād al-aḥbāb* des Kubrawī-Scheichs Abū Mafāḫir Yaḥyā, Enkel des Sayfuddīn-i Bāḫarzī: *bar murīd wāǧib ast ki az māl wa ǧāh bīrūn āyad*, „Der Murid soll seinen Besitz und seine gesellschaftliche Stellung aufgeben", S. 85.

[10] *Unsiyya* 5 b.

[11] *Maqāmāt-i ʿAbdulḫāliq* S. 10 und HS Ethé 1923/I 10 a.

[12] *Silsilat* 187 a.

[13] S. u. S. 77 f.

[14] *Silsilat* 103 b, *Malfūẓ* 103 b, *Masmūʿāt* 128 b und 173 a.

hat, sondern den Namen nur noch vom Vater (oder Großvater usw.) her trägt; bei direkten Angaben ist kritische Distanz im Einzelfall geboten, weil insbesondere Quellen, die in einem größeren zeitlichen Abstand zu ihren Gestalten verfaßt sind, eine klare Tendenz zur Idealisierung früherer Zustände haben. Es kommt für die in dieser Arbeit verfolgten Zwecke nicht darauf an, daß alle diese Angaben auch im Einzelnen zutreffen. Vielmehr erlaubt es die Masse der berichteten Geschichten und überlieferten Namen, die Gruppe recht genau in einem für die jeweilige Zeit und den jeweiligen Ort definierbaren sozialen Raum zu verankern, vorausgesetzt, man kann Idealisierung der ferneren Vergangenheit ausschließen.

Diese Gefahr läßt sich aber auf ein recht geringes Maß reduzieren. Es liegen bereits für das frühe 15. Jahrhundert, also die Zeit unmittelbar nach dem Tod Bahā'uddīns, Quellen vor, die mit einiger Sicherheit datierbar sind, nämlich *Anīs*; auf die gleiche Generation, nämlich die Bahā'uddīns und seiner Nachfolger, bezieht sich *Maqāmāt-i Amīr Kulāl*[15]. Die Hagiographien über Leben und Wirken Ḫwāǧa Aḥrārs sind so kurz nach dessen Tod entstanden, daß den Lesern und Hörern bekannt gewesen sein muß, welche soziale Gruppen zur Klientel der Ḫwāǧagān gehörten und aus welchen sich die Mitglieder des „inneren Kreises" um Ḫwāǧa Aḥrār rekrutierten. Für die Generation vor Bahā'uddīn allerdings kann Idealisierung nicht ausgeschlossen werden, da die hier vorliegenden Quellen entweder nicht datierbar sind[16], oder, wie *Rašaḥāt*, in einem zu großen zeitlichen Abstand zu den Ereignissen stehen.

Einen großen Teil der so feststellbaren Berufsangaben könnte man als „Berufe des eher ländlichen Handwerks" zusammenfassen. Das gilt besonders für die Ḫwāǧagān aus Buchara und Umgebung. Bereits von Yūsuf-i Hamadānī heißt es, er sei der Landwirtschaft und gleichzeitig einem Handwerk, nämlich dem Stiefelnähen *mūza-dūzī* nachgegangen[17]. Diese Angabe ist so typisch für die ganze Periode bis Bahā'uddīn einschließlich, daß sie, gerade weil deswegen an ihrer historischen „Wahrheit" gezweifelt werden muß, als Zusammenfassung gleich eingangs genannt werden soll.

---

[15] S. Einleitung. – Die *Maqāmāt* des Abū'l-Muḥsin können, da sie sogar auf *Maqāmāt-i [...] 'Ubaydullāh Aḥrār* mit einer Geschichte Bezug nehmen, die auch in *Masmū'āt* vorkommt (S. 41 entspr. *Masmū'āt* 167 b) am ehesten „um 1500" datiert werden.

[16] Das gilt besonders für die beiden von Sa'īd-i Nafīsī edierten Texte in FIZ 1 und 2. Vgl. für die *Risāla-yi ṣāḥibiyya*, in der über Leben und Wirken Yūsuf-i Hamadānīs gesprochen wird, die Bemerkungen von Molé in *Daré Mansour*, S. 35 Anm. 4.

[17] *Risāla-yi ṣāḥibyya*, FIZ 1, S. 85.

Töpfer sollen gewesen sein: Maḥmūd-i Anğīr-Fağnawī (Nr. 38), Amīr Kulāl (Nr. 51), Šamsuddīn-i Kulāl (Nr. 67), Šayḫ Sirāğ-i Kulāl (Nr. 78) und ein Gefährte Bahā'uddīns ('Ārif-i Kulāl)[18]. Weber war 'Alī-yi Rāmītanī (Nr. 41), andere Textilberufe hatten Muḥammad-i Kulādūz (Nr. 46) und zwei Gefährten Bahā'uddīns, Muḥammad-i Darzī-yi Ṭawā'isī (Schneider)[19] und Ḥusayn-i Mūza-Furūšī (Stiefelverkäufer mit eigener Werkstatt)[20]. Auch Bahā'uddīn wird mit einem Handwerk in Verbindung gebracht, sein Vater und er sollen Mattenflechter, *kuḫābāf* gewesen sein[21]. Weiter kommt ein Schmied vor, in dessen Werkstatt/Laden Bahā'uddīn einen Mağlis abhält[22]; ein Nadelschmied könnte ein Gefährte Amīr Ḥamzas (Nr. 53) gewesen sein: Šayḫ 'Umar-i Sūzanī[23]. Auch die drei mit *Ḥallāğ* bezeichneten Personen können als Handwerker angesprochen werden[24], auch wenn man bei diesem Namensbestandteil, der ja an den berühmten Ḥusayn b. Manṣūr al-Ḥallāğ erinnert, nicht sicher sein kann, ob sie wirklich als Baumwollentkerner gearbeitet haben. Ein ähnlicher Fall ist mit dem Namen *'Aṭṭār* gegeben; möglicherweise ist die Erinnerung an den auch von den Ḫwāğagān hochgeschätzten Farīduddīn-i 'Aṭṭār verantwortlich dafür, daß 'Alā'uddīn-i 'Aṭṭār und seine Nachkommen den Namen weitertragen, obwohl aus dem Text klar hervorgeht, daß sie nicht mehr Drogisten und Parfümerie-Händler gewesen sind[25].

Ganz ländliche Tätigkeiten dienen Amīr Ḥamza und einigen seiner Gefährten zum Verdienst des Lebensnotwendigen: Sie jagen, in der Hauptsache Vögel, vielleicht in den wildreichen Gebieten, in denen der

---

[18] *Anīs* 86 b.

[19] *Rašaḥāt* S. 280 (*rašaḥa* 69); *Anīs* 161 b.

[20] *Silsilat* 52 a und 54 a; *Anīs* 84 a/b.

[21] *Maqāmāt* Abū'l-Muḥsin, S. 7. – Hier spielt wahrscheinlich die Idealisierung alter Zeiten eine Rolle, denn *Anīs* berichtet Derartiges nicht. Dort heißt es vielmehr, Bahā'uddīn habe von Landwirtschaft gelebt: *Anīs* 45 a. Daneben gibt es bekanntlich Berichte, nach denen Bahā'uddīn zeitweilig Henker gewesen sein soll (*Maqāmāt-i Amīr Kulāl*, S. 22, daraus übernommen *Maqāmāt* Abū'l-Muḥsin S. 9). In *Anīs* kommt derlei nur als böswillig ausgestreutes Gerücht vor (133 a ff.). Diese Berichte verdienen eine ausführlichere Analyse, als sie hier geleistet werden kann.

[22] *Anīs* 92 b.

[23] *Maqāmāt-i Amīr Kulāl*, S. 79.

[24] Dies sind Muḥammad-i Ḥallāğ-i Balḫī (Nr. 45); Pahlawān Maḥmūd-i Ḥallāğ-i Samarqandī, *ḫalīfa* des Amīr Kulāl (dessen *Maqāmāt*, S. 79); Muḥammad-i Ḥallāğ, Bahā'uddīns Konkurrent in Buchara, *Rašaḥāt* S. 76, *Masmū'āt* 136 a.

[25] Neben 'Alā'uddīn-i 'Aṭṭār (Nr. 80) auch dessen Sohn Ḥasan-i 'Aṭṭār (Nr. 81) und Enkel Yūsuf-i 'Aṭṭār. Daneben wird ein Muḥammad-i 'Aṭṭār-i Samarqandī erwähnt, älterer Zeitgenosse Ḫwāğa Aḥrārs: *Rašaḥāt* S. 274 (*rašaḥa* 48; *Masmū'āt* 153 a.

Zerafschan im Sand verläuft[26]. Sein Bruder Amīr Šāh (Nr. 58) lebt davon, daß er Salz in der Steppe sammelt und dieses verkauft[27].

Landwirtschaftliche Tätigkeit wird von ʿĀrif-i Dīkkarānī (Nr. 60) berichtet, er baut mit seinen Muriden gemeinsam Baumwolle an. Gemeinschaftliche Bestellung von Baumwollfeldern wird auch aus der Umgebung Bahā'uddīns berichtet[28]. Auch Šayḫ Mubārak (Nr. 57) ist Landwirt, und zwar in der Gegend von Nasaf/Qaršī, gelegentlich heißt es, Amīr Kulāl oder einer von dessen Schülern sei nach Nasaf in das Dorf Šayḫ Mubāraks gegangen[29]. Vielleicht geht die frühe enge Verbindung nach Nasaf/Qaršī auf ihn zurück.

Vor allem die *Maqāmāt-i Amīr Kulāl* sind in einem völlig dörflichen Milieu angesiedelt. Geschenke an den Šayḫ am *mazār* Amīr Kulāls erfolgen in Naturalien, erwähnt werden Melonen und Hammel[30].

In *Anīs* ist das Milieu halb dörflich, halb städtisch; ein großer Teil der Geschichten spielt in Buchara, aber es ist normal, daß jemand, der in der Stadt wohnt oder dort tätig ist, draußen vor der Stadt mindestens einen Garten, wenn nicht auch Felder hat. Besonders der Anbau von Obstbäumen wird sehr hoch geschätzt, solche Bäume sind durchaus erwähnenswert[31].

Das städtische Milieu ist dabei durch den Basar von Buchara bestimmt und begrenzt. Dort spielen zahlreiche Geschichten; wir erleben auch einige der Gefährten Bahā'uddīns in der kaufmännischen Tätigkeit. Nicht immer stehen die Autoren der Hagiographien dem positiv gegenüber, besonders der schon erwähnte Sayfuddīn-i Ḫwārazmī geht der Gruppe verloren, weil er sein Herz an das Geld gehängt hat[32]. Daneben dürften viele von den Handwerkern ihre Läden und Werkstätten auf dem Basar gehabt haben.

---

26 Zahlreiche Geschichten in *Maqāmāt-i Amīr Kulāl*, z. B. S. 28 ff., S. 56.

27 Vgl. den Eintrag in *Rašaḥāt* S. 47. – Diese Art, den Lebensunterhalt zu verdienen, wird von sehr asketischen Männern so oft berichtet, daß sie als Topos gelten kann. Hintergrund ist die Sorge um *rizq ḥalāl*, erlaubte Speise, die diese Sufis umtreibt. Alles, was beim Erwerb des Lebensnotwendigen zum Einsatz kommt, Werkzeug, Rohstoffe usw., muß absolut zweifelsfrei *ḥalāl* sein. Das Beste ist es also, wenn man alles selbst macht. Daher die Vorliebe für Sammeln und Jagen.

28 *Anīs* 129 a.

29 Z. B. *Maqāmāt-i Amīr Kulāl* S. 23, 31; *Maqāmāt* Abū'l-Muḥsin S. 30.

30 Melonen reifen wunderbar durch Eingriff eines Scheichs: berichtet von Amīr Ḥamza in *Maqāmāt-i Amīr Kulāl* S. 56, von Bahā'uddīn *Anīs* 46 b. Die Melonen waren jeweils Geschenke von Bauern und unreif. – Hammel als Geschenk: *Maqāmāt-i Amīr Kulāl* S. 41 und 51.

31 *Anīs* 129 b, *Rašaḥāt* S. 77, *Silsilat* 110 b.

32 *Rašaḥāt* S. 77 f.

Für die Zeit, in der Buchara das hauptsächliche Tätigkeitsfeld der Gruppe ist, werden auch einige wenige genannt, deren Beruf die Wissenschaft ist. Dazu gehört vor allem Ḥusāmuddin-i Šāšī (Nr. 54), der mit seinem Vater nach Buchara kam und dort an einer Madrasa lehrt. Zudem wird er von Ulug Bek zum Qāḍī ernannt, gegen seinen Willen, wie es heißt[33]. Es trifft deutlich auf Mißbilligung, daß er das Amt antritt, was nicht allein mit der Haltung der Ḫwāǧagān zu Ulug Bek, sondern auch mit dem allgemeinen Mißtrauen Ämtern gegenüber zusammenhängt, die von einem Herrscher vergeben werden. Zu nennen ist noch ein weiterer Sohn Amīr Kulāls, Amīr ʿUmar (Nr. 59), der Muḥtasib von Kiš, also Šahr-i sabz, war[34]. Angesichts seiner Amtsführung hat man dagegen keine Einwände.

Später, als der Schwerpunkt der Gruppe (oder der Berichte) sich von Buchara weg nach Herat und Samarkand verlagert, ändert sich auch das Bild, was die berufliche Einteilung angeht. Für Herat werden Personen mit dörflichem Hintergrund ganz selten. Šamsuddīn-i Rūčī (Nr. 96) stammt zwar vom Lande, aber das ist eine Kindheitserinnerung; ʿAlāʾuddīn-i Apazī (Abīžī) (Nr. 95) kehrt nach seiner Ausbildung in Herat in sein Dorf zurück, wenn auch widerwillig. Er ist wohlhabend, hat eine Seidenraupenzucht, außerdem ist er *kadḫudā* („Ältester") seines Dorfes[35]. Handwerker der für Buchara typischen Kategorien rücken gleichfalls an den Rand. Wir treffen den Besitzer eines Kleiderladens[36], einen Töpfer[37] und jemand, der vielleicht Weber ist[38]. Stattdessen treten Leute auf, die in „edleren" Gewerben arbeiten, und zwar besonders im Zusammenhang mit der Herstellung von Büchern; zwei Buchbinder kommen vor und ein Papiermacher[39]. Daneben, aber doch wohl sozial höher stehend, Farḫ-i Tabrīzī, Inhaber der Eichgewichte und Ältester der Goldschmiede und Geldwechsler/Bankiers[40]. Besonders häufig aber werden Personen genannt, die in der einen oder anderen Weise von der Wissenschaft, wenn

---

[33] So in *Masmūʿāt* 175 a. Ḥusāmuddīns Verhältnis zu Ulug Bek weniger angespannt in *Manāqib* 92 b. – Zu Ulug Bek s. u. S. 240 ff.

[34] *Maqāmāt-i Amīr Kulāl* S. 59 f. Dieser Quelle zufolge ist er letztendlich in Sūḫārī begraben. Zeitweilig wurde sein Grab in Timurs Mausoleum Gūr-i Amīr vermutet, vgl. SEMĖNOV: *Nadpis' na nadgrobii psevdo-Sejid Omara*.

[35] *Rašaḥāt* S. 126 f.

[36] Er heißt ʿAlī Pīr, *Rašaḥāt* S. 125 f.

[37] Zaynuddīn ʿAlī-yi Kulāl, ursprünglich aus Šīrāz bei Samarkand, *Rašaḥāt* S. 251 (*rašaḥa* 2).

[38] Mawlānā Aḥmad-i Kārīzī, *Rašaḥāt* S. 226.

[39] Abū Saʿīd-i Muǧallid, *Rašaḥāt* S. 307; *Silsilat* 139 b – 140 a; Ḥāǧǧi Maḥmūd-i Muǧallid, *Silsilat* 139 a/b; *Masmuʿāt* 168 b; Ḫwāga Zakaryā-yi Warrāq, *Rašaḥāt* S. 347.

[40] Lebte zur Zeit Šāhruḫs, *Rašaḥāt* S. 226.

nicht von der Mystik, leben. Man bewegt sich unter den Gebildeten der Hauptstadt, einige Vertreter, allen voran natürlich Ǧāmī, prägen das kulturelle Leben nachdrücklich. Die Verbindungen reichen bis in Hofkreise. Ḥasan-i ʿAṭṭār, der jedenfalls gelegentlich Šāhruḫs Ohr hatte, verfaßte ein Handbuch über die Methode der Ḫwāǧagān auf Bitten eines Mannes vom Hof. Dasselbe wird von Iṣfahānī (Nr. 85) berichtet. In Ǧāmīs *Risāla* liegt ein derartiger Text vor: Nach Auskunft der Vorrede wurde er auf Bitten des Herrschers von Gilan verfaßt[41]. Das ist das Milieu, in dem die Memoiren Wāṣifīs spielen, der im übrigen schon in Herat mit Vertretern der Naqšbandiyya bekannt war, wenn er selbst der Gruppe vielleicht auch nicht angehörte[42].

In Herat ist die Gruppe auch bei den offiziellen Ulama anerkannt, zumindest respektiert. Die Freitagsmoschee ist nachgerade der Hauptaufenthaltsort von Saʿduddīn, dort hält er seine Sitzungen ab, verfügt auch über eine eigene Ecke. Man nimmt an den Veranstaltungen der höchsten Kreise teil: Es wird von einem festlichen Maǧlis mit dem Šayḫulislām, Sayfuddīn Aḥmad, gesprochen; dort gibt es Bewirtung, Tanz, Musik und Bilder, was Ǧāmī ausdrücklich verteidigt[43]. Von den berühmten Predigern sympathisieren eine Reihe oder sind affiliiert[44]. – Diese Aufzählung ließe sich fortsetzen; das Herater Milieu ist so deutlich von den „Intellektuellen" gekennzeichnet, daß es hiermit ein Bewenden haben soll.

In Herat gibt es so etwas wie Mystiker im Hauptberuf; von Saʿduddīn und seinem engsten Kreis wird jedenfalls nicht berichtet, sie seien in irgendeiner Weise erwerbstätig gewesen. Vielmehr scheint man sich von früh bis spät mit Lehren, Lernen und Übungen beschäftigt zu haben. Dabei ist dem Material gegenüber eine Einschränkung zu machen. Im hagiographischen Text, besonders in den hier zugrundeliegenden *Rašaḥāt*, werden Vorgänge nur aus dem „inneren Kreis" der Gruppe berichtet. Die Masse der „einfachen Mitglieder" kommt nur noch gelegentlich in Einzelexemplaren vor. Zumeist bleibt es bei der namenlosen Masse der Zuhörerschaft, die sich bei den Bußpredigt-(*waʿẓ*)-Sitzungen zu Tränen hinreißen läßt, die über die Aussprüche der großen Männer staunt, die erstarrt und glaubt angesichts von Wundertaten.

Ein Saʿduddīn zugeschriebener Ausspruch scheint zu bestätigen, daß in Herat eine Schicht professioneller Mystiker entstanden ist. Saʿduddīn

---

[41] Ǧāmī, *Risāla*, S. 138.

[42] BOLDYREV, A. N.: *Zeynuddin Vasifi.*

[43] *Rašaḥāt* S. 159.

[44] Unter anderem der Vater des Autors, Ḥusayn al-Wāʿiẓ al-Kāšifī, *Rašaḥāt* S. 144.

stellt eine Rangfolge von Tätigkeiten auf, von denen immer eine edler als die andere ist. Ganz unten stehen „ungelernte Hilfsarbeiter“, zum Beispiel jemand, der Brennmaterial für das Hammam heranholt. Es folgen „untere Handwerker-Kategorien“, z. B. der bereits genannte *mūza-dūz* „Stiefelnäher“. Die nächste Stufe nehmen Händler ein, genannt wird ein Textilhändler *bazzāz*. Danach kommen der Mulla und schließlich, ganz oben, der Sufi[45]. Eine solche Abstufung ist für Buchara kaum vorstellbar; dort stünde ganz oben eher jemand, vielleicht ein *mūza-dūz* (schließlich soll Yūsuf-i Hamadānī diesen Beruf ausgeübt haben!), der trotz dieser „äußeren“ Tätigkeit nie den Kontakt zu Gott verliert[46]. Daß, wie Saʿduddīn begründet, der Sufi näher zu Gott steht und sich dadurch von einem Handwerker usw. unterscheidet, könnte in Buchara gleichfalls auf Widerspruch gestoßen sein.

Gleichzeitig wird in Herat körperliche Arbeit zu Lehrzwecken, nicht zum Erwerb, eingesetzt. So läßt Saʿduddīn den Neuling Šihābuddīn-i Parǧandī (Bīrǧandī) (Nr. 94) schweres Bauholz durch die halbe Stadt tragen, eine Tätigkeit, an die Šihābuddīn, ein Madrasa-Student, ganz und gar nicht gewöhnt ist. Gerade das ist die Absicht: Er soll den Kopf vom Studieren frei bekommen[47]. – Eben weil sie so eingesetzt werden kann, liegt die Vermutung nahe, daß die (körperliche) Arbeit nicht mehr hauptsächliches Mittel ist, den Lebensunterhalt zu verdienen.

Daneben wird aber an der Lehrmeinung festgehalten, der Adept müsse einen Brotberuf haben[48]. *De facto* liegen die Dinge aber wohl so, daß sich „Mystik“ in dieser Zeit, jedenfalls was die Stadt Herat angeht, zu einem eigenen Beruf entwickelt hat.

H̱wāǧa Aḥrār setzt sich von diesem hauptstädtischen Lebensstil bewußt ab. „Der Grund“, soll er gesagt haben, „daß ich mich der Landwirtschaft und überhaupt weltlichen Geschäften zugewandt habe, war, daß die Scheiche von Herat auf die Protektion und die Huld der Amire und Mächtigen angewiesen waren und ihre Geschenke annahmen. Diese Lebensart war mir zuwider und ich konnte keinen Gefallen daran finden“[49].

---

45 *Rašaḥāt* S. 124 (*rašaḥa* 14).

46 Wie es für die Zeit Bahā'uddīns von einem Weber berichtet wird, der seine Geschäfte auf dem Basar abwickelte und dabei stets bei Gott war. Šayẖ Ḥāǧǧī hieß der Mann, *Rašaḥāt* S. 77.

47 *Rašaḥāt* S. 147.

48 Vgl. die programmatische Aussage in Anm. 1.

49 *sabab-i zirāʿat wa irtikab-i asbāb-i dunyawī ān būd ki mašāyiḫ-i Harī muḥtāǧ būdand ba-raʿāyat wa tafaqqud-i umarā wa ḥukkām wa hadīya-yi īšān qabūl mī-kardand īn ṭūr pīš-i man bisyār ṣaʿb būd wa mustaḥsan na-mī-namūd, Masmūʿāt* 154 a.

In Taschkent, wo Ḫwāǧa Aḥrār sich bis zu seiner Übersiedlung nach Samarkand[50] aufhielt, widmete er sich in der Tat zunächst der Landwirtschaft[51], und zwar mit einem Partner, dessen Namen wir leider nicht erfahren. Vielleicht hätte er auch anders gekonnt: Seine Vorfahren waren Scheiche am *mazār* des Abū Bakr-i Qaffāl-i Šāšī[52], allerdings heißt es von Ḫwāǧa Aḥrārs Großvater auch, er habe sowohl der Landwirtschaft als auch gelegentlich dem Handel obgelegen[53]. Ḫwāǧa Aḥrārs früheste Gefährten sind jedenfalls mit ihm zusammen in der Landwirtschaft tätig; das wird von Mawlānā Qāsim berichtet, der sich um die Gärten kümmern sollte. Bei dieser Arbeit und im gleichzeitigen Gottesgedenken ist er so versenkt, daß er vergißt, das Brot zu essen, das seine Frau ihm morgens einpackt[54]. Mawlānā Ǧaʿfar gar geht in den spirituellen Übungen so auf, daß er in „äußeren" Tätigkeiten gar nicht zu gebrauchen ist[55].

Für die Taschkenter Periode im Leben Ḫwāǧa Aḥrārs allerdings kann eine nachträgliche Verklärung nicht ausgeschlossen werden. Auf Derartiges deuten auch die Berichte von den tiefen Versenkungen, die damals erreicht worden sind. Es wird das Bild einer ganz Gott hingegebenen Gemeinschaft gezeichnet, die, eng um ihren (noch jungen) Meister geschart, ihr frugales Leben aus eigener Landwirtschaft bestreitet[56].

Vielleicht hängt es eben mit dieser Idealisierung zusammen, daß die Position Ḫwāǧa Aḥrārs als Nachkomme und Erbe der Scheiche am *mazār* des Abū Bakr-i Qaffāl-i Šāšī in den Quellen fast ganz übergangen wird. Um so mehr wird sein erstaunlicher Aufstieg darauf zurückgeführt, daß eben der Segen Gottes auf seinen Unternehmungen geruht habe. Dennoch dürfte Ḫwāǧa Aḥrār gerade dieser Stellung sowohl sein Startkapital als auch in nicht geringem Maß den Erfolg in den ersten Jahren verdankt haben, da ansonsten schlecht zu sehen ist, wie ein noch vergleichsweise unbekannter, noch nicht dreißigjähriger Mann ohne nen-

---

[50] 855/1451 übernahm Abū Saʿīd die Herrschaft in Samarkand; kurz darauf und im Zusammenhang damit kam Ḫwāǧa Aḥrār dorthin.

[51] *Rašaḥāt* S. 228.

[52] Zu Abū Bakr-i Qaffāl-i Šāšī: CASTAGNÉ, *Le culte des lieux saints*, ordnet ihn ins 10. Jh. D (S. 51 f.). Mit ihm verbindet die Legende den berühmten „Koran ʿUṯmāns". – Die Angabe über die Vorfahren Ḫwāǧa Aḥrārs in *Manāqib*, 64 a.

[53] *Rašaḥāt* S. 218.

[54] Ebda., S. 329.

[55] Ebda., S. 335.

[56] Auf einer solchen Verklärung dürften auch Berichte beruhen, Ḫwāǧa Aḥrār habe selbst den Pflug geführt, die VESELOVSKIJ Ende des 19. Jh. gehört hat; VESELOVSKIJ, *Pamjatnik*, S. 325.

nenswerte Zeugnisse in einer Provinzstadt wie Taschkent einen solchen Aufstieg hätte bewerkstelligen sollen.

In Samarkand zur Zeit Ḫwāǧa Aḥrārs können die Ḫwāǧagān Anhänger aus allen Gesellschaftsschichten gewinnen. Die Verbindungen zur ländlich-seßhaften Bevölkerung werden weiter unten erörtert. Daneben gehören auch Nomaden zu den Gefolgsleuten Ḫwāǧa Aḥrārs[57].

In der Stadt selbst scheint Ḫwāǧa Aḥrār sehr bald zum Exponenten der Handwerkerschaft geworden zu sein. Jedenfalls wird er während der Belagerung Samarkands durch Abū'l Qāsim-i Bābur (858/1454) zu ihrem Sprecher. Bei Heranrücken Bāburs läuft man um Hilfe zu Aḥrār: „Die Großen und Edlen, mit den Handwerkern und Gilde-Mitgliedern, die Ältesten der Wohnviertel und die Leute aus den umliegenden Gebieten und Kreisen erhoben Geschrei und Gejammer und baten Ḫwāǧa Aḥrār um Hilfe", der Herrscher Abū Sa'īd will nämlich fliehen und die Stadt aufgeben; die Einwohner wollen sich verteidigen[58]. Im Zusammenhang dieser Arbeit kommt es lediglich darauf an, festzuhalten, daß die Stadtbevölkerung, fast in ihrer Gesamtheit, aber doch mit einem deutlichen Ton auf der Handwerkerschaft, sich in dieser Notlage an Ḫwāǧa Aḥrār wendet (und nicht etwa an den Šayḫulislām, an den Ober-Qāḍī o. ä., was in vergleichbaren Fällen auch denkbar wäre). Ḫwāǧa Aḥrār gilt als

---

[57] Ein Qarā Aḥmad hütet Ḫwāǧa Aḥrārs Kamele; dieser verteidigt ihn gegen Angriffe eines Amirs: *Rašaḥāt* S. 299, *Silsilat* 164 a; s. u. S. 214 Nr. 3. Man konkurriert mit der Gruppe der 'Išqiyān um die Gefolgschaft einer Nomadengruppe: *Rašaḥāt* S. 302, *Silsilat* 165 b – 166 a, s. u. S. 81 ff.

[58] 'Abdurrazzāq-i Samarqandī, *Maṭla' al-sa'dayn* II/1063 (Text s. u.). Die Geschichte ist ähnlich berichtet bei Mīrḫwānd, *Rawḍat al-ṣafā*, Ed. Bombay VI/241, Teheran VI/790 – 797 und Isfizārī, *Rawḍāt al-ǧannāt* II/177. Čechovič betont sehr, die Verteidigungsbereitschaft sei von der Bevölkerung ausgegangen und tendiert dazu, die Rolle Ḫwāǧa Aḥrārs bei der Organisation des Widerstandes herunterzuspielen. Natürlich enthalten die Hagiographien die umgekehrte Tendenz. – Der Grundfehler bei Čechovič ist, daß sie an ein Zusammenwirken von Handwerkern, Dorfältesten und sufischer Organisation nicht denken mag. Vgl. Čechovič, *Oborona Samarkanda*. – Die Arbeit von Gross enthält als *Appendix D* (S. 173 – 178) „Excerpts from the [NN] version", und zwar aus *Maṭla' al-sa'dayn*, *Rawḍat al-ṣafā* und *Rašaḥāt*. Bei diesen Exzerpten handelt es sich allerdings nicht um Übersetzungen. Gross faßt 'Abdurrazzāq zusammen: „Meanwhile, the populace and the military came to Ahrar and told him of their decision to resist, even if they had to [resist] for a year" (Gross, *Khoja Ahrar*, S. 174).

Der persische Text bei 'Abdurrazzāq lautet: *akābir wa ašrāf bā muḥtarifa wa aṣnāf wa arbāb wa kalāntarān-i maḥallāt wa ra'āyā-yi nawāḥī wa bulūkāt firyād wa fiǧān bar-dāšta istiġāṯa pīš-i Ḫwāǧa Aḥrār burdand [...] agar šiš māh bal yak sāl šahr nigāh bāyad dāšt qal'a-dārī mī-kunīm.*

Die Stelle ist auch im Hinblick auf die Organisation der Stadtbevölkerung von Samarkand zu dieser Zeit interessant („Gilden/Zünfte", Viertel-Organisation usw.); auf diesen Aspekt kann hier aber nicht eingegangen werden.

beim Herrscher einflußreich, schließlich ist er auf dessen Bitte (oder jedenfalls kurz nach dessen Thronbesteigung und gewiß im Zusammenhang mit ihr) aus Taschkent nach Samarkand gekommen. Das dahinter stehende politische System wird später erläutert[59]; hier geht es nur um die soziale Zusammensetzung der Anhängerschaft.

Einzelne Handwerker und Basarhändler sehen wir jedoch in den Quellen nur selten. Ein Tuchhändler *bazzāz* kommt vor[60]; im übrigen treffen wir Handwerker und Kaufleute, die unmittelbar für Ḫwāǧa Aḥrār tätig sind. Es sind, da Ḫwāǧa Aḥrār zumindest einen Teil der Samarkander Papierherstellung kontrollierte, Papiermacher darunter[61]. Auch an Kaufleuten kommen nur solche vor, die in Geschäften Ḫwāǧa Aḥrārs reisen[62].

Auch Ulama gehören zu Ḫwāǧa Aḥrārs Anhängern, und zwar nicht nur im „inneren Kreis"[63], sondern auch solche, die aus der Stadt kommen, um Ḫwāǧa Aḥrār zu hören[64]. Es sind dies aber nicht sehr viele, und man darf vermuten, daß die Mehrheit der Ulama Samarkands eher auf der Seite des Šayḫulislām stand, einem der Hauptgegner Ḫwāǧa Aḥrārs in der Stadt[65]. Ähnliches gilt auch für Amire. Zwar gibt es solche, die sich Ḫwāǧa Aḥrār gegenüber voll Hochachtung zeigen, von anderen wird behauptet, sie würden sich ihm unterordnen[66], aber die Amire als Gruppe, als soziale Schicht, sind gerade die Gegner Ḫwāǧa Aḥrārs[67].

Nach diesem Überblick über die Berufe, die Scheiche und Mitglieder der Ḫwāǧagān ausgeübt haben, läßt sich in Verbindung mit der Untersuchung der Ortsnamen zusammenfassend der soziale Raum bestimmen, in dem sich die Gruppe in den jeweiligen Regionen bewegt hat. Dabei

---

[59] S. u. S. 209 ff.

[60] Mullā Šayḫ Muḥammad-i Bazzāz, *Manāqib* 86 b. – Man bemerke die Ähnlichkeit in der Titulatur mit einer Reihe von Namen in den unten analysierten Urkunden über Grundstücke bei Ṭawāwīs, s. u. S. 137 ff. – Dieser Mann berichtet, er habe den Tag soundso viel Tuch gekauft; er ist also wirklich ein Tuchhändler.

[61] Die Papierfertigung hat ein Mawlānā ʿImāduddīn unter sich, *Manāqib* 51 a.

[62] So der bereits erwähnte Naǧmuddīn (s. o. S. 35) und ein Muṣṭafā-yi Rūmī (*Rašaḥāt* S. 299, *Malfūẓ* 156 a, *Silsilat* 164 a, *Manāqib* 6 a).

[63] Im „inneren Kreis" finden sich viele Personen mit Madrasa-Bildung.

[64] Dazu gehören Mawlānā ʿAlī-yi Ṭūsī, *az ʿuẓamā wa ʿulamā-yi zamān*, *Rašaḥāt* S. 232; *Silsilat* 83 a; Abū Bakr-i Qazwīnī, *az mawālī-yi mašhūr-i Samarqand*, *Manāqib* 22 a/b; Mawlānā Ḥāǧǧī Munšī, *az kibār-i aṣḥāb-i ḥaḍrat-īšān*, *Manāqib* 42 a.

[65] Zur Auseinandersetzung mit diesem Šayḫulislām s. u. S. 215.

[66] So z. B. Amīr Darwīš, *Silsilat* 54 a: *az umarā'-i Mīrzā Sulṭān Aḥmad*; Amīr Qulī: *az kukaltašān-i Mīrzā ʿUmar Šayḫ*, *Manāqib* 26 b. – Eher Behauptungscharakter hat es, wenn es heißt, daß einer der Groß-Amire, wie Amīr Mazīd-i Arġūn oder ʿAbdulʿalī Tarḫān, Ḫwāǧa Aḥrār untergeben gewesen seien.

[67] S. u. S. 209 ff. und S. 213 ff.

ergeben sich zwischen den einzelnen Orten und Perioden deutliche Unterschiede.

Am stärksten dörflich bestimmt ist die Gruppe in Buchara vor der und bis zur Zeit Bahā'uddīns, daneben noch in der (kurzen) Taschkenter Periode Ḫwāğa Aḥrārs. Dörfer und Flecken sind der Hauptaufenthaltsort und das Feld, in dem die Ḫwāğagān wirken. Entsprechende Berufe stehen im Vordergrund, neben der Landwirtschaft finden wir das dörfliche Handwerk. Kaufleute und Männer der Wissenschaft kommen erst zur Zeit Bahā'uddīns, und auch dann nicht an zentraler Stelle vor.

Ganz anders das Bild, das die Gruppe in Herat bietet. Auch wenn es sein kann, daß aufgrund der Tendenz der Quellen, aus dem Leben der einfachen Mitglieder, wie überhaupt „des Volkes", nur wenig zu berichten, der Eindruck trügt: In Herat bestimmen Intellektuelle, Literaten, Rechtsgelehrte, Prediger in ganz anderer Weise die Szenerie. Die vorsichtigste Annahme ist, daß sie ein neues Element in der Anhängerschaft bilden und daß weiterhin die große Mehrheit der Klientel aus den unteren Schichten stammt; auch dann allerdings wäre das ein bedeutender Unterschied. Es kann aber auch sein, daß die Gruppe überhaupt von den „kleinen Leuten" abgerückt ist und sich jetzt mehr unter denen bewegt, von denen in den Quellen auch am meisten die Rede ist.

Dabei fällt auf, daß die Hauptvertreter der Gruppe nicht mehr selbst ihren Lebensunterhalt verdienen, sondern, wie Ḫwāğa Aḥrār auch mißbilligend anmerkt, sich auf die Protektion, auf Zuwendungen der Herrschenden verlassen. Das spricht eher dafür, daß nicht nur Elemente der oberen Schichten in den Einzugsbereich der Gruppe gelangt sind, sondern diese von ihrer Volkstümlichkeit manches eingebüßt hat. *Notabene* gilt das Gesagte aber nur für die Stadt Herat selbst; was gleichzeitig außerhalb der Hauptstadt, in den anderen Gebieten, in denen die Ḫwāğagān tätig sind, vorgeht, wird sich von der Charakterisierung Bucharas vielleicht gar nicht so sehr unterschieden haben.

In der Samarkander Periode gelingt es den Ḫwāğagān, ihren Einfluß in alle Gesellschaftsschichten hinein auszudehnen. Dabei liegt das Schwergewicht aber auf den Handwerkern in der Stadt, auf den seßhaften Bauern auf dem Lande. In den „oberen Schichten", den Amiren und der Spitze der Rechtsgelehrten und Amtspersonen, Šayḫulislām einschließlich, hat man eher seine Gegner gefunden, während man in Herat zumindest mit den Gelehrten gut auskam. In Samarkand allerdings ist die Frage, womit man seinen Lebensunterhalt verdiente, wieder anders zu beantworten als in Buchara und Taschkent (eigene Berufstätigkeit) einerseits und in Herat (Zuwendungen von mächtigen Herrschaften) andererseits; in Samarkand sorgte die ausgedehnte wirtschaftliche Tätigkeit Ḫwāǧa Aḥrārs für alles Nötige. Im Rahmen dieser Tätigkeit fanden viele ein Auskommen als Partner oder als Angestellte Ḫwāǧa Aḥrārs; was in Buchara Sache des Einzelnen war, nämlich durch Erwerbstätigkeit den Lebensunterhalt zu verdienen, das wird in Samarkand zu einem der wichtigsten Felder der Gruppenwirksamkeit.

Einkünfte aus der Eigenschaft als Mystiker

Derwischen oder überhaupt frommen Männern zu spenden, gilt bekanntlich als gottwohlgefällige Tat. Diese Spenden können von Arm und Reich kommen, jeder gibt nach seinem Vermögen; sie können in verschiedenen Formen geleistet werden, aus gegebenem Anlaß, etwa als Gelübde, oder als Zeichen der aufrichtigen Unterordnung unter den Scheich, oder almosenartig als Geschenk. Alle diese Formen sind in den Quellen belegt. Sie können zeitweilig einen bedeutenden Anteil an der Versorgung der mystischen Gruppe gehabt haben. Es ist immer eine Frage, ob solche Zuwendungen angenommen werden können. Das hängt von der Person des Spenders und von der Art ab, wie das Gespendete erworben wurde.

Ḫwāǧa Aḥrār mißbilligte, wie gezeigt, die Art, wie diese Frage in Herat gehandhabt wurde. Dort scheint man ziemlich unterschiedslos alles genommen zu haben, was angeboten wurde. Das gilt nicht nur für unmittelbare Zuwendungen, sondern auch für *awqāf*[68]. Vom Scheich Bahā'uddīn ʿUmar, den auch die Ḫwāǧagān respektierten, wird berichtet, er habe den Unterschied von Erlaubt und Verboten, *ḥarām* und *ḥalāl*, ernst genommen; wenn etwa ein Eintreiber der von allen Frommen perhorreszierten *tamġā*-Steuer Lebensmittel spendete, so gab er acht, daß er nicht etwa selbst davon aß, sondern sorgte dafür, daß jemand anders es verbrauchte, ein Teil kam auch in die Küche seines Ḫānaqāh[69]. Es überrascht etwas, daß dieser Bericht zum Beweis angeführt wird, Bahā'uddīn ʿUmar sei skrupulös gewesen; vorstellbar wäre auch, er hätte Zuwendungen von solchen Personen zurückgewiesen und sie sich ganz verbeten.

Zuwendungen an Lebensmitteln kommen öfter vor, wenn auch von weniger zwielichtigen Personen. Typisch ist die Situation, in der ein unbekannter Freund einem Scheich aus einer Notlage hilft, nämlich wenn dieser nichts mehr hat, was er Gästen oder Mitgliedern seines Ḫānaqāh

---

[68] Vgl. den folgenden Abschnitt.

[69] *Masmūʿāt* 137 b.

vorsetzen könnte. Dies geschah auch ʿAlī-yi Rāmītanī[70]. Es handelt sich um einen weit verbreiteten Topos; es kann aber trotzdem üblich gewesen sein, daß Anhänger mehr oder weniger regelmäßig Eßwaren ins Ḫānaqāh schickten.

Auch auf Reisen können Sufis immer damit rechnen, daß sie zu essen bekommen, sei es in Ḫānaqāhs, sei es von freundlichen Mitmenschen. Als Ḫwāǧa Aḥrār einmal zum Fest des Fastenbrechens, noch als unbekannter junger Mann, nach Balḫ kommt, vermuten seine Gastgeber in einer dortigen Madrasa, er sei aufgebrochen, um entsprechend bewirtet zu werden, und lassen sich von den Leuten geben; Ḫwāǧa Aḥrār lehnte diese Geschenke ab, meint aber rückblickend, er hätte annehmen und es einem wirklich Bedürftigen weiterschenken sollen[71].

Auch Geldgeschenke kommen auf dieser Ebene vor; so erhält Bahā'uddīn auf dem Rückweg von Mekka einige Dinar von einem Mann, der daraufhin wie zur Belohnung für diese fromme Tat sieben Kamele wiederfindet, die er vermißt hatte[72].

Manchmal verbietet das Stadium, in dem ein Mystiker sich befindet, diesem, überhaupt Geschenke anzunehmen[73].

Eine andere Form der Zuwendung ist das Gelübde *naḏr*. Auch dies kann in sehr verschiedenem Umfang versprochen und gegeben werden, von dem Zicklein, das ein Nomade Ḫwāǧa Aḥrār als *naḏr* geben will[74], bis zu den 13 000 *ašrafī*, die er angeblich vom *pādišāh-i rūm*, also dem Osmanenherrscher, als Gegenleistung für gewährte Hilfe in der Schlacht erhält[75].

Es kommt auch vor, daß Leute in einer Notlage den Scheich um Hilfe anrufen, nachdem sie ein Gelübde getan haben. Zwei solcher Geschichten werden in *Maqāmāt-i Amīr Kulāl* berichtet: Einmal ist eine Gruppe Seifenhändler in Seenot geraten, und der zu Hilfe gerufene Amīr Ḥamza rettet sie, belehrt sie aber, als sie das versprochene Geld und die Seife in Buchara abliefern, daß ein Scheich nicht davon leben solle, daß er in dieser Weise angerufen wird, und daher sei es besser, nicht gegen

---

70 *Rašaḥāt* S. 38 f., *Manāqib* 96 a.

71 *Masmūʿāt* 175 a.

72 *Anīs* 109 b.

73 So ein Niʿmatullāh, der sich im *taǧrīd*, der absoluten Entblößung, befindet; die geschenkten Lebensmittel bekommen ihm nicht; er muß alles wieder erbrechen. *Masmūʿāt* 193 b, Variante *Silsilat* 146 a/b.

74 *Rašaḥāt* S. 227.

75 *Manāqib* 6 b. – Nabiev spricht, warum auch immer, auf der Grundlage eben dieser Stelle von einer ausländischen Handelsunternehmung Ḫwāǧa Aḥrārs. Nabiev, *Iz istorii politiko-ėkonomičeskoj žizni*, S. 38.

naḏr Hilfe zu erbitten. In der zweiten Geschichte hilft Amīr Ḥamza einer Händlergruppe, die von Räubern weggeführten Tiere und Sklaven wiederzufinden. Abermals betont Amīr Ḥamza, er wolle kein Schmarotzer (*muft-ḫūr*) sein, nimmt aber das versprochene *naḏr*-Geld als Lohn für Viehhüten[76]. Man ziert sich also gelegentlich etwas, *naḏr*-Zuwendungen anzunehmen. Das kommt typisch in einer idealisierten Geschichte zum Ausdruck, in welcher der Salǧūqen-Sultan Sanǧar b. Malikšāh dem Yūsuf-i Hamadānī 50 000 Dinar „für die Ausgaben seines Ḫānaqāh" als *naḏr* stiften will. Yūsuf möchte ablehnen, aber seine Gefährten, also die Mitbewohner des Ḫanaqāh, stimmen ihn um[77]. Diese Geschichte ist mit einiger Sicherheit Legende; was sie zeigt, ist das Verhältnis, das man zu solcherart Geschenken hatte.

Ǧāmī bittet in seinen Briefen zweimal für Leute, die ein Gelübde getan haben, aber von irgendwelchen Personen an der Ausführung gehindert werden. Das eine ist jemand, der einen Teich bauen will und dafür sein Vermögen als *naḏr* einsetzt, ihn hindern die Agenten der Finanzbehörde *dīwāniyān*[78]. Im zweiten Fall stehen jemand die Einnahmen eines *mazār* an *naḏr* und an anderen Quellen als Erbe zu; er wird jedoch von Ungenannten belästigt[79]. Natürlich werden nicht nur lebende, sondern auch tote Scheiche um Hilfe angerufen, und die entsprechenden Leistungen fließen dem *mazār* zu, in der Regel also dem dort als *šayḫ-i mazār* sitzenden Nachkommen des großen Toten. Das war auch der Fall mit den Vorfahren Ḫwāǧa Aḥrārs, die das Grab des Abū Bakr-i Qaffāl-i Šāšī betreuten. Die Gräber Amīr Kulāls und seiner Söhne, besonders Amīr Ḥamzas, hüteten deren Nachkommen, zuerst Amīr-i Kalān (Nr. 56 a), danach der Autor der *Maqāmāt-i Amīr Kulāl*, Šihābuddīn[80].

Wie Steuereinnehmer diese Scheiche am Genuß der eingehenden Gelder und Sachmittel hindern konnten, wird nicht recht klar; Ǧāmīs Brief zeigt aber deutlich, daß so etwas vorkam. Bei einer Rundreise über die Gräber in der *wilāyat* Buchara hört Ḫwāǧa Aḥrār von den dort wirkenden Scheichen Klagen über den für diese Region zuständigen Amir ʿAbdulʿalī Tarḫān[81]. Es wird nicht genau gesagt, worüber man sich beschwert, aber vielleicht ist es eine gute Annahme, daß der Amir in die finanzielle Seite der Grabverwaltung einzugreifen versuchte, also eine ähnliche Sachlage wie die in den Briefen Ǧāmīs geschilderte zugrunde-

---

76 *Maqāmāt-i Amīr Kulāl* S. 49 f.

77 *Risāla-yi ṣāḥibiyya*, FIZ 1 S. 83.

78 URUNBAEV, A. U.: *Pis'ma-avtografy*, Brief Nr. 354/360, Faksimile S. 76, russ. Üb. S. 109.

79 Ebda., Brief 85/90, Faksimile S. 32, russ. Üb. S. 58 f.

80 *Maqāmāt-i Amīr Kulāl*, S. 69 f.

81 *Malfūẓ* 129 a, *Silsilat* 175 b – 176 a.

liegt. Wichtig in diesem Zusammenhang ist, daß in jedem Flecken und manchen Dörfern der *wilāyat* Buchara, überall, wo heilige Männer begraben liegen, schon damals Scheiche mit ihren Familien von den Spenden und Gaben lebten, die Gläubige an die Gräber brachten. Ganz unbeträchtlich kann diese Einnahmequelle nicht gewesen sein.

Dagegen nur selten belegt ist eine Art Sühneopfer, *da'wat*. Jemand, der von Amīr Ḥamza schlecht gedacht hat, soll, um sich vom darauf folgenden Leiden zu befreien, an einem *mazār* einen Hammel spenden, den zu verzehren offenbar allerhand Leute eingeladen werden[82]. Andererseits macht ein – in der Quelle wenig geschätzter – türkischer Scheich, Kök Atā, die *da'wat* zu einer Haupteinnahmequelle[83]. In anderen Texten als den *Maqāmāt-i Amīr Kulāl* habe ich diesen Ausdruck in dieser Bedeutung nicht gefunden; es mag sich um eine ländliche Besonderheit der Bucharer Region handeln.

Geschenke aus aufrichtiger Verbundenheit, *iḫlāṣ*, kommen demgegenüber häufiger vor. *Iḫlāṣ* gilt als Voraussetzung dafür, daß der Scheich ein solches Geschenk annehmen darf und daß es dem Geber zum Nutzen ausschlägt. Jemand wollte etwa Niẓāmuddīn-i Ḫāmūš einen Garten schenken, tat es aber nicht aufrichtig, sondern behielt die bessere Hälfte für sich; das mußte er mit dem Tode büßen[84]. Ḫwāǧa Aḥrār kann ein Geschenk eines Mannes nicht annehmen, obwohl dieser es, ein Gewand und ein Paar Stiefel, selbst angefertigt hat, es also wirklich *ḥalāl* ist; denn er hat es sich zum Grundsatz gemacht, überhaupt keine Geschenke anzunehmen. Dem entgegen steht die Auskunft in einer der Urkunden, ihm sei auch Grundbesitz als Geschenk übertragen worden[85].

Zusammenfassung: Es ist schwer, einen Eindruck davon zu gewinnen, welche Bedeutung Geschenke und Leistungen aus Gelübden gehabt haben, da die hohen Summen, die von Herrschern in diesem Sinn aufgewendet worden sein sollen, wohl eher als legendarisch zu gelten haben. Für den Alltag sowohl der Gläubigen als auch eines bedeutenden Segments der Sufis ist wahrscheinlich das Spenden an Gräbern am wichtigsten; immerhin kann als vergleichsweise sicher gelten, daß an einem Grab wie dem Amīr Kulāls dessen Nachkommen nicht zuletzt von solchen Aufwendungen gelebt haben. Weiter sind wohl die Einladungen

---

[82] *Maqāmāt-i Amīr Kulāl*, S. 51.

[83] Ebda., S. 31 f.

[84] *Masmū'āt* 166 a; Variante *Silsilat* 79 a.

[85] Čechovič, *Samarkandskie dokumenty*, Urkunde 11, Z 151 f. Die Auswertung ausführlich s. unten; auch S. 204 f.

auf Reisen von Bedeutung. Zumindest für die Samarkander Gruppe Ḫwāǧa Aḥrārs dürften aber die Einkünfte aus Geschenken und Gelübden nur einen relativ kleinen Teil der Gesamteinnahmen ausgemacht haben, anders kann die Lage an weniger bedeutenden Zentren zu der Zeit, etwa in der *wilāyat* Buchara, gewesen sein.

Eine Ausnahme bildet wieder Herat, wo die Reichen und Mächtigen wohl leichter gaben und die Sufis verhältnismäßig leichter nahmen.

Einkünfte aus *awqāf*

Sufische Gruppen können Zuwendungen von befreundeten Personen nicht nur unmittelbar als Geschenk, sondern auch mittelbar aus Stiftungen *awqāf* erhalten. Zum Teil sehr umfangreiche Besitzungen, in der Regel Ländereien, werden von reich gewordenen Scheichen, aber auch von Amiren und Herrschern gestiftet. Die Nutznießer können zum einen die jeweiligen Nachkommen, zum anderen „wohltätige Einrichtungen" sein, zu diesen gehören auch sufische Gruppen, besonders Ḫānaqāhs.

Für das Stiften und Annehmen solcher Einkünfte gilt *mutatis mutandis*, was über die Geschenke ausgeführt wurde: Der Besitz muß mit erlaubten Mitteln erworben sein, die Person des Stifters muß jedenfalls in etwa den moralischen Vorstellungen entsprechen. Bei Stiftungen kommt hinzu, daß der in der Urkunde festgelegte Zweck und der vorgeschriebene Modus der Aufteilung eingehalten werden müssen; wird von den Regelungen abgewichen, können einem skrupulösen Scheich Zweifel erwachsen, ob er sich und seine Gefährten noch aus diesem Waqf alimentieren lassen kann.

Gruppen der Ḫwāǧagān haben in sehr unterschiedlichem Maß von *awqāf* gelebt. Für Buchara ist von Stiftungen überhaupt nicht die Rede, obwohl andere, so die Kubrawiyya, welche hatten[86]. Möglicherweise waren die bedeutenderen Gräber, etwa diejenigen ʿAbdulḫāliqs in Ġiǧduwān[87] oder Amīr Kulāls in Sūḫārī doch mit Stiftungen versehen. Der

[86] Eine Stiftungsurkunde von 1326 zugunsten des Ḫānaqāh des Sayfuddīn-i Bāḫarzī in ČECHOVIČ, *Bucharskie dokumenty*.

[87] In Ġiǧduwān ließ Ulug Bek eine Madrasa errichten; vgl. PUGAČENKOVA: *Architekturnye pamjatniki Maverannachra ėpochi Ulugbeka*. Mit Abbildungen. – Faḍlullāh b. Rūzbihān erwähnt einen gut unterhaltenen Grabkomplex in Ġiǧduwān: *Šarḥ al-wiṣāya* 124a.

Aufstieg der Grabstätte Bahā'uddīns zum Hauptheiligtum der Gegend, mit vielen und reichen *awqāf* ausgestattet, datiert aber später[88].

Eine wesentlich bedeutendere Rolle, ja die zentrale überhaupt, spielen *awqāf* in Herat. Herat war, vor allem in der zweiten Hälfte des 15. Jahrhunderts, mit Abstand die reichste Stadt im weiten Umkreis, und der Hof Ḥusayn-i Bāyqarās, wie auch der Šāhruḫs vor ihm, sparte nicht mit Stiftungen[89]. Alle Herrscher, die dort residiert hatten, wie auch eine große Zahl militärischer und ziviler Würdenträger, statteten Moscheen und Ḫānaqāhs, Gräber und Madrasen mit komfortablen Einkünften aus. Allen zählt allein über 30 Ḫānaqāhs, etliche *ǧamā'at-ḫāna*, *zāwiya* und *langar*, daneben über 60 Gräber und Grabkomplexe. Gewiß verfügten nicht alle diese Einrichtungen über *awqāf*; es darf aber angenommen werden, daß aus Stiftungen und Geschenken sich eine ganze Schicht mehr oder weniger sufisch orientierter Personen ernährte, die in und an diesen Einrichtungen lebten[90].

Die Einkünfte aus den Herater *awqāf* waren so bedeutend, die Verhältnisse vielleicht manchmal etwas kompliziert, daß es um ihre Verteilung nicht wenig Streit gegeben hat. Mehrere Inhaber des *ṣadr*-Amtes, dem die Kontrolle der Stiftungen obliegt, wurden der Korruption überführt[91]. Es wird von einem Streit berichtet, in dem die Nachkommen Aḥmad-i Ǧāms und 'Abdullāh Anṣārīs sich gegenüberstehen, jede Seite behauptet, ein Dorf sei Waqf des jeweiligen *mazār*[92]. Von diesen Zuständen wendet Ḫwāǧa Aḥrār sich ab. Erwähnt worden war schon, daß ein Grund, sich der Landwirtschaft zu widmen, für ihn war, daß man in Herat von Protektion und Zuwendungen der Mächtigen lebte[93]. Unter dieses Verdikt fallen auch die Stiftungen dort. Er berichtet, der Ṣadr

---

88 Es wird für die Zeit des Aufenthaltes von Ḫwāǧa Aḥrār in Buchara (vor 1430) ein *šayḫ-i mazār* am Grabe Bahā'uddīns erwähnt, aber er war arm (*mard-i faqīr būd*), was sich darin zeigt, daß er den beiden Gästen, 'Alā'-uddīn-i Ġiǧduwānī (Nr. 77) und Ḫwāǧa Aḥrār, zwei Schüsseln Grütze (*āš*) anbietet (und nichts Besseres): *Masmū'āt* 139 b. – Nach BRENTJES datieren die heute noch erhaltenen Gebäude am Grab Bahā'uddīns 1544/45, s. BRENTJES, *Spätislamische Architektur Mittelasiens*, S. 29 Abb. 6.

89 Eine Aufzählung von Stiftern und Stiftungen in Herat in MACHMUDOV, *Zemledelie*, S. 55 – 60. – Einige Urkunden bzw. Vorlagen für Urkunden auch in ROEMER: *Staatsschreiben der Timuridenzeit*.

90 ALLEN, T.: *Timurid Herat*, S. 74 – 78.

91 MACHMUDOV, *Zemledelie*, S. 63. Dort auch die Angabe, in der Regierungszeit Ḥusayn-i Bāyqarās hätten 14 Personen das *ṣadr*-Amt, teilweise für sehr kurze Zeitspannen, innegehabt.

92 *Masmū'āt* 140 b und 209 b – 210 a.

93 S. o. S. 47.

habe, was Bahā'uddīn 'Umar zum Fastenbrechen verwenden sollte, aus den „allgemeinen *awqāf*" genommen. Darüber sei Bahā'uddīn höchst betrübt gewesen, und für Ḫwāǧa Aḥrār war es ein Grund mehr, sich lieber aus eigener Landwirtschaft zu ernähren[94]. Bahā'uddīn 'Umar hatte weder eigene Stiftungen zur Verfügung, noch konnte er auf Einkünfte aus eigener Wirtschaftstätigkeit zurückgreifen; er war selbst in einer Lage, seinen Adepten nicht einmal einen Ort bieten zu können, die rituellen Waschungen zu vollziehen; darum mußten sie sich selbst kümmern[95]. Nur wenige Einrichtungen werden von dem vernichtenden Urteil ausgenommen, das Ḫwāǧa Aḥrār dazu bringt, unter Berufung auch auf andere Scheiche das Reisen nach Ḫurāsān, also nach Herat, zu verbieten, nämlich weil „es dort für Mystiker *fuqarā* wenig Erlaubtes zu essen gibt. Entweder müssen sie erwerbstätig sein oder sie fallen ins Verbotene"[96]. So behauptet Ḫwāǧa Aḥrār, er habe in Herat niemals vom Tisch eines Verwalters von Stiftungen, *mutawallī*, gegessen[97]. Sa'duddīn und er wohnten vielmehr in der Ġiyāṯiyya-Madrasa, die neben zwei Ḫānaqāhs ausdrücklich vom zitierten Urteil ausgenommen wurde[98]. Daher lebten die Herater Ḫwāǧagān schließlich doch, wie die anderen dortigen Mystiker auch, von Stiftungen, und zwar einschließlich solcher von Herrschern und Würdenträgern. Zu leicht war es vermutlich, in einem der vielen Ḫānaqāhs, in einer der zahlreichen Madrasen (ALLEN nennt über 40 Namen)[99] unterzukommen, zu sehr forderte der allgemeine Lebensstil den „hauptberuflichen" Mystiker, als daß für Brotarbeit Platz gewesen wäre.

Ausgenommen von dem Prinzip, daß jeder seinen Lebensunterhalt selbst zu bestreiten habe, waren, wie gezeigt, diejenigen, die von den Brüdern ausreichend Unterstützung fanden[100]. Diese ausnahmsweise Befreiung von der Brotarbeit ist auszudehnen auf alle Adepten, die sich in Phasen der Ausbildung befinden, die ihre völlige Konzentration erfordern, und gleichzeitig noch nicht fortgeschritten genug sind, als daß sie

---

[94] *Silsilat* 141 b; Variante *Masmū'āt* 171 b. „Allgemeine *awqāf*" heißt *awqāf-i 'āmma*. Über diese konnte der Ṣadr offenbar frei verfügen. – KÖPRÜLÜ schreibt unter Berufung auf Māwardī, „allgemeine *awqāf*" („vakoufs généraux") seien solche „concernant les services publics, c'est-à-dire ceux dont l'intérêt concerne tout le monde". KÖPRÜLÜ, *L'institution de Vakouf*, S. 22.

[95] *Silsilat* 113 b, *Malfūẓ* 111 b.

[96] *bar ǧihat-i ānki dar ānǧā ḫūrdanī-yi ḥalāl ba-ǧihat-i fuqarā nīst yā ba-kasb mašġūl šawand yā dar ḥarām uftand*, *Silsilat* 111 a, *Malfūẓ* 110 b; Variante *Masmū'āt* 136 b.

[97] *Masmū'āt* 219 b.

[98] *Rašaḥāt* S. 102.

[99] ALLEN, *Timurid Herat*, S. 73 f.

[100] S. o. S. 39.

diese Konzentration auch bei Erwerbstätigkeit aufbringen könnten. Für solche Adepten gilt, daß sie vom Scheich alimentiert werden müssen; gegen diesen Grundsatz verstoßen zu haben, war der eben von Ḫwāǧa Aḥrār gegen Bahā'uddīn ʿUmar zitierte Vorwurf. Ḫwāǧa Aḥrār formuliert im Kontrast zu den Verhältnissen, die er in Herat zurückließ, gelegentlich, ein Scheich müsse sich soweit mit der diesseitigen Welt *dunyā* befassen, daß er seine Adepten versorgen kann, da sonst diese selbst das müßten. Dieselbe Begründung, nämlich daß sich die Muride in aller Ungestörtheit ihren spirituellen Übungen widmen können sollen, gibt Ḫwāǧa Aḥrār auch für seine Stiftungen[101]. Von ihnen wird im Gegenzug erwartet, daß sie dies auch tun: „Wir [sc. Ḫwāǧa Aḥrār] haben alle Voraussetzungen für Sammlung geschaffen. Ein Erwerbender muß sich bemühen! Wenn jemand die Voraussetzungen für Sammlung zum Anlaß für Faulheit und Zerstreuung nimmt, so ist das ein gewaltiger Schwindel"[102]. Mit „Erwerbender", *kāsib* oder *kasbī*, ist hier jemand gemeint, der sich Lohn im Jenseits erwirbt, eine durchaus gängige Bedeutung. Ḫwāǧa Aḥrār hatte für die Bewohner des Komplexes von *muḥawwaṭa-yi mullāyān*, seinem Wohnort und Zentrum seiner Organisation bei Samarkand, tatsächlich alles bereitgestellt, und es ist vorstellbar, daß manch einer angesichts der regelmäßig eingehenden Lieferungen von Lebensmitteln und anderen Gütern vermeinte, sich sowohl hinsichtlich des weltlichen wie auch des jenseitigen Erwerbs auf die faule Haut legen zu können. Das war natürlich nicht im Sinne Ḫwāǧa Aḥrārs, das waren „Herater Verhältnisse" für ihn.

Der Unterschied zwischen den Herater Stiftungen und denen Ḫwāǧa Aḥrārs ist im wesentlichen darin zu sehen, daß in Herat Herrscher und Mächtige Begründer der *awqāf* waren, während Ḫwāǧa Aḥrār sein eigenes Vermögen zur Verfügung stellte. Seine eigenen *awqāf* waren so mit Gewißheit *ḥalāl*, im Gegensatz zu denen von Herrschern. Gleichzeitig ist aber nicht zu verkennen, daß neben diesem religiösen Interesse auch ein Streben nach Unabhängigkeit dahinter steht, erst ein großes Vermögen aufzubauen, um es dann in Stiftungen überzuleiten. Hierin sah Ḫwāǧa Aḥrār eine Grundvoraussetzung für eigenständiges gesellschaftliches Wirken.

---

[101] Der Grundsatz, ein Scheich müsse für den Lebensunterhalt seiner Muride sorgen können, auch in der Kubrawī-Schrift *Mirṣād*, pers. Text S. 245, Üb. ALGAR S. 251. – Dieser Grundsatz in ganz ähnlichen Formulierungen wie in *Mirṣād* in *Silsilat* 114 a, *Masmūʿāt* 144 b. Vergleichbar für Stiftungen: *Masmūʿāt* 170 a.

[102] *hama-yi asbāb-i ǧamʿiyyat muhayyā karda-īm kasbī bāyad ki kār kunad agar kasī asbāb-i ǧamʿiyyat sabab-i baṭālat wa tafriqa sāzad ġiššī bas ʿaẓīm ḫwāhad būd*, *Malfūẓ* 111 b, *Silsilat* 113 a/b.

Andere Arten, den Lebensunterhalt zu verdienen; Betteln, Tricks

Betteln ist bei den Ḫwāǧagān verpönt. Von niemandem wird berichtet, er habe gebettelt, auch nicht in Notlagen. Von einem Einsiedler heißt es, er sei nach dreißig Jahren in der Wüste in die Stadt (wohl Ġazna) zurückgekehrt und habe sich aufs Betteln verlegt, bis zu zehnmal täglich sei er an die Türen gekommen und habe sein Sprüchlein aufgesagt[103]. Das wird deutlich abgelehnt.

Amīr Ḥamza wird eine Art „Kleine Ketzerkunde" zugeschrieben, in der zwölf heterodoxe, antinomische Gruppen dargestellt werden, überwiegend wohl erdachte. Darunter ist auch eine *mutakāsiliyya*, „die Faulenzer", deren Merkmal gerade das Betteln ist. Bemerkenswerterweise heißt es weiter, diese Leute würden ihre Zeit damit verschwenden, Gedichte auswendig zu lernen, deren sie eine Menge wüßten. Falls überhaupt eine reale Gruppe dahinter steckt, könnte man an „fahrende Sänger" denken. – Auch dies wird höchlichst mißbilligt[104].

Von den (wenigen) Qalandar-Derwischen, die in den Quellen vorkommen, wird Betteln nicht berichtet. Allerdings lautet der von ihnen gegen Ḫwāǧa Aḥrār erhobene Vorwurf, dieser sei einfach zu weltlich, zu reich[105]. Umgekehrt hält man ihnen ihren Cannabis-Konsum vor[106].

---

103 *Silsilat* 77 a. – Betteln als Methode des Broterwerbs ausführlicher bei GRAMLICH, *Schiitische Derwischorden* II, S. 440 ff.

104 *Maqāmāt-i Amīr Kulāl*, S. 62.

105 z. B. *Manāqib* 37 b.

106 *Masmūʿāt* 192 a. – Hierhin gehört auch die Geschichte von Ḫwāǧa Aḥrārs Opponenten in Taschkent, Mawlānā Mīr Ǧamāl, der dort Logik und Mathematik unterrichtete, im Gewand der Qalandariyya lebte. Er höhnte Ḫwāǧa Aḥrār einen Pseudo-Sufi: *na ʿilm dārad na ḥāl na ḏikr na ḫalwat*, er habe weder Wissen, noch ekstatische Zustände, noch *ḏikr*, noch die Methode der mystischen Vereinzelung, Klause. (Vieles davon hängt mit der Besonderheit der Ḫwāǧagān-Methode zusammen, die im Vergleich zum sonst Üblichen eher unauffällig ist.) Er will, als Provokation, in Ḫwāǧa Aḥrārs Maǧlis ein Stückchen *bang* verzehren. Das gelingt ihm nicht, es bleibt ihm im Halse stecken. Ḫwāǧa Aḥrār muß ihn aus dieser mißlichen Lage befreien; er ist der Lächerlichkeit preisgegeben und verläßt die Stadt, *Rašaḥāt* S. 354 f. – In ČECHOVIČs Einleitung zu den *Samarkandskie dokumenty* nimmt diese Anekdote folgende Gestalt an: „Aktiv kämpfte der Taschkenter Philosoph und Atheist Mawlānā Mīr Ǧamāl gegen Ḫwāǧa Aḥrār. Das war ein sehr bedeutender Gelehrter auf dem Gebiet der Logik und anderer Wissenschaften. Kühn trat er gegen Ḫwāǧa Aḥrār auf und bewies überzeugend, daß dieser neue *īšān* „weder ein Gelehrter noch ein Mystiker" ist. Mīr Ǧamāl lehnte den Sufismus überhaupt und den Heiligenkult ab, betete nie und verletzte offen die Vorschriften der Scharia" (S. 20). – Möge der Leser selbst entscheiden, auf welchen Wegen ČECHOVIČ zu dieser Version gekommen ist.

In türkischem Milieu spielen zwei Anekdoten, die von betrügerischen Sufis handeln. Ein Ḫān läßt sich von zweien „Wunder" zeigen: Der eine zieht eine kostbare Perle, der andere einen nassen Fisch aus dem Ärmel. Das zweite findet der Ḫān beeindruckender, denn es sei ja eher wahrscheinlich, daß der erste die Perle schon zuvor im Gewand gehabt habe[107].

Ein anderer trat in der Stadt Sarāy, der Hauptstadt der Goldenen Horde, auf und sagte, sein Wunder sei, daß er ins Feuer gehen könne, ohne zu verbrennen. Ein Scheich aus Ḫuǧand (also vermutlich iranischer Herkunft, Ḫuǧand = heute Leninabad, TadžSSR) durchschaute das und vermutete, der andere habe sich mit allerhand Ölen eingerieben, man müsse ihn ins Bad führen und ihn gehörig abschrubben, dann werde man sehen. So geschah es auch, danach kam es zur Probe: Ein Backofen *tanūr* wurde aufgestellt und angeheizt; der Ḫuǧander forderte jenen auf, hineinzugehen, danach werde er ein gleiches tun. Schließlich waren die Anhänger des Prahlers, um nicht das Gesicht zu verlieren, genötigt, ihn hineinzuwerfen: Er verbrannte sogleich[108].

Mit derlei Dingen geben die Ḫwāǧagān sich nicht ab; Taschenspielertricks und Jahrmarktskunststücke führen sie nicht vor. In diesem Zusammenhang sind diese Geschichten erwähnenswert, weil sie zeigen, womit andere Gruppen und Einzelpersonen, die in anderen Milieus tätig sind, ihre Anhängerschaft gewinnen und beeindrucken.

Erwerb des Lebensunterhalts. Zusammenfassung

Die aufgeführten möglichen Formen, in denen sufische Gruppen und Einzelpersonen die Mittel des Lebensunterhalts erwerben können, haben bei den Ḫwāǧagān an verschiedenen Orten und zu verschiedenen Zeiten eine unterschiedlich große Rolle gespielt. Alle, bis auf das Betteln und das Anwenden von Gaukler-Tricks, sind jedoch vorgekommen.

Die eigene Berufstätigkeit überwiegt in Buchara. Sie spielt dagegen in Herat, jedenfalls was den inneren Kreis der Gruppe angeht, kaum noch eine Rolle. In Samarkand verliert die Erwerbstätigkeit in einem Maße den individuellen Charakter, das in Buchara unvorstellbar gewesen wäre: Dort kam zwar gemeinschaftlicher Anbau von Baumwolle, auch gelegentliche gemeinsame Arbeit in der Werkstatt eines Mitglieds vor; aber das war gegenseitige brüderliche Hilfe. In Samarkand dagegen

---

[107] *Masmūʿāt* 143 b.

[108] *Silsilat* 125 b, Variante *Masmūʿāt* 192 b. – Möglicherweise ein Wandermotiv, mit anderen Personen und an anderem Ort auch erzählt bei AUBIN, *Un santon quhistānī*, S. 205.

ordnet man sich in die Wirtschaftstätigkeit Ḫwāǧa Aḥrārs ein, ist als Kaufmann für dessen Rechnung tätig, verwaltet seine Papiermanufaktur; seine landwirtschaftliche Organisation werden wir noch kennenlernen.

Das Spenden und Schenken von Gläubigen, unmittelbar an den einzelnen Sufi (almosenartig), als Gelübde oder „Sühneopfer" an einen lebenden oder toten Scheich bzw. dessen Nachkommen, hat eine vergleichsweise große Rolle am ehesten in Buchara gespielt. Für Herat läßt sich der Umfang solcher unmittelbarer Zuwendungen nicht abschätzen; sie kommen wohl vor, sind aber gewiß nicht von überragender Bedeutung gewesen. Für die Samarkander Zeit steht Ḫwāǧa Aḥrārs grundsätzliche Ablehnung solcher Geschenke dem entgegen; daher kann angenommen werden, daß nur vereinzelt Schenkungen vorkamen.

Einkünfte aus Stiftungen sind für Buchara wiederum nicht nachzuweisen; falls einige Gräber doch mit *awqāf* ausgestattet gewesen sind, ist davon in den vorliegenden Quellen nicht die Rede. Dagegen sind sie in Herat das alles beherrschende Element; Zuwendungen von Herrschern und zivilen und militärischen Würdenträgern nehmen gerade diese Form an. Weil dies religiös zweifelhaft ist und außerdem die Unabhängigkeit der Gruppe eingrenzt, ist Ḫwāǧa Aḥrārs Position schroff ablehnend. In Samarkand sind Stiftungen zugunsten von Gruppen und Einrichtungen der Ḫwāǧagān für diese Zeit nicht nachweisbar; später wird es zahlreiche *awqāf* zu ihren Gunsten geben. Die Stiftungen Ḫwāǧa Aḥrārs unterscheiden sich grundsätzlich von denen, die in Herat den Lebensunterhalt einer ganzen Schicht von Intellektuellen sichern: Sie stammen aus dem von ihm und seiner Gruppe selbst erwirtschafteten Vermögen, die Unabhängigkeit der Gruppe bleibt also in vollem Umfang erhalten.

Sowohl von der „einfachen" Lebensweise Bucharas als auch vom hauptstädtischen Lebensstil Herats unterscheidet sich also die Lage der Gruppe in Samarkand. Ḫwāǧa Aḥrār hat es verstanden, die Kräfte der Gruppe in einem Maß zu bündeln, das zumindest bei den Ḫwāǧagān bis dahin nicht vorgekommen war. Diese gebündelte Kraft richtete er auch auf das gesellschaftliche Leben, auf Wirtschaft und Politik. Auch in Herat haben Sufis, auch Vertreter der Ḫwāǧagān (erinnert sei an Ḥasan-i ʿAṭṭār und nicht zuletzt an Ǧāmī) versucht, ihren Einfluß geltend zu machen. Aber erstens handelten sie als – wenn auch spirituell mächtige – Individuen, zweitens beruhte ihre Unabhängigkeit eher auf ihrer Bedürfnislosigkeit als auf einer gesicherten wirtschaftlichen Basis. Diese beiden Faktoren hat Ḫwāǧa Aḥrār in Samarkand geändert. Er hat eine Gruppe gebildet, deren Zusammenhalt spirituell und materiell definiert ist, und er hat ein Vermögen aufgebaut, das die wirtschaftliche Grundlage seines Handelns darstellt.

4. Innen und Außen

In diesem Kapitel wird das Leben in der Gruppe und ihr Verhalten nach außen behandelt. Dazu gehören folgende Fragen: a) Wo findet das gemeinschaftliche Leben statt? In Frage kommen eigens dafür vorgesehene Räumlichkeiten, Privathäuser von Scheichen oder Mitgliedern und schließlich Moscheen. b) Welche Tätigkeiten bestimmen das gemeinschaftliche Leben? Hierbei geht es um produktive Tätigkeit, um Lehren und Lernen, schließlich um Verwaltungstätigkeiten. c) Wie wird die Gruppe nach außen, das heißt nicht-affiliierten Personen gegenüber, tätig? Feststellbar sind Predigt, Wundertaten, Gebet als religiöse und spirituelle Tätigkeiten, Interessenvertretung als diesseitiges Wirken. Hinzu kommt die Ansprache Einzelner, die man für die Gruppe zu gewinnen hofft. d) Wie sind Aufnahme und Ausbildung geregelt? e) Wie sichert die Gruppe ihren inneren Zusammenhalt? Dazu gehört einmal das Verhalten „Außenseitern" gegenüber, darunter auch Mitgliedern anderer Gruppen. In einem zweiten Abschnitt geht es um *ṣuḥbat*, Gemeinschaft, einen besonderen Weg in der mystischen Methode. f) Wie setzt sich die Gruppe gegen Konkurrenten durch? Mehrere solcher Situationen werden angesprochen und eine Reihe von Methoden der Auseinandersetzung vorgestellt. g) Wie ist die Nachfolge geregelt?

Ort des gemeinschaftlichen Lebens

In der Zeit vor Bahā'uddīn scheint man eigene Räumlichkeiten gehabt zu haben, wenn auch eher bescheidenen Umfangs, in denen das gemeinschaftliche Leben stattfand. Diese heißen *ǧamā'at-ḫāna*, Gemeinschafts- oder Versammlungshaus. Der Unterschied zu einem Ḫānaqāh liegt wohl darin, daß dies *ǧamā'at-ḫāna* nur als Versammlungsraum, nicht aber zum Wohnen diente[1]. Die Mitglieder wohnten jeder für sich, wenn auch in dem gleichen Dorf wie der Scheich oder in der näheren Umgebung[2].

---

[1] Zahlreiche Nennungen in *Maqāmāt-i Amīr Kulāl*, S. 21, 26, 31, 53; *Anīs* 139b.

[2] Der Unterschied wird nahegelegt in *Awrād al-aḥbāb* S. 254. – Die Ḫwāǧagān haben,

Zur Zeit Bahā'uddīns finden die Zusammenkünfte draußen vor der Stadt in einem Anwesen statt, „wo heute der Garten am Grabmal" ist. Man kann sich vorstellen, daß es sich um Bahā'uddīns Privatgrundstück handelt[3]. In der Stadt Buchara trifft man sich auf dem Basar, in den Werkstätten und Läden der Mitglieder[4]. Von eigens errichteten Baulichkeiten ist nur einmal die Rede, und hier könnte es sich um ein übertragenes Sujet handeln[5].

In Herat ist, wie bereits erwähnt, die Freitagsmoschee der Hauptversammlungsort. Gelegentlich trifft man sich auch außerhalb der Stadt, etwa bei Ǧāmī. Über ein eigenes Ḫānaqāh scheinen die Herater Ḫwāǧagān nicht verfügt zu haben.

Ḫwāǧa Aḥrār läßt in und bei Samarkand mehrere Gebäude errichten, darunter eine Madrasa in der Stadt[6] und den Komplex *muḥawwaṭa-yi mullāyān*[7] außerhalb. Außerdem verdankt die Stadt Taschkent ihm eine Madrasa[8]. Der Komplex *muḥawwaṭa-yi mullāyān*, im Dorf Ḫwāǧa Kafšīr etwas südlich der Stadt gelegen, ist Ḫwāǧa Aḥrārs Wohnort. Dort leben auch die wichtigsten seiner Gefährten. Das gesamte Gemeinschaftsleben in Samarkand spielt sich entweder dort oder, zu einem deutlich geringeren Teil, in der Madrasa in der Stadt selbst ab.

Die für das Gemeinschaftsleben bevorzugten Orte entsprechen also sehr gut dem Milieu und den sozialen Kennzeichen der Gruppen an den verschiedenen Orten: Eher dörfliche Gemeinschaft in Buchara, intellektuell-hauptstädtisch in Herat, zentralisiert in Samarkand.

---

[2] Der Unterschied wird nahegelegt in *Awrād al-aḥbāb* S. 254. – Die Ḫwāǧagān haben, jedenfalls theoretisch, eine eher ablehnende Haltung zum Wohnen im Ḫānaqāh, vgl. *Rašaḥāt* S. 20 (*wiṣāya* ʿAbdulḫāliqs) mit Erläuterungen in *Šarḥ al-wiṣāya* des b. Rūzbihān, fol. 136 b – 137 a.

[3] *Anīs* 129 b und öfter.

[4] *Anīs* 92 b.

[5] Der Bericht *Rašaḥāt* S. 65, *Masmuʿāt* 167 b. – Es handelt sich um die Situation „Äußerung eines Scheichs über die Nachfolge anläßlich gemeinsamer Bautätigkeit", hier äußert sich Bahā'uddīn positiv über Ḫwāǧa Pārsā. Die gleiche Situation, mit den Akteuren Amīr Kulāl und Bahā'uddīn, in *Anīs* 139 b und *Rašaḥāt* S. 54.

[6] Vgl. ČECHOVIČ, *Samarkandskie dokumenty*, Urkunde 5: Waqfiyya von 1470 zugunsten dieser Madrasa; damit ist ein *terminus ante quem* für den Bau gegeben; außerdem Urkunde 11, ebenfalls Stiftung zugunsten dieser Madrasa.

[7] Vgl. PLETNEV/ŠVAB, *Architekturnyj ansambl' u mazara Chodži Achrara v Samarkande*. Mit Abb. – Der genannte Komplex liegt ca. 4 km S von Samarkand.

[8] ČECHOVIČ, *Samarkandskie dokumenty*, Urkunde 12: Waqfiyya zugunsten dieser Madrasa (vor 1490). – BOLDYREV hat einen Hinweis, nach dem diese Madrasa bereits 1451 erbaut sein soll: BOLDYREV, *Zaynuddin Vasifi*, S. 337 Anm. 275.

Gemeinschaftliche Tätigkeiten

Produktive Tätigkeit, gemeinschaftliche Arbeit wird in den Quellen nur verhältnismäßig selten erwähnt. Im Zusammenhang mit den Berufen sahen wir schon, daß gelegentlich Baumwolle gemeinsam angebaut wird[9]. Einmal kommt auch gemeinsame Arbeit in einer Schmiede vor[10]. Alle diese Fälle gehören in die Zeit Bahā'uddīns nach Buchara.

Sehr viel häufiger sind Berichte über gemeinschaftliches Bauen. Schon das *ǧamāʿat-ḫāna* Amīr Kulāls soll gemeinschaftlich errichtet worden sein[11]; in einem weiteren Fall wird Bahā'uddīns Fleiß hervorgehoben[12]. Bauen ist auch eine der Gelegenheiten, bei denen Tagelöhner eingestellt werden[13]. Der Einsatz auch einer großen Menge von Anhängern gerade beim Bauen hängt vielleicht damit zusammen, daß diese Tätigkeit sehr arbeitsintensiv ist und in weiten Bereichen keine großen handwerklichen Qualifikationen erfordert.

Auch die Berichte über Bauen in der Gemeinschaft konzentrieren sich um Bahā'uddīn. Aber auch für Samarkand wird Derartiges berichtet[14]. Herat macht eine Ausnahme: Der schon zitierte Bericht vom Bauholz-Schleppen ist der einzige, der in diese Richtung weist[15].

Wieder bestätigen sich die Ergebnisse, was die unterschiedliche soziale Charakterisierung der Gruppe in den einzelnen Orten betrifft.

Lehren und Lernen in der Gemeinschaft überwiegt entsprechend in Herat; dort bestimmen die spirituellen Übungen das Bild. Tätigkeiten, die sich dem üblichen Madrasa-Betrieb annähern, werden am meisten aus der Umgebung Ḫwāǧa Aḥrārs berichtet, nicht zuletzt, weil er die beiden Madrasen hat bauen lassen; Gefährten sind dort als Lehrende und Lernende tätig[16]. In einem anderen Bericht wird Sayyid Ḥasan, einer der ältesten Gefährten Ḫwāǧa Aḥrārs, gezeigt, wie er mit Ulama aus der Stadt Handschriften von Ġazālīs *Iḥyā' ʿulūm al-dīn* vergleichend liest, kollationiert[17]. Daneben werden die Gefährten aufgefordert, bestimmte Bücher, darunter Ḫwāǧa Pārsās *Qudsiyya*, ständig zu lesen; auch die

[9] S. o. S. 44.

[10] *Anīs* 92 b.

[11] Es ist der in Anm. 5 erwähnte Bericht, *Anīs* 139 b, *Rašaḥāt* S. 54.

[12] *Anīs* 140 b, *Masmūʿāt* 188 b.

[13] Z. B. *Masmūʿāt* 158 b.

[14] *Masmūʿāt* 158 b; *Silsilat* 81 a; *Manāqib* 30 b – 31 a; *Rašaḥāt* S. 312 (mindestens drei verschiedene Geschichten).

[15] S. o. S. 47.

[16] Ismāʿīl-i Šamsī und Ismāʿīl-i Qamarī, *Rašaḥāt* S. 358 f.

[17] *Rašaḥāt* S. 328.

Werke Ibn al-ʿArabīs scheinen Gegenstand eifrigen Studiums gewesen zu sein[18].

Ḫwāǧa Aḥrār kümmerte sich also intensiv auch um die traditionelle Madrasa-Ausbildung seiner Adepten. Das unterscheidet die Verhältnisse in Samarkand wiederum von den Heratern; dort scheint der Erwerb des nötigen „äußeren" Wissens Privatsache gewesen zu sein.

In Buchara stehen Ulama und Madrasa-Lehrer so am Rande, daß über das Ausmaß, in dem einzelne Mitglieder sich um entsprechende Bildung bemüht haben mögen, wenig mehr als spekuliert werden kann. Ḫwāǧa Pārsā darf als Gelehrter gelten[19], aber wir erfahren nicht, inwiefern er seinen Adepten entsprechende Unterweisungen gegeben hat.

Einen großen Raum am Gemeinschaftsleben in Samarkand haben Verwaltungsaufgaben der unterschiedlichsten Art eingenommen, von der Korrespondenz über Rechnungsführung bis hin zu Sonderaufgaben; dies wird im nächsten Kapitel ausführlich dargestellt.

In Buchara einerseits und in Herat andererseits können Verwaltungstätigkeiten kaum vorgekommen sein.

Tätigkeit nach außen

Mitglieder und Scheiche sufischer Gruppen kümmern sich sowohl um die religiös-spirituellen als auch um die weltlichen Bedürfnisse der Menschen. Von einigen Vertretern der Ḫwāǧagān wird entsprechend berichtet, sie hätten Ämter im gewöhnlichen Gemeindeleben, etwa als Imame von Moscheen, innegehabt[20]. Das gilt sowohl für Buchara als auch für Samarkand. In Samarkand und vor allem in Herat spielt das Predigen *waʿẓ* eine große Rolle. Auch Herrscher sind bei den Auftritten berühmter Prediger anwesend, jedenfalls in Herat[21], in Samarkand dürfte das von der Person des Herrschers abgehangen haben. Solche Predigten waren somit auch ein gesellschaftliches Ereignis, und sich als Prediger durchgesetzt zu haben, bedeutete einen großen Schritt nach vorn[22]. Dabei werden für Herat Prediger sowohl aus der eigenen als auch aus anderen

[18] S. o. S. 28.

[19] Vgl. die Angaben über ihn in Storey, S. 1192 f.

[20] Imam war vielleicht Ḥusāmuddīn (Nr. 54), vgl. *Maqāmāt-i Amīr Kulāl* S. 69; gesagt wird es von Mawlānā ʿAbdullāh, der war *imām-i madrasa-yi ḥaḍrat-īšān*, *Manāqib* 70 b.

[21] Šāhruḫ: z. B. *Masmūʿāt* 197 a, 204 b; Abū Saʿīd: z. B. *Ḥabīb al-siyar* IV/60 und 76 (feierliche Anlässe).

[22] Vgl. die Geschichte mit Darwīš Aḥmad-i Samarqandī, unten S. 80.

Gruppen genannt; insbesondere die Anhänger Zaynuddīn-i Ḫwāfīs scheinen hohe Positionen innegehabt zu haben[23].

Berichte aus Samarkand zeigen, daß man sich dort von einem höfisch-exaltierten Stil, wie er in Herat gepflegt wurde, bewußt absetzte[24]. In der Jugend Ḫwāǧa Aḥrārs war der Muḥtasib Sayyid ʿĀšiq als Prediger berühmt, der für sein unerschrockenes Auftreten gegen Ulug Bek herausgestellt wird[25]. Im Gegensatz zu Herat wandten sich in Samarkand Männer des Minbar also auch gegen Herrscher. In beiden Städten aber sind Auftritte als Prediger publikumswirksam, und diese Tätigkeit ist vielleicht eine der bedeutenderen, über die sufische Gruppen und Einzelpersonen ihren Bekanntheitsgrad und ihr Ansehen in einer Stadt erhöhen können.

Weiter werden Mystiker als Helfer in Notlagen in Anspruch genommen. Dazu gehören die Situationen, in denen Anhänger eines Scheichs ein Gelübde tun und er sie daraufhin aus einer Gefahr errettet[26]. Gewiß nicht immer geht es so dramatisch her; manchmal wird ein Scheich einfach um eine *fātiḥa* gebeten, besonders im Zusammenhang mit Krankheit und Heilung. Heilen ist, auch nach Selbstauskunft Ḫwāǧa Aḥrārs, eine Spezialität der Ḫwāǧagān, so daß es viel häufiger vorgekommen sein wird, daß Leute einen Ḫwāǧa um Heilung bitten, als die Quellen erkennen lassen, in denen von geglückten Heilungen fast nur im Zusammenhang mit Mitgliedern der eigenen Gruppe die Rede ist[27].

Beten um Heilung ist ein Sonderfall des Bittgebets *duʿā*. Zur rechten Weise, Bittgebete zu sprechen, gibt es folgende interessante Bemerkung: Man muß in jeder Angelegenheit, wenn man das Wirkungsvermögen *himmat* zur Bündelung des Inneren (oder modern gesagt der Energieströme, *ǧamʿ-i ḫāṭir*) und zum Erreichen eines Ziels einsetzt, den passenden Namen Gottes anrufen. „Wenn es um Krankheit geht, so den

---

[23] Auf Zaynuddīn berief sich Šamsuddīn Muḥammad-i Kusūʾī, *Ḥabib al-siyar* IV/60, auch Ǧalāluddin-i Qāʾinī, *Masmūʿāt* 197 a.

[24] Man empört sich darüber, daß jemand vor der Predigt das Minbar küßt, *Rašaḥāt* S. 274 (*rašaḥa* 48), *Masmūʿāt* 153 a, *Silsilat* 119 b.

[25] *Rašaḥāt* S. 274 f. (*rašaḥa* 49); vgl. *Masmūʿāt* 195 a und 201 a; s. u. S. 240.

[26] S. o. S. 53 f.

[27] Zu den Ḫwāǧagān als Heilern vgl. auch Gramlich, *Wunder der Freunde Gottes*, S. 309 f. Heilungsberichte in *Rašaḥāt* S. 116 f., 155, 177 und 315. Geheilt werden jeweils Mitglieder der eigenen Gruppe, vor allem auf der Pilgerfahrt. Aber auch Außenstehende bitten um Arznei *dārū*, so (zunächst vergeblich) Šayḫzāda Ḫalīlullāh-i Ḫwāǧagī, *Manāqib* 33 a. – Voraussetzung dafür, daß eine Heilung gelingen kann, ist das Bestehen eines spirituellen Bandes zwischen dem Scheich und dem Kranken. Daher nimmt es nicht wunder, daß in Ausnahmefällen Kranke eigens, um geheilt zu werden, von Scheichen in die *nisbat* aufgenommen werden.

entsprechenden Namen ‚der Reine', wenn es um Armut geht, den passenden Namen ‚der Reiche' und analog dazu"[28]. Diese Form des Gebets ist auch aus anderen Zusammenhängen belegt. So befreit sich ein Sufi, der von einem ungerechten Herrscher eingekerkert war, durch Anrufung des Namens „der Freundliche" aus dem Gefängnis[29]; es fällt auf, daß auch an anderen Stellen angegeben wird, welche Namen Gottes bei Bedrängung durch ungerechte Herrscher angerufen werden können[30]. Aus alter Zeit werden ferner Fälle berichtet, in denen die Bitte um Regen erhört wurde[31].

Schließlich werden in einem eher spirituellen Zusammenhang Bittgebete genannt, die beim Fortschritt auf dem mystischen Pfad helfen[32] und solche, für die ein bestimmter Jenseitslohn versprochen wird[33]. Der Scheich tritt hier als ein Wissender auf, der die Menschen darin unterweist, wie sie beten sollen, wenn sie über die Pflichtgebete hinaus fromme Übungen treiben wollen.

Interessenvertretung ist schon erwähnt worden in dem Fall, daß die Stadtbevölkerung Ḫwāǧa Aḥrār bat, dafür zu sorgen, daß die Stadt Samarkand gegen Abū'l-Qāsim-i Bābur verteidigt wird[34]; auch die oben angeführten Fälle von Bittgebeten aus Bedrängnis durch ungerechte Herrscher gehören in diesen Zusammenhang. Gerade der Schutz gegen Herrscherwillkür gehört zu den zentralen Aufgaben, die Ḫwāǧa Aḥrār sich gestellt hatte, zu diesem Zweck baute er ein umfassendes System von Klientelverhältnissen auf[35]. Aber auch andere Scheiche, nicht nur solche der Ḫwāǧagān, wurden vermittelnd und schützend tätig. Erwähnt wurde die Vermittlung Ḥasan-i ʿAṭṭārs zwischen den Bewohnern Badaḫšāns und Šāhruḫ[36]. Sein Sohn Yūsuf vermittelt zwischen zwei spättimuridischen Kontrahenten in Afghanistan[37]. Von Bahā'uddīn ʿUmar heißt es, er habe sich für die Unterdrückten eingesetzt, sei allerdings nicht selbst zum Herrscher gegangen, sondern habe sich eines Boten bedient, der bei den Einwohnern Herats als *īlčī-yi šayḫ* bekannt war; er gehörte gewisser-

[28] *agar bīmār ast ba-ism-i munāsib al-ṣāfī wa agar faqīr ast bi'l-ġanī wa ʿalā haḏā 'l-qiyās, Silsilat* 105 b, Variante *Masmūʿāt* 130 a.

[29] *Silsilat* 241 b – 242 a, *al-laṭīf.*

[30] *yā muḏill* und *yā qahhār*; „Vernichter, Zerschmetterer". *Masmūʿāt* 151 b, *Silsilat* 118 a.

[31] *Silsilat* 208 b; eine weitere Geschichte 251 b – 252 a.

[32] Z. B. in *Silsilat* 242 a/b.

[33] Vor allem in der Ḫwāǧa Aḥrār zugeschriebenen Schrift *Anfās-i nafīsa.*

[34] S. o. S. 49.

[35] Vgl. das entsprechende Kapitel unten.

[36] S. o. Anm. 14 zu S. 24.

[37] Vgl. *Maṭlaʿ al-saʿdayn* II/1384 zum Jahr 873.

maßen zum Stadtbild[38]. Auch Zaynuddīn-i Ḫwāfī soll gelegentlich in solchen Angelegenheiten tätig gewesen sein[39]. Man sieht, daß es zu einem Scheich gehört, daß er sich dafür einsetzt, daß dem Unrecht gewehrt wird. In diesem Bemühen ist keine Besonderheit Ḫwāǧa Aḥrārs zu sehen.

Aus früherer Zeit, aus Buchara, wird Derartiges nicht berichtet bis auf den Fall, wo die Scheiche unter der Leitung Ḫwāǧa Pārsās sich bei Šāhruḫ schriftlich über den damaligen Herrscher Transoxaniens, Ḫalīl Sulṭān, beschweren[40], worauf Šāhruḫ diesen mit Krieg überzieht. Dieser Bericht darf aber in das Reich der Legende verwiesen werden, schon deswegen, weil Šāhruḫ keinen solchen Anlaß brauchte, um Ḫalīl Sulṭān zu beseitigen, und deswegen, weil diese Geschichte nur in *Rašaḥāt* überliefert ist.

Die Interessenvertretung kann außer auf „natürliche" auch auf „wundersame" Weise erfolgen. Dabei ist für die Zwecke dieser Arbeit nicht von Bedeutung, ob solche Wunder tatsächlich vorkamen o. ä., sondern, daß jedenfalls ein Teil der Beteiligten daran glaubte und daß solche Taten von den Scheichen der Ḫwāǧagān wie auch von anderen berichtet, weitererzählt und schließlich überliefert werden, am Ende in schriftlicher Form in der Hagiographie. Historisch interessant ist die Typologie der Wundererzählungen, erstens ihr Aufbau, zweitens die sterotype Nutzanwendung. Ein sehr weit verbreiteter Typ von Wunderbericht zeigt einen Menschen, der in irgendeiner Weise, oft wegen Steuern, von Mächtigen bedrängt wird. Zwei solche Geschichten seien zitiert; beide sind von Saʿduddīn überliefert.

- Ein Steuereintreiber bedrängte ʿAlī Pīr, den Besitzer eines Kleiderladens. Der rief Saʿduddīn um Hilfe an. Dieser berührte den Peiniger an der Schulter und sagte: „Hüte deine Zunge!" Schon wälzte jener sich im Staub. Als er wieder zu sich kam, küßte er Saʿduddīn die Füße.
- ʿAlā'uddīn-i Apazī (Abīzī) (Nr. 95) hatte als Landwirt mit einem ungerechten Steuereintreiber zu tun. Er träumte daraufhin von seinem Meister Saʿduddīn, der als Traumgestalt jenen mit Pfeil und Bogen angeht. Ergebnis: halbseitige Lähmung[41].

---

[38] *Masmūʿāt* 219 b.

[39] *Muǧmal-i Fāṣiḥī* zum Jahr 810, Ed. Mašhad S. 183, russ. Üb. S. 145. – Vgl. auch AUBIN, *Deux Sayyids de Bam.*

[40] *Rašaḥāt* S. 61 f.

[41] Zum Topos „halbseitige Lähmung" vgl. GRAMLICH, *Wunder der Freunde Gottes*, S. 410. – Die Geschichten *Rašaḥāt* S. 126 und 126 f.

Solche Wunderberichte sind also geeignet, den Ruf zu stärken, daß ein Scheich sich wirkungsvoll für die Interessen der Bedrängten einsetzt[42]. Wieweit hier bei den Zuhörern Wunsch und Wirklichkeit sich vermengen, ist wie gesagt unerheblich, da es vor allem darauf ankommt, zu erkennen, was die Anhänger einer sufischen Gruppe oder eines einzelnen Scheichs von diesem erwarteten. Diese Erwartung ist es, die sich in Wunderberichten dieses Typs niederschlägt[43].

Gegenüber der Menge der nicht zur Gruppe gehörenden Anhänger und Indifferenten verfügt ein Scheich also über mehrere Mittel, Einfluß zu gewinnen und zu behaupten. Deren erstes ist die Teilnahme am „normalen" religiösen Leben der Gemeinde, als Imam oder Prediger oder als Inhaber eines anderen religiösen Amtes. Solche Positionen sind geeignet, dem Inhaber ein gewisses Prestige, in Einzelfällen auch einen gewissen Einfluß zu verschaffen (Hofprediger in Herat und Samarkand, Imame großer Freitagsmoscheen). Das zweite Mittel ist die Hilfe im Einzelfall, in der Regel durch Bittgebete; ein Sonderfall ist das Heilen. Dabei werden beim Scheich besondere spirituelle Möglichkeiten vorausgesetzt, die ein einfacher Frommer nicht hat. Das dritte Mittel ist die Verbreitung und Festigung des Rufs, für Gerechtigkeit, gegen Bedrückung einzustehen und Einzelpersonen sowie ganzen Gemeinschaften aus solcher Not zu helfen. Das kann sowohl „natürlich" geschehen als auch unter Einsatz der besonderen Gaben, die den Scheich auch befähigen, im Einzelfall zu helfen. Zwischen diesen beiden Arten des Vorgehens macht das Publikum an Ende gar keinen Unterschied, man wird nicht überlegt haben, ob der Erlaß einer Steuer, das Herbeiführen eines Waffenstillstands oder ähnliches auf „politischen Druck" des Scheichs oder auf Einsatz einer wunderwirkenden Kraft zurückzuführen ist, über die er verfügt[44]. So ist es vor allem der Ruf, den ein Scheich genießt, der ihn einflußreich macht; wird er andererseits für einflußreich gehalten, wird es ihm eher gelingen, Dinge durchzusetzen, was wiederum sein Ansehen festigt usw.: Ein Scheich entsteht im Kopf des Publikums.

Dabei ist die eigentliche mystische Tätigkeit, nämlich die Übungen, die der Scheich selbst durchführt und die er seine Adepten treiben läßt, noch unberücksichtigt geblieben. Denn die bisher besprochenen Tätigkeiten richten sich nicht in erster Linie an die Affiliierten, sondern an die Masse der Außenstehenden. Natürlich gibt es auch zahlreiche Berichte, in denen der Scheich in einer der genannten Formen für einen

---

[42] Z.B. *Rašaḥāt* S. 313 und 316.

[43] Weitere Wunderberichte s. u. S. 79 ff. und 213 ff.

[44] Zu diesem Zusammenhang vgl. auch GROSS, *Khoja Ahrar*, S. 61.

oder mehrere seiner Adepten tätig wird; es war auch betont worden, daß für das Heilen z. B. Voraussetzung ist, daß ein spirituelles Band zwischen dem Scheich und dem Kranken besteht[45]. Dennoch muß grundsätzlich zwischen dem Verhalten des Scheichs innerhalb der Gruppe, zu den Adepten, und außerhalb, zu den Nicht-Affiliierten, unterschieden werden, verfügt doch der Scheich seinen Adepten gegenüber über eine Reihe von Mitteln, die ansonsten fehlen. Es sei daran erinnert, daß absoluter Gehorsam des Adepten gefordert wird; bekannt ist das Wort, daß er sein solle in der Hand des Scheichs wie die Leiche in der Hand des Leichenwäschers[46].

So ist auch bereits die Art, wie (meist junge) Männer angesprochen werden, die der Scheich für sich gewinnen möchte, grundsätzlich von der Art unterschieden, wie er sich an die breite Masse wendet. Saʿduddīn etwa gewinnt Ǧāmīs jüngeren Bruder Muḥammad, der sich mit Alchimie befaßte, durch einen Vers über *kīmīyā* und eine Berührung; Ǧāmī selbst gewinnt er durch Blicke. Weiter schließen Šihābuddīn-i Parǧandī (Bīrǧandī) und ʿAlā'uddīn-i Apazī (Abīžī) sich Saʿduddīn an, nachdem er sie von den „toten Buchstaben-Wissenschaften" befreit hat. So wird auch Ḫwāǧa Aḥrārs Vorgehen geschildert, mit dem er manche seiner Gefährten gewonnen hat. Besonders eindrucksvoll schildert Muḥammad (Mawlānā) Qāḍī die innere Krise, die ihn schließlich in den Kreis um Ḫwāǧa Aḥrār führt; sie beginnt bei einem Überdruß am Madrasa-Studium und dem vagen Entschluß, sich einer sufischen Organisation anzuschließen, führt zu einer kurzen, zufälligen Begegnung mit Ḫwāǧa Aḥrār, die ihn völlig verwirrt, so daß er eine Irrfahrt quer durch Mittelasien unternimmt, und endet wieder in Samarkand, wo Ḫwāǧa Aḥrār ihn bereits erwartet[47].

Der Meister wendet sich dem künftigen Adepten also persönlich zu und versucht, eine persönliche Bindung herzustellen. Das geschieht durch Blicke und Berührungen, weiter spielen Verse und das Erraten der Gedanken (*firāsa*)[48] eine Rolle. Auf jeden Fall aber gelingt es dem Scheich, eine krisenhafte Situation des Adepten zu lösen. Oft handelt es sich um Verzweiflung am Studium der Wissenschaften; das soziale Milieu, aus dem diese Männer stammen, ist durch die Madrasa bestimmt.

Es ist aber keineswegs so, daß alle Gefährten eines Meisters von diesem so oder anders gewonnen werden. Manche haben Erweckungs-

---

[45] S. o. S. 67 mit Anm. 27.

[46] So z. B. bei Ibn al-ʿArabī: *Al-tadbīrāt al-ilāhiyya fī iṣlāḥ al-mamlaka al-insāniyya*, in „Kleine Schriften" ed. Nyberg, Leyden 1919, S. 226.

[47] *Rašaḥāt* S. 344 ff., *Silsilat* 155 b – 157 a.

[48] Vgl. Gramlich, *Wunder der Freunde Gottes*, Index s. v.

erlebnisse oder wissen von Kind auf, daß sie Mystiker werden wollen; für diese Personen geht es dann darum, den für sie geeigneten Meister zu finden. Beileibe nicht alle, die sich mit dieser Bitte an einen Scheich wenden, werden auch genommen. Es gehört vielmehr in gewisser Weise dazu, daß der Scheich den Postulanten warten läßt, ihm eventuell erste Prüfungen auferlegt, um die Aufrichtigkeit seines Begehrens festzustellen. Durch dieses Verfahren mußte auch Ḫwāǧa Aḥrār gehen[49].

In jedem Fall sind also diejenigen, die ein Scheich zur Ausbildung annimmt, von ihm „handverlesen".

Aufnahme und Ausbildung

Die Aufnahme eines Adepten erfolgt in einem festgelegten Vorgang, der wie bei anderen sufischen Gruppen auch *talqīn* genannt wird. Dabei zeigt der Scheich dem Neuling, wie er die Worte *lā ilāha illā llāh*, die bei den Ḫwāǧagān als *ḏikr*-Formel verwendet werden, zu „sprechen" bzw. eben nicht zu sprechen, sondern im Innern zu wiederholen hat[50]. In den Quellen finden sich sowohl lehrhafte Erwähnungen dieses Vorgangs[51] als auch Anekdoten[52].

Diese Initiation trennt das Leben des Adepten in ein klares Vorher und Nachher, die Welt in ein Innen und Außen. Die Grenzen der Gruppe sind dadurch klar festgelegt.

Danach beginnt die mystische Ausbildung *tarbiyat*, die sich über Jahre erstrecken kann. Dabei können verschiedene Methoden zur Anwendung kommen, die der Scheich je nach Eignung des Adepten auswählt[53]. Zu diesen Methoden gehört der *ḏikr*, es gibt aber außerdem noch andere Formen; eine davon, die Methode der Gemeinschaft *ṣuḥbat*, wird im nächsten Abschnitt ausführlicher behandelt.

Am Ende der Ausbildung steht wieder ein deutlich abgrenzendes Ereignis. Der Adept erhält die Erlaubnis, von nun an eigenständig auszubilden, die *iǧāzat*; damit wird er für reif *bāliġ* erklärt. Das Kriterium dafür ist, daß er in vollkommener Weise äußere Tätigkeit und innere

---

[49] Bei Yaʿqūb-i Čarḫī; *Nafaḥāt* S. 398, *Rašaḥāt* S. 241, *Silsilat* 55 b.

[50] Beschreibung der *ḏikr*-Technik der Ḫwāǧagān finden sich (fast) zeitgenössisch in *Risāla az ḥaḍrat Muḥammad Qāḍī* und *Risāla-yi rāh-numāy ʿuqdagušāy* (Ǧalāl-i Harawī). – Literatur s. o. Anm. 5 zu S. 22.

[51] *Faqarāt* 22/9, *Unsiyya* 3 a, 8 b, *Qudsiyya* 32 b.

[52] Z. B. *Rašaḥāt* S. 174 (*rašaḥa* 94) und S. 177 (*rašaḥa* 95), auch S. 202.

[53] Vgl. die Aufzählung solcher Methoden durch Ḫwāǧa Aḥrār, unten S. 76 f., mehrere Wege auch genannt in Ǧāmīs *Risāla*.

Ausrichtung auf Gott vereinen kann. Dies Kriterium wird in den Traktaten und in den einleitenden Kapiteln der Hagiographien mehrfach genannt[54]. Diese Fähigkeit wird also bei der Aufnahme in die Gruppe nicht vorausgesetzt, sondern im Lauf der Ausbildung erworben; das ist ein Grund dafür, daß Adepten jedenfalls in manchen Phasen der Ausbildung von der äußeren Arbeit freigestellt werden müssen.

Hat ein Adept seine *iǧāzat* erhalten, so kann er in der Umgebung des Scheichs bleiben, aber auch in andere Orte gesandt werden oder sich selbst dazu entschließen, eine andere Region aufzusuchen. Absendungen in andere Städte werden in den Texten nur wenig genannt, aber man weiß aus der weiteren Entwicklung der Naqšbandiyya nach Ḫwāǧa Aḥrār, daß viele seiner Gefährten Samarkand nach Ende der Ausbildung verließen[55].

Neben Adepten, die die gesamte mystische Ausbildung bis zur *iǧāzat* durchlaufen, kann es auch solche gegeben haben, die sich mit einer bestimmten Stufe zufrieden gaben.

Innerer Zusammenhalt. Haltung zu „Außenseitern"

Die Auseinandersetzung mit anderen mystischen Gruppen und Richtungen ist von folgenden Themen geprägt: Erstens dem Vorwurf an andere, sie seien nicht gesetzestreu; zweitens der Versicherung, die eigene Gruppe vereine die Vorzüge aller Gruppen in sich; drittens der Warnung an die eigenen Gefolgsleute, sich nicht mit Außenseitern abzugeben, weil das die Ausrichtung auf Gott, vermittelt über den eigenen Scheich, stören könne.

Der Vorwurf, andere Mystiker verhielten sich nicht dem religiösen Gesetz entsprechend, wird besonders dadurch erhärtet, daß diese Musik und Tanz in ihren Übungen verwenden und/oder in anderen Dingen das Erlaubte vom Verbotenen nicht genau unterscheiden. „Die Gesellschaft der Derwische, die Musik und Tanz benutzen und, ohne je etwas abzulehnen, alles, wie es gerade kommt, nehmen und essen, muß man meiden, und die gnostischen Lehren und Aussagen über die Einheit Gottes, die Anlaß zur Vernachlässigung des Gottesdienstes nach Art der Sunna sein könnten, soll man nicht hören"[56].

---

[54] *Faqarāt* 5/10 ff. und 28/17, *Qudsiyya* 46 b, *Silsilat* 17 a, *Masmūʿāt* 144 a. Vgl. auch *Anīs* 152 a.

[55] Vgl. ALGAR, *Survey*, S. 138 ff., ŞAPOLYO, *Mezhepler*, S. 153; *Rašaḥāt* S. 353.

[56] *Faqarāt* 47/12.

Schon allein deswegen sollte man die Gemeinschaft solcher Leute nicht suchen. Es ist aber darüber hinaus völlig überflüssig, da andere Gruppierungen ohnehin nichts zu bieten haben, was die Ḫwāǧagān nicht in viel vollkommenerer Weise ebenso trieben. In diesem Sinn wird in der *Unsiyya* von den Ḫwāǧagān als dem „Salz der Scheiche" gesprochen[57], der Quintessenz aller Methoden. Ähnlich Ḫwāǧa Aḥrār: „Diese Methode ist für die Gesamtheit der Methoden der Freunde Gottes die Zusammenfassung"[58], oder: „Dies Band ist die Sammlung aller Bänder und die Zusammenfassung und der Endpunkt aller Wege [Methoden]"[59].

„Band" steht für das persische *nisbat*; gemeint ist die spirituelle Seite der Organisation. *Nisbat* ist ein Begriff, der eigentlich die Bindung des mystischen Adepten bzw. des vollendeten Mystikers an Gott bedeutet[60]. Da aber diese Bindung vermittelt durch die Weitergabe des Inneren Wissens durch die Scheiche der *silsila* erworben werden muß, kann *nisbat* auch die Bindung des Adepten an seinen Meister bedeuten, und in Erweiterung eben auch die Gesamtheit dieser Bindungen, demzufolge die spirituelle Gruppe überhaupt, wie auch im angeführten Zitat. *Intisāb*, üblicherweise „Genealogie", heißt dann in einem mystischen Zusammenhang die Verknüpfung der Meister untereinander und mit dem Propheten, also letztlich mit der geoffenbarten Wahrheit.

Diese *nisbat* muß erworben, sie kann aber auch wieder verloren werden. In der Initiation *talqīn* schafft der Meister im Adepten die Voraussetzungen dafür, daß dieser eine *nisbat* eingeht. Aber der Adept muß die *nisbat* durch ständige Übungen im Rahmen seiner mystischen Ausbildung, durch Beachten bestimmter Verhaltensweisen, in sich kräftigen und zunächst einmal bewahren, das heißt nicht zuletzt auch, sie von Fremdeinflüssen freizuhalten. Außenseiter, auch nicht zu Personen der *nisbat* gehörende Dinge werden „fremd", *aǧnabī* genannt und müssen gegebenenfalls aus der Sitzung entfernt werden, da sie sich störend auswirken[61].

Die zentrale Bedeutung, die es hat, daß die Adepten die *nisbat* bewahren, ist ständig Thema von Ermahnungen Ḫwāǧa Aḥrārs[62].

---

57 S. o. Anm. 15 zu S. 29.

58 *īn ṭarīqa nusḫa-yi ǧāmi'a ast mar-maǧmū'-i ṭuruq-i awliyā-rā*, Faqarāt 11/4.

59 *ān nisbat-i šarīfa [...] ǧāmi'-i ǧamī'-i nisbathā-st wa ḫulāṣa wa muntahā-yi maǧmū'-i ṭarīqhā-st*, *Faqarāt* 38/4.

60 „es komme nicht auf die leibliche (nasab), sondern auf die geistige beziehung (nisbat) an", MEIER, *Abū Sa'īd*, S. 66.

61 Vgl. die entsprechenden Anekdoten von Bāyazīd-i Bisṭāmī in *Masmū'āt* 114 a.

62 Z. B. *Masmū'āt* 113 a, *Malfūẓ* 98 a und 103 a.

Dabei können bereits kleinere Verstöße zu schlimmen Folgen führen. Besonders das „Sitzen" bei anderen Meistern oder „fremden" Personen ist strafwürdig: „Alle großen Meister haben auch einhellig erklärt, daß das Abhalten gemeinsamer Sitzungen mit Personen, die nicht in der gleichen *nisbat* vereint sind, Ursache für den Verlust der *nisbat* ist, und der Verlust bedeutet den Tod"[63]. Natürlich könnte der spirituelle „Tod" gemeint sein; aber es ist in diesem Zusammenhang an Geschichten von Straf- und Rachewundern zu erinnern, wie sie etwa dem Šayḫulislām von Samarkand geschahen: Dieser wurde zwar zunächst durch Aufnahme in die *nisbat* geheilt, später, nachdem er sich nicht im Sinn der Ḫwāǧagān verhalten hatte, mußte er nach Entzug der *nisbat* sterben[64].

Nicht an allen Stellen allerdings wird der Verlust der *nisbat* so stark bedroht.

Der Zusammenhang zwischen *nisbat* und *ṣuḥbat* im Gegensatz zu *aǧnabiyyat* und ihre Bedeutung beim Erreichen des Ziels werden im folgenden Zitat konzentriert ausgedrückt: „Man muß dauernden Umgang mit einer Person pflegen, mit der man eine vollständige Verbindung hat, damit dieser Umgang zur Ursache werde, das Ziel zu erreichen; dies Ziel ist das Hingerissenwerden in das Liebesband zu Gott. Wenn es nicht so ist, erreicht man nichts außer Außenseitertum [Fremdheit, Entfremdung] und Zerfahrenheit [als Gegensatz zur angestrebten Konzentration auf das Ziel, der „Sammlung"]."[65]. – Das Ziel, an dieser Stelle das Hingerissenwerden zu Gott, wird dann erreicht, wenn der Adept sich genügend vorbereitet hat. Es ist der letzte Schritt auf dem Weg und muß dem Mystiker geschenkt werden. Nicht er selbst, sondern Gott in seiner Gnade bringt ihn über die letzte Schwelle. Deutlich wird, wie *ṣuḥbat*, Gemeinschaft oder Umgang, hier ein fast unverzichtbares Mittel ist, um überhaupt an diese Schwelle zu gelangen. *Aǧnabiyyat* ist alles, was seitab des Weges zu Gott liegt, es ist die Irre, das Elend im ursprünglichen Sinn des Wortes. Es ist der Ort, an dem diejenigen sich aufhalten, die nicht auf die Reise gegangen oder vom Weg abgekommen sind. Kein Wunder, daß die Gemeinschaft mit Bewohnern dieses Ortes, die eben *aǧnabī* sind, den Adepten sehr zurückwirft, wenn nicht seine bisherigen Anstrengungen ganz zunichte macht.

---

[63] *hama-yi akābir nīz taṣrīḥ farmūda and ki muǧālasat wa ham-nišīnī bā kasānī ki ittiḥād-i nisbatī na-dārand sabab-i fiqdān-i nisbat ast wa fiqdān-i nisbat mamāt*, *Masmūʿāt* 114 b.

[64] Vgl. *Rašaḥāt* S. 111 und 115, *Nafaḥāt* S. 402.

[65] *ṣuḥbat bā kasī mi-bāyad dāšt ki bā ū irtibāṭ-i kullī bāšad tā sabab-i wiǧdān-i maqṣūd gardad wa ān inǧiḏāb-i nisbat-i ḥubbī ast maʿa ḥaqq (s) wa agar na čunīn bāšad ġayr-i aǧnabiyyat wa tafriqa čīzī dīgar ḥāṣil namī-gardad*, *Malfūẓ* 109 a.

Der Erfolg dieser Position, den Umgang mit Außenseitern zu unterbinden, wird durch eine Ǧāmī zugeschriebene Aussage bestätigt. Selten, sagt Ǧāmī, habe er es erlebt, daß bei den Ḫwāǧagān die Affiliation nicht einheitlich wäre, daß etwa jemand den Beginn bei den einen und den Abschluß bei anderen Meistern mache. Sehr selten sei es, daß die Ḫwāǧagān jemanden, den sie einmal aufgenommen hätten, wieder aus der Hand ließen[66].

Nicht nur die Grenze zur Masse der Nicht-Affiliierten ist deutlich gezogen, sondern es wird auch der Umgang mit der Außenwelt, das heißt der Welt außerhalb der Gruppe, streng geregelt. Große Festigkeit der Gruppe ist angestrebt. Die Gruppe verhält sich ihren Mitgliedern gegenüber exklusiv, sie duldet keine Eigenmächtigkeiten, sie fordert ungeteilte Zugehörigkeit. An Mehrfach-Affiliationen ist überhaupt nicht zu denken. Das ist nicht in allen Gruppen, auch in späterer Zeit bei der Naqšbandiyya, so streng gehandhabt worden.

Es leuchtet ein, daß diese Festigkeit den Ḫwāǧagān in der Auseinandersetzung mit konkurrierenden Gruppen große Vorteile bietet. Auch die Schlagkraft gegenüber eventuell auftretenden nicht-mystischen Gegnern, wie feindlich gesonnenen Buchgelehrten, Amts-Ulama, oder gar politisch Mächtigen, wie Amiren und schließlich Herrschern, wird durch diese Ausschließlichkeit der Bindung an die Gruppe erheblich gesteigert.

Innerer Zusammenhalt. *ṣuḥbat*

Der Umgang, das Miteinander-Sitzen *ham-nišīnī* hat, wie gezeigt, eine große Bedeutung für das spirituelle Fortkommen des Adepten. Dieser Umgang wird eingeschränkt, Außenseiter, „Fremde" von ihm ausgeschlossen. Zur Begründung und zu einer besonderen Ausgestaltung dieser Einschränkung dient das Konzept der *ṣuḥbat*, „Gemeinschaft".

Ṣuḥbat gilt als eine der neben dem *ḏikr* möglichen Methoden, Gott näher zu kommen. Die Grundlage dafür ist die in ein Ḥadīṯ gekleidete Ermahnung: Habt Umgang mit Gott, und wenn ihr das nicht vermögt, so habt Umgang mit solchen, die es können[67]. Ḫwāǧa Aḥrār betont in seinen Schriften oft, die *ṣuḥbat* mit Meistern der Ḫwāǧagān fördere das spirituelle Fortschreiten. An einigen Stellen schreibt er, daß *ṣuḥbat* auch ganz allein in diesem Sinne wirken könne, ohne daß der Adept die *ḏikr*-Übungen treiben müsse: „Wenn jemand die Gegenwart Gottes aufgrund

[66] *Rašaḥāt* S. 154 (*rašaḥa* 16).
[67] Z. B. *Unsiyya* 10 b.

von dauernder Gemeinschaft mit Meistern, die in der Gegenwart Gottes sind, ohne das Mittel des *ḏikr* erreicht, dann muß er achtgeben, daß nichts dieses Band stört"[68].

An anderen Stellen ist Ḫwāǧa Aḥrār nicht so explizit; dann wird *ṣuḥbat* eher als ein Mittel zur Beschleunigung des ganzen Ablaufs gesehen, *ḏikr* und *ṣuḥbat* verstärken sich gegenseitig in ihrer Wirkung. In diesem Zusammenhang ist folgende Aussage von Interesse, in der Ḫwāǧa Aḥrār die verschiedenen Wege aufzählt, über die ein Adept in die Nähe Gottes gelangen kann: „[...] vermittels des *ḏikr* oder durch Herabsteigen der Herrschaftsmacht des Hinreißens [also durch direktes Eingreifen Gottes] [...]. Der kürzeste und vollkommenste Weg ist die ununterbrochene Gemeinschaft mit den Meistern der Sammlung und rechter Glaube [an diese Meister] und Beachten der Verhaltensmaßregeln und das Verlieren des Selbst in der Gemeinschaft dieser Gruppe"[69]. Deutlich mit der gleichen Tendenz, aber mit wichtigen Ergänzungen heißt es an einer anderen Stelle: „Die stärkste Ursache [die die Adepten auf dem Weg voranbringt] ist die ausdauernde Gemeinschaft mit den Meistern der Sammlung und der rechte Glaube an sie und ständiges Bitten und Flehen, sie möchten ihr Wirkungsvermögen *himmat* einsetzen, sowie die Verausgabung von Leib und Gut für sie"[70]. Die Zitate ähneln sich bis in die Formulierungen. Im ersten Zitat, das ist der Unterschied, werden die anderen Wege benannt, auf denen man gehen kann, im zweiten wird deutlicher, was der Autor unter „Beachten der Verhaltensmaßregeln der Gemeinschaft *ṣuḥbat*" versteht, nämlich unter anderem Einsatz von Leib und Gut für die sufischen Meister. Die letztere Formulierung erinnert nicht von ungefähr an die Definition des *ǧihād*[71], nur wird anstelle des Einsatzes von Leib und Gut „auf dem Wege Gottes" dieser Einsatz für die sufischen Meister gefordert, wohl mit der stillschweigenden Voraussetzung, einen besseren „Weg Gottes" als diesen könne es gar nicht geben. Unter diesen Bedingungen wohnt der *ṣuḥbat* eine Kraft inne, die es ermöglicht, mit ihrer Hilfe das Selbst zu verlieren, und damit das Ziel

---

[68] *agar ḥuḍūr ba-ḥaqq (s) ba-sabab-i ṣuḥbat-i arbāb-i ḥuḍūr ū-rā bī wāsiṭa-yi ḏikr ḥāṣil šawad bāyad ki [...] hīč čīz ū-rā az nigāh-dāšt-i ān nisbat mānī' na-yāyad*, Faqarāt 30/20.

[69] Der zweite Satz lautet: *aqrab wa atamm-i asbāb muṣāḥabat-i arbāb-i ǧam'iyyat ast wa ḥusn-i 'aqīda wa nigāh-dāšt-i ādāb wa gum šudan az ḫūd dar ṣuḥbat-i īn ṭā'ifā*, *Faqarāt* 15/21 f.

[70] *quwītarīn sababī [...] diwām-i ṣuḥbat-i arbāb-i ǧam'iyyat ast wa ḥusn-i 'aqīda ba-īšān wa diwām-i niyāz wa istimdād az himmat-i īšān wa badl-i māl wa tan az barā-yi īšān*, *Faqarāt* 6/20 – 22.

[71] Vgl. Noth: *Heiliger Krieg und heiliger Kampf.*

des mystischen Weges zu erreichen.

An wen sich das richtet, wird aus folgender Passage wohl etwas klarer ersichtlich: Gott verleiht denen, die das Entwerden *fanā'* erreicht und sich in diesem Zustand befestigt haben, die Kraft, für andere zum Mittel zu werden, dies Glück gleichfalls zu erreichen. Auch ist es Pflicht verständiger Menschen, auf irgendeine Weise dafür zu sorgen, daß sie das Haften an den irdischen Dingen überwinden, sich davon befreien. „[Die verständigen Menschen sollen] eine feierliche Verpflichtung eingehen und sich vor dem Tod [von den genannten Anhaftungen] befreien [...]. Wenn sie sich dazu fähig finden, in der Gemeinschaft mit Meistern der Gottesschau das Herz schneller von den Anhaftungen zu befreien, so sollen sie in der Gemeinschaft dieser Ausgezeichneten [Auserwählten] bei Einhaltung der Verhaltensmaßregeln sich die *ṣuḥbat* als Pflicht auferlegen"[72]. Wichtig ist mir in diesem Zusammenhang die Wendung „vor dem Tod". Das kann auf zweierlei Weise verstanden werden. Zum einen ist denkbar, daß diese Aufforderung allgemein gilt. Wer weiß schon, wann er stirbt? Daher muß man noch heute damit beginnen, diesen Weg zu gehen. Zum andern könnte sich diese Aufforderung, ja dies Angebot, in erster Linie an ältere Menschen richten, die es bisher versäumt haben, sich mit religiösen Dingen überhaupt irgendwie ernsthaft zu befassen. Diesen wird dann in Aussicht gestellt, daß sie unter bestimmten Bedingungen das Seelenheil dennoch erreichen können, weil es Leute gibt, die, von Gott verliehen und durch eigene Anstrengung erarbeitet, über eine so große spirituelle Kraft verfügen, daß diese sozusagen für andere auch noch reicht. Zu den Bedingungen allerdings gehört die ununterbrochene Dauer der *ṣuḥbat*; damit ist auch ihre Ausschließlichkeit gemeint. Und es gehört dazu, wie gezeigt, der Einsatz von Leib und Gut für den Meister, der die *ṣuḥbat* leitet, an dieser Stelle natürlich für den Autor, Ḫwāǧa Aḥrār.

Dieser besondere Weg der *ṣuḥbat* ließe sich demzufolge verstehen als Angebot besonders an wohlhabende Weltleute, sich im Greisenalter Ḫwāǧa Aḥrār anzuschließen und Vermögen und Person zu seiner Verfügung zu stellen. Der Ḫwāǧa versichert, er könne durch den ihm zuteil gewordenen spirituellen Rang und die damit verbundene Wirkungsmacht auch solche Personen in die Gegenwart Gottes führen.

Damit verfügt die Gruppe über eine Einrichtung, die geeignet scheint, gerade auch einflußreiche Personen an sich zu binden. Sie bietet sozu-

[72] *Faqarāt* 20/20–23.

sagen „Späteinsteigern“ gute Aussichten, knüpft aber Bedingungen daran, die ebenso ausschließlich wirken wie diejenigen, die für alle übrigen Adepten gelten.

Auseinandersetzung mit konkurrierenden Gruppen

Längst nicht immer und längst nicht überall hatten die Ḫwāǧagān eine beherrschende Stellung, und auch dort, wo sie sie hatten, mußten sie sich erst durchsetzen. Dabei sind die jeweiligen Konkurrenten oder Gegner jeweils verschiedenen Lagern zuzuordnen.

In Buchara war und blieb die Kubrawiyya einflußreich, in Herat wirkte eine Vielzahl sufischer Gruppen, in Taschkent und in Turkestan überhaupt, also unter den türkisch-sprachigen Menschen Mittelasiens, überwog der Einfluß der *mašāyiḫ-i turk*, unabhängig davon, ob sie alle ihre *silsila* auf Aḥmad-i Yasawī zurückführten; in Samarkand schließlich sind außer türkischen Scheichen die Amts-Ulama bestimmend. Ob sich die Ḫwāǧagān an allen diesen Orten restlos durchgesetzt haben, muß bezweifelt werden[73]; dieser Eindruck entsteht in den Quellen. Sicher ist, daß ihnen im Lauf des 15. Jahrhunderts der Aufstieg von einer regional begrenzten, dörflich-kleinstädtisch orientierten Gruppe zu einer weit verzweigten Gruppierung gelang, die in vielen Städten Mittelasiens und darüber hinaus, und zwar in allen sozialen Schichten, Wurzeln gefaßt hatte. Das konnte nicht ohne teilweise heftige Auseinandersetzungen mit den Gruppen und Personen abgehen, die zuvor die Szene beherrscht hatten.

Die Berichte über Konkurrenz mit anderen Gruppen lassen sich in etwa wie folgt unterteilen: Es gibt Geschichten, in denen eigene Anhänger vor Kontakten mit Konkurrenten gewarnt werden, und es gibt solche, in denen unmittelbar davon gesprochen wird, wie man an einem bestimmten Platz jemand aus dem Felde geschlagen hat.

Die erste Art von Geschichten, in denen vor Kontakten mit Konkurrenten gewarnt wird, ist eine folgerichtige Fortsetzung der oben ausgeführten Grundsätze von der Ausschließlichkeit der Zugehörigkeit. Solche Berichte finden sich bereits für die Umgebung Bahā'uddīns[74]. Für die damaligen Verhältnisse ist jedoch gleichfalls kennzeichnend, daß hier noch Personen begegnen und namentlich benannt werden, die Bahā'uddīn

---

[73] Jedenfalls in Herat können sie nicht alle Konkurrenten verdrängen. Für Buchara, Samarkand und Taschkent müßten Hagiographien auch anderer Gruppen zugrunde gelegt werden.

[74] *Rašaḥāt* S. 74 ff., *Masmūʿāt* 158 a, *Silsilat* 69 b.

verlassen, um sich jemand anders anzuschließen. Ein Adept tut das, weil Bahā'uddīn ihm die Abreise zum Ḥağğ nicht gestattet; er geht trotzdem und kann sich dann, wieder in Buchara zurück, natürlich seinem früheren Scheich nicht wieder nähern[75]. Jemand anders, nämlich der schon erwähnte geizige Kaufmann, wird vorgestellt, wie er sich in einer Wiese wälzt und dabei ruft: „Was ist es doch für eine feine Sache, so ohne Scheich!"[76]. Beiden passiert nichts.

Für spätere Zeiten ist nicht mehr davon die Rede, daß jemand, ungestraft oder nicht, versucht hätte, die Gruppe zu verlassen. Falls es solche Versuche gegeben hat, werden sie mit Stillschweigen übergangen. Dies und der Ausspruch Ğāmīs[77] scheinen anzudeuten, daß man sich wohl darauf verstand, es soweit gar nicht erst kommen zu lassen.

In der zweiten Gruppe ist ein Bericht bemerkenswert, in dem es um Prediger-Stellen geht. Darwīš Aḥmad-i Samarqandī (Nr. 88) war in Herat zunächst von Zaynuddīn-i Ḫwāfī protegiert worden, der ihn in der Hauptmoschee *wa'ẓ*-Predigten halten ließ. Er fiel aber bei seinem Meister in Ungnade, weil er vom Minbar herab Verse von Qāsim-i Tabrīzī zitierte. Das ging soweit, daß Zaynuddīn ihn als Ungläubigen bezeichnete (*takfīr*). Sein Publikum lief ihm daraufhin weg. Er gab aber nicht auf, sondern wandte sich an Sa'duddīn und Ḫwāğa Aḥrār; Ḫwāğa Aḥrār will den Kontakt selbst vermittelt haben. Sa'duddīn läßt Aḥmad erst einmal in einer kleinen Stadtteil-Moschee predigen. Bald darauf ist der Erfolg so groß, daß man wieder in die Freitagsmoschee zieht. Die Kunde davon, daß ein junger Mann aus Turkestan es wagt, Zaynuddīn die Stirn zu bieten, füllt die Moschee bis auf den letzten Platz, und Zaynuddīn muß sich geschlagen geben[78].

Ḫwāğa Aḥrār, der als Überlieferer dieser Geschichte auftritt, faßt das Ergebnis wie folgt zusammen: „Danach waren wir in Herat das Stadtgespräch [...]. Die Muride Zaynuddīns sprachen jedesmal, wenn sie uns sahen, untereinander: Dieser [oder: Diese, das wäre dann der Überlieferer und Sa'duddīn] hat [haben] Darwīš Aḥmad geholfen und seinen Mağlis populär gemacht"[79].

---

[75] *Silsilat* 110 b. Der Mann heißt Sa'dī.

[76] *Či ḫūš čīz ast bī-šayḫī*, *Rašaḥat* S. 78; s. o. S. 34.

[77] S. o. S. 76.

[78] *Rašaḥāt* S. 101 ff. Varianten *Silsilat* 42 a, *Masmū'āt* 130 a. Aḥmads Talent als Prediger wird verschiedentlich noch hervorgehoben, so *Manāqib* 110 b. Kritisiert wird der Blütenreichtum seiner Rede, der bis zur Unverständlichkeit geht: *Silsilat* 144 b, *Masmū'āt* 149 a.

[79] *ba'd az ān dar šahr-i Harī angušt-namāy šudīm*, *Rašaḥāt* S. 103.

Predigten dieser Art waren, wie bereits dargestellt, in Herat ein gesellschaftliches Ereignis. Geschickt nutzt die Ḫwāǧagān-Gruppe die Widersprüche in einer konkurrierenden Gruppe aus, um einen begabten Mann für sich zu gewinnen. Mit dieser spektakulären Auseinandersetzung steigt ihr Bekanntheitsgrad in Herat sprunghaft, und Ḫwāǧa Aḥrār selbst hält das für den Durchbruch in der Stadt. An diese Erzählung anschließend nämlich meint er, sein erster Gegner in seiner Jugend sei eben Zaynuddīn gewesen und auch später habe niemand ihm widerstehen können. Ḫwāǧa Aḥrār stellt sich selbst als den eigentlichen Urheber des Erfolges dar und führt ihn auf seinen besonders hohen spirituellen Rang zurück.

In der Erzählung von Darwīš Aḥmad fällt ein Gespür für publikumswirksame Maßnahmen auf, das auch in anderen Situationen eine Rolle gespielt haben kann. Nach seiner Herater Zeit geht Ḫwāǧa Aḥrār zunächst in sein Heimatdorf Bāġistān bei Taschkent zurück. Als er in die Stadt selbst übersiedeln will, gerät er mit dem Scheich in Konflikt, der bis dahin der „spirituelle Leiter der Gegend" war. Der will sich Ḫwāǧa Aḥrār widersetzen, aber in einem spirituellen Zweikampf wirft Ḫwāǧa Aḥrār ihn nieder, so daß er den Verstand verliert und später nackt auf dem Basar gesehen wird[80]. Solche Zweikämpfe kommen öfter vor, sie werden auch öffentlich ausgetragen und man darf davon ausgehen, daß die Anteilnahme nicht nur der prononcierten Anhängerschaft der beiden Scheiche, sondern auch des breiteren Publikums bei solchen Gelegenheiten gesichert war[81].

In der Zeit Ḫwāǧa Aḥrārs verändert sich das bis dahin neutral-wohlwollende Verhältnis zu den *mašāyiḫ-i turk* in ein von Konkurrenz geprägtes. Noch in die Tradition gutnachbarlicher Beziehungen gehört die Geschichte, in der Ḫwāǧa Aḥrār den Muriden des Ilyās-i ʿIšqī hilft, dessen Korn zu dreschen. Hierin kann man einen Akt der Unterordnung erblicken, jedenfalls ist es eine respektvolle Handlung. Die ʿIšqiyān in Samarkand werden als eine alteingesessene Gruppe geschildert, sie sind bereits in der dritten Generation Scheiche dort.

Bald ändert sich dies Verhältnis. Die erste Geschichte spielt zur Zeit des ersten Aufenthaltes von Ḫwāǧa Aḥrār in Samarkand, also Ende der 1420-er Jahre. Nach der Machtübernahme Abū Saʿīds 1451 und der

---

80 *Rašaḥāt* S. 302 f.

81 Einen öffentlichen Zweikampf trägt Bahā'uddīn mit Bāyazīd-i ʿIšqī auf einem Basar aus, *Manāqib* 83 a. – Solche Zweikämpfe kommen auch innerhalb einer Gruppe vor, so zwischen ʿAlā'uddīn-i ʿAṭṭār (Nr. 80) und Niẓāmuddīn-i Ḫāmūš (Nr. 90), *Rašaḥāt* S. 113 f., *Nafaḥāt* S. 400, *Silsilat* 161 b – 162 a, *Masmūʿāt* 199 b.

nachfolgenden Übersiedlung Ḫwāǧa Aḥrārs nach Samarkand beginnt eine Situation mehr oder weniger offener Konkurrenz. Das wird durch Berichte angedeutet, denen zufolge einige der frühesten Gefährten Ḫwāǧa Aḥrārs zunächst entschlossen waren, sich den ʿIšqiyān anzuschließen, dann aber doch zurückzuckten. Zu ihnen gehört auch Muḥammad Qāḍī[82]. Einer war sogar schon Mitglied bei Ilyās gewesen; er hat deswegen Angst, Geister der ʿIšqiyān könnten ihm ein Leids antun. Ḫwāǧa Aḥrār beruhigt ihn: Er habe nachts eine Menge Geister der *mašāyiḫ-i turk* um das Anwesen fliegen sehen, sie hätten aber in seinen Bereich nicht eindringen können[83].

In einem weiteren Bericht geht es um türkische Nomaden, die als Gruppe Muride des Ilyās sind. Sie ergreifen in einem Streit für ihren Scheich Partei, den dieser mit einem Muḥammad-i Kišī hat; es geht um *ḏikr*-Fragen. Ḫwāǧa Aḥrār unterstützt Letzteren. Die Nomaden berichten Ilyās, Ḫwāǧa Aḥrār habe gegen ihn Übles im Sinn. Sofort schreibt Ilyās an den Amīr Darwīš Muḥammad Tarḫān[84]. Im Brief benutzt er starke Worte: Welcher Schaden ist es doch für das Land, wenn ein Scheich, dessen Geschäfte, dessen Landwirtschaft nicht nach der Scharia aufgebaut sind, im Herzen des Adressaten einen solchen Platz einnimmt! Der Tarḫān kann wegen seiner Bindung an Ḫwāǧa Aḥrār nicht anders, er muß den Brief weitergeben. Die Rache des Ḫwāǧa läßt nicht lange auf sich warten: Binnen kurzem bricht im Anwesen des Ilyās eine Seuche aus, an der alle sterben, die dort wohnen[85].

Aber auch der Sohn des Ilyās, Abū'l-Ḥasan, versucht noch einmal sein Glück und „eröffnet den Laden des Scheichtums". Die Verhältnisse

[82] *Rašaḥāt* S. 346, *Silsilat* 156 b – 157 a. Muḥammad Qāḍī wird als Anhänger des Ilyās-i ʿIšqī gezeigt in *Manāqib* 49 b. – Weitere Übertritte von ʿIšqī zu Ḫwāǧa Aḥrār: *Rašaḥāt* S. 341 f. (Abū Saʿīd-i Ūbahī, dem Namen nach ein Ḫurāsāner).

[83] *Rašaḥāt* S. 352, *Silsilat* 168 b.

[84] Darwīš Muḥammad Tarḫān ist einer der Groß-Amire, er hat gemeinsam mit Amīr Aḥmad Ḥāǧǧi zur Zeit Abū Saʿīds die Geschäfte des Landes in der Hand: *Ḥabīb al-siyar* IV/137. Er spielt eine Rolle bei den als „Rebellion der Tarḫāne" bekannt gewordenen Ereignissen, *Ḥabīb al-siyar* IV/223 ff., dazu KAZAKOV: *Mjatež tarchanov v Samarkande v 901 g. ch. (1496 g)* und *Ders.*, *Synov'ja Chodži Achrara i poslednie Timuridy.* – Das Verhältnis dieses Amirs zur Gruppe um Ḫwāǧa Aḥrār kann bei dessen Lebzeiten als „schwankend, aber im wesentlichen wohlwollend" bezeichnet werden, *Manāqib* 8 b, *Silsilat* 54 b, *Rašaḥāt* S. 303 und 361. – Seine Machtbasis lag wohl im Tal des Kaška-Darja, also um Šahr-i sabz und Qaršī herum. – „Tarḫān" ist ein von allen Abgaben an den Diwan befreiter Amir.

[85] *dīn wa millat-rā či šustī āmad ki šayḫī ki bayʿ wa širā wa dihqānī wa zirāʿat-i way na ba-qānūn-i šarīʿat rāst ast dar bāṭin-i šumāyān īn-hama waqʿ bāšad*, *Rašaḥāt* S. 302, Variante *Silsilat* 165 b – 166 a.

sind jetzt ganz feindlich; er wird in den Ḫwāǧagān-Texten für völlig unfähig gehalten; ihm wird nachgesagt, er habe Ḫwāǧa Aḥrār unsinnige Vorwürfe gemacht: „Durch seine Schuld ist das Land verwüstet, er hat die *muġūl* ins Land geholt; die Familien, die Kinder und der Besitz der Muslime, alles ist Opfer der Sklaverei und des Raubes geworden"[86]. Was auch immer diesen Vorwürfen an Realität entsprochen haben mag: Der Sprachduktus verrät, daß hier jemand aus der Position des Verdrängten heraus versucht, mit schwerem Kaliber jedenfalls einen Teil des verlorenen Einflusses zurückzugewinnen.

Im Ergebnis hat Ḫwāǧa Aḥrār die Anhängerschaft der Ḫwāǧagān, die bis dahin im wesentlichen auf die städtische und ländlich-seßhafte, persisch-sprachige Bevölkerung beschränkt war, um einen kräftigen türkischen Anteil erweitern können. Schon sein Erfolg in Taschkent ist ohne Einbrüche in türkisch-sprachige Bevölkerungsgruppen nicht denkbar.

Es ist vielleicht nicht uninteressant, die Frage zu stellen, wieweit nicht die Familie Ḫwāǧa Aḥrārs, die doch schon seit vielen Generationen in und um Taschkent ansässig war, sich turkisiert hatte (oder von vornherein türkisch war), auch wenn man beim Persischen als Schriftsprache blieb. Es spricht einiges fürs Türkische, so der Bericht, Ḫwāǧa Aḥrārs Großvater habe auf dem Sterbebett *turkī* gesprochen[87]. Wie dem auch sei, Ḫwāǧa Aḥrār bewegte sich im türkischen Milieu Taschkents völlig ungehindert; daher werden von Anfang an viele Menschen türkischer Zunge unter seinen Anhängern gewesen sein.

Dies ist deswegen von Bedeutung, weil Ḫwāǧa Aḥrār ja im Zusammenhang mit der Thronbesteigung Abū Saʿīds nach Samarkand kam; Abū Saʿīd wiederum verdankte seinen Sieg über seinen „Vorgänger" ʿAbdullāh-Mīrzā wohl zuerst der Waffenhilfe des Özbeken-Ḫāns Abū'l-Ḫayr Ḫān[88]. Wer auch immer in diesem Bündnis das bestimmende Element gewesen sein mag[89], die Stellung Ḫwāǧa Aḥrārs zwischen den städtisch-iranischen und den eher nomadisch-türkischen Bevölkerungsteilen könnte einer der Vorzüge gewesen sein, die er sowohl in Abū Saʿīds als auch in Abū'l-Ḫayrs Augen hatte, so daß eine Zusammenarbeit mit ihm lohnend schien. Ein Scheich wie Ilyās-i ʿIšqī, in der Tradition der *mašāyiḫ-i turk* stehend, war vielleicht für die seßhaft-ländliche und

86 *Manāqib* 50 b.

87 *Masmūʿāt* 173 a.

88 Vgl. Bartol'd, *Ulug Bek*, S. 163 ff., Achmedov, *Gosudarstvo kočevych uzbekov*, S. 129 ff., Gross, *Khoja Ahrar*, S. 95 ff. und Appendix C, S. 170.

89 Man könnte am ehesten Achmedov folgen, der den Özbeken-Herrscher an die erste Stelle setzt, jedenfalls, was den Marsch auf Samarkand angeht.

städtische Bevölkerung nicht so recht akzeptabel, von den Ulama Samarkands ganz zu schweigen, die möglicherweise bis dahin die Rolle des Vermittlers zwischen Herrscher und Stadtbevölkerung gespielt hatten, in der Ḫwāǧa Aḥrār zum Beispiel bei der Belagerung der Stadt durch Abū'l-Qāsim-i Bābur zu sehen ist[90]. Andererseits hätte ein Scheich rein iranisch-städtischer Provenienz, ein Bucharer oder Herater etwa, bei der türkischsprachigen Bevölkerung Transoxaniens wohl kaum die Erfolge haben können, die Ḫwāǧa Aḥrār nachgesagt werden. So ist, was Ḫwāǧa Aḥrār von Zeitgenossen vorgeworfen wird, nämlich ein „Dorfscheich" zu sein, möglicherweise gerade eine Voraussetzung seines steilen Aufstiegs gewesen[91]. Er vereinigte die iranisch-mystische Tradition der Ḫwāǧagān mit dem Vorzug, ein Turkestaner zu sein: Das war ein Konkurrenz-Vorteil, gegen den weder Ilyās-i ʿIšqī noch die Amts-Ulama ein Mittel hatten.

Zusammenfassend sind folgende Mittel genannt worden, die die Ḫwāǧagān, und besonders Ḫwāǧa Aḥrār, in der Konkurrenz mit anderen Gruppen anwandten: Erstens die Abwerbung von einzelnen Muriden, die entweder mit ihrem Scheich in Konflikt geraten waren, oder die sich sonst von ihm trennen ließen. Zweitens sicherte man sich, wie im Fall des Amīr Darwīš Muḥammad Tarḫān (aber auch sonst), die Sympathie der Mächtigen, aus welchen Gründen auch immer diese bereit waren, die Ḫwāǧagān zu unterstützen. Drittens werden an geeigneter Stelle publikumswirksame, effektvolle Maßnahmen ergriffen wie die erwähnten Zweikämpfe.

Dennoch bleibt auf einer anderen Ebene danach zu fragen, was die Ḫwāǧagān denn denen, die sich, auch anderen Gruppen zum Trotz, an sie wandten oder sich ihnen anschlossen, in Notlagen oder im Alltag zu bieten hatten, was sie für sie tun konnten. Das Verhältnis einer sufischen Gruppe zu ihrer Klientel, nach ihrer sozialen und politischen Wirksamkeit für diese, steht damit zur Debatte; denn letzten Endes kann sich in einer solchen Konkurrenz-Situation wohl niemand auf Dauer durchsetzen, der nicht auch in dieser Hinsicht konkurrieren kann, der also die Interessen der Klientel besser aufgreift oder wirkungsvoller vertritt.

---

[90] S. o. S. 49.

[91] So der Šayḫulislām von Samarkand, Burhānuddīn b. ʿIṣāmuddīn, *Rašaḥāt* S. 304, *Silsilat* 174 a.

Nachfolgefragen

Bis hin zu Amīr Kulāl weist das *silsila*-Diagramm eine eindeutig gezogene Filiation auf. Gelegentlich wird sogar betont, die Filiation Bahā'uddīns gehe über diesen, nicht jenen *ḫalīfa* eines Meisters. Das erweckt den Eindruck, als sei diese eindeutige Filiation sozusagen teleologisch, auf das Ziel „Bahā'uddīn" hin konstruiert oder hervorgehoben worden.

Nach dem Tode Amīr Kulāls scheint es Unsicherheiten gegeben zu haben. An einigen Stellen wird Amīr Ḥamza (Nr. 53) als Nachfolger seines Vaters genannt[92]. Aber es ist unklar, ob Bahā'uddīn sich ihm untergeordnet hat, und schließlich hat Bahā'uddīn sich durchgesetzt[93].

Nach dem Tod Bahā'uddīns entsteht eine Situation, in der sich von den in Frage kommenden Männern niemand mehr eindeutig von allen anderen Anerkennung hat verschaffen können. Das gilt besonders nach dem Tod des bedeutendsten *ḫalīfa* Bahā'uddīns, ʿAlā'uddīn-i ʿAṭṭār (Nr. 80). Dieser lebte und wirkte in Čaġāniyān[94]. Neben ihm gab es aber noch andere Scheiche, die jeweils an ihrem Ort selbständig tätig waren; zu nennen sind vor allem Muḥammad (Ḫwāğa)-i Pārsā (Nr. 71) in Buchara, Yaʿqūb-i Čarḫī (Nr. 75) in Ḥiṣār, Abū'l-Naṣr-i Pārsā (Nr. 72) und Ḥusāmuddīn-i Pārša-yi Balḫī (Nr. 83) in Balḫ, Ḥasan-i ʿAṭṭār in Herat und Niẓāmuddīn-i Ḫāmūš in Samarkand.

Unter allen diesen gibt es keine eindeutige Über- oder Unterordnung mehr. Bereits die Unterordnung unter ʿAlā'uddīn war nicht unproblematisch[95], und es gibt Berichte, nach denen Bahā'uddīn die Nachfolge bewußt offen gelassen haben soll, mit den Worten: „Dies liegt nicht in meiner Hand"[96]. Es gab dabei durchaus auch Mißhelligkeiten unter den Hauptvertretern der Gruppe[97].

Von einer offiziellen Anerkennung Saʿduddīns oder später auch Ḫwāğa Aḥrārs ist in den Quellen an keiner Stelle die Rede. Zumindest

---

[92] *Rašaḥāt* S. 51 unter Šayḫ Muḥammad-i Ḫalīfa (Nr. 65); *Maqāmāt-i Amīr Kulāl* S. 38 f. – Der Grund für die Unklarheit könnte die Differenz in *ḏikr*-Fragen sein; Bahā'uddīn führt den stillen *ḏikr* (im Gegensatz zu Amīr Ḥamza?) wieder in die Gruppe ein.

[93] Bahā'uddīn ist aber in den *Maqāmāt-i Amīr Kulāl* keineswegs die überragende Gestalt, die er in anderen Hagiographien ist.

[94] Arab. Namensform Ṣaġāniyān auch bei Ğāmī, *Nafaḥāt* S. 391.

[95] Es gibt auch Berichte, die Ḫwāğa Pārsā zu favorisieren scheinen.

[96] *īn amr ba-dast-i man nīst*, *Rašaḥāt* S. 56. – Dies Offenlassen der Nachfolge könnte ein Topos sein, vgl. LINGS, *A Moslem Saint in the Twentieth Century*, S. 63.

[97] Etwa einen Zweikampf der genannten Art zwischen ʿAlā'uddīn und Niẓāmuddīn, s. o. S. 81 mit Anm. 81.

Ḫwāğa Aḥrār hat sich aber zu seiner Zeit *de facto* als spiritueller Leiter der gesamten Gruppierung durchsetzen können, auch wenn es keinen formellen Akt gegeben hat. Im Gegensatz zur strikten Unterordnung unter einen Scheich „am Ort" ist die Gruppierung als Ganzes also nicht hierarchisch organisiert. Abstufungen im Ansehen kommen vor, aber nur durch Konsens aller Mitglieder, nicht kraft seines Amtes.

Diese Situation der Pluralität von Ausbildungsorten erscheint in einer gewissen Perspektive als Krise, etwa weil in verschiedenen Texten die Filiation von Bahā'uddīn zu Ḫwāğa Aḥrār unklar ist[98]. ROSE etwa meint: „[...] it seems clear that the Order began to show symptoms of disruption on the death of Bahā'uddīn"[99].

Der Begriff „Order" unterstellt eine Organisation mit flächendekkender, eindeutiger Hierarchie, mit einem und nur einem Oberhaupt, dessen Amtszeit dann, so ROSE, „pontificate" genannt werden kann. Wenn ein solches Oberhaupt eine Zeitlang nicht erkennbar ist, weist ein Orden in der Tat Anzeichen von Auflösung auf. Im vorliegenden Fall handelt es sich vielmehr um ein Anzeichen des wachsenden Erfolges: Die Gruppe ist aus dem engen regionalen Rahmen der *wilāyat* Buchara hinausgetreten und hat in mehreren Orten „Zentren" gebildet. Erst mit Ḫwāğa Aḥrār kann sich eine Gestalt für eine Zeit allgemeine Anerkennung verschaffen. Nach dessen Tod kommt es wieder zu einer Situation, in der kein Einzelner die Gruppierung eindeutig dominiert[100].

Eine besondere Lage bestand in Herat, wo selbst innerhalb eines Ortes nicht klar ist, wer als Leiter der Gruppe anzusehen ist. Gewiß genoß Ğāmī großes Ansehen, an seiner spirituellen Autorität führte kein Weg vorbei. Aber den Berichten aus *Rašaḥāt* zufolge hat er keine Adepten

---

[98] Genannt wird außer der am weitesten verbreiteten Verknüpfung: Bahā'uddīn – Ya'qūb-i Čarḫī – Ḫwāğa Aḥrār auch noch: Bahā'uddīn – 'Alā'uddīn-i 'Aṭṭār – Niẓāmuddīn-i Ḫāmūš – Sa'duddīn-i Kāšġarī – Ḫwāğa Aḥrār. Die längere Verknüpfung läßt ein Bestreben erkennen, mehrere der bedeutenden Scheiche ihrer Zeit im *mainstream* der *silsila* unterzubringen; vgl. ROSE in BROWN, *Darvishes*, S. 438.

[99] ROSE in BROWN, *Darvishes*, S. 440.

[100] Die beiden Söhne Ḫwāğa Aḥrārs, Ḫwāğa-Kā und Muḥammad Yaḥyā, von sehr verschiedenem Naturell (und von verschiedenen Müttern), zerstritten sich nicht zuletzt über die Frage, welchen timuridischen Prätendenten sie unterstützen sollten, vgl. KAZAKOV, *Synov'ja*. – Die *silsila* der Gruppe wird schließlich weder über den einen noch über den anderen weitergeführt, sondern über Muḥammad Qāḍī. Das gilt zumindest für die im 16. Jh. dominierenden Scheiche von Ğūybār, vgl. ACHMEDOV, *Rol' džujbarskich chodžej*.

zur Ausbildung angenommen, dies soll er Šamsuddīn Muḥammad-i Rūčī (Nr. 96) überlassen haben. Daneben wird Saʿduddīns Sohn, genannt Ḫwāǧa Kalān, eine große Rolle gespielt haben[101].

Zusammenfassung

Der Erfolg der Ḫwāǧagān im 15. Jahrhundert ist vielleicht nicht zuletzt auf die klare Abgrenzung von Innen und Außen zurückzuführen. Die Grenze zur Masse der Nicht-Affiliierten ist durch einen Initiationsvorgang klar definiert. Die Gruppe kontrolliert alle Kontakte ihrer Mitglieder zur Außenwelt; sie verbietet (jedenfalls im Prinzip) die Teilnahme an den Lehrsitzungen anderer Scheiche. Mehrfach-Affiliationen kommen nicht in Frage.

Zunächst ist das Leben in der Gruppe geprägt durch gemeinschaftliche produktive Tätigkeit, sowohl zum Erwerb der Mittel des Lebensunterhalts als auch beim Bau von Gemeinschaftseinrichtungen. In Herat stehen die spirituellen Übungen ganz im Mittelpunkt, während in Samarkand Madrasa-typische Tätigkeiten und Verwaltungsaufgaben hinzutreten.

Die Gruppe wirkt nach außen durch Predigten, durch Seelsorge (Bittgebete, Betreuung der Grabmale großer Meister und der Besucher dort) und durch Interessenvertretung auch im „weltlichen" Bereich. Hierin unterscheidet sie sich nicht grundsätzlich von anderen zeitgenössischen sufischen Gruppen. Gerade das Eintreten für Gerechtigkeit, gegen Unterdrückung durch Herrscher gehört zu den üblichen Erwartungen, die an einen Scheich gestellt werden.

Die Gruppe setzt sich gegen andere sufische Vereinigungen durch, indem sie es versteht, einzelne Mitglieder aus ihnen herauszulösen, indem sie Widersprüche bei konkurrierenden Gruppen ausnutzt, und indem sie offen „Zweikämpfe" führt. Ein Gespür für publikumswirksame Effekte ist deutlich. In manchen Fällen kann die Gruppe auf Sympathien einflußreicher Personen zurückgreifen, um Konkurrenten aus dem Felde zu schlagen.

---

[101] *Rašaḥāt* S. 143. – Die Bedeutung von Saʿduddīns Sohn läßt sich daraus schließen, daß der Autor der *Rašaḥāt* von ihm in die Gruppe aufgenommen wird: *Rašaḥāt* S. 145. Außerdem bekommt Muḥammad Qāḍī, der nach Herat will, von Ḫwāǧa Aḥrār ein Empfehlungsschreiben für ihn mit, *Rašaḥāt* S. 346. – Zur Stellung Ǧāmīs in der Herater Naqšbandiyya vgl. AFSACHZOD, *Rūzgor* 57 f.

Der innere Zusammenhalt der Gruppe wird außer durch die oben angesprochene Kontrolle der Außenkontakte gestärkt durch mystische Techniken wie die der *ṣuḥbat*, bei denen Verhaltensmaßregeln gelten, die hohe Anforderungen an den Einsatz des einzelnen Adepten stellen.

An jedem einzelnen Ort ist die Gruppe hierarchisch aufgebaut, da alle sich dem Scheich unterzuordnen haben (Herat bildet eine Ausnahme). Die Hierarchie erstreckt sich allerdings nicht auf die Gruppierung insgesamt, vielmehr ist jeder, der eine *iǧāzat* erhalten hat, grundsätzlich gleichberechtigt. Es gibt daher nur durch Konsens ein allgemeines Zentrum. Dementsprechend wird auch die Nachfolge nicht immer streng geregelt.

5. Wirtschaftliche Tätigkeit und Organisation

In den folgenden Kapiteln geht es um die wirtschaftliche Tätigkeit und Organisation Ḫwāǧa Aḥrārs. Im fünften Kapitel werden die damit zusammenhängenden Fragen aus einer eher „zentralen" Sicht behandelt, im sechsten folgt eine eher „dezentrale" Sicht, es werden die Verhältnisse auf dem Land selbst thematisiert; im siebten schließlich werden Schutz- und Patronageverhältnisse betrachtet.

„Zentrale" Sicht bedeutet nichts weiter, als daß die Zentralverwaltung Ḫwāǧa Aḥrārs in *muḥawwaṭa-yi mullāyān* in ihrem Aufbau und in ihrem Funktionieren beschrieben wird. Davor aber wird noch auf folgende Fragen eingegangen: a) Welche Rechtfertigungen gibt Ḫwāǧa Aḥrār für seine umfangreiche Wirtschaftstätigkeit und dafür, daß er so große Reichtümer anhäuft? b) Wer greift ihn deswegen auf welche Weise an? c) Welchen Umfang hatte Ḫwāǧa Aḥrārs Besitz? Danach folgt dann die Beschreibung der Zentralverwaltung (d), mit den Unterabschnitten „Persönlicher Stab", „Hauptbüro", „Verwalter außen", „Kaufmännisches" und „Sonderaufgaben". e) Welche Zahlungen hat Ḫwāǧa Aḥrār an den Diwan geleistet? f) Wie sollten die Einkünfte zu Ḫwāǧa Aḥrārs Lebzeiten, wie nach seinem Tode verwendet werden?

Rechtfertigungen

Bei den Ḫwāǧagān galt, wie bei sufischen Gruppen allgemein, das Ideal der Armut[1]. Der Erwerb großer Reichtümer steht dazu natürlich in einem gewissen Gegensatz, und da es scheint, daß Ḫwāǧa Aḥrār der erste Ḫwāǧagān-Scheich war, der in diesem Umfang irdisches Gut besaß, darf man erwarten, daß er sich zu diesem Konflikt äußert. So ist es auch; er bringt eine Reihe von Argumenten dafür vor, daß sein Besitz nicht im Gegensatz zum Ideal der Armut steht.

---

[1] S. o. S. 40.

Das erste Argument ist: Ein Scheich muß seine Adepten ernähren können. Dies Argument kam bereits zur Sprache, als die Gründe dargestellt wurden, die Ḫwāǧa Aḥrār bewogen, eine eigene Landwirtschaft aufzubauen[2]. Ḫwāǧa Aḥrār nimmt sich vor, soviel zu erwerben, daß seine Adepten, ohne sich um ihren Lebensunterhalt kümmern zu müssen, ihren spirituellen Übungen nachgehen können. In diesem Sinne möchte er auch seine Stiftungen verstanden wissen[3].

Das zweite Argument: Eigener Besitz muß sein, damit die Leute einen nicht herabsetzen können[4]. Das ist verwandt mit dem Streben nach Unabhängigkeit, insbesondere von Geschenken, darunter vor allem Geschenken von Herrschern[5].

Das dritte Argument: Das Anwachsen des Besitzes ist ein Zeichen der Gnade Gottes, die auf ihm ruht[6] bzw. für die Richtigkeit der Ḫwāǧagān-Methode[7]. Nicht wir, sagt Ḫwāǧa Aḥrār, schmücken uns z. B. mit schönen Pferden, sondern Gott tut das[8].

Und schließlich: Der Besitz hat mit dem Inneren nichts zu tun. Er ist auch gar nicht für uns, sondern für die Armen[9] bzw. die Sufis (*fuqarā*). Es ist kein Hindernis, viel zu besitzen, wenn man Gott nahe sein will[10], man kann den Besitz in der Hand haben, aber doch im Herzen frei davon sein.

Es ist also nicht ganz richtig, wenn Gross meint: „The combination of the sufi renunciation of material concerns and the explicitly systematic acquisition of material gains was not perceived as a conflict by Ahrar and his followers“[11]. Vielmehr sah man sehr wohl einen Konflikt, meinte ihn aber durch die in den angeführten Argumenten ausgedrückten Haltungen lösen zu können.

Aber auch wenn man keinen Konflikt gesehen hätte, wäre man sehr nachdrücklich auf ihn hingewiesen worden.

---

[2] S. o. S. 58.
[3] *Malfūẓ* 123 a, *Silsilat* 140 a/b, *Masmūʿāt* 170 a.
[4] *Masmūʿāt* 205 a.
[5] S. o. S. 52.
[6] *Rašaḥāt* S. 228.
[7] *Malfūẓ* 95 a, *Silsilat* 65 b.
[8] *Manāqib* 30 a.
[9] *Rašaḥāt* S. 228, *Malfūẓ* 156 b.
[10] *Masmūʿāt* 145 b; *Maqāmāt-i ʿAbdulḫāliq* FIZ 2, S. 12.
[11] Gross, *Khoja Ahrar*, S. 148.

Angriffe wegen des Reichtums

Schon Zeitgenossen vermuteten als Motiv Ḫwāǧa Aḥrārs schnödes Gewinnstreben. Besonders Qalandar-Derwische taten sich dabei hervor[12]. Ḫwāǧa Aḥrār wird von ihnen als *dunyā-dār*, Weltling, Reicher, bezeichnet[13]. Aber auch andere Konkurrenten sehen Ḫwāǧa Aḥrār so. Ilyās-i ʿIšqī wurde schon zitiert; er behauptete, Ḫwāǧa Aḥrārs Wirtschaft sei nicht scharia-gesetzlich[14]. Ḫwāǧa Aḥrārs Hauptgegner in Samarkand, der Šayḫulislām Burhānuddīn, äußert sich ähnlich: Aḥrārs ganzes Streben sei darauf gerichtet, Besitz an sich zu reißen[15].

Dies alles war Ḫwāǧa Aḥrār und seinen Gefährten durchaus bewußt. Aufschlußreich ist folgende Stelle: „Jedem, der aus unserer Gemeinschaft und den gemeinsamen Sitzungen finanziellen Nutzen hat, dem sei es gesegnet. Aber wenn jemand erwartet, daß er von uns etwas erhalten könnte, so verbringt er umsonst seine Zeit. Wir sind Landwirte, wir haben nichts außer Landwirtschaft; wir sind kein Geldverleiher"[16]. Der Verdacht, dem Ḫwāǧa Aḥrār mit diesen Ausführungen entgegentritt, geht darauf hinaus, daß manch einer, der sich in die Sitzungen zu Ḫwāǧa Aḥrār begab, dies nicht um des spirituellen Fortkommens oder seines Seelenheils willen, sondern aus opportunistischen, materiellen Erwägungen heraus tat. Darauf reagiert der Ḫwāǧa nicht etwa mit Androhung aller möglichen Strafen, wie sie die Qalandar-Derwische ereilen, sondern er gibt zunächst einmal zu, daß es solche Leute gebe, die finanziellen Vorteil haben, und er scheint das auch gar nicht zu mißbilligen. Welcher Art allerdings diese Vorteile waren und wie sie vermittels der Teilnahme an Ḫwāǧa Aḥrārs Sitzungen erworben werden konnten, verrät diese Stelle nicht.

Ḫwāǧa Aḥrār warnt weiterhin seine Anhänger, sie müßten darauf gefaßt sein, als Opportunisten und Parasiten beschimpft zu werden: „Die Methode dieses Hauses [der Ḫwāǧagān] ist die vorzüglichste der Methoden. Solange ihr auf diesem Weg noch keine Vollkommenheit erlangt

---

[12] *Manāqib* 37 b – 38 a, *Masmūʿāt* 192 a.

[13] *Manāqib* 37 b.

[14] S. o. S. 82.

[15] *Silsilat* 175 a.

[16] *har ki ba-naqd az ṣuḥbat wa ham-nišīnī-yi mā nafaʿī dārad ū-rā mubārak buwad wa agar muntaẓir ast ki az mā čīzī ba-ū ḫwāhad rasīd bīhūda awqāt mī-guḏarānad mā mardum-i dihqānī-m ġayr az dihqānī hīč na-dārīm mā ḥarīf-i nasiyya nīstīm, Masmūʿāt* 118 b – 119 a.

habt, werden die Leute glauben, daß euer häufiges Kommen und eure ständige Gemeinschaft mit uns durch diesseitige Interessen bedingt ist"[17].

Es war offenbar allgemein bekannt, daß es nicht gerade schadete, zum Kreis um Ḫwāǧa Aḥrār zu gehören. Dies ist vielleicht ein wichtiges Element in der Wahrnehmung der Gruppe durch Außenstehende gewesen. Dabei kann nicht ausgeschlossen werden, daß die Gruppe zumindest teilweise richtig liegt, wenn sie all diese Vorwürfe nicht zuletzt damit zurückweist, aus ihnen spreche nur der blanke Neid[18].

Es bleibt aber festzuhalten, daß wenigstens in Transoxanien Ḫwāǧa Aḥrār der erste Ḫwāǧagān-Scheich ist, der über nennenswerten Besitz verfügt. Das war also etwas Neues, und auch dies kann eine Erklärung für die zum Teil heftigen Angriffe sein.

Umfang der Besitzungen

Wie groß war der Besitz, den Ḫwāǧa Aḥrār an sich ziehen konnte? Auf diese Frage haben mehrere, vor allem sowjetische Forscher versucht, eine Antwort in Hektar zu geben[19]. Ich halte es aus mehreren Gründen für aussichtslos und daneben für überflüssig.

Der Hauptgrund liegt in der Art, wie man zu solchen Flächenangaben kommt. Es gibt nur zwei Angaben, die Schlüsse zulassen. Einmal ist davon die Rede, ein Verwalter Ḫwāǧa Aḥrārs, der sich als „verantwortlich für die Instandhaltung des Kanals von Qaršī" vorstellt, habe auf die Frage, wieviel Land dort liege, geantwortet, von jedem *ǧuft-i gāw* komme ein Mann zu den Kanalarbeiten, und es seien jedes Jahr 3000. Daraus ist gefolgert worden, Ḫwāǧa Aḥrār gehörten in der Gegend von Qaršī 3000 *ǧuft-i gāw*[20]. Einschränkungen werden hinsichtlich der Zuverlässig-

---

[17] *ṭarīqa-yi īn ḫānawāda ašraf-i ṭuruq ast waqtī ki šumā-rā dar ṭarīq kamāl na-bāšad mardum-rā gumān šawad ki taraddud wa muṣāḥabat-i šumā ba-mā barā-yi maṣāliḥ-i dunyawī būda-ast*, *Masmūʿāt* 121 a.

[18] *Manāqib* 14 a, *Malfūẓ* 95 a.

[19] Zuerst IVANOV, *Chozjajstvo*, S. 11 – 13. Seine Berechnungen wurden korrigiert von DAVIDOVIČ in ihrer Rezension des Buchs, S. 190. ČECHOVIČ nimmt diese Berechnungen auf in ihrer Einleitung zu den *Samarkandskie dokumenty*, S. 24. Von dort übernehmen ROGERS, *Waqfiyyas and Waqf-Registers*, S. 187, und GROSS (auch direkt von DAVIDOVIČ), *Khoja Ahrar* S. 136 (dort nur 1 Zahl: 3500 ha im Bereich Samarkand statt 7500 bei DAVIDOVIČ, vielleicht ein Schreibfehler; keine Angabe von Gründen für die Abweichung). Die Berechnungsgrundlagen werden nur bei IVANOV dargestellt, S. 12 f.

[20] Die Stelle heißt: *[...] rāqim-i īn ḥurūf mutawaǧǧih-i āsitān-būsī būd ba-Qaršī rasīda šabī dar manzil-i yakī az sarkārdārān-i ḥaḍrat-īšān būd way guft ki man ṣāḥib-i nasaq-i*

keit des Überlieferers gemacht[21]. Es ist aber auch daran zu denken, daß gar nicht alle diese *ǧuft-i gāw* Besitz Ḫwāǧa Aḥrārs gewesen sein müssen, sondern daß ebenso denkbar ist, daß er „nur" der größte Grundbesitzer in der Gegend war und daher mit der Organisierung der Instandhaltungsarbeiten am Bewässerungssystem betraut[22]. Darüber hinaus gibt es Unklarheiten, welche Fläche in Hektar einem *ǧuft-i gāw* entspricht[23]. Die von ČECHOVIČ errechnete und von anderen Autoren übernommene Zahl „3000 *ǧuft-i gāw* = 6000 ha Grundbesitz Ḫwāǧa Aḥrārs allein in der Gegend von Qaršī" kann also nur dann mit alleräußerster Vorsicht als Größenordnung akzeptiert werden, wenn man die obigen Qualifikationen im Gedächtnis behält[24].

Die zweite Angabe bezieht sich auf Steuerzahlungen Ḫwāǧa Aḥrārs. Er gibt an, jährlich 80 000 *mann* Zehent zu zahlen, und zwar allein von seinen Samarkander Besitzungen[25]. Aus dieser Zahl kommt man wie folgt zu Flächenwerten: Man multipliziert mal zehn, erhält so die (vermutete) Gesamternte, dividiert durch einen (vermuteten bzw. aus dem 19. Jahrhundert stammenden) Hektar-Ertrag und erhält so eine Hektarzahl. Dies Verfahren ist derart ungenau, besonders wegen des eingesetzten

---

ǧūybār-i Qaršī am ki mazra'a ast az ǧumla-yi hazār sī ṣad mazra'ahā-yi ḥaḍrat-īšān faqīr pursid ki bar īn ǧūybār čand zawǧ az 'awāmil zirā'at mī-šawad guft har sāl ba-ǧihat-i ǧūy-pardāḫtan ba-'adad-i har zawǧī yak mard bīrūn mī-rawad sah hazār mard ǧam' mī-šawad, Rašaḥāt S. 228. – IVANOV übersetzt die hier entscheidende Amtsbezeichnung von Kāšifīs Gastgeber mit „Mir unterstehen die Felder, die an den Bewässerungskanälen im Gebiet Qaršī liegen", dann freilich folgt, daß alle diese Felder Ḫwāǧa Aḥrār gehören. Wenn man übersetzt „Mir obliegt die Instandhaltung des Kanals von Qaršī", muß dem nicht so sein.

21 So ČECHOVIČ.

22 Die Zahl von 3000 Beschäftigten beim Kanalbau mag erstaunen, ist aber als Größenordnung durchaus plausibel. MUCHAMEDŽANOV schildert nach Berichten aus dem 19. Jh., wie man sich derlei Arbeiten vorzustellen hat. An einem Damm im Zerafschan, der alljährlich im Mai neu gebaut werden mußte, arbeiteten 2000, manchmal bis zu 5000 Personen. Die Arbeiten dauerten 8 – 12 Tage. Wies er Schäden auf, mußte repariert werden; an diesen Arbeiten nahmen wiederum teilweise über 1000 Personen teil. MUCHAMEDŽANOV, *K istorii vodnogo chozjajstva*, S. 49. Seine Quelle ist GREBENKIN, A.: O pričinach neurožaev v Bucharskom chanstve [Über die Gründe der Mißernten im Khanat Buchara]. – In: *Turkestanskie vedomosti* 1872, Nr. 17 – 18.

23 *ǧuft-i gāw* ist ein schwankendes Flächenmaß, entsprechend der Fläche, die mit einem Joch Ochsen bewirtschaftet werden kann. ČECHOVIČ gibt als unteren Richtwert 2 ha.

24 ČECHOVIČ, *Samarkandskie dokumenty*, S. 24.

25 Die Stelle folgt unmittelbar auf die in Anm. 20 zitierte und lautet: *rūzī ḥaḍrat-īšān ba-taqrībī farmūdand ki man har sāl az mazra'hā-yi ḫāṣṣa-yi Samarqand haštād hazār [hazār] mann ġalla ba-sang-i Samarqand 'ušr-i maḥṣūl-i ḫūd ba-dīwān-i Sulṭān Aḥmad ǧawāb mī-gūyam, Rašaḥāt* S. 228. – Die doppelte Nennung von *hazār* kann als Schreibfehler unberücksichtigt bleiben.

Ertragswerts, daß es sich verbieten sollte[26]. Dabei ist die Fehlerquelle der Umrechnung des *mann* in moderne Gewichtsmaße noch nicht berücksichtigt[27]. Die von Davidovič errechnete Zahl „7500 ha Grundbesitz Ḫwāǧa Aḥrārs in der Samarkander Gegend" ist also grundsätzlich unverwendbar; sie kann höchstens als Äquivalent für „sehr viel" gelten[28]. Andererseits scheitern Versuche, den Umfang der Ländereien Ḫwāǧa Aḥrārs „von unten", aus den Urkunden, zusammenzuaddieren, an grundsätzlichen Schwierigkeiten[29]. Für längst nicht alle Grundstücke werden Flächenangaben gemacht, und zwar besonders für Dorfgemeinschafts-Ländereien nicht[30]. Diese machten aber einen großen Teil des Besitzes aus.

Darüberhinaus ist es überflüssig, eine Hektarzahl für den Grundbesitz Ḫwāǧa Aḥrārs zu haben. Es reicht für die Beurteilung seiner politischen und gesellschaftlichen Rolle völlig aus, wenn man weiß, daß sein Besitz sehr bedeutend war. Wichtiger als eine solche Zahl wäre zu wissen, ob auch andere Personen, militärische oder zivile Würdenträger, im spättimuridischen Transoxanien so große Flächen hatten; Erkenntnisse über die Besitzstruktur sind wesentlicher.

Aufbau der Zentralverwaltung

So sehr man sich bemüht hat, herauszufinden, wie groß die Besitzungen Ḫwāǧa Aḥrārs waren, so sehr ist die Frage vernachlässigt worden, wie er, und später die *mutawallīs* seiner Stiftungen, sie verwaltet haben.

---

[26] Ivanov unterstellt 32 Pud Weizen pro *ṭanāb/ǧarīb*. Seine Quelle ist Brodovskij, M. I.: Zametki o zemledelii v Samarkandskom rajone [Bemerkungen über den Ackerbau im Samarkander Bezirk]. – In: Sammelband *Russkij Turkestan* vyp. 2, M 1872, S. 240; vgl. Ivanov, *Chozjajstvo*, S. 12 Anm. 4. Weiter nimmt er 6 *ǧarīb* pro Desjatine (ebd. S. 13); andere Autoren rechnen mit 4 *ǧarīb* pro ha, so Čechovič; dies Flächenmaß hat gewiß im Lauf der Geschichte und auch örtlich geschwankt. 1 Pud = 16,3 kg, 1 Desjatine = 1,09 ha.

[27] Davidovič gibt mit Hinweis auf die Waqfiyya Šaybānī-Ḫāns 19,2 kg für das Samarkander *mann*, Rez. zu Ivanov, *Chozjajstvo*, S. 190; Ivanov rechnet mit 8 Pud.

[28] Für eine solche Aussage würden die langen Listen in den Urkunden bereits ausreichen.

[29] Dies versucht Kutbaev, *K istorii vakufnych vladenij*, S. 9 ff. Kutbaev scheint die gleichen Maßumrechnungswerte zu benutzen wie Ivanov, ohne die Kritik Davidovičs daran zur Kenntnis zu nehmen, ebda. S. 10 Anm. 43. – Größenordnungsmäßig interessant ist der Hinweis, bei katasteramtlicher Aufnahme der *awqāf* der Nachkommen Ḫwāǧa Aḥrārs seien in einem Bezirk der Taschkenter Region von der russischen Regierungskommission über 9000 Desjatinen registriert worden, ebda. S. 7.

[30] S. u. S. 128 ff.

IVANOV kommt zu dem Schluß, es könne sich nicht um eine „Großgrundbesitzer-Wirtschaft" gehandelt haben, denn es habe, wie eben erwähnt, zum Beispiel für die großen Ländereien in der Gegend von Qaršī nur einen einzigen Verwalter gegeben. Dieser habe so eine Riesenfläche unmöglich allein verwalten können, „wenn hier Güter bestanden hätten, deren Verwaltung ungleich komplizierter ist, als die bloße Aufsicht darüber, daß der festgelegte Ernteanteil von den Anteilsbauern rechtzeitig eingeht"[31]. Auch wenn mit der oben zitierten Stelle aus *Rašaḥāt* so nicht argumentiert werden kann, weil der genannte Mann gar kein „Aufseher" oder „Verwalter" über Grundstücke, sondern über Kanalarbeiten ist, wird man sehen, daß es zentral verwalteten Großgrundbesitz, bei dem Art, Zeitpunkt und Methode des Anbaus sowie Einsatz von Arbeitskräften, -vieh und -gerät von einer Verwaltung aus gesteuert worden wäre, nur am Rande gegeben hat.

ROGERS beschränkt sich darauf, festzustellen, aufgrund der großen Entfernungen zwischen den gestifteten Ländereien und den Nutznießern der Stiftungen sei Eintreiben und Lagern der Abgaben in Naturalien nicht in Frage gekommen, und die Stiftungen seien auch deshalb so umfangreich, um Verluste auszugleichen, die bei der Vermarktung entstehen können[32]. Dazu wird weiter unten Stellung genommen[33].

Der Aufbau der Verwaltung aber, ob „Großgrundbesitz" im definierten Sinn oder nicht, ob die Erträge in Naturalien eingefordert wurden oder in Geld, ist meines Wissens bisher nicht untersucht worden. Es gibt eine Darstellung der Zentralverwaltung der Scheiche von Ǧūybār, die ACHMEDOV zu verdanken ist; auf sie wird laufend Bezug genommen[34].

Die Zentralverwaltung Ḫwāǧa Aḥrārs befand sich in dem Gebäudekomplex von *muḥawwaṭa-yi mullāyān*, der auch als Ḫānaqāh Ḫwāǧa Aḥrārs bezeichnet wird. Eine Vorstellung von dem Betrieb, der dort herrschte, gibt die Verfügung Ḫwāǧa Aḥrārs, es sollten dort ständig 100 „Diener" (*ḫuddām*)[35] tätig sein, sowohl Sklaven als auch Freie. In diesem Gebäudekomplex wohnten die wichtigsten Gefährten Ḫwāǧa Aḥrārs und auch er selbst, wenn er in Samarkand war. Auch die mystische Ausbildung fand dort statt; allerdings war Ḫwāǧa Aḥrār selbst damit nicht

---

[31] IVANOV, *Chozjajstvo*, S. 14.

[32] ROGERS, *Waqfiyyas and Waqf-Registers*, S. 188.

[33] S. u. S. 111 f.

[34] ACHMEDOV, *Rol' džujbarskich chodžej*, S. 24. Vgl. auch ABDURAIMOV, *Maloizvestnyj istočnik*; gemeint ist *Rawḍat al-riḍwān* des Badruddīn-i Kāšmirī, eine (seltene) Hagiographie zu den Scheichen von Ǧūybār.

[35] Ob das alles Eunuchen sind, möchte ich dahingestellt sein lassen. *Samarkandskie dokumenty*, Urkunde 10 Z 741.

mehr befaßt, da seine übrigen Aufgaben ihn zu sehr in Anspruch nahmen[36].

Die verschiedenen Aufgaben, die ein so großes Haus mit sich bringt, waren fest aufgeteilt, und zwar als „Dienste" (*ḫidmat*). So hat jemand für die Pferde zu sorgen[37], jemand anders betreut die Küche[38], die Lebensmittelvorräte hat Ḫwāǧa ʿAlī unter sich[39]. Für die Zubereitung von warmem Wasser für die morgendliche rituelle Reinigung waren zwei Sklaven eingeteilt[40].

Persönlicher Stab

Ḫwāǧa Aḥrār scheint einen „persönlichen Stab" gehabt zu haben, bestehend aus Mawlānā Mūsā, Ismāʿīl-i Ṯāliṯ und „den Jungs" (*ǧawānān*)[41]. Mawlānā Mūsā sehen wir in der Funktion eines Privatsekretärs, er hat offenbar jederzeit Zutritt zu Ḫwāǧa Aḥrār[42]. Aber er trägt auch, mit anderen zusammen, Ḫwāǧa Aḥrārs Sänfte[43] und wird in einer Reihe mit „den Jungs" genannt[44].

Diese wurden nach ihren körperlichen Eigenschaften ausgewählt, was an eine Leibwache denken läßt. Sie müssen schnell laufen können[45]; Ismāʿīl-i Ṯāliṯ, dem der „Dienst der Männlichkeit" anvertraut ist, wird als ein starker Kerl beschrieben[46]. Dazu paßt, daß Ḫwāǧa Aḥrār sich vor Anschlägen auf sein Leben nicht sicher fühlte; er sagt, manche wünschten seinen Tod und hielten es für einfach, ihn zu töten, aber man werde sehen[47]. Nabiev deutet an, daß die zahlreichen Straf- und Rachewunder durch Tätigkeit einer besonderen Eingreif-Truppe Ḫwāǧa Aḥrārs

---

36 *Rašaḥāt* S. 321.
37 *ḫidmat-i aspān*, *Manāqib* 38 a.
38 *ḫidmat-i ṭabḫ*, *Silsilat* 60 a.
39 *Rašaḥāt* S. 352.
40 Sie unterstanden wohl dem Beauftragten des *ḫidmat-i ṭabḫ* Luṭfullāh. *Rašaḥāt* S. 277 (*rašaḥa* 58).
41 Oder *mardum-i ǧawān*. *Manāqib* 52 a.
42 Mūsā st. 914, HS IVAN UzSSR 1883/III 96 a; dort wird er als *az ǧumla-yi ḫuddām-i ḥaḍrat-īšān* tituliert. „Privatsekretär mit ungehindertem Zugang" *Rašaḥāt* S. 271 (*rašaḥa* 42).
43 *Manāqib* 42 b.
44 Ebda., 51 b.
45 Ebda., 52 a.
46 *ḫidāmat* (*ḫidmat*?)-*i mardāna*, *Rašaḥāt* S. 359.
47 *Silsilat* 147 b, *Masmūʿāt* 223 a.

erklärt werden könnten[48]. Das läßt sich natürlich nicht beweisen (und sollte daher auch als Behauptung unterbleiben); das Vorhandensein einer Art Leibwache weist aber doch darauf hin, daß Ḫwāǧa Aḥrār sich für die eigene Sicherheit nicht auf spirituelle Kräfte allein verließ.

Hauptbüro

An der Spitze der Zentralverwaltung stehen Ḫwāǧa ʿAlī-yi Tāškandī und Mawlānā Šayḫ. Dabei ist ʿAlī der Dienstältere und erhält daher die höhere Titulatur. Er ist der einzige, der regelrecht als „Stellvertreter" Ḫwāǧa Aḥrārs bezeichnet wird (*wakīl-i iṭlāq*)[49]. Über ihn heißt es außerdem: „Die gesamten weltlichen Geschäfte überantwortete er [Ḫwāǧa Aḥrār] der Aufsicht des Ḫwāǧa ʿAlī, und die Zügel der Aufgaben legte er in die Hände seiner Eignung"[50]. Das kommt einer regelrechten Investitur gleich.

Mawlānā Šayḫ, nach dessen Worten wahrscheinlich die Hagiographie *Manāqib* aufgezeichnet wurde[51], lebt zur Zeit der Abfassung von *Rašaḥāt* noch[52], er ist daher jünger und zu Lebzeiten Ḫwāǧa ʿAlīs vielleicht als dessen Stellvertreter anzusehen. Über ihn heißt es: „Jahrelang war das Lösen und Binden der weltlichen Geschäfte Ḫwāǧa Aḥrārs ihm übertragen worden"[53]. Bei beiden fällt die Verwendung von Termini auf, die üblicherweise als Attribute von Herrschern benutzt werden.

Mawlānā Šayḫ begann seine Verwaltungslaufbahn mit der Aufsicht über einige landwirtschaftliche Angelegenheiten[54]; das nimmt ihn so sehr gefangen, daß er bittet, von dieser Tätigkeit befreit zu werden. Daß ihm dies nicht gestattet wird, kann als Hinweis auf seine Eignung verstanden werden.

Zu den Aufgaben der Zentralverwaltung gehört die Korrespondenz. Von Ḫwāǧa ʿAlī heißt es, er habe, seit er nach der Übersiedlung nach

---

[48] NABIEV, *Iz istorii politiko-ėkonomičeskoj žizni*, S. 46 f.

[49] *Rašaḥāt*, S. 352, eine weitere Formel mit *wakīl* ebda. S. 347.

[50] *tamām-i umūr-i dunyawī bar ḏimma-yi ihtimām-i Ḫwāǧa ʿAlī nihādand wa zimām-i umūr ba-kaff-i kifāyat-i ū dādand*, *Rašaḥāt* S. 348.

[51] *Manāqib* 1 b.

[52] *Rašaḥāt* S. 340. Nach *Rašaḥāt* starb er am Ende der Regierungszeit von Šaybānī Ḫān, also vor 1510. Wāṣifī zufolge müßte er jedoch etwas länger gelebt haben: *Badāyiʿ al-waqāyiʿ* 16 a und BOLDYREV, *Zaynuddin Vasifi*, S. 113; vgl. ČECHOVIČ, *Samarkandskie dokumenty* S. 17.

[53] *sālhā ḥall wa ʿaqd-i umūr-i dunyawī-yi ān-ḥaḍrat mufawwaḍ ba-īšān būd*, *Rašaḥāt* S. 340.

[54] Ebda.

Samarkand die Geschäfte übernommen habe, eine solche Fertigkeit im Briefeschreiben erlangt, daß er an einem Tag bis zu 20 Schreiben, *ruqʿa*, aufsetzen konnte, und zwar so geschickt, daß die Adressaten, Herrscher, Amire oder zivile Würdenträger (*aṣḥāb-i dīwān*), nicht wagten, oder nicht die Kraft aufbrachten, sich nachlässig oder gar ungefügig zu zeigen[55].

Bekanntlich sind eine Menge Schreiben im Original erhalten, darüber hinaus auch Abschriften. In der Original-Briefesammlung, die vermutlich ʿAlīšīr Nawāʾī persönlich zusammengestellt hat, sind von den Schreibern der Samarkander Zentralverwaltung folgende Stücke enthalten:

- Ḫwāǧa Aḥrār 128 Schreiben,
- Mīr ʿAbdulawwal: 16, gemeinsam mit Qāsim: 12 weitere,
- Ḫwāǧa ʿAlī: 23, gemeinsam mit Qāsim: 3 weitere,
- Qāsim: 5, gemeinsam mit ʿAbdulawwal: 12, gemeinsam mit ʿAlī: 3,
- Muḥammad Yaḥyā: 6,
- Ḫwāǧa-Kā: 3,
- Abū Saʿīd-i Ūbahī: 3[56].

Der Inhalt der Briefe berührt politische und wirtschaftliche Fragen, enthalten sind Aufforderungen, von den Gebräuchen nicht-islamischer Herkunft zu lassen[57], Bitten um Reisepapiere für Einzelne und andere Bitten um Unterstützung in Einzelfällen. Da es sich bei den Empfängern um politische Instanzen handelt, vorzüglich am Hof zu Herat, so kann der Umstand, daß Briefe des Mawlānā Šayḫ in dieser Sammlung nicht enthalten sind, als Anzeichen dafür gewertet werden, daß er mit der politischen Tätigkeit der Zentralverwaltung nichts zu tun hatte und mit rein wirtschaftlichen Aufgaben betraut war.

In der Zentralverwaltung scheint sich auch eine Art Hauptbuchhaltung und die Hauptkasse befunden zu haben. An einer Stelle sehen wir Verwalter (*sarkārdārān*), wahrscheinlich Buchhalter, die Rechnungen durchführen. Ihr Geschwätz stört Mīr ʿAbdulawwal, der ein spirituelles Problem hat und Ḫwāǧa Aḥrār allein sprechen möchte[58]. An einer anderen Stelle wird berichtet, wie Ḫwāǧa Aḥrār auf dem Sterbebett einen dieser Verwalter anweist, an Muḥammad Qāḍī eine größere Geldsumme auszuzahlen[59]. Von diesen Buchhaltern ist niemand namentlich bekannt.

---

55 Ebda., S. 348.

56 Urunbaev, *Pisʾma-avtografy* S. 15–17.

57 *Maǧmūʿa-yi murāsalāt*, Abschr. Adilov, HS IVAN UzSSR 4245 z. B. Nr. 49/50, S. 46 und Nr. 59/62 S. 56; s. u. S. 220 und 233.

58 *Rašaḥāt* S. 325.

59 Ebda., S. 347.

Nicht nur über Geldmengen, auch über Grundstücke wurde Buch geführt. Das läßt sich daraus entnehmen, daß die Stiftungsurkunden Ḫwāǧa Aḥrārs ganz offensichtlich auf der Grundlage der Kaufverträge abgefaßt worden sind, die dem Schreiber vorlagen[60]. Bei der großen Anzahl von Grundstücksgeschäften, die von Ḫwāǧa Aḥrār oder seinen Beauftragten getätigt wurden, ist es erforderlich, daß Verträge gesammelt und aufgehoben werden[61].

In der Zentrale fanden gleichfalls Treffen statt, bei denen jeder der regionalen oder lokalen Verwalter Rechenschaft über die Ertragslage abzugeben hatte[62]. Ob es bereits eine klare Staffelung gab, also eine zweistufige Verwaltung: regional – lokal, wie die Scheiche von Ǧūybār sie hatten[63], und ob Ḫwāǧa Aḥrār nur mit den regionalen Verantwortlichen, nicht aber mit den Lokalverwaltern verhandelte, wie NABIEV meint, kann auf der Grundlage des vorhandenen Materials nicht entschieden werden.

Ebenfalls zuständig war die Zentralverwaltung für alle Zahlungen an den Diwan (vgl. den entsprechenden Abschnitt).

Die Verwaltungstätigkeit der Zentrale wird also recht umfangreich gewesen sein und einen beträchtlichen Teil der Zeit nicht nur Ḫwāǧa Aḥrārs, sondern auch der wichtigsten Gefährten in Anspruch genommen haben. Neben den genannten Ḫwāǧa ʿAlī und Mawlānā Šayḫ sind wohl auch die beiden Söhne Ḫwāǧa Aḥrārs diesbezüglich tätig, außerdem Mīr ʿAbdulawwal und Qāsim (nach der Anzahl der von ihnen verfaßten Briefe zu urteilen). Muḥammad Qāḍī beklagt sich an manchen Stellen, er habe so viel „Dienst" zu leisten, daß er zu seinen spirituellen Übungen nicht kommt[64]; er scheint hauptsächlich für Sonderaufgaben eingesetzt worden zu sein. Für die Leitung der spirituellen Ausbildung ankommender Adepten und Gäste scheinen erwähnter Qāsim, außerdem Sayyid Ḥasan verantwortlich gewesen zu sein[65].

Die Scheiche von Ǧūybār hatten, so ACHMEDOV, ihre Zentralverwaltung nach zehn Bezirken gegliedert, deren Hauptverwalter *sarkār* hießen. „Die Ḫwāǧas", schreibt ACHMEDOV, „hatten einen eigenen Diwan organisiert [...], ein *daftar-ḫāna*, eine Art Finanzverwaltung [...], die für

---

[60] S. u. S. 137 f.

[61] Es ist von 1300 Grundstücken im Besitz Ḫwāǧa Aḥrārs die Rede, *Rašaḥāt* S. 228, zitiert in Anm. 20.

[62] *Manāqib* 52 a, *Malfūẓ* 158 a.

[63] ACHMEDOV, *Rol' džujbarskich chodžej*, S. 24.

[64] *Silsilat* 92 b, *Malfūẓ* 99 a.

[65] Qāsim kümmert sich um den Autor der *Rašaḥāt* aufgrund eines Empfehlungsschreibens von Ǧāmī, *Rašaḥāt* S. 300; zu Ḥasan: Ebda., S. 327.

den Zustand der gesamten Besitzungen verantwortlich war. Zu ihr gehörten als Beamte [russ. *činovniki*] ein Rechnungsführer *daftardār* und ein Sekretär *muḥarrir* [...]"[66].

In der Zentralverwaltung Ḫwāǧa Aḥrārs fehlt der klare Hinweis auf die Gliederung nach Bezirken. Auch wird die Verwaltung an keiner Stelle als *dīwān* bezeichnet, ebenso gibt es die Bezeichnung *daftar-ḫāna* nicht (sie ist wenigstens nicht belegt). Die Tätigkeiten, die in diesen Einrichtungen der Scheiche von Ǧūybār ausgeführt wurden, waren in der Zentralverwaltung Ḫwāǧa Aḥrārs aber gewiß nicht unbekannt. Sie kann als Vorläufer der Organisation der Scheiche von Ǧūybār dienen, die im folgenden Jahrhundert bereits einen „Staat im Staate" bildeten, indem sie die staatlichen Institutionen und deren Bezeichnungen kopierten[67].

Verwalter außen

Neben der Zentralverwaltung gibt es eine Reihe von Männern, die „vor Ort" Verwaltungsaufgaben für Ḫwāǧa Aḥrār wahrnehmen. Sie leben meistens in den ihnen zugeteilten Regionen, manchmal mag es sein, daß sie nur gelegentlich dorthin kommen, um ihre Aufgaben zu erledigen. Solche Verwalter werden *mušrif*, *sarkārdār* oder *ḍābiṭ* genannt. Ob es zwischen den so bezeichneten Aufgaben Unterschiede in Rang und Inhalt gibt, läßt sich nicht entscheiden. *Sarkārdār* könnte eine allgemeine Bezeichnung für einen vergleichsweise hochstehenden Verwalter sein, *mušrif* und *ḍābiṭ* dagegen für Männer, die am Ort leben und vor allem für das Abschätzen, Berechnen und Einsammeln der Ḫwāǧa Aḥrār zustehenden Ernteanteile verantwortlich sind.

In *Manāqib* werden eine Reihe von Personen fast formelhaft als *ḍābiṭ* der Ländereien bzw. Dörfer (*mawāḍiʿ*) einer Region vorgestellt. Es heißt etwa von einem Mawlānā Sayfullāh, er sei mit der Aufsicht über die dortigen Dörfer (Region Qaršī) Ḥaḍrat Īšāns befaßt[68], ein gewisser Aḥmad hatte die gleiche Position in der Region von Taschkent[69], der

---

[66] ACHMEDOV, *Rol' džujbarskich chodžej* S. 24.

[67] „Staat im Staate" formuliert ABDURAIMOV, *Maloizvestnyj istočnik*, S. 127. Er weist z. B. darauf hin, die Scheiche von Ǧūybār hätten laufend Anweisungen und Vorschriften zu ihren Besitzungen geschickt; die Ausdrücke dafür sind *parwāna* und *barāt*, beides Termini, die der Kanzleipraxis von Herrschern entstammen.

[68] *Manāqib* 29 a.

[69] Ebda., 51 a und 33 a.

Autor selbst in der Gegend von Šīrāz bei Samarkand[70]. Der Zuständigkeitsbereich scheint also in jedem Fall überörtlich gewesen zu sein.

Von einem *ḍābiṭ* wird verlangt, daß er sein Fach versteht. Kompetenz wird Rechtschaffenheit vorgezogen[71].

Was die Tätigkeit eines *ḍābiṭ* angeht, so darf man vermuten, daß er die Ernte abzuschätzen und den Ḫwāǧa Aḥrār zustehenden Anteil zu errechnen bzw. abzumessen hatte, außerdem für den Transport der anfallenden Getreidemengen in die entsprechenden Speicher sorgen mußte. Auf genau diese Aufgabe weist eine Stelle in den Urkunden hin. Es heißt, die *mutawallī*s der Stiftung könnten, wenn sie wollten, selbst für das Einsammeln der Ernteanteile sorgen, und wenn nicht, jemanden damit beauftragen. Dieser solle dann die Erträge eintreiben und sie den Begünstigten zukommen lassen[72]. In einer ganz ähnlich aufgebauten arabischen Passage in einer anderen Urkunde heißt es *ʿamala* für *ḍabṭ kardan*[73], ein *ḍābiṭ* wäre also ein *ʿāmil*; das ist eine gebräuchliche Bezeichnung für jemanden, der Erträge aus landwirtschaftlicher Produktion an Grundherrn oder Staat schafft.

An den Stellen, an denen in den Urkunden von *ʿummāl*, Einnehmer, die Rede ist, können also am ehesten Beauftragte der Zentralverwaltung gemeint sein; ganz deutlich dort, wo es heißt *ʿummāl-i waqf*[74]. Es heißt, daß diese Beauftragten entlohnt werden sollen, bevor die Erträge entsprechend den in der Stiftung festgelegten Regeln aufgeteilt werden; an einer anderen Stelle, sie sollten aus dem Anteil des *mutawallī* entschädigt werden[75]. Dabei ist in jedem Fall an eine Vergütung als Anteil vom Ernteergebnis zu denken, ob in Geld oder in Naturalien oder beides, läßt sich aus der Wortwahl nicht schließen[76]. Je mehr ein *ʿāmil* oder *ḍābiṭ* also aufbrachte, desto höher war auch sein eigenes Einkommen.

---

[70] Ebda., 32 b.

[71] *duzd ba-kifāyat bih az rāst bī kifāyat ast, Manāqib* 28 b. Darstellung des Ereignisses auch bei Gross, *Khoja Ahrar*, S. 137 f. und Nabiev, wie Anm. 48, S. 36.

[72] *agar ḫwāhad ḫūd ḍabṭ-i maḥṣūlāt kunad wa agar ḫwāhad dīgarī-rā naṣab kunad maḥṣūlāt-i īn mawqūfāt-rā ḍabṭ karda ba-arbāb-i waẓāʾif risānad, Samarkandskie dokumenty* Urkunde 11, Z 243 f.

[73] *wa-hāḏā 'l-walad ayḍan in šāʾa bāšara fī umūr al-tawliya wa-ʿamala bi-nafsihi wa-in šāʾa fawwaḍahā ilā man ṣālaḥa lahā wa ʿayyana ḥaqq al-ʿamal li-aǧlihi min hāḏihi 'l-sihām al-ʿašara 'llatī fī ḥiṣṣatihi*, Ebda. Urkunde 5 Z 49.

[74] *Samarkandskie dokumenty*, Urkunde 11 Z 36 und Urkunde 10 Z 739, dort: *uǧūr- i ʿummāl-i waqf.*

[75] *Samarkandskie dokumenty*, Urkunde 5 (cf. Anm. 73) und die Belege von Anm. 74.

[76] *wa īn maʾḏūn-rā ba-qadr-i ʿamal az īn maḥṣūlāt maḥẓūẓ gardad*, Urkunde 11 Z 244. *maḥṣūlāt* deutet eher auf Naturalien; *ba-qadr-i ʿamal* kann vielleicht sowohl „nach Maßgabe seiner Arbeit" als auch „nach Maßgabe der eingebrachten Erträge" heißen. – Das Zitat ist der Anschluß zu dem in Anm. 72.

Ähnliches erfährt man über die Aufgaben eines *mušrif*. Auch der Inhaber einer solchen Position kann für mehrere Orte zuständig gewesen sein; es kommt vor, daß er die ihm unterstellten Anteilbauern (*muzāri'ān*) in einer wichtigen Angelegenheit im örtlichen Marktflecken versammelt[77]; an anderer Stelle sieht man, wie ein *mušrif* Korn, das Ḫwāǧa Aḥrār gehört, „versiegelt“[78]. Derselbe Mann betreibt auch eine Mühle[79]; hier ist nicht sicher, ob er für mehr als ein Dorf zuständig war.

Ein *mušrif*, so könnte man vermuten, tut in der Verwaltung Ḫwāǧa Aḥrārs etwa das gleiche wie in der Staatsverwaltung; dort bedeutet *mušrif* einen Steuereinnehmer in einem eher niederen Rang[80].

Alle diese Personen waren Ḫwāǧa Aḥrār rechenschaftspflichtig. Es ist davon die Rede, daß er die *sarkārdārān* aus den Provinzen (Variante: aus der *wilāyat* Taschkent) versammelt und jeden abrechnen läßt, wieviel Getreide eingebracht wurde[81]. Ebenso müssen die Erträge bzw. Arbeitsleistungen der Mühlen, Obstgärten und Melonenfelder genannt werden.

---

[77] *Manāqib* 36 a.

[78] Ebda., 55 b. – Vgl. auch LAMBTON, *Landlord and Peasant*, S. 306 f.: „In the majority of cases the actual division of the grain [307] crop is made on the threshing-floors, the grain and straw being divided up into the requisite number of heaps. Thus, supposing the landlord's share is two shares to the peasant's one, the grain and straw are each divided into three heaps [...]. Normally the peasant has not permission to move his share of the harvest from the threshing-floor until the landlord takes his in person or through an agent acting on his behalf. When the harvest is collected into heaps some sort of mark is placed on them* which becomes displaced if anyone touches the grain.“

* „This is known as *muhr kardan*, i. e. ‚to seal‘ the grain.“

Genau dieser Vorgang liegt der Schilderung in *Manāqib* zugrunde: „Einer der Aufseher *mušrifān*, der Ṣūfī hieß, hatte einen Sohn, der einmal von einem der Kornhaufen, die Ḫwāǧa Aḥrār gehörten, etwas stahl [...] Eines Tages, mein Vater [der Sohn des *mušrif* erzählt] hatte die Seiten des Kornhaufens schon versiegelt *aṭrāf-i ḫarman muhr karda būd*, sprang ich von außerhalb des Kornhaufens mitten hinein, nahm etwas Korn aus der Mitte des Haufens und warf es daneben“; er soll diese finstere Tat bereuen, träumt er, sonst drohe ihm viel Prügel. *Manāqib* 55 b – 56 a.

[79] *Manāqib* 56 a.

[80] IVANOV, *Chozjajstvo*, S. 38; *mušrif* als Staatsbeamter, dessen Aufgabe es ist, über die Bestände des herrscherlichen Zeughauses Buch zu führen: SEMËNOV, *Bucharskij traktat o činach i zvanijach* S. 141 f.

[81] *Manāqib* 52 a, Variante *Malfūẓ* 158 a. – Diese Stelle ist von NABIEV (wie Anm. 38, S. 35) verwendet worden, um die Riesenhaftigkeit der Erträge zu zeigen (es werden sehr hohe Zahlen genannt). GROSS kommentiert: „From this passage it appears that each section of land was managed by someone appointed by the Ahrar, who was then supervised by him“ (*Khoja Ahrar*, S. 137). GROSS unternimmt aber trotzdem keinen systematischen Versuch, die Verwaltung Ḫwāǧa Aḥrārs nachzuvollziehen.

Der berichtete Vorgang zeigt, daß die hier auftretenden *sarkārdārān* keine Rentpächter sind. Ein Grundbesitzer hat kein Recht, vom Rentpächter Auskunft darüber

Ist Ḫwāǧa Aḥrār aus irgendeinem Grund mit der Amtsführung eines Verwalters unzufrieden, kann er ihn ablösen. So wird einer wegen Unfähigkeit entlassen (und durch einen effizienten, aber unehrlichen Mann, *duzd*, noch dazu einen Qalmāq, ersetzt)[82], über einen anderen beschweren sich einige Bauern, wie sich herausstellt, zu Unrecht: Aber Ḫwāǧa Aḥrār reist doch sofort an den Ort des Geschehens und ordnet eine strenge Untersuchung an; der *mušrif* soll Bauern mißhandelt haben[83], wahrscheinlich, um Leistungen von ihnen zu erpressen.

Die Aufsicht über das Bewässerungssystem und die Organisierung von Bau- und Instandhaltungsarbeiten scheint eigens dafür bestimmten Personen anvertraut gewesen zu sein[84].

Daneben gibt es Männer, die für Kornspeicher verantwortlich sind. Sie führen Buch über die ein- und ausgehenden Getreidemengen[85]. Eine besondere Amtsbezeichnung ist nicht bekannt, es heißt: Jemand, dem einige Kornspeicher Ḫwāǧa Aḥrārs unterstanden. Ob sich also dieser Lagerverwalter in seiner Tätigkeit unterscheidet von dem in den Urkunden genannten *muḥarrir-i ġallāt*, Schreiber über Getreidemengen, kann nicht entschieden werden[86]. Einen *muḥarrir* hatten auch die Scheiche von Ǧūybār; ACHMEDOVs Übersetzung „Sekretär“ ist vielleicht etwas zu allgemein; vielleicht „Hauptbuchhalter“? oder eben „Verwalter eines oder mehrerer Speicher“, falls es identische Funktionen sind[87].

Ob es solche Speicher nur auf Dorfebene oder auch regional gab, muß offen bleiben. Für manche Zwecke sind regionale Speicher von Vorteil, etwa wenn bei niedrigen Wasserständen des Zerafschan oder des Kaška-Darja die Gebiete am Unterlauf dieser Flüsse, nämlich die Gegenden von Buchara und Qaršī, nicht ausreichend bewässert werden können und daher Lebensmittel dorthin geschafft werden müssen. Wir sehen Ḫwāǧa Aḥrār einmal als Helfer in der Hungersnot[88], aber es wird nicht

---

zu verlangen, wie hoch das Ernteergebnis gewesen ist. Zahlt der Rentpächter die ausgemachte Pacht, *badal-i iǧārat*, so gehört alles ihm, was er darüber hinaus etwa von den Bauern eingenommen hat; bei einer sehr guten Ernte also möglicherweise sehr viel mehr als bei einer mittleren. Der Punkt ist, daß dies den Grundbesitzer nichts angeht.

82 *Manāqib* 28 b, vgl. Anm. 71.

83 Ebda., 36 a, vgl. Anm. 77.

84 *Rašaḥāt* S. 228, vgl. Anm. 20.

85 Ebda.

86 *Samarkandskie dokumenty*, Urkunde 10 Z 738 f.

87 ACHMEDOV, *Rol' džujbarskich chodžej*, S. 24.

88 S. u. S. 105 f.

gesagt, woher das Getreide kam, ob etwa die lokalen Speicher so viel leisten konnten oder man auch auf regionale zurückgreifen mußte[89].

Als ein weiteres Mittel der Aufsicht über die im Besitz Ḫwāǧa Aḥrārs befindlichen Ländereien sind zahlreiche Inspektionsreisen zu nennen, die sowohl Ḫwāǧa Aḥrār als auch einige seiner engsten Mitarbeiter, vielleicht regelmäßig, durchführten. Solche Reisen „über die Dörfer" werden als Grund für häufige Abwesenheit aus Samarkand genannt[90]. Dabei sind die örtlichen Verwalter Ḫwāǧa Aḥrārs Gastgeber[91]. Diese Reisen dienen neben wirtschaftlichen Zwecken auch der Festigung der Bindung an den Scheich bzw. der Beziehungen innerhalb der Gruppierung überhaupt; in diesem Sinn unternimmt Ḫwāǧa Aḥrār etwa Reisen zu den Gräbern der großen Meister der Vergangenheit in der *wilāyat* Buchara[92].

Die Aufsicht über den Viehbesitz Ḫwāǧa Aḥrārs wurde entweder durch besondere Beauftragte wahrgenommen[93], oder die Nomaden, die für die Tiere sorgten, taten das eigenverantwortlich[94]. Von einer eigenen „Abteilung Nomaden" in der Zentralverwaltung Ḫwāǧa Aḥrārs ist nicht die Rede. Die Scheiche von Ǧūybār dagegen hatten einen *dārūġa* für Nomaden[95]; in den auf Ḫwāǧa Aḥrār bezogenen Quellen ist ein *dārūġa* immer ein Amir, der die staatliche Administration gegenüber den Nomaden (und umgekehrt?) vertritt[96].

Kaufmännisches

Neben Ländereien gehörten Ḫwāǧa Aḥrār auch viele Läden, Bäder und andere Gewerbebetriebe in der Stadt, außerdem trieb er umfangreiche Handelstätigkeit. Städtische Betriebe werden in den Urkunden

---

[89] MUCHAMEDŽANOV zitiert einen Bericht aus dem 19. Jh.: Unter dem Emir Naṣīrullāh (reg. 1827–1860) „führte der Zerafschan einmal so wenig Wasser, daß es bereits im Beylik von Kermina nicht reichte. In Buchara gab es den ganzen Sommer kein Wasser [...]. Bemerkenswerterweise kam es in jenem Jahr trotzdem zu keiner Hungersnot, es wurde viel Getreide aus Chiwa, Qaršī und anderen Orten herangeschafft." MUCHAMEDŽANOV, *K istorii vodnogo chozjajstva*, S. 50; die Quelle ist SOBOLEV, L. N.: Geografičeskie i statističeskie svedenija o Zerafšanskom okruge [Geographische und statistische Nachrichten über den Zerafschan-Bezirk]. – In: *Zapiski Rosskijskogo Geografičeskogo Obščestva, tom 4*. SPb 1874 S. 267.

[90] Vgl. z. B. *Rašaḥāt* S. 232, 331 f., 335.

[91] *Rašaḥāt* S. 232.

[92] *Silsilat* 175 b – 176 a, *Malfūẓ* 129 a. – Interessanterweise ist das Grab Amīr Kulāls nicht unter denen, die besucht werden.

[93] *Manāqib* 32 b, cf. Anm. 70.

[94] Ein Qarā Aḥmad wird erwähnt (nahe bei Qaršī), *Rašaḥāt* S. 299.

[95] ACHMEDOV, *Rol' džujbarskich chodžej*, S. 24.

[96] So auch *Rašaḥāt* S. 299, wo er den Qarā Aḥmad quält, s. u. S. 214 Nr. 3.

benannt[97]. Er kontrollierte einen Teil der Samarkander Papierherstellung. ʿImāduddīn, der für diesen Bereich verantwortlich ist, trägt ebenfalls die Bezeichnung *sarkārdār*, er hat einen Partner *šarīk*[98]. Mit Papier wird auch Handel getrieben[99].

Darüber hinaus werden zwei Kaufleute erwähnt, die auf Rechnung Ḫwāǧa Aḥrārs unterwegs sind. Es sind Mawlānā Naǧmuddīn, der im Zusammenhang mit *futuwwa* bereits vorkam[100], und Muṣṭafā-yi Rūmī, den man auf einer eher regionalen Route, nämlich Buchara – Samarkand über Šahr-i sabz, antrifft[101].

Weiter geht aus den Briefen Ḫwāǧa Aḥrārs hervor, daß besonders mit Herat enge Handelsverbindungen bestanden. In mehreren Briefen wird der Adressat gebeten, den Überbringern der Schreiben bei ihren Handelsgeschäften behilflich zu sein[102].

Die Handelsbeauftragten Ḫwāǧa Aḥrārs heißen *mutaṣarrif*; diesen Ausdruck findet man auch für Pächter[103] und überhaupt für Personen, die im Auftrag anderer wirtschaftlich tätig sind[104]. Welche Form die Verträge zwischen den Beauftragten Ḫwāǧa Aḥrārs und ihm selbst gehabt haben könnten, geht aus den Quellen nicht hervor.

Sonderaufgaben

Neben dieser regulären Zentralverwaltung werden bei besonderen Gelegenheiten Einzelne oder Gruppen mit Sonderaufgaben betraut. Dabei sind zwei Berichte von Interesse, bei denen es um Hilfsaktionen geht, die Ḫwāǧa Aḥrār zugunsten von Leuten in Taschkent und Umgebung veranstaltet. Taschkent bleibt immer eins der Gebiete, auf die Ḫwāǧa Aḥrārs Aufmerksamkeit besonders gerichtet ist; dort scheint er über eine Art „Hausmacht" zu verfügen.

Einmal heißt es, in den letzten Lebensjahren sei die Taschkenter Gegend von einer Dürrekatastrophe heimgesucht worden. Muḥammad Qāḍī wird beauftragt, eine Massenspeisung am Grab von Ḫwāǧa Aḥrārs Vorfahren zu organisieren. Täglich werden sieben Hammel geschlachtet

[97] *Samarkandskie dokumenty*, Urkunden 3, 5, 9.
[98] *Manāqib* 51 a.
[99] Nabiev wie Anm. 48, S. 38. Weitere Handelsgüter: Vieh, Reis, Baumwolle.
[100] S. o. S. 35.
[101] *Rašaḥāt* S. 299.
[102] Nabiev wie Anm. 48, S. 38. S. u. S. 236 mit Anm. 115.
[103] S. u. S. 137 ff.
[104] So als Steuereinnehmer, Fragner in *CHI* 6, S. 555.

und 700 Laib Brot gebacken, auch Melonen und anderes Obst von den Besitzungen Ḫwāǧa Aḥrārs wird verteilt. Mit der Organisation hat Muḥammad Qāḍī so viel zu tun, daß er nicht dazu kommt, im Monat Ramadan irgendetwas zu essen[105]. Muḥammad Qāḍī beschwert sich auch bei anderer Gelegenheit, er sei sehr viel zu „Dienst" herangezogen worden, vor allem in den letzten Lebensjahren Ḫwāǧa Aḥrārs[106].

Der zweite Bericht handelt von den Folgen eines Özbeken-Überfalls auf Taschkent. Viele Menschen werden als Gefangene (*asīr*, ein Euphemismus für versklavte Muslime)[107] weggeführt. Ḫwāǧa Aḥrār läßt sogleich 1000 Kleider aus Baumwollstoff (*karbās*) dorthin schaffen und sie an Leute verteilen, aus deren Familie jemand verschleppt wurde. Gegen diese Kleider sollen sie ihre Angehörigen wieder auslösen. Die Pointe der Geschichte ist, daß jemand, der unter dem Vorwand, auch ihm fehlten Verwandte, Kleider nahm, um bei den Özbeken damit Geschäfte zu machen, wegen dieser Zweckentfremdung bestraft wird[108]. Auch diese Verteilung erfolgt durch „Sonderbeauftragte" Ḫwāǧa Aḥrārs; sie werden *wukalā*, Stellvertreter, genannt.

Auf den Hilfe- und Patronageaspekt wird an geeigneter Stelle eingegangen. Es ging in diesem Zusammenhang darum, daß Ḫwāǧa Aḥrār seine Verwaltung auch für solche Aufgaben einsetzte.

Zahlungen an den Diwan

Zu den Aufgaben der Zentralverwaltung gehört auch die Abrechnung mit dem Diwan. Die Ländereien Ḫwāǧa Aḥrārs waren nicht von Steuern befreit, sondern schuldeten den *ʿušr*[109]. Die Auffassung, einige Besitzungen hätten auch *ḫarāǧ* geben müssen oder Ḫwāǧa Aḥrār habe *ḫarāǧ* gezahlt, findet in den Quellen keine Bestätigung[110]. Das gleiche gilt auch

---

105 *Silsilat* 60 a.

106 Ebda., 92 b.

107 S. u. S. 116 und Anm. 8.

108 *Manāqib* 48 a/b.

109 *Rašaḥāt* S. 228, s. o. Anm. 78.

110 Entgegenstehend Čechovič, *Samarkandskie dokumenty* S. 24. Sie schreibt: „In *Manāqib* wird erzählt, wie es heißt, nach den Worten Sulṭān Aḥmads, daß Ḫwāǧa Aḥrār ihm einmal 10 000 weiße (d. h. silberne) *tanga* als Teil des geschuldeten *ḫarāǧ* gesandt habe". Desgleichen Gross: „The *Manāqib* also reported that Ahrar once sent Sultan Ahmad Mirza 10 000 white *tangas* (silver) for his payment of *kharaj*, although it is not known for what categroy of land this was paid" (*Khoja Ahrar*, S. 140). Die von mir benutzte HS (die auch Čechovič zitiert) hat an der angegebenen Stelle: *yak bār*

für die Stiftungen; auch diese genossen keine Steuerfreiheit. Allerdings ist nicht klar, ob sie regelmäßige Steuern zahlten (*ʿušr* oder *ḫarāǧ*); es heißt in den Urkunden, die Erträge seien nach Zahlung von *ma'unāt-i dīwāniyya* o. ä., soweit sie sich nicht abwenden ließen, wie dann ausgeführt zu verteilen[111]. Darüber hinaus leistete Ḫwāǧa Aḥrār gelegentlich Zahlungen an den Diwan, aber es handelt sich um „freiwillige" Zahlungen oder solche, die er leistet, um Schlimmeres abzuwenden[112].

Entscheidend ist dabei, daß die Pächter Ḫwāǧa Aḥrārs von den Steuereinnehmern des Diwan offenbar nicht behelligt worden sind. In einer Anzahl von Konflikten geht es darum, daß Gegner Ḫwāǧa Aḥrārs, besonders Amire, planen, den Besitz des Ḫwāǧa vermessen zu lassen (*ǧarīb kišidan*) und dann Grundsteuer zu erheben (*māl ḥawāla kardan*). Diese beiden Formeln kommen öfter gemeinsam als einzeln vor[113]. Dabei bezieht sich das Vermessen natürlich nur auf Steuern, die von der Fläche erhoben werden; da es auch Steuern gibt, die vom Haushalt („Herdfeuer"

---

az ǧihat-i bī-ḫarǧī bisyār dar tašwīš šudīm [der Erzähler ist Sulṭān Aḥmad] [...] *šaḫṣī az mulāzimān dar āmad ki az pīš-i ḥaḍrat-īšān ḫidmat Mawlānā-zāda āmada and wa az barā-yi šumā az ḥaḍrat-īšān pāra-yi ḫarǧī āwarda and wa mī-gūyand ki ḥaḍrat-īšān farmūdand šāyad ki Mīrzā-rā ba-ḫarǧī iḥtiyāǧ mī-būda bāšad čūn šumurdand mablaġ-i dah hazār tanga-yi safīd būd*, *Manāqib* 8b–9a. „Einmal waren Wir wegen Mittellosigkeit sehr in Bedrängnis [...] Einer aus dem Gefolge trat ein und meldete: Von Ḫwāǧa Aḥrār ist Mawlānā-zāda gekommen und hat etwas Bargeld für Sie von ihm gebracht. Er sagte, daß Ḫwāǧa Aḥrār gesagt habe: Vielleicht braucht der Mīrzā Bargeld. Als man es zählte, waren es 10000 Silber-*tanga*". – Offenbar hat Čechovič *ḫarāǧ* für *ḫarǧ* „Bargeld" gelesen. Gross könnte es von ihr übernommen haben. – Von *ḫarāǧ* ist also an dieser Stelle überhaupt nicht die Rede. Vielmehr zählt die Passage zu denen, an denen Ḫwāǧa Aḥrār lieber in sein Säckel greift, bevor der Herrscher Sondersteuern beschließt. Soweit war es nämlich schon gekommen, s. u. S. 227f. – Auch Nabiev spricht in seinem Bericht über diese Stelle nicht von *ḫarāǧ*, S. 40 wie Anm. 48. – Diese Klärung war nötig, weil es für Čechovič der einzige Beleg ist, Ḫwāǧa Aḥrār habe auch *ḫarāǧ* gezahlt. – Gross hat noch einen, sie schreibt, in den Stiftungsurkunden sei geregelt worden „what was to be done with any revenues remaining after the payment of *kharaj wa ikhrajat* and *takalif-i divaniyya*" (*Khoja Ahrar*, S. 140). Dazu verweist sie unspezifisch auf die Urkunden 5, 10 und 11. *Ḫarāǧ* kommt als Terminus in den Urkunden aber nur einmal vor, und zwar in Urkunde 17 (Waqfiyya eines Nachkommens Ḫwāǧa Aḥrārs von 1546 zugunsten einer Kabuler Madrasa), Z 374. Daraus geht zwar hervor, daß es auch Waqf-Besitz gab, der mit dem *ḫarāǧ* belegt werden konnte, aber, da es sich um eine spätere Urkunde handelt, sind Schlüsse auf Ḫwāǧa Aḥrārs Besitz und Stiftungen unzulässig.

111 *Samarkandskie dokumenty*, Urkunde 5 Z 37: *iḫrāǧāt-i sulṭānī wa ma'unāt-i dīwānī*, Z 41: *al-iḫrāǧāt al-dīwāniyya wa'l-ma'unāt al-sulṭāniyya*. Urkunde 10, Z 739: *idā-yi ān či mumkin na-bāšad dafʿ-i ān az ma'unāt-i dīwāniyya wa nawāyib-i sulṭāniyya*. Urkunde 11 Z 241: *ma'un lā-buddiya*. Urkunde 12 hat eine vergleichbare Formel nicht.

112 Vgl. Anm. 110; s. auch unten S. 235f.

113 *Manāqib* 8a–10a dreimal beide Ausdrücke zusammen. S. u. S. 230f.

dūd = Kamin) oder als Kopfsteuer erhoben werden, ist es natürlich möglich, daß Beauftragte des Diwan, die diese Steuern eintreiben sollen, das auch von den Pächtern Ḫwāǧa Aḥrārs getan haben.

Auch die Rechtshandbücher der ḥanafītischen Rechtsschule bestätigen, daß die Abgaben vom Boden, insbesondere *ʿušr* und *ḫarāǧ*, Sache des Grundbesitzers sind, und daß der Grundbesitzer sie, wenn er sein Land verpachtet hat, aus seinem Ernteanteil leisten muß. So heißt es in Saraḫsīs *Mabsūṭ*: „Der Pächter erhält seine Hälfte der Ernte uneingeschränkt, der Sultan nimmt den *ʿušr* von der gesamten Ernte aus dem Anteil des Grundbesitzers"[114]; in Saraḫsīs Beispiel war zwischen Grundherr und Pächter Ernteteilung zur Hälfte vereinbart worden. Diese Vorschrift müßte für die Besitzungen Ḫwāǧa Aḥrārs, die ja *ʿušrī*-Land gewesen zu sein scheinen, gelten; sie wird aber für *ḫarāǧ*-Land ebenso angewendet, und zwar, weil beide Abgaben vom Boden genommen werden und der Grundbesitzer eben der Grundbesitzer ist[115].

Besonders deutlich wird diese Position in Ṭabarīs *Iḫtilāf*: „Abū Ḥanīfa und seine Schüler sagen: Wenn ein *ḏimmī* oder ein Muslim *ḫarāǧ*-Land, das ihm gehört, verpachtet, so muß der Grundbesitzer den *ḫarāǧ* entrichten. Ebenso, wenn er es [unentgeltlich] ausleiht oder überträgt, muß der Grundbesitzer den *ḫarāǧ* entrichten. Ebenso, wenn er die Dattelpalmen oder Weinstöcke auf solchem Boden in *muʿāmala*-Partnerschaft oder den Boden in *muzāraʿa*-Partnerschaft weggibt, so muß in allen diesen Fällen der Grundbesitzer den *ḫarāǧ* entrichten"[116].

Dies ist von Bedeutung für die Beurteilung der wirtschaftlichen Lage von Pächtern, darunter auch Anteilpächtern *muzāriʿān*. Aus den hagiographischen Quellen ist nicht ersichtlich, daß diese irgendwelche Abgaben geleistet hätten, mit Bestimmtheit läßt sich sagen, daß die Grundsteuern *ʿušr* und *ḫarāǧ* Sache der Zentralverwaltung gewesen sind[117].

---

[114] *yakūnu li'l-muzāriʿ niṣf al-ḫāriǧ kāmilan wa-yaʾḫuḏu 'l-sulṭān ʿušr ǧamīʿ al-ḫāriǧ min naṣīb ṣāḥib al-arḍ*, Mabsūṭ 23, S. 97.

[115] Ebda.

[116] *wa-qāla Abū Ḥanīfa wa-aṣḥābuhu law anna ḏimmiyan aw musliman āǧara arḍan lahu min arḍ al-ḫarāǧ kāna al-ḫarāǧ ʿalā rabb al-arḍ wa-kaḏalika law aʿārahā aw manaḥahā raǧulan kāna al-ḫarāǧ ʿalā rabb al-arḍ wa kaḏalika law aʿṭā naḫlahā wa-karmahā muʿāmalatan aw arḍan muzāraʿatan kāna al-ḫarāǧ fī ḏalika kullihi ʿalā rabb al-arḍ.* Ṭabarī, *Iḫtilāf* (Schacht), S. 226 Z 6 ff. – Laut Aghnides hat Māwardī die gleiche Regelung getroffen. Vgl. Aghnides, *Mohammedan Theories on Finance*, S. 391; s. auch Løkkegaard, *Islamic Taxation*, S. 175 und Anm. 320.

[117] Hinsichtlich der Anteilbauern der Stiftung des Enkels von Sayfuddīn-i Bāḫarzī von 1326 fragt sich Čechovič, ob sie über das Drittel der Ernte, das sie an das Waqf abführen müssen, hinaus noch irgendwelche anderen Abgaben zu leisten hätten. Sie meint, das gehe aus der Urkunde nicht hervor. Čechovič, *Bucharskie dokumenty*, S. 218 Anm. 20.

Verwendung der Einkünfte

Wie gezeigt, wurden die Einkünfte aus den Besitzungen Ḫwāǧa Aḥrārs zu dessen Lebzeiten zum Unterhalt seiner Adepten in *muḥawwaṭa-yi mullāyān*, der beiden Madrasen und der dazugehörigen Einrichtungen und Personen verwendet. Hinzu kommt die Errichtung von öffentlichen Gebäuden (außer den bereits genannten); erwähnt wird eine Brücke in der Gegend von Qaršī[118]. Weitere Mittel werden für den Erwerb von Grundbesitz Verwendung gefunden haben.

Ein weiterer, keineswegs unbedeutender Posten sind Hilfeleistungen und Zahlungen aufgrund von Verpflichtungen als Patron. Aktionen bei Hungersnot und zur Auslösung von Gefangenen sind bereits geschildert worden[119], hinzu kommen Zahlungen, die Ḫwāǧa Aḥrār an Eroberer leistete, so Tribute, die ʿUmar Šayḫ von der Stadt Taschkent forderte[120]. Für die Stiftungen liegen in den Urkunden Anweisungen vor, wie die Einkünfte verwendet werden sollten. Dabei ist zwischen den einzelnen Urkunden zu unterscheiden.

Urkunde 5 der *Samarkandskie dokumenty* (Waqfiyya zugunsten der Madrasa in Samarkand): Nach Abzug der unabwendbaren Abgaben sollen die Einkünfte in 60 Teile geteilt werden. Davon gehen 12 an den *mudarris*, 6 an den Imam, 3 an den *mu'aḏḏin*, 2 werden für Sachmittel wie Kerzen vorgesehen; 9 Teile erhalten 3 Koranleser; 10 derjenige Nachkomme des Stifters, der *mutaṣarrif*, also Verwalter der Stiftung ist. Die übrigen 18 Teile sollen für Reparaturen etc. an Madrasa und zugehöriger Moschee zurückgelegt werden. Wenn etwas übrig bleibt, sollen weitere Grundstücke erworben werden[121]. Bemerkenswert ist, daß von Studenten in dieser Madrasa niemand in dieser Urkunde bedacht wird, außer den Koranlesern, denen zur Bedingung gemacht wird, daß sie in der Madrasa wohnen sollen. Entweder ist diese also sehr klein, oder die Studenten werden anderweitig versorgt.

Urkunde 11 (zusätzliche Waqfiyya zugunsten der Samarkander Madrasa): Nach Zahlung der unabwendbaren Abgaben[122] sollen die Einkünfte für den *mudarris*, die Studenten und die Diener aufgewendet werden, daneben für Instandhaltung und Pflege des Gebäudes. Dabei haben eventuell anfallende Reparaturen Vorrang[123].

---

[118] *Manāqib* 6 b.

[119] S. o. S. 105 f.

[120] S. u. S. 235 f.

[121] *Samarkandskie dokumenty*, Urkunde 5 Z 41–48.

[122] Ebda., Urkunde 11, Z 241–245.

[123] Ebda., Z 245.

Urkunde 10 (Waqfiyya zugunsten der Einrichtungen von *muḫawwaṭa-yi mullāyān*): Zunächst werden diejenigen entlohnt, die die Einkünfte der Stiftung aufbringen[124], wenn die Kosten für Instandhaltung und Pflege der Gebäude beglichen sind. Danach kommen die unabwendbaren Abgaben an den Diwan und den Sultan. Das Übrige können die *mutawallīs* recht frei verwenden, sie sollen dabei die täglichen Aufwendungen für Lebensunterhalt nicht vergessen. Weiter sollen 100 *ḫuddām* aus den Einkünften alimentiert werden[125]. Für den Imam und den *mu'a̱ḏḏin* der zu *muḫawwaṭa-yi mullāyān* gehörigen Moschee wird ein festes Gehalt ausgesetzt.

Urkunde 12 (Waqfiyya zugunsten der Taschkenter Madrasa): Zu *mutawallīs* werden die beiden Söhne eingesetzt, sie sollen je zur Hälfte in Übereinstimmung mit den Vorschriften der Stiftungsurkunde über die Einkünfte verfügen können. Sie sind frei, selbst als *mudarris* an dieser Madrasa zu wirken. Die Gehälter der Lehrer und des übrigen Personals sollen den zeitüblichen Bedingungen und den jeweiligen Verdiensten entsprechen; desgleichen sind die *mutawallīs* aufgefordert, die Zahl der Studenten an der Madrasa festzulegen[126].

ROGERS kommentiert: „Ḫwāǧa Aḥrār[...] only endowed pious foundations in so far as they served to support himself and his sons, to the extent that his *waqfiyyas* give the essentially charitable function of the *waqfs* the last place“[127]. Um das zu beweisen, rechnet er in der Urkunde 5 den Anteil des *mudarris* (12 von 60 Teilen) und den des *mutawallī* (10 von 60) einfach zusammen, wobei er sich auf die Aussage in Urkunde 12 stützt, daß die Söhne auch *mudarris* sein können. Ob diese Vorschrift auch für die Samarkander Madrasa gilt, belegt er dabei nicht weiter. Es ist richtig, daß die Vorschriften den Verwaltern einen recht großen Spielraum lassen, aber daraus zu schließen, man habe an sich selbst zuerst und an alles andere (fast) gar nicht gedacht, geht doch wohl zu weit.

Zusammenfassend bietet die Zentralverwaltung Ḫwāǧa Aḥrārs einen recht komplex gegliederten Aufbau, allerdings noch nicht so durchstrukturiert wie später die Verwaltung der Scheiche von Ǧūybār. Erkennbar ist ein Bestreben Ḫwāǧa Aḥrārs, persönlich in den meisten Dingen der

---

124 *'ummāl-i waqf wa muḥarrirīn-i ġallāt*; *Samarkandskie dokumenty*, Urkunde 10/739; s. o. S. 101.

125 Ebda., Z 739–743.

126 Ebda., Urkunde 12 Z 26–35.

127 ROGERS, *Waqfiyyas and Waqf-Registers*, S. 189.

Wirtschaftstätigkeit unterrichtet zu sein und eingreifen zu können. Dazu dienen die Rechenschaftspflicht der Verwalter, ihre Ablösbarkeit und die zahlreichen Inspektionsreisen.

In der Zentrale sind als Mitarbeiter vor allem die „alten Gefährten" tätig, die schon in der Taschkenter Zeit zu H̯wāǧa Aḥrār gestoßen sind, „vor Ort" werden auch Personen erwähnt, die nur in diesem einen Zusammenhang vorkommen, von denen man nicht einmal weiß, welches ihr spiritueller Status ist. Zumindest bei dem „unehrlichen Qalmāq"[128] darf vermutet werden, daß er für H̯wāǧa Aḥrār als Verwalter tätig war, ohne der spirituellen Organisation anzugehören. In der Regel aber werden die *sarkārdārān* und anderen Verwalter auch Gefährten, *aṣḥāb* H̯wāǧa Aḥrārs gewesen sein, wie die Titulatur in vielen Fällen auch erkennen läßt.

Die Aufgabe der Verwaltung als Ganzer bestand im Wesentlichen darin, für das Einbringen der H̯wāǧa Aḥrār zustehenden Ernteanteile zu sorgen. Insofern ist IVANOV recht zu geben, der aus der Anzahl von Verwaltern pro Fläche so schloß[129]. Es ist an keiner Stelle davon die Rede, daß örtliche oder zentrale Beauftragte H̯wāǧa Aḥrārs sich irgend in Fragen des Arbeitsprozesses einmischen. Insofern liegt kein „Großgrundbesitz" vor. Direkt von der Zentrale aus bewirtschaftet, und zwar möglicherweise nicht zuletzt mit Sklaven, werden am Ende nur einige wenige stadtnahe Güter, so das Anwesen in Māturīd[130]; von dort wird *muḥawwaṭa-yi mullāyān* mit Obst und Gemüse versorgt. Ähnliches gilt vielleicht für andere „Landsitze" H̯wāǧa Aḥrārs, so das Gut von Kamāngarān[131]. Aber dies sind, auf die Masse der Besitzungen gerechnet, Ausnahmen; die Regel ist die Verwaltung von verpachteten Ländereien mit Hilfe des beschriebenen Apparats: Zentralverwaltung und örtliche Beauftragte. Ob dabei die Ernteanteile in Naturalien oder in Geld aufgebracht wurden, läßt sich mit endgültiger Sicherheit nicht sagen. Ein wichtiger Hinweis ist dadurch gegeben, daß H̯wāǧa Aḥrār den *ʿušr* in Naturalien erlegt[132]. Darüberhinaus scheint es eine recht weit entwickelte Lagerwirtschaft zu geben. Daher sind große Entfernungen kein Hindernis, an ein Überwiegen der Naturalwirtschaft zu denken[133]; es muß ja nicht so sein, daß alles nach Samarkand geschafft wird; es reicht aus,

[128] S. o. S. 103.

[129] S. o. S. 95.

[130] *Samarkandskie dokumenty*, Urkunde 10 Z 730 ff. und 736 ff.

[131] *Samarkandskie dokumenty*, S. 406 Anm. 272; zu nennen wäre auch Tall-i Kulāǧān, NABIEV wie Anm. 48 S. 41 f., alle in der Gegend von Samarkand.

[132] S. o. S. 93.

[133] So ROGERS, s. o. S. 95.

wenn die Verwalter die örtlichen oder regionalen Speicher gefüllt halten. Diese dienen zur Überwindung von Mißernten; wieviel von der landwirtschaftlichen Produktion überhaupt vermarktet wurde, ist nicht feststellbar[134]. Aber es können auch Transporte über längere Strecken vorgekommen sein, wenn die Versorgungslage das erforderlich machte.

Neben der Bedeutung des Ackerbaus nehmen Viehzucht sowie gewerbliche und kaufmännische Unternehmungen eher eine untergordnete Stellung ein.

[134] Muhammad Qāḍī bemerkt anläßlich der erwähnten Hilfsaktion in Taschkent, es habe an Obst und Melonen nichts verkauft werden können; s. o. S. 105 f. Selbst dann, wenn, wie DAVIDOVIČ meint, die Zeit von Ḫwāǧa Aḥrār die „maximale Entwicklung der Ware-Geld-Beziehung" erlebte, wird doch die Naturalwirtschaft einen sehr bedeutenden Teil des gesamten Wirtschaftslebens ausgemacht haben. Vgl. DAVIDOVIČ: O *vremeni maksimal'nogo razvitija.*

6. Wirtschaftsbeziehungen auf dem Land

Dies Kapitel setzt die Beschreibung der Wirtschaftstätigkeit Ḫwāǧa Aḥrārs fort. Nach der Darstellung der Zentralverwaltung folgen die Verhältnisse auf dem Land selbst. Hierbei steht die Frage im Mittelpunkt, wer die landwirtschaftlichen Produzenten waren und wie sie mit der Zentrale verbunden waren, und zwar vertraglich oder in anderer Form.

Das Kapitel gliedert sich nach Kategorien von landwirtschaftlichen Produzenten, und zwar nach dem Verhältnis, in dem sie zum Grundherrn stehen. Es werden angesprochen a) Sklaven, b) Pachtverhältnisse, wobei zwischen *iǧāra* und *muzāraʿa* unterschieden wird, c) Gemeindebauern, d) kleine und mittlere Grundbesitzer. Diese rücken ins Bild, weil sie ihren Besitz oder Teile davon an Ḫwāǧa Aḥrār verkaufen; im Zusammenhang mit diesen Verkäufen wird die Besitzstruktur in einer Region der *wilāyat* Buchara untersucht. Den Abschluß bildet e) eine zusammenfassende Darstellung der Verwaltung von Grundbesitz, wie Ḫwāǧa Aḥrār sie praktizierte.

In diesem Kapitel soll das Verhältnis der Produzenten zum Grundherrn im Mittelpunkt stehen. Das heißt, daß das Verhältnis des Produzenten zum Herrscher einerseits und das des Grundherrn zum Herrscher andererseits nur am Rande vorkommt. Weggelassen wird dabei auch die gesamte „Steuer"-Problematik, denn es scheint so zu sein, daß die „Steuern" im wesentlichen Zahlungen des Grundherrn an den Herrscher waren[1]. Das gilt zumindest für die „grundlegenden" Steuern[2], nämlich *ʿušr* und *ḫarāǧ*. Die übrigen Steuern, ob sie nun regelmäßig eingetrieben werden oder nicht, ob sie von der Fläche erhoben werden, z.B. als Zuschlag zu *ʿušr* und *ḫarāǧ*, pro Haushalt (Herdfeuer) oder pro Kopf, berühren entweder das Verhältnis der Produzenten zum Herrscher oder das des Grundherrn zum Herrscher.

Weiter bleibt eine Frage unbeachtet, die sonst einen großen Raum in Darstellungen der Wirtschaftsbeziehungen auf dem Lande einnimmt. Gemeint sind die verschiedenen Arten, auf die ein Grundherr berechtigt

---

[1] S. o. S. 106 ff.

[2] Diese Unterscheidung nach DAVIDOVIČ, *Feodal'nyj zemel'nyj* milk *v Srednej Azii.*

sein kann, Einkünfte aus landwirtschaftlicher Produktion zu beziehen. Zu unterscheiden sind in Mittelasien in der fraglichen Periode und später vier Grundformen: Erstens das „steuerfreie Privateigentum" *milk-i ḥurr-i ḫāliṣ*, auf das der Herrscher gar keine Rechte mehr hat, zweitens das gemeinschaftliche Eigentum von „Staat" und Grundherr *milk*, bei dem die beiden Eigentümer sich die Einkünfte in verschiedenen, festgelegten Proportionen teilen, drittens der vom Herrscher verliehene Besitz, wiederum in verschiedenen Formen, deren bekannteste *iqṭāʿ* und *suyūrġāl* sind, viertens endlich die Stiftung *waqf*[3]. Die hier betrachteten Ländereien Ḫwāǧa Aḥrārs gehörten bis zu dem Zeitpunkt, zu dem sie als Waqf gestiftet wurden, sämtlich der zweiten Kategorie an, dem *milk*, das daher allein kurz dargestellt werden soll.

Milk ist gemeinschaftliches Eigentum des „Staates" und eines Grundherrn an Grund und Boden, welches aber nicht durch Dienst o. ä. bedingt ist. Es gibt zwei Hauptargumente für diese Auffassung (die keineswegs unumstritten ist): Einmal gibt es eine Reihe von Urkunden, die Teilungen solcher Ländereien belegen, und zwar in den gleichen Proportionen, in denen vor der Teilung des Bodens selbst die Einkünfte geteilt wurden. Dabei wird ein Teil „Staatsland" *mamlaka*, und der andere wird „steuerfreies Privateigentum" *milk-i ḥurr-i ḫāliṣ*. Welchen Status soll man dem Land also vor der Teilung zuschreiben? – Zum andern gibt es Fälle, in denen der Herrscher *milk*-Land als *suyūrġāl* o. ä. verleiht. Wäre *milk* uneingeschränktes Privateigentum, so könnte derlei nicht vorkommen. Am meisten für sich hat daher die Auffassung, der Herrscher verleihe in solchen Fällen in Wirklichkeit seinen Anteil an den Einkünften, eine Auffassung, die sich in Urkunden bestätigt findet.

Der Bauer, der *milk*-Land für einen Grundherrn, etwa als Pächter, bearbeitet, gibt mindestens 30% oder ein Drittel der Ernte ab. In dieses Drittel teilen sich Herrscher und Grundherr. Ist das Land *ʿušrī*, erhält der Herrscher ein Zehntel der Gesamternte, also ein Drittel der Abgaben; ist das Land *ḫarāǧī*, erhält er umgekehrt zwei Drittel der Abgaben oder zwei Zehntel der Gesamternte.

Mindestens ein Drittel, hieß es, gebe der Bauer ab: Es können über diese „grundlegenden" Steuern hinaus ja noch weitere erhoben werden, außerdem können die Pachtverträge zwischen Grundherr und Pächter andere Teilungsverhältnisse vorsehen[4].

---

[3] Dabei kann der Boden des Waqf selbst sowohl *milk-i ḥurr-i ḫāliṣ* wie auch *milk* sein.

[4] Diese Ausführungen sind eine sehr kurze und daher schematische Zusammenfassung der Ideen von Davidovič zu dieser Frage. Sie hat sie in zunehmender Ausführlichkeit und Bestimmtheit dargestellt in folgenden Arbeiten:

Vor Beginn der Untersuchung sind noch einige terminologische Fragen zu klären. Der erste Begriff, „unmittelbare Produzenten", meint alle Personen, die selbst in der Landwirtschaft tätig sind, im Gegensatz zur ländlichen Bevölkerung. – „Landwirtschaftliches Mehrprodukt" bezeichnet diejenige Menge der erzeugten landwirtschaftlichen Güter, die über das hinausgeht, was die unmittelbaren Produzenten selbst verzehren. Das landwirtschaftliche Mehrprodukt bildet also die Ernährungsbasis aller nicht selbst landwirtschaftlich tätigen Menschen. – „Großgrundbesitz" kann zweierlei bedeuten: Einmal, wie bereits gezeigt, kann Großgrundbesitz als eine Einheit des Produktionsprozesses aufgefaßt werden; dann gehört dazu, daß der Einsatz aller Produktionsmittel, wie Arbeitskräfte, Vieh, Saatgut, Geräte, darüber hinaus auch Zeit und Art des Anbaus, das Was, Wie und Wo der landwirtschaftlichen Tätigkeit, von einer Zentrale aus gesteuert wird. Es kann aber mit „Großgrundbesitz" auch eine Einheit des Aneignungsprozesses gemeint sein; dann ist ein Großgrundbesitzer jemand, der Einkünfte von großem Grundbesitz einzieht, ohne jedoch mit der Produktion selbst in irgendeiner Weise befaßt zu sein. – „Steuern" hatte ich gelegentlich in Anführungszeichen gesetzt, um klarzumachen, daß es sich nicht um eine mit heutigen Steuern vergleichbare Einrichtung handelt. Wenn unter „Steuerwesen" die Art und Weise verstanden wird, wie sich Grundherren und Herrscher in die Abgaben teilen, die von den Bauern erhoben werden, so kann man den Begriff weiter verwenden.

Sklaven

Sklaven *ʿabd*, *ʿabīd*, *ġulām*, pers. *banda* werden zur Hausarbeit (wohl überwiegend), aber auch zur Landwirtschaft und zu Bewässerungsarbeiten, sowohl Bau als auch Instandhaltung und Reparatur, eingesetzt[5]. Für

---

– Rez. zu IVANOV, *Chozjajstvo*,
– *Materialy dlja charakteristiki ėkonomiki i social'nych otnošenij*,
– die in Anm. 2 genannte Studie.

Die Auffassung von DAVIDOVIČ setzt sich in der Sowjetunion allmählich durch. Im wesentlichen zu gleichen Ergebnissen, wenn auch nicht ganz so prononciert kommt ČECHOVIČ in

– *K probleme zemel'noj sobstvennosti v feodal'noj Srednej Azii* und
– *V. V. Bartol'd i puti dal'nejšego issledovanija problemy milka.*

Weiteres Material, besonders für die Angabe, die Bauern hätten an „grundlegenden" Abgaben regelhaft ein Drittel der Ernte bzw. 30% leisten müssen, bietet MACHMUDOV, *Zemledelie*, bes. S. 75 ff.

[5] Über Sklaverei in Iran vgl. PETRUŠEVSKIJ, *Zemledelie*. Diese grundlegende Arbeit in gekürzter englischer Überarbeitung als „The socio-economic condition of Iran under

die Timuridenzeit kommen vor allem Sklaven aus Indien vor, aber auch Russen, Mongolen, Türken und Kalmücken; also Hindus, Christen, „Schamanisten" und Buddhisten. In allen diesen Fällen hat das islamische Recht keine Einwände, weil und insofern es sich nicht um Muslime handelt[6]. Darüberhinaus gab es aber auch versklavte Muslime, und zwar bis weit ins 19. Jahrhundert hinein[7]. Besonders der Status der von Timur in großem Umfang umgesiedelten Perser und Ḫwārazmier, aber auch anderer Gruppen ist problematisch. Für Kriegsgefangene dieser Art wird der Terminus *asīr* verwendet[8]. Bei kriegerischen Handlungen befürchtet die städtische Bevölkerung immer, als *asīr* verschleppt zu werden; dies ist nicht zuletzt auch der Grund, warum die Samarkander sich gegen Abū'l-Qāsim-i Bābur verteidigen wollen[9]. Nomaden, insbesondere Özbeken und andere Gruppen aus dem *dašt-i qipčāq*, unternehmen Raubzüge, bei denen sie plündern und Sklaven nehmen[10]. Neben solcherart in großem Umfang (Kriegszüge Timurs, v. a. in Indien) oder in kleinerem Maßstab (nomadische Überfälle) erbeuteten Sklaven kommen auch Menschen durch Handel auf den Markt; außerdem scheint es eine große Anzahl von Personen zu geben, die als Sklaven geboren werden. Eine

---

the Il-Khans" in *CHI* 5. Zu verweisen ist auch auf die persische Übersetzung des Buches (Kišāwarz).

[6] Zu Sklaven im islamischen Recht vgl. Müller, *Sklaven*. Weitere Angaben zur Sklaverei finden sich in: Abduraimov, *Očerki agrarnych otnošenij* (Bd. 2), Čechovič, *Čerty ėkonomičeskoj žizni Maverannachra v sočinenijach po fikchu i šurutu*, bes. S. 222; einen Abschnitt über Sklaverei im 16. Jh. enthält Davidovič, *Materialy dlja charakteristiki*, S. 39 f.

[7] Vgl. die Reiseberichte des 19. Jh., z. B. von Vambery.

[8] Der Begriff *asīr* bedürfte einer ausführlicheren Untersuchung. Im *iqṭāʿ*-Erlaß Ġāzān Ḫāns werden die *iqṭāʿ*-Inhaber aufgefordert, brachliegendes Land mit „ihren ‚Gefangenen', Sklaven, Arbeitsvieh, -gerät und Saatgut" *ba-asīrān wa ġulāmān wa gāw wa ǧuft wa tuḫm-i ḫūd* zu bebauen (Rašīduddīn/Jahn S. 306, d'Ohsson IV/425). Sie werden darauf hingewiesen, die Bauern *raʿāyā* seien keine „Gefangenen" *asīrān*, man könne sie daher nicht nach Belieben von einem Ort zum anderen umsiedeln (Ebda.; d'Ohsson IV/426). Könnten *asīr* „gefangene Freie" (Muslime?) sein, *ġulām* gekaufte Sklaven? Es wird an manchen Stellen zwischen *asīr* und Sklaven unterschieden, vgl. Mukminova, *O nekotorych istočnikach*, S. 124 f.

[9] S. o. S. 49. – Weitere Fälle von solchen Befürchtungen: Zug von Sulṭān Maḥmūd gegen Samarkand, *Rašaḥāt* S. 294; andersherum werden Mitglieder des geschlagenen Heeres von der Stadtbevölkerung gefangen genommen: Ebda. S. 295. – Die Absicht, „Gefangene" zu machen, ist es schließlich auch, die in den Augen der Ḫwāǧagān Abū Saʿīd in seinem Feldzug nach Westiran und Aḏarbāyǧān zum Verhängnis wird, *Manāqib* 5 a.

[10] Solche Vorfälle geschildert in *Manāqib* 31 a, *Rašaḥāt* 337 und die Geschichte von Naǧmuddin, s. o. S. 35, sowie die Auslösung solcher Gefangener, s. o. S. 106. S. auch *Anīs* 114 b und 138 a/b.

weitere Möglichkeit, wie Menschen zu Sklaven werden können, ist die Schuldsklaverei.

Verwendung von Sklaven in der Landwirtschaft wird für Iran u. a. bei Rašīduddīn bezeugt. Er setzte in großem Umfang Sklaven auf seinen Gütern ein[11]. Im Laufe des 14. und 15. Jahrhunderts soll die Sklaverei im westlichen und mittleren Iran seltener geworden sein. Im Ḫurāsān und Mittelasien besteht sie jedoch zunächst ungebrochen fort. Nach Isfizārī kamen um 1470 in Herat jährlich an die 20 000 Menschen zum Verkauf[12]. Abnehmende Zahlen werden erst für spätere Zeit genannt[13]. Im Vergleich dazu nehmen sich die in den Urkunden genannten Mengen eher bescheiden aus. In der Stiftungsurkunde des ʿIšrat-ḫāna in Samarkand werden im ursprünglichen Text von 1464 32 Sklavinnen und Sklaven, darunter auch in Sklaverei geborene Kinder, gestiftet, in einem Zusatz von 1478 weitere 19 Personen. Unter ihren Aufgaben wird ausdrücklich auch die Landwirtschaft genannt[14]. In der Waqfiyya Ḫwāğa Aḥrārs von 1489 (Urkunde 10) werden ebenfalls ca. 50 Sklavinnen und Sklaven namentlich aufgeführt. Sie sind wohl, außer für Hausarbeiten in *muḥawwaṭa-yi mullāyān*, für die Bearbeitung des Gutes in Māturīd vorgesehen. Es wird ausdrücklich erwähnt, es handele sich um Inder[15]. Weiter heißt es, in *muḥawwaṭa-yi mullāyān* sollten ständig 100 *ḫuddām* beschäftigt sein, wobei dies Sklaven sein könnten oder Freie[16]. Dies sind dann sicher Haussklaven; damit wird es wahrscheinlicher, daß unter den erstgenannten 50 auch landwirtschaftlich verwendete Sklaven sind.

Der Besitz von Sklaven waren keineswegs auf große Besitzungen oder auf sehr reiche Personen beschränkt. Auch einfache Bauern oder Handwerker können Sklaven haben[17].

Einen Sonderfall bietet die Waqfiyya des Yaḥyā, Enkel des Sayfuddīn-i Bāḫarzī, von 1326. Auch diese Urkunde erwähnt eine Reihe von Sklaven, teilweise namentlich. Es sind Mongolen, Türken, Inder, Russen und

---

[11] *Mukātabāt-i rašīdī*, Üb. FALINA, Briefe Nr. 17 und 34, S. 120 ff. und 238 ff.

[12] PETRUŠEVSKIJ, *Zemledelie* S. 315, nach Isfizārī, *Rawḍāt al-ğannāt*.

[13] So DAVIDOVIČ, *Materialy dlja charakteristiki*; urkundlich kommen Sklaven, nicht zuletzt in Freilassungsvorgängen, vor in *Kazijskie dokumenty*, Urkunden Nr. 2–6, 12–19 und 21.

[14] VJATKIN, *Vakufnyj dokument*, Z 24.

[15] *Samarkandskie dokumenty*, Urkunde 10 Z 730 ff. und 736 ff.

[16] Ebda., Z 741.

[17] Glückliches Wiederfinden von Sklaven einfacher Leute durch Hellsichtigkeit eines Scheichs: Von Bahā'uddīn berichtet in *Anīs* 121 a, von Ḫwāğa Aḥrār in *Rašaḥāt* S. 316. – Es fällt auf, daß Bahā'uddīn keine Sklaven hat, er sagt, das Herr-Sein (dem Sklaven gegenüber) passe nicht zum Sklave-Sein (Gott gegenüber), *Anīs* 45 b – 46 a. – Die Familie Ḫwāğa Aḥrārs in Taschkent hat Sklaven: *Rašaḥāt* S. 221.

andere. Aber sie werden aus Anlaß der Waqf-Stiftung freigelassen, allerdings unter der Bedingung, daß sie weiterhin dem Ḫānaqāh, das Nutznießer der Stiftung ist, zugehören, von dem sie auch weiter alimentiert werden sollen. Sie werden also aus der persönlichen Abhängigkeit als Sklaven entlassen und in eine persönliche Abhängigkeit von der Stiftung übergeleitet. Ihre Arbeit besteht vor allem in Gartenbau, Kanalaufsicht und Viehhüten. Sie sollen nach ihrer Freilassung aber auch Ackerbau auf der Grundlage von *muzāraʿa*, Ernteteilungs-Pachtverträgen, betreiben. In der Waqfiyya werden unter den Nachbargrundstücken bereits Gärten erwähnt, die solche Freigelassene bewirtschaften[18]. ČECHOVIČ spricht in Bezug auf solche Freigelassene von „Bindung an die Scholle"; ich möchte diese Frage offen lassen[19]. In den anderen Stiftungsurkunden, in denen Sklaven vorkommen, ist von Freilassung keine Rede. Vielmehr deutet manches darauf hin, daß Sklaven der zweiten, dritten usw. Generation keine Seltenheit waren.

Sklaven erhalten das Lebensnotwendige von ihren Herrn gestellt. Ansprüche auch nur auf Teile des Ernteergebnisses können sie nicht machen[20]. Ebenso gehören natürlich auch alle Arbeitsgeräte usw. dem Herrn. Dennoch muß ihre Lage nicht immer schlecht gewesen sein; sie war eben nur von der Willkür des Herrn abhängig[21]. Allgemein gesehen war Sklaverei wohl so weit verbreitet und so tief in der Gesellschaft verwurzelt, daß Bewirtschaftung auch kleinerer Ländereien ganz oder teilweise mit Sklaven nicht ganz selten gewesen sein dürfte.

Pachtverhältnisse

Bauern in Pachtverhältnissen sind persönlich frei. Sie arbeiten ganz oder teilweise auf Grundstücken, die ihnen nicht gehören. Für diese Grundstücke haben sie mündlich oder schriftlich mit dem Grundherrn einen Vertrag geschlossen, in dem festgelegt wird, für welchen Zeitraum

---

[18] ČECHOVIČ, *Bucharskie dokumenty*, Urkunde 1 Z 915–932.

[19] Ebda., Einleitung S. 11 und 23. S. u. S. 173 ff. – Vgl. CRONE, *Roman, provincial and Islamic Law*, wo Freilassungen mit Bedingungen diskutiert werden, ohne daß es der Autorin in den Sinn käme, wegen der Verpflichtung eines Freigelassenen, weiter für den Herrn zu arbeiten, in ihm eine Art „Leibeignen" zu sehen, aaO. S. 65 f.

[20] Wegen ihres rechtlichen Status als Sache. Vgl. MÜLLER, *Sklaven*. Dazu paßt, daß die Alimentation der Sklaven in der Stiftungsurkunde des ʿIšrat-ḫāna genau festgelegt wird, s. VJATKIN, *Vakufnyj dokument*, Z 46–48.

[21] Karrieren von Sklaven in Militär und Verwaltung sind belegt in EGANI/ČECHOVIČ: *Regesty* II, Urkunden 63, 66, 67. – Das waren natürlich keine Ackersklaven.

das Pachtverhältnis bestehen soll und welcher Anteil am Ernteergebnis oder welche Leistung in Geld dem Grundherrn zusteht. Die Höhe dieses Anteils, so wird vermutet, richtet sich auch danach, ob der Grundherr neben Land und Wasser auch noch Saatgut, Vieh und Arbeitsgeräte zur Verfügung stellt[22]. Darüberhinaus sind die Anteile, die der Bauer abgeben muß, regional und historisch verschieden, so daß eine feste Größe, so und so viel sei an den Grundherrn gegangen, nicht benannt werden kann. Die erwähnte Quote von „ein Drittel grundlegende Abgaben" war relativiert worden; einmal dadurch, daß auch „zusätzliche" Abgaben erhoben wurden[23], zum andern dadurch, daß zwischen Pächter und Grundherrn auch andere Quoten vereinbart sein konnten[24]. Andererseits gab es nicht immer einen Überschuß an landarmen oder landlosen Bauern, denen Grundherren ihre Bedingungen sozusagen diktieren konnten[25]. Gerade in mongolischer und spätmongolischer Zeit hat man eher von einer Unterbevölkerung auszugehen. Versuche, die Bauern an die Scholle zu binden, sind mit dieser Unterbevölkerung erklärt worden[26].

Pachtverträge werden im islamischen Recht analog zu anderen Grundtypen von Verträgen konstruiert. Dies sind für die *iǧāra* der Kaufvertrag und für die *muzāraʿa* der Kommissionsvertrag *muḍāraba*[27].

Bei der *iǧāra* werden nicht Sachen, sondern Nutzungen und Nutzungsrechte verkauft. Der Anwendungsbereich ist sehr groß, eine Übersetzung durchweg mit „Pacht" verfälscht die Sache[28]. Unter den Dingen,

---

[22] S. MACHMUDOV, *Zemledelie*, S. 99.

[23] Eine zugängliche Darstellung solcher Abgaben für Iran bei FRAGNER in *CHI* 6, Abschnitt „The Post-Mongol Tax System", S. 533 ff. Eine Abschätzung der Steuermengen bietet HINZ: *Das Steuerwesen Ostanatoliens*; aus dieser Arbeit gehen vor allem die starken regionalen Unterschiede mit großer Klarheit hervor. – Für Mittelasien vgl. MACHMUDOV, *Zemledelie*, S. 78 ff.

[24] S. u. S. 124.

[25] Das wäre die Voraussetzung dafür, daß kurzfristige Pachtverträge zu einer Verschlechterung der Lebensbedingungen der Pächter führen, wie DAVIDOVIČ meint, vgl. *Materialy dlja charakteristiki*, S. 38. – Vgl. dazu LAMBTON, *Landlord and Peasant*, Chapter XVI: The Crop-Sharing Tenant: Security of Tenure, S. 295 ff.

[26] PETRUŠEVSKIJ, *Zemledelie*, S. 327 f.

[27] Zur *muḍāraba* vgl. UDOVICH, *Partnership and Profit*, v. a. Kapitel VI „The *commenda* (Muḍāraba, Qirāḍ, Muqāraḍa)", S. 170 ff. Er berührt das Problem der *muzāraʿa* allerdings nur ganz am Rande. – Bei weitem das meiste Material zu dieser Frage, besonders zur juristischen Konstruktion und Diskussion, bietet HAQUE, *Landlord and Peasant in Early Islam*.

[28] MUKMINOVA, *K istorii agrarnych otnošenij*, S. 47 ff. enthält eine Aufzählung verschiedener Verhältnisse, die mit *iǧāra*-Verträgen geregelt wurden. Dazu gehören: Lehrvertrag beim Handwerksmeister; Miete von Läden und Werkstätten, nachdem sie als Pfand an einen Gläubiger gefallen sind; Übergabe von Sachen als Kniff *ḥīla*, bei Geldverleihen.

deren Nutzung verkauft werden kann, ist auch Grund und Boden, und zwar sowohl für Bauten als auch für Landwirtschaft. Dabei sind die Bedingungen der Gültigkeit eines Kaufvertrages einzuhalten, unter anderem ist also als Entgelt eine feste Summe Geldes oder eine feste Menge Waren von Geldeswert vorzusehen; die Art und Dauer, also das Maß der Nutzung, ist festzulegen usw. Einen besonderen Typ von solchen Verträgen, die *kirā'*-Verpachtung, nennt Løkkegaard den juristisch idealen Typ: „[...] answers to the ideal of the jurists [...] This is only valid for the calendar year, and it is based on a fixed rent"[29]. Solche Verträge, das unterstreicht vielleicht ihren ideal-juristischen Charakter, sind für Mittelasien nicht überliefert. Am nächsten kommt diesem Ideal ein *iğāra*-Vertrag von 1915 aus der Gegend von Buchara[30]. Diesen, in Mittelasien also mindestens seltenen, für das 15. Jahrhundert vielleicht unbekannten Typ könnte man „Bodenpacht gegen Geld" nennen.

Aber nicht nur der Boden selbst kann in *iğāra*, also gegen feste Gegenleistungen, eine Summe Geldes o. ä. verpachtet werden. Ebensogut können die Einkünfte von Landbesitz Gegenstand der *iğāra*-Verträge sein; diesen Vertragstyp könnte man „Rentpacht" nennen. Solche Verhältnisse sind im gesamten islamischen Orient weit verbreitet; am besten bekannt sind die Verträge, die der Staat bzw. der Herrscher schloß, um seine Einkünfte zu sichern: Er verpachtete diese in „Steuerpacht". „Rentpacht" ist genau dieses Verfahren, nur daß als Grundbesitzer dabei ein Privatmann oder ein Waqf auftritt. Ein eindrückliches, weil sehr gut belegtes Beispiel schildert Faroqhi: Sie ist anhand von Qāḍī-Urkunden und Steuerregistern *taḥrīr* der Frage nachgegangen, wie ein mittelgroßes Waqf in Konya im 16. Jahrhundert seine Einkünfte realisierte. Die Rentpacht heißt dort *muqāṭaʿa*. Das fragliche Waqf verwaltete nur die in unmittelbarer Nachbarschaft gelegenen Grundstücke selbst, die Einkünfte der übrigen wurden gegen Höchstgebot versteigert. Pächter waren dabei auch durchaus nicht sehr reiche Personen, Faroqhi vermutet in einigen Fällen wohlhabende Bauern aus den entsprechenden Dörfern selbst[31].

Alle diese Fälle sind belegt in *Kazijskie dokumenty*, vor allem die erwähnte Umgehung des Zinsverbots. Das Geschäft geht so: Jemand verleiht Geld, ohne Zinsen, versteht sich. Gleichzeitig nimmt er einen – oft wenig wertvollen – Gegenstand aus dem Besitz des Schuldners in Aufbewahrung und läßt sich für dies Aufbewahren Lohn zahlen. Dies Anstellen einer Person zum Aufbewahren von Sachen ist ein *iğāra*-Vertrag. *Kazijskie dokumenty*, Urkunden 40, 59 u. a.

[29] Løkkegaard, *Islamic Taxation*, S. 175.

[30] Semënov, *Očerk*, S. 39.

[31] Faroqhi, *Vakif Administration in Sixteenth Century Konya.*

So gute Belege sind für Mittelasien leider nicht bekannt. Es liegen nur einige wenige Urkunden vor, in denen Einkünfte aus Land verpachtet werden. So ein *ḫaṭṭ-i iǧāra* von 1857 (Gegend von Buchara), in dem „Einkünfte, nämlich ein Zehntel, von ungefähr 5 *ṭanāb* Land, das ein Zehntel schuldet" verpachtet werden[32]; „Zehntel" (*dahyak*) ist in dieser Urkunde der dem Grundherrn zustehende Anteil; das Land ist also *ḫarāǧī*.

Es gibt aber, auch aus früherer Zeit, eine Reihe von Belegen, in denen *iǧāra* nur „Rentpacht" heißen kann, da die Pächter unmöglich unmittelbare Produzenten sein können. In der Waqfiyya von 1326 wird, als frühere Inhaberin eines Nachbargrundstücks, eine hochgestellte Dame erwähnt, „Inhaberin" steht für *musta'ǧira*[33].

In den von Ivanov bearbeiteten Urkunden der Scheiche von Ǧūybār werden an manchen Stellen diese Scheiche selbst oder Nachkommen Ḫwāǧa Aḥrārs als Pächter von Nachbargrundstücken erwähnt[34].

Bei einigen weiteren Belegen geht aus der Klausel, in der *iǧāra* vorkommt, hervor, daß Rentpacht gemeint sein muß. In den *Samarkandskie dokumenty*, Urkunde 17 und 1546, heißt es: „[Der Herr Stifter] stellte weiter die Bedingung auf, daß man [nämlich die *mutawallī*s] die Waqf-Objekte nicht solchen Personen in *iǧāra* übergeben soll, die sich Gut unrechtmäßig aneignen oder sonst Bedränger sind, oder solchen, von denen es unmöglich oder schwierig ist, den Gegenwert der *iǧāra* zu erhalten"[35]. Daraus lassen sich folgende Schlüsse ziehen: Einmal ist *iǧāra* auch hier ein Pachtvertrag, dessen Gegenwert in Geld zu entrichten ist[36]. Ferner ist es wahrscheinlich, daß Rentpacht gemeint ist, denn bei Bodenpächtern als unmittelbaren Produzenten ist die Gefahr wohl nicht groß, daß sie sich den Boden des Waqf unrechtmäßig aneignen, weil ihre Wirtschaftskraft und ihr politischer Einfluß dazu kaum ausreichen dürften. – Der Stifter dieses Waqf, das sollte beachtet werden, ist nicht Ḫwāǧa Aḥrār selbst, sondern ein Nachkomme.

Eine Klausel aus einer Stiftungsurkunde sei noch zitiert. In der von Khadr veröffentlichten Waqfiyya aus Samarkand aus der Mitte des 11.

---

32 *ḥāṣilāt-i ḥiṣṣat al-dahyak-i panǧ ṭanāb taḫmīnan zamīn-i dahyakī-rā*. Čechovič, *Dokumenty k istorii*, Urkunde 44 Z 3 f.

33 Čechovič, *Bucharskie dokumenty*, Urkunde 1 Z 293. Weitere Belege: Abduraimov, *Očerki* Bd. 2, S. 67 f., Petruševskij, *Zemledelie* S. 311; Fragner in *CHI* 6, S. 512.

34 *Iz archiva šejchov Džujbari*, Urkunden 110, 210, 222, 342 (nach Mukminova, *K istorii*, S. 50 Anm. 17).

35 *šarṭ-i dīgar kard ān ki mawqūfāt-rā ba-mutaġalliba wa musta'kila wa kasānī ki iḫrāǧ-i badal-i iǧārat az dast-i īšān muta'aḏḏir yā muta'assir bāšad ba-iǧārat na-dihand*, *Samarkandskie dokumenty*, Urkunde 17 Z 404 f.

36 Der gleiche Ausdruck *badal-i iǧārat* für „Gegenwert der Pacht in Geld" bei Ǧāmī (Pacht eines Bades, Urunbaev, *Pis'ma-avtografy* Nr. 216/221.

Jahrhunderts heißt es: „Nichts davon soll in Rentpacht für länger als ein Jahr oder in Bodenpacht für länger als 18 Monate weggegeben werden"[37]. Ich übersetze „Rentpacht" und „Bodenpacht" für die entsprechenden arabischen Ausdrücke, weil in der Urkunde deutlich ein Unterschied gemacht wird, nämlich mit den verschiedenen Fristen. Diese erklären sich vielleicht durch den Umstand, daß die Bodenpacht für länger als ein Jahr abgeschlossen können werden muß, da man sonst nicht weiß, ob man zur Zeit der Ernte noch Pächter ist. Das gilt aber nicht für die Rentpacht, die auch für kürzere Zeiträume abgeschlossen werden kann, weil die Rente in der Regel nur einmal im Jahr eingetrieben wird, nämlich nach der Ernte. Weiter enthält auch diese Urkunde die Klausel, es solle nichts an Mächtige vergeben werden, begründet in der Sorge, sie könnten sich den waqfierten Besitz aneignen. Derlei kam wohl vor, wenn die Häufigkeit solcher Klauseln berücksichtigt wird; sie finden sich auch in den von Vjatkin, Mukminova und Čechovič/Vil'danova behandelten Urkunden. In allen diesen Fällen sind gewiß eher Rentpächter als Bodenpächter gemeint[38].

In den von Ḫwāǧa Aḥrār selbst verantworteten Stiftungsurkunden kommt *iǧāra* in der Bedeutung von Rentpacht nicht vor. Für die Grundstücke Ḫwāǧa Aḥrārs scheint zu gelten, daß sie überhaupt nicht in Rentpacht vergeben wurden, und daß Ḫwāǧa Aḥrār beabsichtigte, daß dies auch nach seinem Tode so bleiben sollte. Der oben beschriebene Aufbau der Zentralverwaltung läßt für Rentpächter keinen Platz; sie können nicht neben den von Ḫwāǧa Aḥrār recht streng kontrollierten Verwaltern stehen; der Pachtvertrag als Verkauf von Nutzungen sieht natürlich vor, daß der Verkäufer dieser Nutzungen in das Geschäftsgebaren des Käufers nicht mehr eingreifen kann[39]. Ḫwāǧa Aḥrārs System der Verwaltung mit direkt seiner Person verantwortlichen *'ummāl* usw.

---

[37] *lā yu'aǧǧaru šay' min ḏalika akṯar min sana wāḥida wa-lā yu'qadu muzāra'atan akṯar min ṯamāniya 'ašara šahran*, Khadr, *Deux actes de waqf*, S. 327 Z 7 ff.

[38] Vgl. die Argumentation von Mukminova, *K istorii*, S. 49 f. – Einen Sonderfall bilden vielleicht die von Papazjan herausgegebenen Kaufverträge mit Waqf-Vermerk. Im islam-rechtlich üblichen Rahmen bewegen sich Urkunde 1 (von 1305, Frist: 3 Jahre) und 7 (von 1450, Frist: maximal 1 Jahr). Besonders ist Urkunde 5 (von 1431), wo als Bedingung gestellt wird, das zugunsten eines Klosters waqfierte Land solle weder verkauft noch verpachtet noch verschenkt noch ausgetauscht werden (alle Regeln durchaus üblich bis auf das Verbot der Verpachtung): *ba-šarṭ-i ān ki lā yubā'u wa-lā yu'aǧǧaru wa-lā yūhabu wa-lā yubaddalu*. Mögliche Erklärung ist, daß das Kloster das Land mit eigenen Kräften bearbeiten will und soll. Papazjan, *Kupčie*, S. 437, russ. S. 273.

[39] „An absolute contract leaves the hirer at liberty to give the use to any person", *Hidāya* S. 494.

ist wesentlich straffer, zentralisierter, als eine Verwaltung mit Rentpächtern, wie sich aus einem Vergleich (beispielsweise) mit den Verhältnissen ergibt, die FAROQHI ermittelt hat[40].

Die *iǧāra* bietet sich als Rechtsform für Rentpachtverträge insofern an, als sie, da sie analog zu Kaufverträgen aufgefaßt wird, fixe Geldbeträge (oder ersatzweise fixe Mengen von Naturalien) als Gegenwert vorsieht. Das ist im Sinne des Grundbesitzers, der Rentpachtverträge abschließt: Er will einen vorhersehbaren, am besten liquiden Erlös seiner Besitzungen, ohne den Aufwand des Einsammelns selbst übernehmen zu wollen oder zu können. Auch hinsichtlich der Laufzeiten eignet sich die *iǧāra* für Rentpachtverträge: Sie sind immer bestimmt, meistens kurz bemessen (zu Fristen vgl. unten); der Grundbesitzer braucht nicht zu fürchten, daß der Rentpächter hinterrücks in Besitzrechte eintritt.

Die *muzāraʿa* ist dagegen für Rentpacht völlig ungeeignet, aber der Bodenpacht unter Verhältnissen, die von Naturalwirtschaft bestimmt werden, angemessen. Sie gilt in Handbüchern des ḥanafītischen Rechts als eine Unterform der Partnerschaftsverträge *širka*, sie wird in Analogie zum Kommissionsgeschäft *muḍāraba* aufgebaut. Das Wesen dieses Vertragstyps liegt darin, daß jemand, der ein Kapital hat, aber damit nicht selbst arbeiten kann oder will, mit jemand anders eine Partnerschaft eingeht, der kein Kapital hat, aber befähigt und willens ist, auf eine bestimmte Weise damit zu arbeiten. Der Vertrag sieht vor, den Gewinn aus der vereinbarten kaufmännischen Tätigkeit in einem festzulegenden Verhältnis zwischen Kapitaleigner und Kommis zu teilen. Die Analogie zur *muzāraʿa* lautet bei Saraḫsī: „Der Pachtvertrag *muzāraʿa* ist ein Partnerschaftsvertrag in Bezug auf die Ernte, der Obstbaum-Pachtvertrag *muʿāmala* desgleichen, und ist gültig wie ein Vertrag über Kommissionsgeschäfte *muḍāraba* [...]. Der Besitzer von Land und Saatgut kann nicht arbeiten, und der Pächter [*ʿāmil*; das ist in der *muḍāraba* der Terminus für den Kommis] hat kein Land und kein Saatgut, um zu arbeiten. Der Vertrag hinsichtlich der Ernteteilung zwischen ihnen ist gültig. Dieser Vertrag ist unter den Menschen in allen Ländern offenkundig gebräuchlich [und auch daher zuzulassen]"[41].

---

[40] Vgl. Tafel 4, unten S. 161.

[41] *al-muzāraʿa ʿaqd širka fī 'l-ḫāriǧ wa'l-muʿāmala kaḏalika fa-taṣiḥḥu ka'l-muḍāraba [...] ṣāḥib al-arḍ wa'l-baḏr qad yakūnu ʿāǧizan ʿan al-ʿamal wa'l-ʿāmil lā yaǧidu arḍan wa-baḏran li-yaʿmala fa-yaǧūzu 'l-ʿaqd baynahumā širkatan fī 'l-ḫārig wa-fī haḏā 'l-ʿaqd ʿurf ẓāhir fīmā bayna 'l-nās fī ǧamīʿ al-buldān*, *Mabsūṭ* 23, S. 17; ähnlich *Hidāya* S. 579. – Vgl. auch eine zusammenfassende Darstellung bei LAMBTON, *Landlord and Peasant*, S. 206 ff. und Appendix 2: Auszüge aus „The Civil Code", S. 402 ff.

Auch in der *muḍāraba* wird das Ergebnis der wirtschaftlichen Tätigkeit zwischen den Partnern aufgeteilt, und zwar, dem Wesen der Partnerschaft entsprechend, nicht zu fixen Entgelten (Geld oder Naturalien), sondern prozentual. Danach verbietet sich in der *muzāra'a* eine Klausel, nach der der Grundbesitzer etwa eine feste Geldsumme erhielte; dies wäre kein Partnerschaftsvertrag mehr. Gerade diese Eigenschaft setzt die Partnerschaftsverträge von Kaufverträgen ab.

Die Rechtshandbücher sehen keine feste Proportion der Aufteilung des Ernteergebnisses in der *muzāra'a* vor, sie geben auch keine Empfehlungen. Auch einen Zusammenhang mit der Lieferung von Saatgut, Vieh und Arbeitsgerät scheint es nicht zu geben. In den Fällen werden Verträge vorgestellt, in denen die Ernte zur Hälfte geteilt wird, aber auch solche, in denen der Grundherr ein Drittel, der Pächter zwei Drittel erhält; auch das umgekehrte Verhältnis kommt vor. Die vertragschließenden Parteien sind, was die juristische Literatur angeht, diesbezüglich frei. Es gibt nur eine Bedingung, nämlich daß ein ortsübliches und „gerechtes" Entgelt für die Arbeit einerseits und den Boden andererseits nicht unterschritten wird, jedenfalls solange das Ernteergebnis das zuläßt[42]. Ein Beispiel: „Wenn der Grundbesitzer sagt: Die Ernte teilen wir zur Hälfte, so ist das eine rechtsgültige *muzāra'a*. Wenn er aber sagt: Die Ernte soll mir gehören, so ist das die Einstellung eines Lohnarbeiters"[43]. Geht also die Teilung allzusehr zu Lasten des Pächters, so ändert sich der Vertragstyp, und auf der Grundlage des anderen Vertragstyps erhält der Pächter einen seiner Arbeit entsprechenden Lohn, *uǧr miṯl 'amalihi*. In die gleiche Richtung deutet die Art, in der rechtsungültige Verträge behandelt werden. Saraḫsī läßt den Vertrag dann immer in eine andere Kategorie fallen, so daß jeweils das Enteergebnis demjenigen gehört, der das Saatgut stellte (denn aus diesem entspringt ja die Frucht), der jeweils andere aber entweder einen Lohn oder eine dem Wert der Nutzung des Landes entsprechende Zahlung erhält, *uǧr miṯl arḍihi*[44].

---

[42] Auf die Regelungen bei Mißernten kann hier nicht eingegangen werden.

[43] *ṯumma in qāla [rabb al arḍ] inna 'l-ḫāriǧ baynanā niṣfān fa-hiya muzāra'a ṣaḥīḥa wa-in qāla 'alā an al-ḫāriǧ lī fa-huwa isti'āna fi'l-'amal*, *Mabsūṭ* 23, S. 24.

[44] Udovich bemerkt in einem ähnlichen Zusammenhang, oft seien Partnerschaftsverhältnisse nichts weiter als verschleierte Lohnarbeitsverhältnisse: „[...] many enterprises, no matter on how modest a scale, requiring the combined efforts of more than one person, would be organized in the form of partnerships and *commendas*". Wenn diese Verträge nicht rechtsgültig abgeschlossen sind: „In almost all such cases, the nature of the relationship is altered; the invalid arrangement is transformed into a regular hire contract in which the investor becomes the employer and the agent the employee", *Partnership and Profit*, S. 185.

Aus der näheren zeitlichen und räumlichen Umgebung Ḫwāǧa Aḥrārs sind keine *muzāraʿa*-Verträge bekannt, auch keine Formulare. Wahrscheinlich sind solche vertraglichen Verhältnisse meistens mündlich abgesprochen worden, da sonst vielleicht doch das eine oder andere Stück erhalten geblieben wäre. Daher kann man nicht genau sagen, in welchen Proportionen in der Praxis das Ernteergebnis geteilt wurde.

Am nächsten an der Zeit Ḫwāǧa Aḥrārs liegt die Angabe, die Anteilbauern hätten ein Drittel der Ernte an das Waqf des Yaḥyā, Enkel des Sayfuddīn-i Bāḫarzī, abführen müssen[45].

Einen dokumentarischen Beleg gibt es erst wieder für das Jahr 1843. In der entsprechenden Urkunde ist Teilung zur Hälfte vereinbart, weswegen der Pächter hier *muzāriʿ bi'l-niṣf* heißt[46].

Aufgrund dieser Quellenlage scheint es am sichersten, bei der schon oben getroffenen Aussage zu bleiben, Pächter hätten mindestens ein Drittel der Ernte abgeben müssen[47] und hinzuzufügen, daß die Teilungsquote regional und zeitlich stark geschwankt haben kann, auch von Faktoren wie Verfügbarkeit von Wasser, Marktnähe usw. abgehangen haben wird[48]. Wahrscheinlich haben Pächter immer den größten Teil des landwirtschaftlichen Mehrprodukts abgeben müssen, und da dieses nach den örtlich und zeitlich regelhaft erzielten Erträgen schwankt, sind solche Schwankungen auch in den Abgaben zu erwarten. Sie liegen in der Natur der Sache.

Die Laufzeiten sowohl von *iǧāra*- als auch von *muzāraʿa*-Verträgen sollen, das fordern die Rechtshandbücher, genau festgelegt werden. Saraḫsī nennt für die *muzāraʿa* zwar keine allgemein verbindlichen Regeln, in den Fällen ist aber immer von nur einem Jahr die Rede. Auch Marġinānī bevorzugt deutlich kurze Laufzeiten solcher Verträge, wenn sie auch nicht genannt werden, außer in einem, allerdings bedeutsamen Fall. Zunächst räumt er ein, auch lange Laufzeiten seien zuverlässig, und die Menschen würden das bevorzugen, aber: „If, however, the Motwalee [d. i. *mutawallī*] (procurator) of a charitable appropriation let out the appropriated article, the hire of it for any long term is made unlawful, lest the lessee might be enabled to advance a claim of right to it. – Hire for a long term signifies for any term beyond three years"[49]. Es sei an

---

45 Čechovič, *Bucharskie dokumenty*, Urkunde 1 Z 784.

46 Čechovič, *Dokumenty k istorii*, Urkunde 42.

47 S. o. S. 114.

48 Vgl. z. B. Fragner in *CHI* 6, S. 492 f. Weitere Beispiele in Lambton, *Landlord and Peasant*, S. 306 ff. und S. 368.

49 *Hidāya*, S. 490. – Vgl. auch Vjatkin, *Vakufnyj dokument*, S. 133: „Oft wird in den

die in den Urkunden (eben Stiftungsurkunden) vergleichsweise häufig auftretende Regelung erinnert, die waqfierten Grundstücke seien nicht für länger als drei Jahre zu verpachten, eine Regelung, die sich offenbar dieser Vorschrift in der *Hidāya* verdankt. – Im *Mabsūṭ* wird auf Waqf-Stiftungen im Zusammenhang mit *muzāraʿa* nicht eingegangen.

Im Grundsatz erlischt das Vertragsverhältnis, wenn die Laufzeit abgeflossen ist und die Bedingungen des Vertrags erfüllt sind. Es kommt jedoch, und Marġīnānī berücksichtigt das, auch vor, daß in der *iǧāra* zwar eine Zahlung pro Zeitraum vereinbart wird, die Gesamtlaufzeit des Vertrages jedoch offen bleibt. Ein solcher Vertrag verlängert sich stillschweigend, wenn nicht einer der beiden Partner kündigt und die Mietsache bzw. das Pachtobjekt zurückgibt[50]. Im mālikitischen Recht gibt es die Institution des *kirāʾ al-ṭawīl* oder *kirāʾ al-muʾabbad* „langfristige Pacht von *milk*", aber auch von Stiftungsland[51]; vergleichbare Zustände setzten sich im osmanischen Reich durch, wo das ḥanafitische Recht vorherrschte[52]; das System ist in ähnlicher Form auch aus dem ṣafawidischen Iran bekannt[53]. In allen diesen Fällen geht es um Verträge, die nach Art der *iǧāra* angelegt sind.

Es gibt also durchaus auch stillschweigende oder explizite Verlängerungen solcher Verträge, und es besteht in diesem Fall kein Grund, Derartiges nicht auch für die *muzāraʿa* anzunehmen, auch wenn es nicht explizit erwähnt wird. Ein erneuter Vertragsabschluß ist also nicht in jedem Fall unumgänglich, sondern es wird davon ausgegangen, daß der alte Vertrag weiter gilt, wenn der Mieter oder Pächter fortfährt, die Mietsache oder das Pachtobjekt zu nutzen; bzw. daß der Partnerschaftsvertrag weiter besteht, wenn der arbeitende Partner auf dem Boden des Besitzer-Partners verbleibt und fortfährt, den Boden zu bearbeiten. Vorzuziehen ist im Sinne der Rechtshandbücher jedoch, die Gesamtlaufzeit des Vertrags explizit festzulegen.

Urkunden die Bedingung aufgestellt, daß an ein und dieselbe Person nicht für länger als drei Jahre verpachtet werden darf. Diese Bedingung wurde durch die kategorische Bestimmung der Scharia hervorgerufen, der zufolge Boden, der ohne Unterbrechung von einer Person länger als drei Jahre bearbeitet worden ist, in deren Hände übergehen soll". – Für diese Aussage gibt Vjatkin keine Quelle; ganz so „kategorisch" ist diese Regelung wohl nicht. Aber der Zusammenhang mit den zitierten Ausführungen der *Hidāya* ist unübersehbar.

[50] *Hidāya*, S. 498.

[51] Pröbster, *Privateigentum und Kollektivismus*, S. 491.

[52] Vgl. Barnes, *An Introduction to Religious Foundations in the Ottoman Empire*, besonders Kap. III: „On the System of Icâreteyn and Gedik", S. 50ff.

[53] Vgl. Fragner in *CHI* 6, S. 520.

Die überlieferten *iǧāra*-Verträge oder Vorschriften für solche Verträge in Stiftungsurkunden halten sich an die Empfehlung der Rechtshandbücher. In der Regel werden Fristen genannt, von einem Jahr bis zu drei Jahren, in einem Extremfall nur ein halbes Jahr[54]. Manchmal scheint die Vorschrift darauf hinauszulaufen, daß wohl nach Ablauf der Frist ein neuer Vertrag geschlossen werden kann, aber nicht vorher[55]. Das würde bedeuten, daß der alte Pächter sich gegebenenfalls gegen die Konkurrenz anderer Interessenten durchzusetzen hat; die Bedingungen können neu ausgehandelt werden, da ja kein alter Vertrag verlängert, sondern ein neuer geschlossen wird.

Wieweit nicht doch die alten Pächter, jedenfalls in der Bodenpacht, fast automatisch im Vertrag verblieben, läßt sich nicht feststellen. Es wird eine gewisse Fluktuation gegeben haben, so daß die Person des Pächters öfter wechselte als einmal in der Generation. Das ließe sich aus der Analyse der Verträge über Grundstücke bei Ṭawāwīs (s. u. Abschnitt über „Kleine und mittlere Grundbesitzer") entnehmen.

An manchen Stellen scheint es so zu sein, daß *muzāriʿ*, Bodenpächter, zwar eben ein Bodenpächter ist, aber kein unmittelbarer Produzent mehr. In den Urkunden Ḫwāǧa Aḥrārs kommt in dieser Doppelbedeutung auch *mutaṣarrif* vor. Ebenso muß die Wendung *zirāʿat kardan*, eigentlich: Landbau treiben, nicht immer heißen, daß die entsprechende Person selbst hinter dem Pflug geht. Nahe liegt die Vermutung, daß es Bodenpachtverhältnisse in mehreren Stufen gab, in denen „Hauptpächter" und „Unterpächter" mit dem gleichen Wort bezeichnet wurden. *Muzāriʿ* bezieht sich dann auf „jemand, der in einem Bodenpachtverhältnis steht, das Ernteteilung in Naturalien vorsieht". Insofern ist *muzāriʿ* eine juristische Kategorie, der verschiedene wirtschaftliche Verhältnisse entsprechen können[56].

Demgegenüber ist *kāranda* eindeutig; es bezieht sich auf den Arbeitsprozeß, gemeint ist immer der unmittelbare Produzent. Eine Unsicherheit entsteht daher bei *kārandagī*: Ist es die landwirtschaftliche Tätigkeit überhaupt oder diese Tätigkeit im Verhältnis eines Anteilbauern *muzāriʿ*? Von Letzterem hat man in jedem Fall auszugehen, wenn es heißt *dar taṣarruf bar kārandagī*, „zur Verfügung zum Ackerbau, sc. als Anteilbauer". So kann es etwa heißen: „Dies Grundstück befindet sich jetzt in Verfügung derer, die es bearbeiten (und zwar im Verhältnis als Anteil-

---

[54] SEMËNOV, *Očerk*, S. 39.

[55] KHADR, *Deux actes*, S. 327 Z 9.

[56] *Samarkandskie dokumenty*, Urkunde 10 Z 702 ff.

bauern)"[57]. Weitere Belege finden sich in Urkunden vom Beginn des 19. Jahrhunderts; es ist einmal die Rede von *mamlaka*, das sich zur Bearbeitung (sc. im Verhältnis als Anteilbauer) in Verfügung des Soundso befindet[58], und einmal *dar taṣarruf bar kārandagī*[59] über Waqf-Land.

Taṣarruf ist in all diesen Fällen der Ausdruck für die im Prinzip zeitlich limitierte Inhaberschaft.

Die Angabe, *kāranda* sei „ein Anteilbauer, der angeworben wird, um fremdes Land gegen die Hälfte oder einen geringeren Teil der Ernte zu bearbeiten"[60], ist vielleicht zu kategorisch. Gesichert scheint diese Bedeutung für das 19. Jahrhundert[61]. Vorsichtiger meint PETRUŠEVSKIJ, es habe mehrere Typen von Anteilbauern gegeben; ihre Vertragsbedingungen und die *termini technici* dafür seien nicht vollständig überliefert[62].

Dorfgemeinde, Gemeindebauern

Die Frage nach den Überresten der Dorfgemeinde ist in der Literatur bisher nicht systematisch aufgenommen worden. Das gilt für die sowjetische Literatur ebenso wie für die westliche[63]. Da Gemeindebauern aber eine eigene Gruppe der Landbevölkerung bilden und es in den Urkunden Ḫwāǧa Aḥrārs eine Reihe von Hinweisen auf den Fortbestand der

---

[57] *īn maḥdūdāt ḥālā dar taṣarruf-i kārandahā-st*, *Samarkandskie dokumenty*, Urkunde 10 Z 682.

[58] *zamīn-i mamlaka-yi pādišāhī ki bar kārandagī dar taṣarruf-i [fulān] ast*, ČECHOVIČ, *Dokumenty k istorii*, Urkunde 40 Z 19 f.

[59] ARENDS/CHALIDOV/ČECHOVIČ: *Bucharskij* vakf, Einleitung S. 40.

[60] ČECHOVIČ, *Samarkandskie dokumenty*, S. 400 Anm. 192.

[61] Vgl. EGANI, *„Karanda" kak social'naja kategorija.*

[62] PETRUŠEVSKIJ, *Zemledelie*, S. 311. Für diese Vermutung spricht die von LAMBTON festgestellte Buntheit der Modi in der Ernteaufteilung, vgl. *Landlord and Peasant*, v. a. Kap. XVII „The Division of the Crops: Rents" S. 306 ff., in dem eine Vielzahl von Varianten aufgeführt sind, die durch die angebaute Frucht und darüber hinaus regional bedingt sind.

[63] Außer den gleich zitierten Ausführungen von FRAGNER (vgl. Anm. 64) gibt es in dem Buch von LAMBTON eine Reihe von Hinweisen, vgl. Register s. v. „Village (as a corporate unit)". – Aus der sowjetischen Literatur:
- PETRUŠEVSKIJ, *Zemledelie*, S. 276 ff.
- DAVIDOVIČ, *Feodal'nyj zemel'nyj* milk, hat einen Exkurs 1 „*Milk* und Dorfgemeinde", S. 52–56.

  Eher ethnographisch arbeiten
- ABDURAIMOV, *Perežitki*, und
- KISLJAKOV, *Patriarchal'no-feodal'nye otnošenija.*

Dorfgemeinde gibt, sollen sie in diesem Abschnitt etwas ausführlicher behandelt werden.

Die allgemeine Situation erklärt FRAGNER:

> „All peasants [in einem Gemeindedorf] enjoyed equal rights as members of their village community; each of them, within his village, had a right to the use of a portion of land, to his own household, to the use of the communal pasture and the irrigation works of the village. The portion of land was usually calculated on the unit of a *juft* (*juft-i gāv*, ‚a yoke of oxen'); a juft was as much land as could be cultivated with a yoke of oxen, and it was an established principle that every peasant had the right to a juft. In this situation it was generally accepted that all the jufts of a village should be, as far as possible, of equal value with regard to the harvests they would yield. In some cases, in order to achieve this equal sharing among all the villagers, the jufts were reallocated after a period of several years"[64].

Es folgen jetzt einige terminologische Erklärungen: zur Bezeichnung der Dorfgemeinde selbst und ihrer Bewohner, zur Frage des Eigentums am Land der Dorfgemeinde, zur korporativen Verfügung über Land. Es wird auf das Funktionieren der Dorfgemeinde eingegangen und schließlich auf Stellen in den Urkunden, die zeigen, wie weit die Dorfgemeinde zur Zeit Ḫwāǧa Aḥrārs schon zerfallen sein kann.

Der Begriff *qarya*, pers. *dih*, bedeutet (u.a.) eine Siedlung, deren Ländereien territorial nicht endgültig, etwa zu Verkaufszwecken, sondern nur zeitweilig, zur Bearbeitung durch die Bauern und ihre Familien, denen sie zugewiesen werden, geteilt werden können. Sie waren unter Umständen ziemlich groß, urkundlich genannt werden zwei Beispiele, einmal von 1000 und einmal von 1100 *ṭanāb*[65].

Werden solche Siedlungen in Urkunden erwähnt, werden jeweils nicht einzelne Grundstücke verkauft oder sonst aktenkundig gemacht, sondern entweder das ganze Dorf oder territorial nicht abgegrenzte Anteile davon, die demzufolge als Anteile von den Einkünften aus diesem Dorf zu verstehen sind. Diese Anteile an der territorial nicht geteilten *qarya* heißen *sahm-i mušāʿ-i qarya*[66].

Die Dorfgemeinde besitzt aber in der Regel nicht das Eigentumsrecht *milk* an den Ländereien des Dorfes. Bereits für den Iran des 13. und 14. Jahrhunderts stellt PETRUŠEVSKIJ fest, Eigentum der Dorfgemeinde an

---

[64] FRAGNER in *CHI* 6, S. 492.

[65] DAVIDOVIČ, *Feodal'nyj zemel'nyj* milk, S. 52. – Ein *ṭanāb* = 1 *ǧarīb*, entspricht einem Sechstel bis Viertel ha.

[66] Vgl. *Samarkandskie dokumenty*, Urkunde 4. Weitere Belege: *Kazijskie dokumenty*, Urkunde 41 und die gleich zitierte Urkunde in LAMBTON (s. Anm. 68).

ihren Ländereien habe aufgehört. Er bringt ein einziges Beispiel, in dem die Bauern noch darum kämpfen, das Eigentumsrecht an den Ländereien ihres Dorfes zurückzugewinnen[67]. LAMBTON zitiert eine Urkunde, aus der hervorgeht, daß Gemeindebauern in einem Prozeß das gemeinschaftliche Eigentum an 2 *dāng*, einem Drittel des Landes, haben behalten oder wieder erlangen können[68]. Dies muß aber eine Ausnahme gewesen sein.

Einen indirekten Hinweis auf fortbestehendes Eigentum der Gemeindebauern als Gruppe kann man in einer Urkunde Ḫwāǧa Aḥrārs sehen. Es heißt: „Šamsuddīn und Fayḍuddīn und die anderen Ältesten alle schenkten dem erwähnten Herrn [Ḫwāǧa Aḥrār] etwa 60 *mann* Boden, der ihr Besitz *milk* war“[69]. „Besitz“, *milk-i ḫūd*, bezieht sich auf „die Ältesten alle“, eine sonderbare Konstruktion, wenn man bedenkt, daß bei gemeinschaftlichem Eigentum von Individuen (etwa einer Erbengemeinschaft) die individuellen Eigentümer alle aufgezählt werden müssen, was in der Regel auch geschieht; an dieser Stelle scheint die Gruppe der Eigentümer nicht individuell, sondern korporativ bestimmt zu sein. Daher muß es sich wohl um Land handeln, das sich in Eigentum der Dorfgemeinde befand.

In manchen Regionen kann sich Besitz der Dorfgemeinde am Land der *qarya* länger gehalten haben, so in Armenien, wo solche Zustände recht gut belegt sind, unter anderem durch den Verkauf eines Grundstücks von einer Dorfgemeinde an eine andere. Beide werden, wie in der eben zitierten Urkunde, durch ihre Ältesten *kadḫudāyān* vertreten[70].

Aber auch für die jüngste Zeit werden vergleichbare Verhältnisse in eher ethnographischen Arbeiten noch berichtet. So beschreibt ABDURAIMOV die Auflösung der Dorfgemeinde seines Heimatortes Chumsan im Vorgebirge des Tienschan, also einer ziemlich abgelegenen Gegend[71]. Überreste der Dorfgemeinde in den „rückständigen“ Zonen im Osten

---

[67] PETRUŠEVSKIJ, *Zemledelie* S. 276 f. unter Berufung auf *Manāqib-i Šayḫ Ṣafī-yi Ardabīlī*.

[68] LAMBTON, *Landlord and Peasant*, S. 88. – Die Urkunde stammt von 1398. Die entsprechende Stelle lautet: „2 complete *dāng* of the 6 *dāng* of the fields (*arāẓī*) of the hamlets (*mazāri'*) of Alaki, which are held jointy and undivided (*mushā'*), are the right (*ḥaqq*) and property of the peasants (*ra'āyā*) of the township of Old Harzan, with absolute and full rights of possession. This right (*ḥaqq*) belongs to them, and the property (*milk*) belongs to them, and the estate (*'aqār*) belongs to them.“

[69] *Šamsuddīn wa Fayḍuddīn wa ǧamī'-i kadḫudāyān-i dīgar taḫmīnan šaṣt mann zamīn-i milk-i ḫūd-rā [...] niyāz-i ḥaḍrat-i maḏkūr kardand*, *Samarkandskie dokumenty*, Urkunde 11, Z 151 f.

[70] PAPAZJAN, *Kupčie*, Nr. 26 v. 1587; Eigentum der Dorfgemeinde am Land der *qarya* auch in Nr. 13 von 1506, außerdem in PAPAZJAN, *Ukazy* 1, Nr. 16 von 1562.

[71] ABDURAIMOV, *Perežitki*.

des Khanats von Buchara, also Teilen des heutigen Tadžikistan, stellt KISLJAKOV dar[72]; allerdings hat er, im Unterschied zu ABDURAIMOV, von gemeinschaftlichem Besitz an den Ländereien der *qarya* keine Spur mehr gefunden.

Der Unterschied zwischen Gemeindeeigentum als korporativem Eigentum und gemeinschaftlichem Eigentum ist nochmals zu betonen. Das islamische Erbrecht treibt gemeinschaftliches Eigentum geradezu hervor, da die Anteile der Erben festliegen und eine Realteilung oft wirtschaftlich ruinös wäre oder sich von der Natur der Erbmasse her verbietet. Das kommt Tendenzen zum Wirtschaften in der Großfamilie entgegen, die in Mittelasien bis heute lebendig sind. In Tadžikistan wird bis ins 20. Jahrhundert, ja bis heute, die Großfamilie, die die verheirateten Brüder mit einschließt, als Wirtschafts- und Lebenseinheit beobachtet[73]. Es handelt sich aber wegen des persönlichen Eigentums der Teilhaber um etwas grundsätzlich anderes als Gemeindeeigentum; in einer Erbengemeinschaft z. B. können die einzelnen Anteile auch einzeln verkauft werden[74].

Umverteilung des Gemeindelandes unter die einzelnen Familien kam auch in Mittelasien vor[75]. Allerdings sind Umverteilungs-Aktionen für die Zeit Ḫwāǧa Aḥrārs nicht belegt; man sollte aber die grundsätzliche Möglichkeit solcher Vorgänge im Auge behalten; eine Identifizierung des Gemeindebauern erfolgt mit seinem Dorf, nicht mit seiner Scholle, die er ja gar nicht hat[76].

Die Bewohner einer *qarya* werden gelegentlich zwar nicht als Besitzer, aber doch als Inhaber bestimmter Grundstücke genannt. So heißt es in einer Waqfiyya aus der Zeit Timurs: „[...] ein Weinberg, der sich in Verfügung *taṣarruf* der *qarya* Dihqān ʿUṯmān befindet"[77]. Aus solchen Passagen ergibt sich, daß die *qarya* als Korporation bis zu einem gewissen Grad auch rechts- und geschäftsfähig ist, denn Grundstücke können nur in einem klar bestimmten Rechtsvorgang Personen oder Gruppen von Personen in *taṣarruf* übergeben werden.

Weiter werden in der gleichen Waqfiyya Nachbargrundstücke benannt, die sich in Gemeinschafts-Verfügung befinden. Diese Gemeinschaft heißt *qawm*; das ist eine der üblichen Bezeichnungen für die

---

72 KISLJAKOV, *Patriarchal'no-feodal'nye otnošenija*.

73 MONOGAROVA, *Struktura sovremennoj sem'i tadžikov*.

74 Solche Beispiele finden sich in den Urkunden der Scheiche von Ǧūybār.

75 Die Anteile wurden durch das Los bestimmt. Vgl. ČECHOVIČ/VIL'DANOVA: *Ob obščinnom vodo-zemlepol'zovanii*.

76 S. u. S. 147 ff.

77 ČECHOVIČ, *Vakufnyj dokument vremeni Timura*, S. 59 Z 59 f.

Bewohner einer *qarya*[78]. In einer Waqfiyya vom Ende des 18. Jh. liest man von *mamlaka*-Land, das „zur Bearbeitung an eine Gruppe von Leuten zur Verfügung übergeben [= gegen Ernteanteile verpachtet] wurde, die dort wohnen". Wiederum darf man hinter dieser Gruppe eine Dorfgemeinde vermuten[79].

In einem Kaufvertrag Ḫwāǧa Aḥrārs werden eine Reihe von *milk*-Grundstücken vom Verkauf eines Anteils am Dorf (*sahm-i mušāʿ*) an Ḫwāǧa Aḥrār ausgenommen. Diese *milk*-Grundstücke gehören Gemeindebauern. Die Stelle lautet: „Ausgenommen von erwähntem Verkauf sind alle abgeteilten *milk*-Grundstücke, deren Grenzen bekannt sind, und die als Privatbesitz einigen Mitgliedern der Dorfgemeinde gehören. Sie sind einzeln mit Nennung der Grenzen in Qāḍī-Urkunden [als Privatbesitz] bekräftigt, die die Besitzer in Händen halten"[80]. Diese abgeteilten Grundstücke heißen *amlāk-i maqsūma*. Man kann vermuten, daß der Vorgang der Abteilung selbst vor dem Qāḍī vollzogen wurde und daß daraufhin dem neuen Privatbesitzer eine entsprechende Urkunde ausgehändigt wurde, oder daß es sich um Hausgrundstücke handelt, die von alters her Privatbesitz waren. Bezeichnend ist aber, daß auch solcher Privatbesitz dann der Bestätigung durch eine Urkunde bedurfte[81].

In der zuletzt genannten Urkunde werden die Mitglieder der Dorfgemeinde *šurakāʾ-i qarya* genannt. Dies ist aber nicht der einzige Ausdruck, der in dieser Bedeutung belegt ist. Davidovič meint, allgemein sei *raʿāyā* gebraucht worden; neben der allgemeinen Bedeutung „steuerpflichtige Untertanen" hätte dieser Terminus also auch die speziellere „Gemeindebauern". Als solcher würde er neben *qawm*, *ǧamāʿat* und *kārandahā*, vor allem aber parallel zu *qarawīhā* gebraucht. Der Hauptbeleg ist eine Urkunde von 1686, in der ein Qāḍī gemeinsam mit Bewohnern von Dorfgemeinden, *qarawīhā wa umanā wa kārandagān* die Grenzen eines Waqf-Grundstücks feststellt[82]. Zur Annahme von Davidovič passen die von Egani in einem anderen Zusammenhang vorge-

---

[78] *dar taṣarruf-i qawm-i muʿayyan*, Čechovič, *Vakufnyj dokument vremeni Timura*, S. 58 Z 34. – Zu *qawm* in dieser Bedeutung Petruševskij, *Zemledelie*, S. 299.

[79] *zamīn-i mamlaka-yi pādišāhī ki ba-kārandagī dar taṣarruf-i ǧamʿī ast ki dar ānǧā mutawaṭṭan and*, Egani, *„Karanda"*, S. 107 und Petruševskij aaO.

[80] *wa mustaṯnā ast az bayʿ-i maḏkūr tamām-i amlāk-i maqsūma-yi maʿlūma al-ḥudūd-i ḫaṣṣa-yi baʿḍī az šurakāʾ-i qarya ki nām ba-nām maḥdūdan mufaṣṣalan dar maḥḍar-i quḍāt ki dar dast dārand muṯbat ast*, *Samarkandskie dokumenty* Urkunde 4 (von 1469), Z 26 f.

[81] Der *milk*-Status kleiner Besitzungen war ständig gefährdet, Fragner in *CHI* 6, S. 517.

[82] Davidovič, *Feodal'nyj zemel'nyj* milk, S. 54. – Die Urkunde in Čechovič, *Dokumenty k istorii*, Urkunde 13 Z 1.

stellten Passagen aus einer Bucharer Waqfiyya von 1546, also zeitlich näher an der untersuchten Periode. Es wird einmal vom „Land des Weilers Warkandīza, das sich in den Händen seiner Bewohner *ra'āyā* befindet" und an anderer Stelle von den „Länderein der *ra'āyā*, die *mamlaka* sind" gesprochen[83].

Aufgrund des häufigen Vorkommens und der breiten Verwendung von *ra'āyā* ist vielleicht doch Zweifel angebracht, ob es sich um eine durchgängig benutzte Terminologie handelt. PETRUŠEVSKIJ erwähnt keine technische Bedeutung von *ra'āyā*; er nennt vor allem *qawm* und *ǧamā'at* als Bezeichnungen für die Dorfgemeinde und ihre Mitglieder.

DAVIDOVIČ nennt keine Funktion, die die Dorfgemeinde gehabt haben könnte. Aus dem angeführten Material geht aber recht deutlich hervor, daß sie zumindest eine gehabt haben muß: nämlich den Abschluß von Pachtverträgen mit dem Besitzer. Außerdem wird sie, und zwar als Korporation, für die Erfüllung der so eingegangenen Verpflichtungen verantwortlich gewesen sein, nämlich die Ablieferung der ausgemachten Ernteanteile bzw. Geldbeträge. Es leuchtet ein, daß eine solche Gemeinschaft den einzelnen Familien einen gewissen Schutz bot, nämlich insofern, als die Gemeinde als Ganze für die Pacht haftete, so daß die einzelne Familie über Notlagen besser hinwegkam. Auch konnte durch Umverteilung des Gemeindelandes, wo sie üblich war, ein Ausgleich zwischen den Familien vorgenommen werden. Aufgrund solcher Überlegungen wird davon ausgegangen, die Lage der Gemeindebauern sei durchweg besser gewesen als die von Einzelbauern[84]. Weiter käme als Funktion der Dorfgemeinde die Organisation und Durchführung aller Arbeiten in Frage, die über Kraft und Verantwortung des einzelnen Gehöfts hinausgehen, vor allem in Bezug auf Brückenbau, Wege, Lagerhaltung, Bewässerung usw., alle öffentlichen Arbeiten, auch Bau und Instandhaltung der Moschee, soweit vorhanden.

Am wichtigsten aber wird eine wasserrechtliche Bedeutung der Dorfgemeinde gewesen sein. Das betrifft die Aufteilung der Wassermengen innerhalb des Dorfes und die Vertretung der Interessen des Dorfes nach außen, also vor allem im Streit mit anderen Dörfern. Diese wasserrechtliche Funktion der Dorfgemeinde läßt sich recht gut belegen, zunächst in einer Urkunde von 1556, einer Urkunde, mit der „steuerfreies Privateigentum" *milk-i ḫāliṣ* geschaffen wird[85]. Dabei wird die Teilung des

---

[83] EGANI, O *dvuch značenijach termina* raijati.

[84] Explizit bei DAVIDOVIČ, *Materialy dlja charakteristiki*, S. 38.

[85] ČECHOVIČ, *Bucharskie pozemel'nye akty*, Faksimile und Übersetzung. Zum Vorgang s. o. S. 114.

(bisher territorial nicht geteilten und nicht teilbaren) *qarya*-Landes vorgenommen. Neben dem Boden werden auch die Wasserrechte geteilt; dazu werden die Bewohner der Gemeinde gehört. Es heißt: „Die alteingesessenen Mitglieder der Dorfgemeinde sowie der übrigen Dorfgemeinden der Gegend teilten Folgendes mit" – es folgt eine sehr detaillierte Aufzählung der wasserrechtlichen Ansprüche der *qarya* sowie eine Regelung für die neu gebildeten Teile[86]. Das heißt: die Gemarkung des fraglichen Ortes war bisher nicht in Einzelgrundstücke geteilt, da man sonst auch deren Wasserrechte gewußt hätte. Verantwortlich für die Zuteilung des Wassers sind bis dahin die Dorfgemeinden selbst gewesen, sonst müßte man sie nicht fragen. Sie sind es auch, die durch ihre genauen Auskünfte die neue Regelung bestimmen.

Auf eine wasserrechtliche Bedeutung der *qarya* weist auch der bereits erwähnte Kaufvertrag Ḫwāǧa Aḥrārs hin. Auch dort werden die Wasserrechte des Dorfs beschrieben: „Erstens zwei Drittel des Wassers aus einem [unterirdischen] Kanal, dessen letztes Drittel die Wasserversorgung der Dorfgemeinde von Rabāṭ-i Hinduwān darstellt"[87]. – Hat, wie in diesem Fall, ein Kanal überörtliche Bedeutung, so sind die Anteile zwischen den Dörfern festgelegt. Diese Anteile und die Verteilung innerhalb des Dorfes regeln die Gemeinden selbst.

Ein weiteres Beispiel, das die Verteilung von Wasser zwischen den Dörfern durch diese selbst belegt, bietet die von Azimdžanova übersetzte Urkunde von 1579/80. In ihr geht es um die Verfügung über Wasser aus mehreren Quellen und Wasserläufen im *tūmān* Šāwdār, SO von Samarkand. Die Wasserrechte werden zwischen mehreren Dörfern aufgeteilt, die wohl darum im Streit gelegen hatten. Leider gibt Azimdžanova keine Beschreibung eventuell vorhandener Siegel o. ä., so daß man nicht sagen kann, ob dieser Streit vor einem Qāḍī geschlichtet wurde. – Den größten Teil der Urkunde machen die Namen derjenigen aus, die, wohl stellvertretend für ihre Dörfer, die Regelung anerkennen. Der Text endet: „So haben wir also das Wasser aufgeteilt und untereinander fest vereinbart, daß die oben erwähnten Bewohner die obige Entscheidung angenommen haben und untereinander einverstanden sind mit dieser Aufteilung [der Wasserrechte], und beide Seiten tragen die Verantwortung füreinander. Und eine mündliche Absprache hat Rechts- und Urkundskraft, wenn es

[86] *ra'āyā-yi qadīmī-yi īn qarya wa qurā-yi nawāḥī ān aḫbār kardand*, Čechovič, *Bucharskie pozemel'nye akty*, Faksimile gegenüber von S. 230, Z 10 auf dieser Abb., Z 46 der gesamten Urkunde.

[87] *al-awwal ṯulṯān-i ǧū-yi kārīz ki yak ṯulṯ mašrab-i šurakā'-i qarya-yi Rabāṭ-i Hinduwān ast*, *Samarkandskie dokumenty*, Urkunde 4 Z 24.

notwendig ist. Die beteiligten Seiten versichern und bestätigen dies gegenseitig [...]. Geschrieben im Jahr 989"[88].

Eine politische Struktur müssen solche Dorfgemeinden nicht explizit gehabt haben. Es wird so gewesen sein, daß eine Gruppe von älteren und alten Männern das Sagen hat. Diese Ältesten heißen *kadḫudāyān*, das türkische *aqsaqal* ist erst für spätere Zeit belegt[89].

Zusammenfassend zur Frage der Dorfgemeinde läßt sich festhalten: Es gibt in der untersuchten Periode und weit darüber hinaus Reste, wahrscheinlich mehr als Reste einer Dorfgemeinde, die sich gelegentlich bis in die Urkunden hinein feststellen lassen. Sie schlagen sich nieder in einer Zurückhaltung, die *qarya* bzw. ihre Gemarkung territorial zu teilen. Obwohl die Dorfgemeinden bis auf wenige Ausnahmen kein Besitzrecht an den Ländereien mehr haben, Besitzer sind vielmehr der „Staat", *awqāf* oder Private, sind sie doch nicht rechtlos. Sie können Verträge schließen bzw. Absprachen treffen, nach denen sie die Felder bewirtschaften. Sie haben solche Verträge manchmal auch für Flächen außerhalb der *qarya* selbst. Innerhalb des Dorfes klären sie die Wasserrechte und werden bei Aufteilung des Landes diesbezüglich gehört. Streitigkeiten wegen des Wassers, z. B. mit anderen Dörfern, entscheiden sie relativ selbständig, jedenfalls ohne Dazwischenkunft eines Grundherrn. Sie vertreten sich durch ihre Ältesten dem Grundherrn gegenüber, bei Streitigkeiten mit anderen Dörfern, auch mit anderen Instanzen. Die Ältesten, *kadḫudāyān*, treten auch bei Übergang des Bodens in Besitz eines anderen Herrn, ob durch Verkauf oder als Geschenk, als Sprecher der *qarya* auf.

Alles in allem kommt den Dorfgemeinden im ländlichen Raum Mittelasiens in der fraglichen Periode ein erhebliches Gewicht zu.

Dennoch darf das Bild nicht täuschen. Die Dorfgemeinde ist auch im 15. Jahrhundert bereits im Zerfall begriffen. Ein Anzeichen dafür ist, daß sie das Besitzrecht an den bewirtschafteten Flächen bereits so gut wie vollständig verloren hat; die wenigen Beispiele bezogen sich auf „Rückzugsgefechte". Auch die territoriale Aufteilung, wie sie im Urkun-

---

[88] Azimdžanova, *Ob odnom dokumente*, S. 26.

[89] Egani/Čechovič, *Regesty* II, Urkunde 71; dort werden *aqsaqallar* in einer Reihe mit *kadḫudāyān* über die Ernennung eines Steuereinnehmers informiert; außerdem Urkunde 78 (von 1766) und Urkunden 99 und 100 (vom Ende des 18. Jh.). Sie werden jeweils vom beurkundeten Vorgang (Steuerbefreiung, Ernennung einer *mutawallī*-Gruppe) in Kenntnis gesetzt.

den-Typ zur Schaffung von „steuerfreiem Privateigentum" begegnet, wird in dieser Zeit möglich[90].

Einen Zustand, in dem die Dorfgemeinde bereits völlig auseinandergefallen ist und höchstens noch eine Erinnerung daran besteht, vermute ich in der Gegend von Ṭawāwīs, *wilāyat* Buchara[91]. Dort besaß Ḫwāǧa Aḥrār große zusammenhängende Ländereien. Es gibt keine territorial unaufgeteilte Gemarkung mehr, sondern eine Vielzahl kleiner und mittlerer Besitzer. Das Hauptargument, hier dennoch einen Rest von Dorfgemeinde zu vermuten, ist der – erklärungsbedürftige – Umstand, daß alle diese Einzelbesitzer gemeinsam und offenbar gleichzeitig ihre *milk*-Grundstücke an Ḫwāǧa Aḥrār verkaufen. Vielleicht hatten sie aus der Tradition der Dorfgemeinde heraus das Gefühl, einen so wichtigen Schritt wie den Anschluß an den Samarkander Scheich nur gemeinsam unternehmen zu sollen.

Die genaue Analyse der entsprechenden Passagen in der Waqfiyya Ḫwāǧa Aḥrārs von 1489, (*Samarkandskie dokumenty*, Urkunde 10) folgt im nächsten Abschnitt.

---

90 S. o. S. 114. – Das früheste bekannte Beispiel für diesen Vorgang findet sich in ROEMER, Staatsschreiben, S. 165 und Urkunde 12. Vgl. ČECHOVIČ, *V. V. Bartol'd i puti*, S. 153. – Es geht um ein Geschäft des Bruder von ʿAlīšīr Nawāʾī, Darwīš ʿAlī.

91 *Samarkandskie dokumenty*, Urkunde 10, Z 231–728. – Ṭawāwīs im *tūmān* Kām-i Abī Muslim lag (und liegt, ein Qıšlaq „Tawais" ist vorhanden) zwischen den heutigen Orten Vaganzi und Kyzyltepe, ca. 50 (Straßen-)km NO von Buchara, vgl. *Samarkandskie dokumenty*, S. 398 ff., Anm. 184 und 185; Karte „Bucharskaja i Navoiskaja oblasti". – Im *Kitāb al-baladayn* des Abū'l-Fidā Ismāʿīl, Ayyubiden-Herrscher von Ḥamā (st. 1331), wird es unter Berufung auf Ibn Ḥawqal als *madīna* bezeichnet, jetzt aber sei es zerstört; HS Ahlwardt 6107, S. 14. – Auch Iṣṭaḫrī, *Tarǧuma-yi masālik wa mamālik*, beschreibt Ṭawāwīs als eine bedeutende Siedlung innerhalb der Großen Mauer von Buchara, mit Quhandiz, Šaristān und Freitagsmoschee, vgl. *Kitāb-i Mullā-zāda*, Vorwort S. 14. – Seit der Mongolenzeit bis zur Abfassung der Urkunden Ḫwāǧa Aḥrārs scheint sich der Ort ganz gut erholt zu haben. Es wird auch wieder eine Festung erwähnt, Urkunde 10 Z 572. – Der Ort, vielleicht die ganze Gegend, gehört möglicherweise zu den ältesten Einflußzonen der Ḫwāǧagān. Bei der Bestimmung von Amīr Ḥamza als Nachfolger des Amīr Kulāl kommen als Zeichen, daß die *arwāḥ* der verstorbenen Meister mit dieser Ernennung einverstanden sind, 4 Männer mit je einem Hammel an den Versammlungsplatz, einer dieser Hammeltreiber kommt aus Ṭawāwīs (das daher einer der Hauptorte der Gruppe gewesen sein wird), *Maqāmāt-i Amīr Kulāl*, S. 41. – In *Rašaḥāt* wird erzählt, wie Bahāʾuddīn einmal mit seinen Gefährten über Land von Ġiǧduwān aus dorthin ging (von Ġiǧduwān bis Kyzyltepe sind es 12 km). Man wird dort von einem Muḥammad-i Darzī-yi Ṭawāwīsī („Schneider" = *darzī*) aufgenommen und bewirtet, *Rašaḥāt* S. 280 (*rašaḥa* 69). – Dies alles und auch die örtliche Nähe zu Ġiǧduwān lassen an eine alte und solide Verankerung der Ḫwāǧagān in der Gegend denken.

Kleiner und mittlerer Grundbesitz

Bereits die Frage, ob es in Mittelasien (und Iran) im 15. Jahrhundert (noch) kleinen und mittleren Grundbesitz gegeben hat, ist umstritten. Allgemein wird vertreten, dieser sei bereits, wenn überhaupt noch vorhanden, bis auf einen kleinen Rest geschmolzen. FRAGNER meint, bezogen auf Iran: „It is therefore hardly possible to prove the existence of small amlak in the Timurid period or later“[92].

Auch bezogen auf die Urkunden Ḫwāǧa Aḥrārs wird ein solcher Standpunkt vertreten. ROGERS: „There is no evidence that ordinary craftsmen had land-holdings, eigher large or small“, und plädiert für Großgrundbesitz[93]. Das entgegengesetzte Extrem vertritt VJATKIN: „Das Grundeigentum war außerordentlich klein. So erwarb Ḫwāǧa Aḥrār in der Nähe des heutigen Kattakurgan zahlreiche Grundstücke von verschiedenen Eigentümern, deren Größe von Bruchteilen eines *ṭanāb* bis zu 4–5 *ṭanāb* reichte“[94]. Es bleibt eine gewisse Unsicherheit, weil VJATKIN keine Quelle gibt; die Grundstücke, auf die die Flächenangaben in etwa zutreffen, liegen nicht in der Nähe von Kattakurgan, sondern weiter westlich, bereits in der *wilāyat* Buchara. Es handelt sich um die Flächen in der Ortschaft und Gemarkung Ṭawāwīs, die auch ROGERS zugrundelegt. Allerdings sind die Grundstücke durchschnittlich doch größer, als bei VJATKIN angegeben, Grundstücke um 20 *ṭanāb*, auch größere, sind keine Seltenheit.

Vor der Analyse des Textabschnitts aus der Waqfiyya von 1489 seien noch einige Bemerkungen zu seinem Aufbau gestattet[95].

Es werden ungefähr 250 Grundstücke als Waqf gestiftet. Diese sind von 184 namentlich genannten Personen erworben worden. Neben diesen Vorbesitzern wird für die große Mehrheit der Objekte auch aufgeführt, wer sie zur Verfügung *taṣarruf* hat. Die Liste der *mutaṣarrifīn* umfaßt ca. 150 Namen. Darüber hinaus werden, wie bei solchen Urkunden üblich, auch die Nachbarn aufgezählt; es kommen dadurch noch einmal

[92] FRAGNER in *CHI* 6, S. 518.

[93] ROGERS, *Waqfiyyas and Waqf-Registers*, S. 191.

[94] VJATKIN, *Vakufnyj dokument*, S. 133 f.

[95] *Samarkandskie dokumenty*, Urkunde 10, Z 231–728. Erste Bezugnahmen auf diese Passagen in der Einleitung von ČECHOVIČ, S. 25 f., ROGERS, *Waqfiyyas and Waqf-Registers*, S. 191. – Der Aufsatz von ROGERS enthält u. a. einen Bericht über Urkunden-Veröffentlichungen von ČECHOVIČ, die, so ROGERS, allzu lange unbeachtet geblieben seien. Dem kann man nur voll zustimmen. Umso ärgerlicher sind ROGERS' eigene Ungenauigkeiten. Das fängt damit an, daß ČECHOVIČ Ol'ga Dmitrievna hieß und daher nicht mit „he“ anzusprechen ist.

ca. 150 Namen hinzu. Überschneidungen zwischen den einzelnen Gruppen sind häufig, schließlich handelt es sich um mehr oder weniger zusammenhängende Grundstücke. Die Urkunde bietet in diesem Abschnitt ein *corpus* von über 400 Namen.

Bei der Abfassung der Waqfiyya hatte der Schreiber zumindest in einer großen Zahl der Fälle die Kaufbelege vor sich. An einigen Stellen fällt er, als *lapsus calami*, in die erste Person Singular. Das meint dann den Verkäufer.

Die Einträge sind nach Verkäufern geordnet. Es ist äußerst selten, daß eine Person zweimal als Verkäufer genannt wird. Viele Grundstücke fallen an mehrere *mutaṣarrifīn*; aber deswegen muß man nicht annehmen, daß sie auch im Gelände geteilt werden. Vielmehr kann es sein, daß sie real schon vor dem Verkauf geteilt waren, so daß mehrere Grundstücke als ein Besitz unter dem Namen eines Verkäufers aufgeführt werden. Es muß in solchen Fällen also keine Verkleinerung der Wirtschaftseinheiten vorliegen.

Preise sind nur für die letzten vier Grundstücke benannt. Der Text weicht bei diesen Objekten auch sonst stilistisch und in den Angaben ab. Es werden fast keine *mutaṣarrifīn* mehr genannt, die Titulatur scheint üppiger. Wahrscheinlich hat ein anderer Schreiber die Kaufverträge redigiert, die dem Schreiber der Waqfiyya vorlagen; vielleicht sind sie etwas später erworben worden.

Die Waqfiyya selbst ist datiert Rabīʿ II 894 (entspricht März 1489). Für die Kaufverträge läßt sich ein Zeitraum aus folgenden Überlegungen ermitteln: Es treten eine Reihe von Personen auf, die *mutaṣarrifīn* der gleichen Grundstücke sind, die sie auch verkauft haben; andererseits sind in nicht weniger vielen Fällen auch die Erben *mutaṣarrifīn*. Vielleicht ist ein Zeitraum von 10–20 Jahren vor Abfassung der Waqfiyya die beste Annahme für die Datierung der Kaufverträge.

Das Vorhandensein einer so detailliert abgefaßten Waqfiyya darf als ein Glücksfall betrachtet werden. In keiner anderen der in dieser Arbeit herangezogenen Urkunden werden Aufschlüsse über die Besitzstruktur einer Region so genau möglich wie in dieser. Bei dem Versuch, diese Möglichkeit wahrzunehmen, darf allerdings nicht vergessen werden, daß die Besitzstruktur in einer anderen Gegend völlig anders gewesen sein kann[96].

---

[96] Auf überwiegenden Großgrundbesitz etwa lassen die Nachbarschaftsangaben in *Samarkandskie dokumenty* Urkunde 17 schließen. Bei der Aufzählung der waqfierten Grundstücke in der Gegend von Kamāngarān, *wilāyat* Samarkand, wiederholen sich Z 166–210 für 25 Grundstücke zwei bis drei Nachbarn.

Vorbesitzer und *mutaṣarrifīn*

Für reichlich 50 Vorbesitzer läßt sich nachweisen, daß der gesamte oder ein Teil des verkauften Bodens sich in Verfügung entweder der Verkäufer selbst oder ihrer Erben befindet. So hat etwa ein Muḥammad Ḍiyā'uddīn seinen Anteil an einem Grundstück verkauft und findet sich als *mutaṣarrif* des gleichen Grundstücks wieder (Z 495 ff.). Im übrigen kommt er nicht vor, weder als Vorbesitzer noch als Nachbar noch als *mutaṣarrif*. Er scheint also alles verkauft zu haben, was er hatte.

Komplizierter ist der Fall etwa eines Muḥammad Ġarīb, auch als Ġarīb Muḥammad bekannt. Er verkauft ein Grundstück, dessen *mutaṣarrif* er wird (Z 381 ff., die Verfügung *taṣarruf* teilt er hier mit einem Ḫwāǧa Muḥammad Laṭīf). Außerdem verfügt er über ein Grundstück, das sein Schwiegervater Muḥammad Ǧubba verkauft hat (Z 637 f.), aber auch noch über andere Objekte, vier an der Zahl, zu deren Vorbesitzern keine, insbesondere keine erbrechtliche Beziehung nachweisbar ist. Besagter Schwiegervater scheint aber außer dem verkauften Teil noch anderen Besitz sein eigen genannt zu haben, wird er doch fünfmal als Nachbar genannt, überdies noch ein weiteres Mal als *mutaṣarrif* von *mamlaka*, „Kronland". Er gehört also zu denjenigen, von denen angenommen werden darf, daß sie erstens nicht all ihren Grundbesitz an Ḫwāǧa Aḥrār verkauften, zweitens nicht all ihr gepachtetes Land von Ḫwāǧa Aḥrār pachteten, also insgesamt eine relativ unabhängige Stellung Ḫwāǧa Aḥrār gegenüber bewahrten.

Die Beispiele für beide Fälle ließen sich vermehren. Sie zeigen, daß wir es tendenziell mit zwei Gruppen sowohl von Vorbesitzern als auch von Pächtern zu tun haben. Die erste Gruppe sind diejenigen, die, in Besitz oder nicht, nur über kleine Flächen verfügen. Sie sind, wenn sie Pächter Ḫwāǧa Aḥrārs werden, in entsprechend großer Abhängigkeit von ihm. In ihnen wird man unmittelbare Produzenten vor sich haben; ganz deutlich ist das in dem einen Fall, wo als *mutaṣarrifīn* unmittelbar die *kārandahā* angegeben werden (Z 682). – Die andere Gruppe sind diejenigen, bei denen aufgrund der Größe der Fläche angenommen werden kann, daß sie vielleicht keine unmittelbaren Produzenten sind. Ein Indiz dafür können auch Name und Titel sein. Jemand wie Ḫwāǧa Mawlānā b. ʿUṯmān Muftī, der sich beim Verkauf durch seinen Bruder Ṣadruddīn b. ʿUṯmān Muftī vertreten läßt (Z 619), ist gewiß kein Ackermann. Dieser Herr tritt übrigens weniger als Vorbesitzer denn als *mutaṣarrif* in Erscheinung; dennoch hat er kaum mehr als 20 ha zur Verfügung[97]. Damit gehört er bereits zu den größten *mutaṣarrifīn*.

Die Grenze zwischen den beiden Gruppen ist gewiß fließend. Dafür sollte man sich in Erinnerung rufen, daß für diese Zeit mit dem schwankenden Flächenmaß *ǧuft-i gāw* gerechnet wird[98]. ČECHOVIČ gibt bei aller Vorsicht, die hier angezeigt ist, als unteren Richtwert ca. 8 *ṭanāb* entsprechend etwa 2 ha[99]. Aber auch bei Flächen, die etwa um das Doppelte bis Dreifache größer sind, muß man nicht gleich denken, daß der Besitzer oder *mutaṣarrif* kein unmittelbarer Produzent mehr ist, da im Rahmen und mit den Kräften einer Großfamilie, möglicherweise zuzüglich eines oder mehrerer Sklaven, auch dies noch bewältigt werden könnte. Es gäbe dann eine Schicht mittlerer Bauern, die zwar noch selbst auf dem Feld arbeiten, aber bereits die Arbeitskraft von abhängigen Personen einsetzen.

Allerdings liegen, wie angedeutet, einige *mutaṣarrifīn* auch hierüber noch deutlich. Wie diese dann ihre Grundstücke bearbeitet haben oder haben bearbeiten lassen, geht aus der Urkunde nicht hervor.

Außer mit Sklavenarbeit ist in solchen Fällen mit Unterverpachtung zu rechnen. Der *mutaṣarrif* oder *muzāriʿ* wäre für die unterverpachteten Flächen kein *kāranda*, sondern hätte eben Pachtverträge mit weiteren *muzāriʿān* bzw. *kārandahā* geschlossen. *Mustaʾǧir* im Sinn von Rentpächter ist ganz sicher niemand.

Bereits die kleinräumige Verteilung sowohl des Besitzes als auch der Flächen in *taṣarruf* ist als starkes Argument für die Existenz von kleinem und mittlerem Grundbesitz zu werten, wohlgemerkt in dieser Region. „Kleiner Grundbesitz" wäre solcher, wo der Inhaber selbst unmittelbarer Produzent ist, „mittlerer Grundbesitz" definiert durch den Übergang zwischen unmittelbaren Produzenten und Grundherrn[100].

---

[97] Die Umrechnung von *ṭanāb* und *ǧarīb* in ha vgl. ČECHOVIČ, *Samarkandskie dokumenty*, S. 24. – Die Bestimmung, wieviel Fläche jeder *mutaṣarrif* bewirtschaftet, wird dadurch erschwert, daß bei geteilten Grundstücken (ein Grundstück von einem Verkäufer an mehrere *mutaṣarrifīn*) die Flächen der Teilgrundstücke nicht angegeben werden.

[98] S. o. S. 129. – Vgl. zum Folgenden auch LAMBTON, *Landlord and Peasant*: „The lot is usually run as a family concern by the peasant and his sons or other members of his family. One man alone cannot run one plough-land, and extra labour is essential [...]. Such labourers often form part of the household [368] of the holder of the plough-land and are clothed and fed by the latter" (367 f.). Das Problem der Arbeitskraft wird in Transoxanien, mehrere Jahrhunderte früher als LAMBTONS Beobachtung, vermutlich durch die Großfamilie und durch Sklaven gelöst.

[99] S. o. Anm. 97.

[100] AUBIN unterscheidet nach hagiographischen Quellen 3 Gruppen von Bauern. Die reichen und mittleren haben eigenen Grundbesitz, die armen nur einen Garten. AUBIN, *Un santon quhistani*, S. 118.

Soziale Schichtung

Es folgt eine Übersicht über die soziale Zuordnung derjenigen Personen, die jeweils nur in einer Kategorie vorkommen, also entweder als Vorbesitzer oder als Nachbarn oder als *mutaṣarrifīn*. Diese Einschränkung wähle ich, weil so die Unterschiede stärker hervortreten, als wenn man diejenigen mitzählt, die mehrfach in Erscheinung treten.

Kategorie	Nachbar	Vorbesitzer	*mutaṣarrif*
Handwerker	18 (+ 3)	11	16
Mawlānā	25	23 (+ 1)	17
Sayyid	6	5	4
Ḫwāǧa	4	10	7
„Sufisches"	2	1	8
„Šayḫ" + Name	2	–	1
Amīr	14	4	2
„ohne alles"	21	20	18
Gesamt	88	68	69

Differenzen zwischen der Summe der Einzelnennungen und der Gesamtzahl der Personen (Zeile „Gesamt") ergeben sich aus Namen wie „Mawlānā Ḥusayn b. Sayyid Ṣabbāġ" („der Färber"), der dreimal eingetragen wurde. Die Gesamtzahl solcher Mehrfacheinträge ist aber gering.

Es folgen Erläuterungen zu den einzelnen Kategorien.

Handwerker. In jeder Spalte kommt eine verhältnismäßig große Gruppe von Personen vor, in deren Namen eine Handwerksbezeichnung enthalten ist. Besonders häufig sind *Naǧǧār* und *Durūdgar* „Zimmermann", *Ḥaddād* und *Āhangar* „Schmied", *Kulāl* weniger häufig als *Kāsagar*, beides „Töpfer", auch *Kāsafurūš* „Geschirrverkäufer" kommt vor. Sehr oft genannt wird auch *Bāfanda* „Weber" und *Rauġangar* „Ölmüller". Daneben erscheinen *Zargar* „Goldschmied", *Baqqāl* „Krämer", *Āsyābān* „Müller", *Rang-rīz* „Anstreicher, Maler", *Ḫarrāṭ* „Dreher, Drechsler" und *Nānwāy* „Bäcker". Nur vereinzelt gibt es *Mīḫčagar* „Nagelschmied", *Qaṣṣāb* „Fleischer", *Fūtabāf* „Weber von *fūta* (einem Baumwollstoff)", *Kašfdūz* „Schuhmacher" und *Gilkār* „Maurer, Baumeister". Die Bezeichnungen sind sowohl persisch als auch arabisch; manchmal weiß man aus diesem Grund nicht, ob man zwei Nennungen identifizieren soll, z. B. Naǧmuddīn-i Naǧǧār und Naǧmuddīn-i Durūdgar.

Die Hauptfrage ist aber natürlich, ob die so bezeichneten Personen das Handwerk, das sie im Namen führen, auch tatsächlich ausgeübt haben. ROGERS bestreitet das: „The craftnames [folgen drei Beispiele] are either patronymics or else relate to these Mawlānā's functions, evidently as šaiḫs of guilds“[101]. Für manche Personen mag es zutreffen, daß sie die Berufsbezeichnung in ihrem Namen vom Vater ererbt haben, ohne doch den Beruf weiter auszuüben. Falsch ist, daß alle diese oder auch nur viele Personen gleichzeitig den Titel *Mawlānā* tragen und einen Handwerker-Namen haben. Ist dies der Fall, so auch manchmal nicht durchgängig. So erscheint ein Muḥammad-i Naǧǧār bald so, ohne jeden Titel, bald als „Šayḫ M. N.“, auch „Mawlānā M. N.“ ist belegt. Die überwältigende Mehrheit der Personen mit Handwerksbezeichnungen im Namen führt aber weder *Ḫwāǧa* noch *Mawlānā* als Titel. Dafür tritt *Šayḫ* in Verbindung mit solchen Personen oft auf. Hier einen „šaiḫ of guilds“ zu sehen, geht wahrscheinlich zu weit, da man überhaupt nicht weiß, ob es in dieser Zeit im Raum Buchara, noch dazu in einer Kleinstadt wie Ṭawāwīs, so etwas wie „guilds“ gegeben hat[102]. Selbst wenn dem so ist und jedenfalls einige dieser Männer tatsächlich Vorsteher einer Handwerkergruppe gewesen sind, so wird doch der Šayḫ einer solchen Berufsgruppe den entsprechenden Beruf auch praktizieren. Ist er allein deswegen, weil er einer kleinstädtischen Handwerkergruppe vorsteht, kein „ordinary craftsman“ mehr?

In einem Fall liefert die Urkunde einen direkten Hinweis darauf, daß ein solcher Mann das Handwerk, nach dem er heißt, auch praktizierte. Z 479 wird – als Nachbargrundstück – die Ölmühle *ḫarāsḫāna* des Šayḫ Aḥmad-i Rauġangar erwähnt. Dieser kommt außerdem als Vorbesitzer eines an Ḫwāǧa Aḥrār verkauften Grundstücks vor (Z 472 ff.), das nun in *taṣarruf* an einen Ḫwāǧa Šayḫ-i Rauġangar übergegangen ist. Ob das besagter Aḥmad ist, läßt sich nicht ermitteln. Dieser Aḥmad jedenfalls verfügt noch über weitere 6 Grundstücke. Er hat außerdem noch einen Garten (Z 292), den er offenbar nicht verkauft hat, ebenso wenig wie seine Ölmühle. Seine Lage ist also ähnlich wie die des oben erwähnten Muḥammad Ǧubba: ein von Ḫwāǧa Aḥrār verhältnismäßig unabhängiger Mann, der dennoch an den Ḫwāǧa verkauft und Grundstücke von ihm in Pacht genommen hat, daneben aber auch über eigenen Grundbesitz verfügt. Es gibt also reichlich „evidence“ dafür, daß er ein

---

[101] ROGERS, *Waqfiyyas and Waqf-Registers*, S. 191; vgl. Anm. 103.

[102] Derlei gab es wahrscheinlich in Samarkand, s. o. S. 49. Allgemein sind Handwerker-Vereinigungen viel eher aus großen als aus kleinen und mittleren Städten belegt, vgl. FLOOR, *The guilds in Iran*.

Handwerker war, Landbesitz hatte und diesen – teilweise – an Ḫwāǧa Aḥrār verkaufte[103].

Dies ist nur ein Einzelfall, in dem nachgewiesen werden kann, daß ein Handwerker, der sein Handwerk auch ausübt, gleichzeitig Land besitzt. Als indirekten Hinweis hat man wohl die große Menge der Personen in dieser Kategorie zu werten, verbunden mit dem gelegentlich sehr kleinen Umfang ihrer Grundstücke. Sollen das alles „higher ʿulamā" gewesen sein, die nur noch wie Handwerker hießen?

Bemerkenswert ist außerdem, daß auch in der Gruppe der Nachbarn, die nicht als Verkäufer von Grundstücken an Ḫwāǧa Aḥrār oder als *mutaṣarrifīn* seiner in der Gegend erworbenen Grundstücke auftreten, der Anteil der Personen mit Handwerksbezeichnungen im Namen nicht wesentlich kleiner ist als in den beiden anderen Spalten. Wenn man einmal annehmen darf, daß solche Menschen eher als kleine und mittlere Eigentümer in Frage kommen, so bedeutet das, daß in dieser Hinsicht der Besitz nicht wesentlich anders gestreut war, ob man sich nun zum Verkauf an Ḫwāǧa Aḥrār entschloß oder nicht.

Die (+ 3) in der Spalte „Nachbarn" sind ʿAlī b. Ḥusayn-i Kadīwar, Muḥammad b. ʿAlī-yi Kadīwar und Muḥammad-i Pāykār. Der Ausdruck *kadīwar* ist in seiner Bedeutung nicht restlos geklärt. Es scheint sich um einen altiranischen Begriff für abhängige Bauern zu handeln. – *Pāykār* ist im 19. Jahrhundert eine Art Dorfbote; was so jemand im 15. Jahrhundert getan hat, weiß man nicht. Diese drei sind wegen ihres eher bescheidenen sozialen Status in diese Kategorie gesetzt worden; eine Alternative wäre gewesen, sie unter die „Namenlosen", Kategorie „ohne alles" zu rechnen[104].

---

[103] ROGERS, *Waqfiyyas and Waqf-Registers*, S. 191: „The land otherwise [neben einigen *awqāf*] was in the hand of emirs, but chiefly of the higher *'ulamā'*, Šaiḫs and sayyids. A typical case (230/709) is the sixty *jarībs* of land bought in two lots from Mawlānā-yi Šaiḫ-i Muḥtasib ibn Ustāḏ ʿAlī Naǧǧār, adjoining the lands of Mawlānā ʿUṯmān ibn Mawlānā-yi Šaiḫ Yūsuf Tawāwīsī, a considerable landowner mentioned elsewhere as *muftī* of Ṭawāwīs, near Buḫārā; Mawlānā ʿAlī Dārūġa (a rank equivalent to muḥtasib)-yi Ṭawāwīsī; an emir, Hindū; Hwāǧa Kalān ibn Ḫwāǧa Saif; and Maḥmūd ibn Šaiḫ ʿUmar. The *muḥtasib*'s parentage is irrelevant, since the *'ulamā'* was a career open to the talents. *Mawlānā*/roughly, Monsignor, was a title accorded to Šaiḫs and the higher *'ulamā'*. The craftnames – Ḥaddād, Ḥallād (? read Ǧallād/Skinner?), Naǧǧār – are either patronymics or else relate to these Mawlānā's functions, evidently as šaiḫs of guilds. There is no evidence that ordinary craftsmen had land-holdings, either large or small, or that Ḫwāǧa Aḥrār bought them up." – Man entschuldige das lange Zitat: Es wird auf diesen Text laufend eingegangen, und daher sollte er einmal in einem etwas längeren Zusammenhang gebracht werden.

[104] *Pāykār*: *Samarkandskie dokumenty* S. 399 Anm. 190; *kadīwar*: aaO. Anm. 191 und ČECHOVIČ, *Bucharskie dokumenty*, Einleitung S. 15 – 19 (mit Literatur).

Mawlānā. Es war bereits davon die Rede, daß dieser Titel nicht durchweg zum Namen einer Person geschrieben wird, die ihn führt oder eigentlich führen könnte. ROGERS meint: „Mawlānā, roughly, Monsignor, was a title accorded to Šaiḫs and the higher ʿulāmā«"[105]. „Šayḫ" versteht ROGERS in diesem Zusammenhang wohl als Bezeichnung für eine Lehr- und Respektsperson in *ʿilm* oder *taṣawwuf*, nicht als Titel oder Ehrenname eines Handwerksmeisters. Es spricht einiges dafür, daß *Mawlānā* nicht so scharf begrenzt verwendet wurde; aber es ist natürlich richtig, daß, wenn ein Titel Anzeichen für *ʿulamāʾ*-Existenz ist, es Mawlānā sein wird. Allerdings sind auch Ulama keine sozial scharf umrissene Gruppe; es sind dies vielmehr alle, die ein gewisses Ausmaß an Studium hinter sich gebracht haben. Wie groß dieses Ausmaß sein mußte, um mit einem Titel wie *Mawlānā* angeredet zu werden, schwankt wohl historisch, regional und individuell. Die Urkunde neigt dazu, die Verkäufer eher mit größeren Titeln zu bedenken als die *mutaṣarrifīn.* Ob das auf verschiedenen Status der beiden Personengruppen zurückzuführen ist, läßt sich nur schwer entscheiden. Jedenfalls ist ein Schluß von einem Titel wie *Mawlānā* auf die Zugehörigkeit zu einer sozialen Gruppe nur bedingt möglich, und ich möchte solche Schlüsse an dieser Stelle nur *faute de mieux* verstanden wissen.

Dies vorausgeschickt, bleibt auf den größenordnungsmäßig gleichbleibenden Anteil von *Mawlānā* in allen drei Spalten hinzuweisen, mit einem leichten Absinken in der Gruppe der *mutaṣarrifīn.* Dies Absinken ist aber nicht so deutlich, daß von einer wirklichen Änderung der sozialen Struktur gesprochen werden könnte.

Das (+1) in der Spalte der Vorbesitzer ist Ḫurdak-i Muḥtasib, der wegen dieser seiner Berufsbezeichnung an dieser Stelle aufgeführt wurde.

Sayyid. Sayyids bilden einen durchgehend kleinen Anteil in allen Gruppen. Es gibt keine Hinweise darauf, daß sie besonders viel oder in besonders großer Zahl Boden besessen hätten.

Ḫwāǧa. Das ist von allen Kategorien diejenige mit den meisten Überschneidungen zu anderen. Der Titel, vielleicht besser die Anrede *Ḫwāǧa* wird wohl für respektable Männer jeder sozialen Gruppe verwendet, seien es nun Handwerker oder Ulama oder Sufis. Daher ist den Schwankungen in der Häufigkeit des Vorkommens keine Bedeutung beizumessen.

„Sufisches". In diese Kategorie sind vor allem diejenigen eingeordnet worden, die *Bābā* oder ähnlich genannt werden.

---

105 ROGERS, vgl. Anm. 103.

Bei aller Vorsicht, die in „statistischen" Zusammenhängen immer angebracht ist, bleibt doch der Anstieg des Anteils von Personen mit sufisch klingenden Namen in der Gruppe der *mutaṣarrifīn* zu vermerken. Wenn man das für erklärungsbedürftig hält und nicht einfach statistischen Zufall vermuten will, der angesichts des geringen Umfangs des *corpus* immerhin eine Rolle spielen kann, bieten sich folgende Möglichkeiten: a) die türkische Namensform *Bābā* hat aufgrund fortschreitender Turkisierung der Region an Häufigkeit zugenommen. Dafür allerdings ist der Zeitraum zwischen Verkauf der Grundstücke und Abfassung der Waqfiyya zu kurz. b) Der Anteil von sufisch interessierten Menschen in der Region hat zugenommen. c) Der Übergang des Bodens in die Hand eines sufischen Großscheichs blieb nicht ohne Einfluß darauf, wer dort *mutaṣarrif* wurde. Die Erklärungsmöglichkeiten widersprechen sich nicht; die Zuwanderung von Derwischen in die Region wäre eine (Teil-) Erklärung für die große Fluktuation zwischen Vorbesitzern und *mutaṣarrifīn*.

Šayḫ und Name. Dies ist eine Restkategorie, die entweder den *Mawlānā* oder den Sufis zugerechnet werden kann.

Amīr. Bei den Personen, die den Titel *Amīr* oder *Mīr* führen, ist der einzig wirklich auffällige Unterschied zwischen den einzelnen Spalten zu beobachten, und zwar sind solche Personen unter den Nachbarn wesentlich häufiger als unter den beiden anderen Gruppen. Dafür könnten folgende Umstände verantwortlich sein: a) Die Besitzstruktur außerhalb der von Ḫwāǧa Aḥrār erworbenen Ländereien weist einen höheren Anteil an Großgrundbesitz auf, wenn man es für eher wahrscheinlich hält, daß Amire auch Großgrundbesitzer sind. b) Amire waren weniger geneigt, ihr Land an Ḫwāǧa Aḥrār zu verkaufen und tauchen daher unter den Vorbesitzern nicht auf, gleichzeitig war Ḫwāǧa Aḥrār wenig geneigt, ihnen seine Objekte in Pacht zu überlassen oder diese waren für sie nicht interessant (Bodenpacht!), so daß man sie unter den *mutaṣarrifīn* nicht findet.

„Ohne alles". Personen ohne jeden Titel und ohne Handwerksbezeichnung im Namen bilden in jeder Spalte eine gewichtige Gruppe. Hier darf man einerseits viele vermuten, die an anderer Stelle mit vollem oder doch vollständigerem Namen genannt werden. Wenn jemand z. B. einfach als „Naǧmuddīn" erwähnt wird, es gibt aber gleichzeitig einen „Naǧmuddīn-i Naǧǧār" und einen „Naǧmuddīn-i Ḥaddād", so kann es natürlich sein, daß es einer von den beiden ist.

Der Punkt ist aber nicht dies Identifizierungsproblem. Es ist vielmehr klar, daß alle diese Personen mit Sicherheit folgendes *nicht* sind: Amire oder „höhere Ụlama" oder Sayyids. Am wahrscheinlichsten ist es, daß ein großer Teil von ihnen einfach Bauern sind, also Leute, die in der sozialen Rangordnung eher noch einen niedrigen Platz einnehmen als Handwerker. Selbst diese verfügen also über, wenn auch meist bescheidenen, Landbesitz.

Zusammenfassend ergibt die Urkunde folgendes Bild der Besitzstruktur in der Gegend von Ṭawāwīs:

Kleiner und mittlerer Besitz dominiert. Dieser befindet sich in der Hand von „namenlosen" Bauern, von Handwerkern, von Ulama. Nach dem Verkauf an Ḫwāǧa Aḥrār ändert sich die soziale Struktur nicht wesentlich; man findet zum Teil die gleichen Personen oder ihre Erben, zum Teil andere, die aber aus den gleichen sozialen Schichten kommen, als Inhaber. In der Umgebung könnte Großgrundbesitz häufiger sein, wenn er, was die Namen in der Spalte „Nachbarn" zeigen, auch dort nicht dominiert.

Das Beispiel, das Rogers als typisch anführt, ist eben nicht typisch. Es gehört zu den vier Objekten, die am Ende dieses Abschnittes der Urkunde aufgeführt werden, für die Preise genannt werden etc.[106].

---

[106] Vgl. Anm. 103. – Es ist das von Mawlānā Šayḫ b. Aḥmad (nicht ʿAlī) Naǧǧār erworbene Objekt. Die Nachbarn sind a) Mawlānā ʿUṯmān b. Mawlānā Šayḫ Yūsuf. Dieser Mann kommt auch vor als ʿUṯmān b. Šayḫ Yūsuf (Z 434) und als Šayḫ ʿUṯmān b. Šayḫ Yūsuf (Z 682). Ein weiterer Fall, in dem die Titulatur in die Irre zu führen scheint. b) Mawlānā ʿAlī Dārūġa-yi Ṭawāwīsī. Für ihn gibt es zwei weitere Nennungen in dieser Form ohne Nisba, Z 300 und Z 671. Ich halte es für problematisch, einen *dārūġa* mit einem *muḥtasib* zu vergleichen, und sei es auch nur im „Rang". (Zu *dārūġa* vgl. Manz, *The office of* dārūġa). c) Mawlānā Ḫwāǧa Kalān b. Ḫwǧa Sayf bzw. Sayfuddīn, so tritt er in Z 636 auf. d) Amīr Hindū (Sohn des Verkäufers: Wieder ein Beispiel für jemand, der durch Zurückhalten von Grundstücken vergleichsweise unabhängig von Ḫwāǧa Aḥrār bleibt). e) Maḥmūd ibn Šayḫ ʿUmar, dieser, was Rogers nicht erwähnt, als *mutaṣarrif* von *mamlaka*. Ein Ḫwāǧa Muḥammad b. Ḫwāǧa ʿUmar kommt gemeinsam mit seinem Bruder Maḥmūd als Verkäufer eines 26-*ǧarīb*-Grundstückes vor, Z 432 f. Das ist wohl doch der Genannte. – Dies sind die Nachbarn des ersten Teilgrundstücks. Die des zweiten nennt Rogers nicht; sie bleiben auch hier außen vor. – Den Mawlānā ʿUṯmān, also den Nachbarn a), identifiziert Rogers mit dem Vater des Ḫwāǧa Mawlānā b. ʿUṯmān Muftī (oder diesem selbst?) und meint, er sei ein „considerable land-owner". Das kann ich für den Vater, wenn besagter Šayḫ ʿUṯmān b. Šayḫ Yūsuf gemeint ist, nicht bestätigen. Der nämlich verkauft ein Grundstück von 13 *ǧarīb* 2 *dāng* (Z 541 f.) und wird an den o. g. Stellen als Nachbar genannt. Der Sohn dagegen, Ḫwāǧa Mawlānā, verfügt tatsächlich über eine Reihe von Grundstücken; auf dem Hintergrund des hier vorherrschenden Kleinbesitzes mag die Fläche von vielleicht 20 ha als „considerable" bezeichnet werden. Aber es ist nicht sein Besitz; er verfügt darüber als *mutaṣarrif* von Ḫwāǧa Aḥrār. Wieviel er daneben möglicherweise noch in Besitz *milk* hatte, kann man nicht wissen. – Darüberhinaus wird das Ganze noch komplizierter dadurch, daß eine Reihe der genannten Personen zum „Naǧǧār-Clan" gehören, der wohl eine ganze Menge von Grundstücken hin- und hergeschoben hat.

Kontinuität und Fluktuation

Über 50 Objekte bleiben, wie gesagt, nachweisbar in Verfügung der Personen, die sie verkauft haben, oder deren Erben. Selbst wenn man annimmt, daß dies in einer großen Zahl weiterer Fälle auch so war, man es aber nicht nachweisen kann, da die Namen oft in unterschiedlichen Formen angegeben werden, Vatersnamen fehlen usw., bleibt immer noch ein vermutlich großer Rest, wo „Fremde" die Verfügung über ein Grundstück bekamen, zu dem sie zuvor gar keine Beziehung hatten. ČECHOVIČ schreibt: „Wie man sieht, ging hier im Zusammenhang mit der Einmischung Ḫwāǧa Aḥrārs irgendeine massenhafte Umverteilung der Grundstücke vor sich"[107]. Wie das zu erklären ist, wird uns jetzt beschäftigen.

Es gibt theoretisch mehrere Möglichkeiten, eine solche Umverteilung zu erklären. Diese schließen sich gegenseitig nicht aus, sondern ergänzen sich. Gleich vorab sei gesagt, daß man hier bei Vermutungen bleiben muß; ganz schlüssig, ganz befriedigend ist keine Erklärung.

a) Am Ort ansässige Personen bekommen statt ihrer alten neue Grundstücke zugeteilt, ein Vorgang, der in bestimmten Formen der Dorfgemeinde üblich ist[108]. Das würde voraussetzen, daß die Erinnerung an die Dorfgemeinde in der Gegend von Ṭawāwīs noch bestand; das aber ist, wenn auch durchaus möglich, doch keineswegs sicher[109]. b) Am Ort ansässige Bauern, die keinen eigenen Besitz hatten und daher keine „Vorbesitzer" sind, sondern vielmehr als Unterpächter oder als Tagelöhner ihren Lebensunterhalt verdient haben, werden jetzt eigenständige *mutaṣarrifīn* und damit in diesem besonderen Fall aktenkundig. Das würde eine gewisse Umschichtung der Pächter voraussetzen. Vielleicht hat sich hier und da ein armer Bauer soweit durchsetzen oder die Aufmerksamkeit der dafür zuständigen Männer auf sich lenken können, daß er einen „Hauptpachtvertrag" bekam. Es können unter diesen Neu-*mutaṣarrifīn* aber z. b. auch jüngere Söhne sein. Das ließe sich in vielen Fällen nicht erkennen, da Vatersnamen nicht unbedingt genannt werden. c) Es kommen Leute von außerhalb, etwa als Ersatz für Weggezogene, und nehmen deren Plätze ein. Dafür spricht, wie bereits erwähnt, die wenn auch leichte Zunahme sufisch klingender Namensformen unter den *mutaṣarrifīn*. Es besteht durchaus die Möglichkeit, daß Ḫwāǧa Aḥrār Anhänger, die das wollten, als Pächter auf seine Ländereien gesetzt hat.

---

[107] ČECHOVIČ, *Samarkandskie dokumenty*, S. 25.

[108] S. o. S. 129.

[109] S. o. S. 136.

Ein solcher Fall ist in *Manāqib* belegt[110]. Dagegen könnten andere, die aus irgendeinem Grund nicht für Ḫwāǧa Aḥrār tätig sein konnten oder wollten, das Land verlassen haben.

Im übrigen weiß man nicht, wie schnell in anderen Gebieten und unter anderen Bedingungen die Bevölkerung fluktuierte. ČECHOVIČ scheint von einer sehr großen Ortsfestigkeit nicht nur zwischen den Dörfern, sondern auch innerhalb eines Dorfes auszugehen, von einem ausgesprochenen Widerwillen, Umverteilungen des Bodens vorzunehmen. Das ist möglicherweise doch etwas anachronistisch. Schon die Möglichkeit der Umverteilung innerhalb mancher Formen der Dorfgemeinde spricht dagegen. In dem Fall der Grundstücke in und bei Ṭawāwīs jedenfalls scheint eine recht große, aber keine übermäßige Fluktuation vorzuliegen, und es besteht kein Grund, dies mit Zwangsmaßnahmen Ḫwāǧa Aḥrārs zu erklären.

Gründe für den Verkauf an Ḫwāǧa Aḥrār

Es war vermutet worden, daß die große Mehrheit der in diesem Teil der Urkunde gestifteten Grundstücke gleichzeitig an Ḫwāǧa Aḥrār gekommen sind[111]. Das erscheint außergewöhnlich; die Frage, wie und warum es zu einem massenhaften Verkauf von Grundstücken vieler Eigentümer kommen konnte, wird in diesem Abschnitt untersucht.

Die Verkäufe oder Übereignungen von Grundstücken scheinen freiwillig erfolgt zu sein. Das geht schon daraus hervor, daß unter den Nachbarn Leute die übergroße Mehrheit bilden, deren sozialer Status nicht entscheidend von dem der Verkäufer abweicht. Das gibt aber keine Antwort auf die Frage, warum sie diesen Schritt getan haben. Wollten sie oder mußten sie, versprachen sie sich Vorteile oder trieb sie die blanke Not? Ging es ihnen als *mutaṣarrif* besser oder schlechter als zu der Zeit, als sie noch Besitzer waren? Man darf bei dem Versuch, auf diese Frage eine Antwort zu finden, nicht von vornherein unterstellen, es sei ihnen schlechter gegangen, ja es habe ihnen einfach schlechter gehen müssen, weil sie nun ja landlose Bauern geworden seien.

Grundsätzlich unterscheidet sich die Lage eines Pächters von der eines kleinen Grundbesitzers wie folgt: Ein kleiner Grundbesitzer zahlt

[110] „Ḫwāǧa Aḥrār gab einem Gelehrten Land und Wasser in einem der Dörfer, die ihm gehörten, damit er dort Landwirtschaft treibe und den Ertrag daraus ganz für sich verwende", *Manāqib* 57 b.

[111] S. o. S. 138.

die fälligen Abgaben von seinem *milk*, das sind regelhaft *ḫarāǧ* oder *ʿušr*, und darüberhinaus die vielfältigen übrigen Abgaben. Als Richtwert für den *ḫarāǧ* sind 20% der Ernte genannt worden[112], ein Richtwert für die übrigen Abgaben läßt sich auch größenordnungsmäßig nicht nennen[113]. Ein Pächter dagegen liefert dem Grundherrn die vereinbarte Pacht, als Mindestwert waren 30% der Ernte genannt worden. Mit den regelmäßigen Abgaben *ḫarāǧ* oder *ʿušr* hat er nichts zu tun; von den übrigen Abgaben betreffen ihn nur diejenigen, die vom Herdfeuer oder pro Kopf erhoben werden, wenn sein Grundherr nicht mit dem Sultan ausgemacht hat, daß die Steuereinnehmer des Diwan das Land dieses Grundherrn gar nicht mehr betreten sollen[114].

Rein rechnerisch könnte sich ein Pächter dann besser stellen als ein kleiner Grundbesitzer, wenn die übrigen Abgaben, vor allem solche, die als Zuschläge zu den „grundlegenden Steuern" erhoben werden, eine solche Höhe erreichen, daß die angenommene Differenz zwischen *ḫarāǧ* und Pacht ausgeglichen und mehr als ausgeglichen wird.

So schematisch stellen sich die Verhältnisse in der Praxis allerdings nicht dar. Es kommt erstens zu häufigem Mißbrauch; darunter sind zu nennen mehrfaches Eintreiben der „grundlegenden" Steuern in ein und demselben Jahr[115], eigenmächtiges Überschreiten der gesetzlichen Steuersätze durch die Steuereinnehmer[116], willkürliches Einheben von Sondersteuern und sonstigen Abgaben[117] und sicher noch viele andere Möglichkeiten mehr[118]. Zweitens setzt die schematische Darstellung einen

---

112 S. o. S. 114.

113 Vgl. Hinz, *Das Steuerwesen Ostanatoliens*, wegen der großen Schwankungen gerade dieser Steuern.

114 Ob Steuereinnehmer das Land Ḫwāǧa Aḥrārs betreten durften, ist ein ständiger Konflikt gewesen. S. u. S. 230 f.

115 Beispiele bei Machmudov, *Zemledelie*, S. 72 f., s. auch Aubin, *Un santon quhistani*, S. 199 f.

116 Vermutlich liegen solche Fälle in den Berichten aus *Rašaḥāt* vor, s. o. S. 69; s. auch Machmudov, *Zemledelie*, S. 73. Noch von Šāhruḫ heißt es, er habe Steuereinnehmer, die eigenmächtig gehandelt hatten, bestrafen lassen, s. Belenickij, *Zemlevladenie*, S. 53 ff. Auf den Versuch einer Kontrolle deutet auch die in Anm. 118 zitierte Passage von Isfizārī. – Für Transoxanien in der 2. Hälfte des 15. Jh. kenne ich keine Berichte, in denen eigenmächtige Steuereinnehmer bestraft werden.

117 Umstritten war immer die Steuer *dahyāzdah*, wohl ein Zuschlag in Geld von 10% der Grundsteuer, s. u. S. 227 ff.

118 Arunova, *K istorii narodnych vystuplenij*, S. 35: „Noch mehr verschlechterte sich die Lage der Bauern durch die Einführung einer neuen Regel unter den Timuriden, nach der das Maß der grundlegenden Bodensteuer – des *ḫarāǧ* – festgelegt und zum Teil auch eingefordert wurde, noch bevor die Ernte ganz eingebracht war. Sulṭān Abū Saʿīd verzichtete trotz der Bitten des Ḫwāǧa Aḥrār nicht auf diese Praxis, sondern erlaubte

geordneten Gang des Lebens auf dem Lande voraus, also eine im wesentlichen unkriegerische Lage, d. h. auch Ruhe in der Steppe und somit höchstens gelegentliche Nomadenüberfälle[119], aber auch einen insgesamt pfleglichen Umgang mit den Produktionsmitteln, darunter vor allem den Bewässerungsanlagen[120]. Drittens verlangt das Modell eine jedenfalls einigermaßen funktionierende Zentralverwaltung, damit auch eine wenigstens minimale Kontrolle der Steuereinnehmer, und eine Herrscherpersönlichkeit (oder sonst eine Instanz), die bereit und in der Lage ist, diese Kontrolle auszuüben, unter anderem auch auf Beschwerden zu reagieren. Diese Faktoren stehen miteinander in Wechselbeziehung. Kommt es häufig zu Krieg, so werden die Steuern erhöht, wenn der „eigene" Herrscher Niederlagen hinnehmen muß, damit er seine Verluste ausgleichen kann[121]. Hat ein „fremder" Herrscher oder Heerführer das Land erobert, so gehört es zu den ersten Dingen, daß er seine Unterlinge anweist, die Steuern einzutreiben, unabhängig davon, ob schon jemand anders in jenem Jahr Zahlungen verlangt und erhalten hat[122]. Ist gar keine oder so gut wie keine Kontrolle der Steuereinnehmer bzw. der lokalen Mächtigen mehr gegeben, so werden deren Forderungen leicht uferlos, zumal wenn gleichzeitig um die Herrschaft über die betroffenen

---

nur „aus Gnade", den vor der Ernte einzuhebenden Anteil des *ḫarāǧ* auf 2 *dāng* zu senken." Ein Beispiel für eine durch eine bestimmte Sichtweise Ḫwāǧa Aḥrārs bedingte Quellenauswertung. Die Passage bei Isfizārī, *Rawḍāt al-ǧannāt* II/250 lautet: *ḥukm kard [Abū Saʿīd Sulṭān] ki pīš az idrāk maḥṣūl-i māl ḥawāla na-dārand wa agar ḍarūratī wāqiʿ šawad pīš az dū dāng na-ṭalaband wa iḫrāǧāt tā waqtī ki ba-ʿarḍ risānand wa ḥukm-i humāyūn dar ān bāb durust na-šawad yakdīnār ṭalab na-dārand*, „Er ordnete an, daß man vor der Ernte [Reife] die Anweisungen auf Grundsteuer nicht ausstellen solle, wenn es aber unumgänglich sei, so solle man nicht mehr als 2 *dāng* fordern. Von den Zuschlägen zur Grundsteuer *iḫrāǧāt* solle man solange auch nicht einen Dinar fordern, bis sie nicht vor Ort bekanntgegeben worden sind und ein herrscherlicher Erlaß diesbezüglich in Kraft getreten ist". – Bemerkenswert ist, daß es einer besonderen Initiative des Sultans bedarf, um die Steuereinnehmer auf ihre Plätze zu verweisen.

119 S. o. S. 116. – Systematische Überfälle von Nomaden geschildert in Achmedov, *Gosudarstvo kočevych uzbekov*.

120 In Sīstān etwa kam es durch wiederholte Zerstörung des Hauptdamms zu dauernden Schäden. Vgl. Finster, *Sīstān zur Zeit timuridischer Herrschaft*; der Aufsatz zeigt exemplarisch, wie eine Region durch Krieg zugrunde gerichtet werden konnte.

121 Abū Saʿīd erhob 1455 die Steuer *dūdī* (vom Herdfeuer) nach einer Niederlage bei Otrar. – Als sich 1458 in Samarkand das Gerücht verbreitete, er habe im Kampf um Herat eine Niederlage erlitten, kam es zu Unruhen wegen der Befürchtung, er könne von neuem zu diesem Mittel greifen. Čechovič, *Samarkandskie dokumenty*, S. 22 nach *Rawḍat al-ṣafā*.

122 So im Jahr 1457, als Herat dreimal den „Besitzer" wechselte, Machmudov, *Zemledelie*, S. 73.

Regionen gerungen wird. Zur Zeit Ḫwāǧa Aḥrārs setzt sich der „Zerfall" timuridischer Herrschaft auch in Transoxanien fort. Nach dem Tode Abū Saʿīds wird das Land unter dessen drei Söhne aufgeteilt, die oft miteinander in Fehde liegen; am Ende des 15. Jahrhunderts sind die großen Amire jeder Kontrolle entglitten.

Wie wirken sich derartige Entwicklungen auf Pächter einerseits und auf kleine Grundbesitzer andererseits aus? – Im Kapitel über Schutz- und Patronageverhältnisse wird gezeigt, daß nicht zuletzt aufgrund solcher Erscheinungen „Freie in ein Schutzverhältnis strebten" und dabei, wenn auch vielleicht widerwillig, ihren Status als kleine Besitzer aufgeben mußten. Besonders hart kann die allgemeine Unsicherheit der Zeitläufte die Einzelbauern bedroht haben, die nicht einmal den prekären Schutz einer Dorfgemeinde genossen.

Čechovič faßt ihre Untersuchungsergebnisse zu den Grundstücken in und bei Ṭawāwīs wie folgt zusammen: „Wenn wir Ḫwāǧa Aḥrārs Waqf mit dem Bucharer Waqf aus dem 14. Jahrhundert vergleichen, das wir zu einem früheren Zeitpunkt publiziert haben, können wir folgende Beobachtung machen: Während Sayfuddīn Bāḫarzī [vielmehr dessen Enkel Yaḥyā, J. P.] zur Bearbeitung der Ländereien seines Waqf Sklaven kaufte und sie in Familien auf das Land setzte, wobei er sie freiließ, aber an das Land des Waqf band, so verfuhr Ḫwāǧa Aḥrār umgekehrt; er machte freie Bauern zu an die Scholle Gebundenen (*zakrepoščal svobodnych krest'jan*), indem er sich ihr Land aneignete und sie zu seinen Anteilbauern machte"[123]. Čechovič meint, etwas anderes als Hunger habe die Bauern zu diesem Schritt nicht bewegen können, und berichtet eine Legende, die im 19. Jahrhundert aufgezeichnet wurde. Der zufolge habe Ḫwāǧa Aḥrār in einem Hungerjahr die Leute gekauft, sie ernährt und dann wieder freigelassen, so wird sein Name „Aḥrār" erklärt. Čechovič ist weit davon entfernt, in dieser Legende historische Wahrheit zu sehen, meint aber doch: „Wahrscheinlich unterschied sich die Lage der solcherart an die Scholle gebundenen [*zakrepoščënnych*] Bauern und Handwerker kaum in etwas von der Lage von Sklaven, und daher hat sich im Gedächtnis des Volkes eine solche Überlieferung halten können"[124].

Folgende Überlegungen sprechen dagegen, der Hunger habe die vormals freien Bauern unter das Joch der Knechtschaft gezwungen.

Erstens: Unter den Verkäufern befinden sich Personen, deren Überleben auch in einer Hungerzeit nicht davon abgehangen haben kann, ob

[123] Čechovič, *Samarkandskie dokumenty*, S. 26.
[124] Ebda., S. 27. – Zu „Leibeigenschaft" s. u. S. 173 ff.

Ḫwāǧa Aḥrār ihnen Lebensmittel gab. Damit sind in erster Linie die sozial Bessergestellten gemeint, also ein Teil der Ulama und der Handwerker sowie der größte Teil der als „Amir" bezeichneten Personen[125]. Sie müssen auch in einer Notlage noch weitere Motive gehabt haben, ihr Land zu verkaufen. Dazu gehört, daß unter den *mutaṣarrifīn* Personen sind, die sich keineswegs als „an die Scholle gebundene Bauern und Handwerker" ansprechen lassen. Das soziale Spektrum der Pächter Ḫwāǧa Aḥrārs ist weiter gefaßt.

Zweitens. Hätte Ḫwāǧa Aḥrār, etwa in dem Bestreben, sich zu bereichern, eine Notlage wie eine Hungersnot auszunutzen gesucht, so hätte er wohl doch darauf bestanden, sich von jedem, der Nahrungsmittel von ihm haben wollte, das ganze Land übertragen zu lassen. Es gibt aber eine ganze Reihe von Personen, von denen man nachweisen kann, daß sie in das Geschäft mit Ḫwāǧa Aḥrār nur einen Teil ihres Grundbesitzes eingebracht haben. Das ergibt sich einmal immer dann, wenn sie als Nachbarn von Grundstücken genannt werden, die sie selbst verkauft haben (8 Fälle), zweitens immer dann, wenn die Zahl der Nennungen als Nachbar so groß ist, daß sie sich auf ein einziges, nämlich das verkaufte Grundstück nicht beziehen können (weitere 8 Fälle). In einer Reihe von Fällen ist außerdem angegeben, der Nachbar habe betreffendes Grundstück als *milk* inne. Dies ist eine unbestimmte, aber nicht unbedeutende Zahl, unbestimmt deswegen, weil Angaben über den juristischen Status des Nachbargrundstücks in der Regel fehlen. Alle diese Personen bewahren sich kraft ihres nach wie vor bestehenden Besitzer-Status eine gewisse Unabhängigkeit von Ḫwāǧa Aḥrār. Sie können nicht mit „an die Scholle gebundenen Bauern" verglichen werden.

Bei wievielen Personen, vor allem den Handwerkern, die Landwirtschaft nur einen Teil, vielleicht sogar nur einen geringen, der gesamten Einkünfte erbrachte, ist nicht feststellbar. Da aber in der ganzen Urkunde keine Werkstätten oder Läden in der näheren oder weiteren Umgebung von Ṭawāwīs gestiftet werden, ist es eher wahrscheinlich, daß die Handwerker ihre Werkstätten behielten. Sie sind daher schon als Gruppe nicht ganz und gar von Ḫwāǧa Aḥrār abhängig.

Drittens. Es gibt einige Transaktionen über im Vergleich zur Wirtschaftskraft der entsprechenden Personen so kleine Objekte, daß man geneigt ist, von einem symbolischen Verkauf zu sprechen. Das ist z. B. der Verkauf von 1 *ǧarīb* durch Ḫwāǧa Mawlānā b. ʿUṯmān Muftī,

[125] Die Nutznießer der o. g. Hilfsaktion für Taschkent und Umgebung sind nicht zuletzt Menschen, die des Hungers und der Dürre wegen aus der Umgebung, auch der Steppe, in die Stadt gekommen sind. S. o. S. 105 f.

vertreten durch seinen Bruder Ṣadruddīn (Z 619 f.). Ḫwāǧa Mawlānā verkauft noch weitere 27 *ṭanāb* 2 *dāng*, behält diese aber in *taṣarruf* (Z 289 ff.). – Malik-i Nānwāy b. Malik-dā verkauft 19 *ǧarīb* 1 *dāng*, wovon er einen Teil in *taṣarruf* behält (Z 387 ff.). Er hat weitere Flächen in Verfügung und wird über zehnmal als Nachbar genannt; das ist nicht eindeutig, aber, liest man, wie die Herausgeberin, an einigen Stellen *milk-i nānwāy* statt *malik-i nānwāy*, so verringert sich zwar die Zahl der Nennungen als Nachbar, es wird aber nur noch deutlicher, daß dieser Mann außer den an Ḫwāǧa Aḥrār übereigneten Grundstücke noch weitere besaß, die er für sich behielt (z. B. Z 469).

Viertens ist die Interpretation der Legende, die Čechovič unter anderem als Argument für ihre Sicht der Dinge anführt, anfechtbar. Es ist in ihr ja nicht nur von einer Versklavung der Leute durch Ḫwāǧa Aḥrār die Rede, sondern von einer Versklavung und anschließenden Freilassung, also eher von einer symbolischen Versklavung. Darin liegt auch die Pointe der Geschichte, die vermutlich ersonnen wurde, um eine Erklärung für den Beinamen „Aḥrār“ zu geben. Wenn in dieser Legende etwas ist, was „das Gedächtnis des Volkes“ bewahrt hat, dann kann es ebensogut der Umstand sein, daß Ḫwāǧa Aḥrār in Jahren der Mißernte Lebensmittel lieferte. Es sei an den Bericht von der Hilfsaktion in Taschkent erinnert[126].

Mein Vorschlag zur Erklärung ist, daß die Vorbesitzer der Grundstücke in und bei Ṭawāwīs sich durch den Verkauf, auch den symbolischen, ihres Landes oder eines Teils davon unter den Schutz Ḫwāǧa Aḥrārs stellen wollten, und daß Ḫwāǧa Aḥrār zusagte, Schutz zu gewähren. Das tat er nicht umsonst, sondern um den Preis, daß die bisherigen Besitzer jetzt an ihn als seine *muzāri'ān* Grundrente in Form von Ernteanteilen lieferten. Dennoch kann der Verkauf auch für die Schutzbefohlenen ein gutes Geschäft gewesen sein, nämlich dann, wenn diese Abgaben an Ḫwāǧa Aḥrār niedriger oder auch nur berechenbarer als die bisher zu erbringenden Leistungen an Herrscher und Steuereinnehmer waren.

Schutz wurde dabei gewährt vor Schröpfungen durch Steuereintreiber, befugte und unbefugte, außerdem vielleicht auch vor Überfällen durch Räuber- und Nomadengruppen.

Es ist damit nicht gesagt, daß sich die Lage der unmittelbaren Produzenten in der Zeit nach dem Verkauf oder der Übereignung der Grundstücke an Ḫwāǧa Aḥrār gebessert hätte. Es kann vielmehr auch

---

[126] S. o. S. 105 f. – Auch die Speicher, die Ḫwāǧa Aḥrār unterhielt, deuten darauf hin, daß er vorbereitet war, gegebenenfalls für das Nötige zu sorgen.

so sein, daß es ihnen aufgrund der allgemeinen Entwicklung schlechter ging, aber daß es ohne den Schutz Ḫwāǧa Aḥrārs noch schlimmer gewesen wäre.

Auch die Schröpfungen durch Befugte und Unbefugte stellen eine Notlage dar. Sie können auch zu Hungerkatastrophen führen. Insofern widerspricht dieser Vorschlag nicht der Erklärung von ČECHOVIČ. Er widerspricht ihr, was das Ergebnis für die Lage der Bauern angeht: ČECHOVIČ meint, diese habe sich drastisch verschlechtert, und zwar infolge des Übergangs der Bauern in eine Pächter-Existenz, während in dieser Arbeit die These vertreten wird, die Bauern seien Pächter geworden, um sich vor Übergriffen zu schützen, dieser Schutz sei auch gewährt worden, und eine eventuelle Verschlechterung der Lage der Bauern sei daher nicht wegen, sondern trotz ihres Übergangs in das Patronage-Verhältnis eingetreten. Der zweite Unterschied betrifft die Motive Ḫwāǧa Aḥrārs: ČECHOVIČ meint, dieser sei vor allem von dem Gedanken an Bereicherung beseelt gewesen. Dem sind zwei Gesichtspunkte entgegenzuhalten. Erstens sollte von den persönlichen Motiven weniger als von der Interessenlage ausgegangen werden, und in dieser Hinsicht ist denkbar, daß Ḫwāǧa Aḥrār, indem er die Interessen der seßhaften Landbevölkerung und der Städte vertrat, auch die seiner eigenen Wirtschaftsorganisation nicht vergaß. Zweitens, auf der Ebene der persönlichen Motive, sollte auch in Rechnung gestellt werden, daß Ḫwāǧa Aḥrār ernsthaft bemüht gewesen ist, eine islamische Gesetzlichkeit zu seiner Zeit durchzusetzen. Dies betrifft nicht zuletzt die Praxis, in der Abgaben von Untertanen erhoben werden. Wieder wäre dann zu fragen, welchen Interessen islamische Gesetzlichkeit entgegenkommt: Sie nützt sicher auch den gleichen gesellschaftlichen Gruppen, die eben erwähnt wurden, nämlich der seßhaften Landbevölkerung und den Handel und Gewerbe treibenden Städtern: Das täte jede Gesetzlichkeit wegen der Rechtssicherheit, die sie schafft[127].

Die These in dieser Arbeit ist also, daß Ḫwāǧa Aḥrār ein Schutz- und Patronagesystem aufbaute; daß dies System unter dem Vorzeichen islamischer Gesetzlichkeit für Rechtssicherheit eintrat; daß es die Interessen der Handwerker und Kaufleute in den Städten sowie der seßhaften Landbevölkerung vertrat; daß Ḫwāǧa Aḥrārs „persönliche“ Interessen dabei sozusagen mitvertreten wurden[128].

---

[127] S. u. S. 219f.

[128] Vor allem sowjetischen Forschern fällt es schwer, eine Interessenkonformität zwischen einem religiösen Führer und Bauern und Handwerkern zu sehen.

Wirtschaftsorganisation Ḫwāǧa Aḥrārs. Zusammenfassung

In diesem Abschnitt werden einige wichtige Ergebnisse vorgestellt. Vier Tafeln zeigen die Verwaltung der Ländereien Ḫwāǧa Aḥrārs im Vergleich zu anderen Möglichkeiten. Die Tafeln veranschaulichen a) die vertraglichen Verknüpfungen, b) die Verwaltung, d. h. ihren „Apparat", c) die Lieferung der Ernteanteile, den Fluß der Güterströme und d) die Verwaltung eines Waqf mit Rentpachtverträgen im Vergleich, nach Material von FAROQHI.

Tafel 1 also stellt die vertraglichen Verknüpfungen zwischen der Zentrale in *muḥawwaṭa-yi mullāyān* bei Samarkand und den unmittelbaren Produzenten dar. Die eigentliche Zentrale ist die Person Ḫwāǧa Aḥrārs. Nach seinem Tod geht die Funktion der Zentrale auf den *mutawallī* bzw. die *mutawallīs* der Stiftungen über. Das sind für die erste Stiftung zugunsten der Samarkander Madrasa Ḫwāǧa Aḥrārs älterer Sohn Ḫwāǧa-Kā[129], für die zweite, größere Stiftung zugunsten dieser Madrasa beide Söhne, Ḫwāǧa-Kā und Muḥammad Yaḥyā[130], für die Stiftung zugunsten von *muḥawwaṭa-yi mullāyān* nur Muḥammad Yaḥyā, für die Stiftung zugunsten der Taschkenter Madrasa wieder beide Söhne[131].

Die Zentrale schließt mit *mutaṣarrifīn* Verträge ab. Die Natur dieser Verträge konnte indirekt ermittelt werden; es ist kein Schriftstück erhalten, weder als Original noch als Formular noch als Bericht in einer narrativen Quelle. Es sind *muzāraʿa*-Verträge; es handelt sich um Bodenpacht gegen Naturalien, nur in Ausnahmefällen vielleicht um Bodenpacht gegen Geld. Rentpacht kommt nicht vor. Gelegentlich werden die *mutaṣarrifīn* auch als *muzāriʿān* angesprochen.

Andere vertragliche Verbindungen zwischen der Zentrale und den *mutaṣarrifīn* sind unbekannt. Insbesondere gibt es keine direkten Hinweise auf Schutzverträge, in Gestalt von *talǧiʾa*, *ḥimāyat* oder anders.

Handelt es sich bei den Vertragspartnern der Zentrale nicht um Einzelbauern, sondern um Dorfgemeinden, so treten die Ältesten der Gemeinde, die *kadḫudāyān*, als Sprecher der Gemeinde in Erscheinung. Im Grundsatz wird mit ihnen ein ähnlicher Vertrag wie mit Bauern abgeschlossen. Wenn die Einzelbauern nicht selbst unmittelbare Produzenten sind und/oder ihre Flächen auch mit ihrer (Groß-) Familie ein-

[129] *Samarkandskie dokumenty*, Urkunde 5 Z 40.
[130] Ebda., Urkunde 11, Z 44 – 48.
[131] Ebda., Urkunde 10 Z 753; Urkunde 12 Z 29 f.

Tafel 1: Vertragliche Verknüpfungen

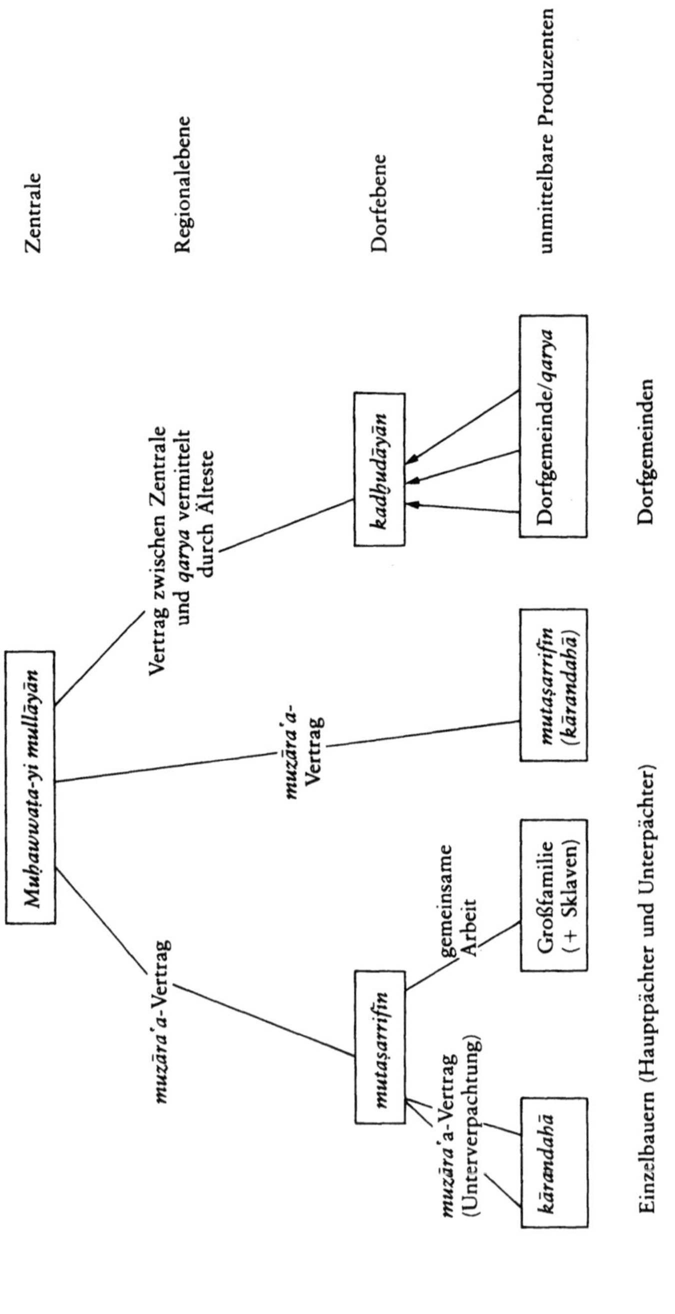

Tafel 2: Verwaltung

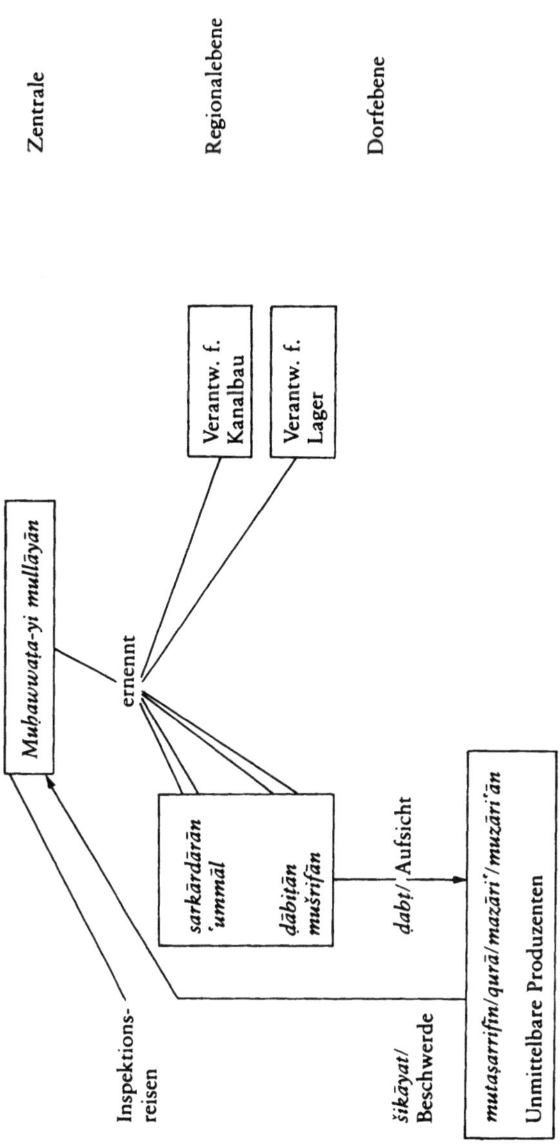

schließlich Sklaven nicht bearbeiten können, sind Unterpacht-Verträge, wieder vom *muzāra'a*-Typ, anzunehmen.

Innerhalb der Dorfgemeinden regeln diese selbst Zuweisung und Neuaufteilung der Grundstücke. Sie sind als Gemeinden verantwortlich für die Erfüllung der Verträge.

Vertragliche Zwischenstufen auf Regionalebene sind unwahrscheinlich, die Zentrale schließt also nicht mit einem Vertragspartner für eine ganze Region ab, sondern mit vielen örtlich. Die Position eines regionalen Vertragspartners würde sich der eines Rentpächters annähern. Kennzeichen der Wirtschaftsorganisation Ḫwāǧa Aḥrārs ist aber gerade, daß solche Zwischenstufen nach Möglichkeit ausgeschlossen werden. Besonders Rentpachtverträge fehlen in dem Gefüge ganz, von *iǧāra* ist nicht die Rede.

Tafel 2 zeigt den Aufbau der Zentralverwaltung mit ihren „Außenstellen", also den „Verwaltungsapparat" Ḫwāǧa Aḥrārs. Er ergibt sich aus den feststellbaren vertraglichen Verknüpfungen und den in dokumentarischen und hagiographischen Quellen genannten „Amtsbezeichnungen" von Mitarbeitern der Verwaltung sowie den Nachrichten über ihre Tätigkeit.

Im Zentrum, in *muḥawwaṭa-yi mullāyān*, befindet sich die Hauptbuchhaltung. Dort werden die Verträge gesammelt, dort wird über ein- und ausgehende Geld- und Getreidemengen sowie über sonstige Waren Buch geführt. Dort befindet sich auch die Hauptkasse. Dort wird die Korrespondenz erledigt, von dort aus werden die Verhandlungen mit dem Diwan geführt. Die Zentrale leistet gleichfalls die „regelmäßigen" Abgaben an den Diwan.

Im Gegensatz zu den vertraglichen Verknüpfungen ist bei der Verwaltung eine regionale Ebene wahrscheinlich, zumindest, was die Leitung der Arbeiten am Bewässerungssystem angeht, die oft nicht anders als überörtlich ausgeführt werden können. An einer Stelle kamen auch Verwalter vor, die auf Regionalebene für Einbringen der Ernteanteile verantwortlich waren (*sarkārdārān*).

'Ummāl ist vielleicht am ehesten eine Bezeichnung für Verwalter auf jeder Ebene, *sarkārdārān* eher für höher gestellte oder in der Zentrale beschäftigte. Die Verwalter vor Ort heißen *mušrifān* oder *ḍābiṭān*. Ihre Aufgabe besteht darin, dafür zu sorgen, daß die vereinbarten Leistungen (vor allem in Naturalien, vielleicht gelegentlich in Geld, vor allem bei Obst- und Gemüseanbau) dort eingehen, wo sie sollen, sei es bei lokalen oder regionalen Speichern oder im Zentrum. Gleichfalls wird die Organisation des Transports ihre Sache gewesen sein.

In der Funktion eines Lagerverwalters sahen wir einen Mann, dessen „Amtsbezeichnung“ an der Stelle nicht genannt wurde[132]. Es könnte einer von den *muḥarrirīn-i ġallāt* sein, deren Aufgabe, wie die Wortbedeutung nahe legt, gerade in dem bestanden haben kann, was der Lagerverwalter tut: Er führt Buch darüber, wieviel Getreide im Lager ist. – Ob es solche Speicher nur lokal oder auch regional gab, geht aus den Quellen nicht hervor. Für manche Zwecke ist es von Vorteil, überörtliche Speicher zu haben[133].

Es wird auch davon berichtet, daß die Zentrale solche Verwalter ein- und absetzt[134]. Bei der Beurteilung dieses Vorgangs muß aber daran gedacht werden, daß zumindest bei Dorfgemeinden ein jedenfalls informelles Vorschlags- oder Mitspracherecht der Ältesten eher die Regel als die Ausnahme gewesen sein dürfte, wird doch gerade der geschilderte Absetzungs-Fall als Ausnahme, fast als Skandal dargestellt. Dennoch steht im Diagramm, die Zentrale ernenne die *ʿummāl*; neben dieser Absetzungsgeschichte spielt die Rechenschaftspflicht der Verwalter dabei eine Rolle.

Ein wichtiges Instrument der Verwaltung sind die häufig, vielleicht regelmäßig unternommenen Inspektionsreisen Ḫwāǧa Aḥrārs und seiner wichtigsten Mitarbeiter. Sie dienen auch der Kontrolle der Verwalter und ihrer Tätigkeit. Es wird Beschwerden nachgegangen, die von Bauern geäußert werden. Es entsteht der Eindruck einer relativ straff gegliederten und geführten, auf eine Zentrale, d. h. eine Person ausgerichteten und ihr unmittelbar verantwortlichen Verwaltung.

Tafel 3 zeigt die Lieferung der Ernteanteile, also den Fluß der Güterströme.

Vertragsgemäß liefern die unmittelbaren Produzenten die vereinbarten Mengen entweder an die ihnen übergeordneten (Haupt-) Pächter, „größere *mutaṣarrifīn*“ genannt, oder direkt an die örtlichen Speicher, wenn sie selbst in einem Vertragsverhältnis zu Ḫwāǧa Aḥrār stehen, also selbst „Hauptpächter“ sind. Im Falle der Dorfgemeinden sind die Ältesten verantwortlich für die Erledigung der vertraglichen Pflichten. Ihre Namen sind es auch, die im Vertrag stehen. Die *ʿummāl* überwachen und registrieren diese Lieferungen.

Eine Sonderstellung nehmen die nahe an der Zentrale, also dicht bei Samarkand gelegenen Güter ein. Sie funktionieren wie „Stadtgüter“ europäischer Feudalherren, indem sie für den täglichen Bedarf der in

---

132 *Rašaḥāt* S. 228; s. o. S. 103.

133 S. o. S. 103.

134 S. o. S. 102 f.

Tafel 3: Lieferung der Ernteanteile

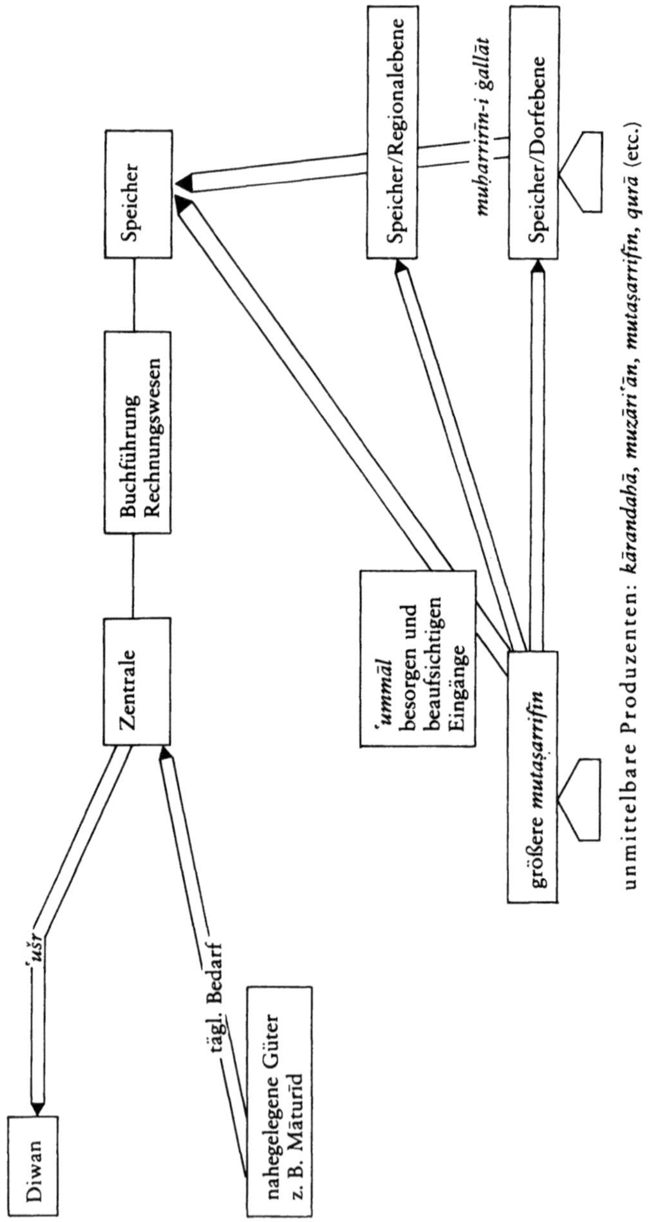

Tafel 4: Verwaltung eines Waqf mit Rentpacht-Verträgen

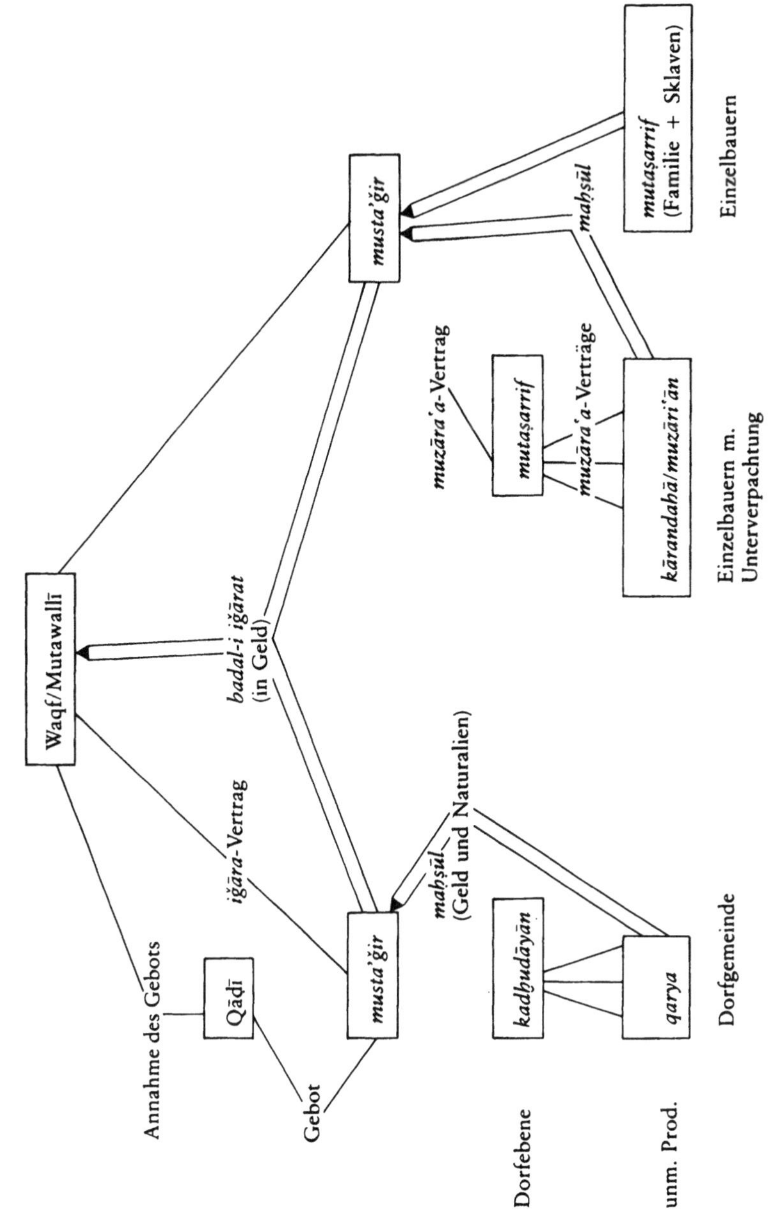

muḥawwaṭa-yi mullāyān lebenden Personen sorgen. Genannt wird urkundlich das Gut in Māturīd. Gewiß werden auch die Madrasen in Samarkand und Taschkent von solchen Gütern aus versorgt. Vielleicht werden auf ihnen mehr Sklaven beschäftigt als anderswo.

Für die Begleichung der Steuerschuld an den Diwan sorgt die Zentrale, wie es den Regelungen des ḥanafitischen Rechts entspricht.

Ein anderes Bild bietet *Tafel 4*, auf der die Verwaltung eines Waqf mit Rentpacht-Verträgen dargestellt ist. Natürlich wäre das auch auf die Verwaltung eines Privatbesitzes übertragbar. Das Material dafür ist der Arbeit von FAROQHI entnommen[135]. Ähnliche Verhältnisse sind in der Waqfiyya des Nachkommens Ḫwāǧa Aḥrārs, Urkunde 17 der *Samarkandskie dokumenty* von 1546, anzusetzen.

Die Rentpacht-Verträge werden als *iǧāra*-Verträge vor dem Qāḍī abgeschlossen. Dieser sammelt die eingehenden Gebote und setzt den Vertrag des *mutawallī* mit dem Höchstbietenden auf. Nach Abschluß des Vertrages hat sein Inhaber, der *musta'ǧir*, freie Hand hinsichtlich der Besitzungen, für die der Vertrag gilt. Weder braucht er dem Besitzer den gesamten Enteertrag zu nennen, noch kann der Besitzer ihn vor Ablauf der Vertragsfrist ablösen[136]. Es gehen auch keine Leistungen direkt von den unmittelbaren Produzenten oder Hauptpächtern, *muzāriʿān*, direkt an das Waqf. Alles nimmt den Weg über den *musta'ǧir*. Dieser leistet an das Waqf lediglich die vereinbarte Pauschalsumme, in der vorliegenden Urkunde von 1546 *badal-i iǧārat* genannt. Je nach Geschicklichkeit, Rücksichtslosigkeit oder Glück – wenn die Ernte unerwartet gut ausfällt – kann er sich bereichern, ohne daß, wenn er sich dabei wenigstens leidlich im Rahmen der Gesetze und des Ortsüblichen hält, er dafür zur Verantwortung gezogen werden könnte.

Der *musta'ǧir* kann auch Unterverträge abschließen, und zwar sowohl über die von ihm gepachteten Einkünfte wie auch über den Boden. Vor allem bei größeren Stiftungen, die ihre Ländereien in großen Portionen in Rentpacht gaben, wird das auch vorgekommen sein.

Es ist nicht ganz deutlich, wer bei Rentpacht-System für die Instandhaltung des Bewässerungssystems, der Gebäude usw. verantwortlich ist, und wer, außer die Dörfer in Eigeninitiative, Lagerhaltung veranlaßt. Da sich die Waqf-Verwaltung regional und lokal durch Rentpächter vertreten läßt, unterhält sie selbst gar keine Organisation mehr, die das leisten könnte. Die Rentpächter kümmern sich, ihrem Interesse gemäß,

---

135 S. o. S. 120 und Anm. 31.

136 Das entspricht der Natur von Rentpacht-Verträgen, s. o. S. 121; vgl. auch die in der Regel kurze Laufzeit von *iǧāra*-Verträgen.

nur kurzfristig um das Allernotwendigste. Dies muß die Rentabilität des Waqf auf die Dauer gefährden.

Es heißt, die Lage der Bauern auf Waqf-Land sei besonders schlecht gewesen, trotz der steuerlichen Vergünstigungen, die Stiftungen verhältnismäßig oft genossen. Waqf-Besitzungen haben wohl oft einen trostlosen Anblick geboten. Das ist bei den vielfältigen Möglichkeiten des Mißbrauchs im Rentpacht-System und dem diesem innewohnenden Hang zum Verfall nicht verwunderlich[137].

Um so wichtiger ist es, hervorzuheben, daß nach den Hinweisen in den Quellen Ḫwāǧa Aḥrār überhaupt nicht mit Rentpacht-Verträgen gearbeitet hat und sie auch auf seinen Stiftungen nicht angewendet wissen wollte. Wie lange die von ihm als Alternative aufgebaute verhältnismäßig stark zentralisierte und kontrollierbare Verwaltung Bestand hatte, ist allerdings eine andere Frage. Daß der Nachfahr von 1546 bereits wieder Rentpacht vorauszusetzen scheint, spricht eine deutliche Sprache.

---

[137] Ḥamdullāh Qazwīnī, *Tārīḫ-i guzīda*, nach PETRUŠEVSKIJ, *Zemledelie*, S. 239: „Die Besitzer, *arbāb*, zeigen die gehörige Sorge um das Land, und möglicherweise ist dank dieser Entscheidung [sc. bestimmte Landstriche in Rūm Privatpersonen zu überlassen] die Region aufgeblüht, während die Verwalter, wäre die Gegend in der Verfügung des Diwan geblieben, ihre Verpflichtung, alles wohlgeordnet zu erhalten, vernachlässigt hätten, da sie keinerlei Aussicht gehabt hätten, längere Zeit im Amt zu bleiben. Dann wäre binnen kurzer Frist die ganze Region in Verfall geraten: Denn es gibt Zeugnisse dafür, daß kein Ort, der dem Diwan oder einem Waqf gehört, sich, was das Gedeihen angeht, mit einem vergleichen kann, der einen Privatbesitzer hat." – Die Ursache hierfür ist, wie gezeigt, die kurze Laufzeit der Rentpachtverträge und die hieraus resultierende ruinöse Form, in der Rentpächter sich bereichern. Qazwīnī formuliert eine allgemeine Beobachtung, die gewiß nicht nur für Kleinasien gilt.

7. Schutz- und Patronageverhältnisse

Im vorigen Kapitel war als These dieser Arbeit formuliert worden, daß Ḫwāǧa Aḥrār ein Schutz- und Patronagesystem aufbaute, das in bestimmter Weise die Interessen der seßhaft-ländlichen und städtischen Handel und Gewerbe treibenden Bevölkerung gegenüber dem Diwan, den Amiren und möglicherweise räuberischen Nomaden vertrat[1]. Schutz konnte dabei nicht zuletzt beim Eintreiben von Steuerforderungen gewährt werden[2]. Die Frage war offen geblieben, inwiefern Unsicherheit in der Einhebung von Steuern sich auf Pächter einerseits und kleine Grundbesitzer andererseits unterschiedlich auswirken kann, dies auch eine Frage des Status, den die jeweiligen Personengruppen dem Steuereinnehmer gegenüber haben[3].

In diesem Kapitel wird der Geschichte und dem Funktionieren solcher Schutz- und Patronageverhältnisse nachgegangen. Eine erschöpfende Behandlung kann nicht geleistet werden, und zwar aus den gleichen Gründen, mit denen CAHEN seinen Aufsatz über *ḥimāya* relativiert: Es gibt in der zeitgenössisch-islamischen Literatur m. W. keine Texte, die solche Verhältnisse explizit erläutern; die Hinweise und Erklärungen sind weit gestreut; die Terminologie für die fraglichen Verhältnisse schwankt. Ich werde also im Folgenden die Belege vorstellen, die in den benutzten Quellen begegnen, und versuchen, eine Reihe terminologischer Fragen wenn nicht zu klären, so doch zu stellen.

Es kommt zunächst die „Vorgeschichte" der Schutz- und Patronageinstitutionen zur Sprache: a) Vormongolisches, erläutert werden die Termini *talǧi'a* und *ḥimāya*. b) Mongolenzeit: *ḥimāyat* als steuertechnisch relevante Kategorie, c) *ḥimāyat* bei „entlaufenen Bauern" und die Frage der „Leibeigenschaft", genauer der Bindung an die Scholle; d) ein Verhältnis persönlicher Abhängigkeit: *inǧü*. e) folgt eine Erörterung der Frage, wer in *ḥimāyat* bzw. *inǧü* geht, warum Personen oder Gruppen von Personen das tun und welchen Status sie dann haben. Dabei kommt

---

[1] S. o. S. 154.

[2] S. o. S. 149 f.

[3] S. o. S. 148 f.

der Begriff *iltiǧā* zur Sprache. f) wird *ḥimāyat* in Bezug gesetzt zum Protektionsverhältnis *tarbiyat* und dem Patron, der sie ausübt, dem *murabbī*, in positiven und negativen Verwendungen. Daran schließt an g) *ḥimāyat*, von Sufi-Scheichen ausgeübt: Spirituelle Verwendungen des Begriffs. Schließlich h) die Frage: Hat Ḫwāǧa Aḥrār *ḥimāyat* geübt, in welchem Sinn, für wen, gegen wen?

Vormongolisches: *talǧi'a* und *ḥimāya*

Bosworth zitiert die Definition der *talǧi'a* bei al-Ḫwārazmī so: „at-Talji'a (‚commendation') is when a weak person hands over (*yulji'u*) his property to a strong person so that the latter may protect it". Der Zweck des Schutzvertrages ist einmal Sicherheit vor Räubern u. ä., andererseits „to escape tax burdens by assimilating the lands in question to *qaṭī'a* lands, which paid only the *'ushr* or tithe"[4].

Ob es in diesem Zusammenhang immer gelungen ist oder auch nur immer angestrebt wurde, das unter den *talǧi'a*-Vertrag fallende Land in die günstigere Steuerklasse *'ušr* zu bringen, scheint nicht ganz gesichert. Cahen beschreibt die Funktionsweise der *talǧi'a* wie folgt: Zunächst stellt er fest, die Schutzbefohlenen hießen in den Quellen oft *muzāri'ūn*, werden also mit Pächtern gleichgesetzt, sie seien „des métayers, payant à un propriétaire des redevances privées, celui-ci seul payant à l'Etat l'impôt"; das entspricht der von Bosworth zitierten Funktionsweise, wobei der Gewinn für den Schutzbefohlenen darin besteht, daß die Zahlungen an den Schutzherrn geringer sein können als die an den Staat. Cahen fährt fort:

> « Et il est bien évident que pour les protégés l'intérêt de l'accord est d'interposer le protecteur entre eux et le fisc. Cependant d'autres textes, non moins clairs, ou les mêmes, montrent que les protégés continuent à être redevables, que ce soit ou non par intermédiaire, des impôts normaux envers le fisc, l'intérêt de la protection étant alors simplement dans une garantie contre les abus, quelquefois dans une réduction du taux des impôts consentie au ‹ puissant › bien vu du Souverain, quelquefois aussi dans la possibilité qu'a le puissant d'entreprendre des travaux d'intérêt public que l'Etat néglige et que les petits ne peuvent assumer »[5].

---

[4] Bosworth, *Abū 'Abdallāh al-Khwārazmī on the Technical Terms of the Secretary's Art*, S. 138. – Eine Erläuterung und Fallbeispiele zur *talǧi'a* bringt auch Haque, *Landlord and Peasant in Early Islam*, S. 245 ff.

[5] Cahen, *Notes pour l'histoire de la* ḥimāya, S. 290.

Auch wenn es nicht gelang, den steuerrechtlichen Status des Landes zu ändern, kann es sich also durchaus gelohnt haben, einen solchen Vertrag einzugehen, denn Mißbrauch in der Steuerverwaltung ist ein weder räumlich noch zeitlich begrenztes Phänomen. Ein wichtiger Aspekt dabei ist, daß es von der Gunst abgehangen haben kann, in der der Patron beim Herrscher stand, wieweit sich solche Verhältnisse für ihn und die Schutzbefohlenen auszahlten.

Ḥimāya oder *ḫafāra* heißt, nach CAHEN, die Zahlung, die die Schutzbefohlenen an den Patron leisten; sie war unterschiedlich hoch, je nach Güte des Bodens und den Einkommensverhältnissen der Schutzbefohlenen[6].

Das Wesen der *talǧi'a* ist die Aufgabe des Besitzrechtes *milk* durch den Schutzbefohlenen. Nur so kann erreicht werden, daß der Name des Patrons, als des neuen Besitzers, in den Steuerregistern steht. Darauf weist LØKKEGAARD hin. Ihm zufolge gingen besonders kleine und mittlere Grundbesitzer solche Verhältnisse ein. Er spricht von einer Schicht von „ḍiyāʿ-owners" im Irak, den *tunnā'*, Sg. *tāni'*, deren Lage so unsicher war, daß sie sich kaum zwischen den großen Grundherren einerseits und der Masse der mehr oder weniger besitzlosen Landbevölkerung andererseits behaupten konnten. Insbesondere konnten Steuerabpressungen ihre Wirtschaften gefährden. Dabei betont LØKKEGAARD, die Abtretung des Besitzrechtes in der *talǧi'a* sei im Prinzip freiwillig gewesen, aber „at all events the voluntariousness is somewhat questionable, as it is determined by an economic weakening"[7].

Wichtig ist, daß in vormongolischer Zeit von keiner persönlichen Abhängigkeit die Rede ist, die gleichzeitig mit einem Schutzverhältnis begründet würde. „Aucun texte ne parle, pour la *ḥimāya*, d'éléments de dépendance plus personnelle du protégé"[8]; CAHEN meint, auch die Freizügigkeit sei nicht gefährdet gewesen[9]. Es ist und bleibt ein Vertragsverhältnis und sollte von Klientel-Verhältnissen, wie sie für *mawālī* bestanden, unterschieden werden[10].

Alle zitierten Autoren aber sprechen davon, die *talǧi'a* sei für Mißbrauch besonders offen gewesen. In der Tat ist es nur ein kleiner Schritt von der Zusage, jemand gegen unbefugte Abpressungen zu schützen, bis dahin, diese Abpressungen selbst vorzunehmen. Es darf dabei nicht

---

[6] Ebda., S. 291. – Vgl. auch MOTTAHEDEH, *Loyalty and Leadership*, S. 181.

[7] LØKKEGAARD, *Islamic Taxation*, S. 68.

[8] CAHEN, *Notes pour l'histoire de la* ḥimāya, S. 291.

[9] Ebda.

[10] Ebda., S. 291 f. Dies im Unterschied zu *inǧü*, s. u. S. 186 ff.

übersehen werden, daß der Status eines Schutzbefohlenen sich im Ergebnis von dem eines Pächters kaum oder gar nicht mehr unterschied; nur zunächst scheint eine Zwischenstellung der Schutzbefohlenen insofern bestanden zu haben, als sie die Verfügung über das Land, auf dem sie saßen, sowohl vererben als auch sonst veräußern konnten. Andererseits vererbte auch der Patron seine Rechte und Pflichten aus dem *talǧi'a*-Verhältnis. Im Lauf der Zeit hat sich die Lage der Schutzbefohlenen der von Pächtern wohl vollends angeglichen. Es nimmt daher nicht wunder, daß die *ḥimāya*-Abgaben auch erhoben wurden, wenn ihnen keine Gegenleistung mehr entsprach[11], oder daß „Schutzbefohlenen" fast mafiaartig „Angebote" gemacht wurden, „die sie nicht ablehnen konnten"[12].

In der Salǧūqen-Zeit hören die Nachrichten über *talǧi'a* und *ḥimāya* in diesem Sinn offenbar auf[13].

Aus späterer Zeit gibt es vereinzelt Belege für *ḥimāyat* als „Schutzgeld", das von Kaufleuten erhoben wird. In einem Qara-Qoyunlu-Suyūrġāl wird turkmenischen Häuptlingen verboten, sich in Abgaben-Angelegenheiten einzumischen; wahrscheinlich sind nicht-autorisierte Abpressungen gemeint. In der Aufzählung wird auch *ḥaqq-i ḥimāyat* „Schutzgeld" genannt[14]. Ein Erlaß Ismā'īls des Ṣafawiden verfügt über die Verwendung von als *ḥimāyat* der Tabrizer Kaufleute eingenommenen Geldern und erklärt die Abgabe gleichzeitig für abgeschafft[15].

Möglicherweise also erfuhr die Praxis, von Karawanen „Schutzgeld" zu erheben, in der Turkmenenzeit im Iran wieder eine gewisse Verbreitung.

Mongolenzeit: *ḥimāyat* als steuertechnisch relevante Kategorie

Nach der mongolischen Invasion kommt *ḥimāyat*, ab jetzt in der persischen Form, wieder vor, aber in einer anderen Bedeutung.

Bevor die Belege vorgestellt werden, soll auf einen Grundzug der mongolischen Finanzverwaltung hingewiesen werden: Bereits in den ersten Jahrzehnten wurde verhältnismäßig streng zwischen den Einkünften

[11, 12] Ebda., S. 293 und 301; auch *Ders.*, *Mouvements populaires* I/259 und III/Index s. v.
[13] Cahen, *Notes pour l'histoire de la* ḥimāya, S. 301 f.
[14] Aubin, *Un Soyurghal Qara-Qoyunlu*, S. 161 Z 30 ff.
[15] Fekete/Hazai, *Paläographie*, Nr. 40 Z 3.

des Diwan und denen des Herrschers getrennt[16]. Neben den Privateinkünften des Herrschers gleichberechtigt stehen die der übrigen Mitglieder der herrschenden Familie, in deren Besitz, letztlich als Beute, das eroberte Land sich befindet. Es wird sich zeigen, daß *ḥimāyat* ebenso wie *inğü* bedeutet, daß Gruppen von steuerpflichtigen Personen, bis hin zu ganzen Städten, sich der Kontrolle des Diwan entziehen, um sich der Botmäßigkeit entweder des Herrschers persönlich oder eines Mitglieds der herrschenden Familie, auch anderer hochgestellter Persönlichkeiten, zu unterstellen, oder daß sie von diesen Persönlichkeiten der Kontrolle des Diwan entzogen werden. Auf einer anderen Ebene bedeutet *ḥimāyat* auch in mongolischer Zeit schon, daß Bauern dem Zugriff des Diwan bzw. des „offiziell Berechtigten" entzogen werden (oder: sich entziehen), und sich jemand anders unterstellen; dieser Vorgang wird im folgenden Abschnitt eingehender untersucht. Gemeint ist in jedem Fall ein eigenmächtiger Eingriff in die Finanzverwaltung des Diwan, also der Staatskasse; sei es durch die „Schutzsuchenden" selbst, sei es durch die „Schutzherren".

BARTOL'D führt zwei Stellen aus Rašīduddīn an, die hier im Zusammenhang zitiert seien. In beiden steht *ḥimāyat* in Verbindung mit Zuständen, die Ġāzān Ḫān im Laufe seiner Verwaltungs- und Finanzreform beenden möchte. Die erste Passage:

> „Auch haben sich die Steuereinnehmer und Finanzbeamten in den Provinzen [Folgendes] zur Gewohnheit gemacht: Wenn der Herrscher der Zeit ein Dorf oder einen Weiler [in verschiedenen Formen] einer Person überlassen oder als Waqf gestiftet hat oder eine Prinzessin oder ein Prinz oder ein Amir ein Dorf unter seinen Schutz *ḥimāyat* genommen hat und [dies Dorf also] nichts an den Diwan entrichtet hat, lasten sie unter diesem Vorwand die Verminderung der Einkünfte dort dem Großen Diwan an und schreiben es [so] in ihre Abrechnung, ziehen es aber selbst ein"[17].

---

[16] MINOVI/MINORSKY, *Naṣīruddīn Ṭūsī on Finance*, S. 779: „Very systematic is the distinction between the king's own revenue (*khāṣṣa*) and that destined for the needs of the kingdom (*māl-i maṣāliḥ-i pādšāhī*). The Mongolian terms for these two classes were *injü* „special" (?) and *dalay* „oceanic", i.e. „universal". S. u. S. 187 und Anm. 73.

[17] BARTOL'D, *Persidskaja nadpis'*. Das Zitat in Rašīduddīn/JAHN: *Geschichte Ġāzān Ḫāns*, S. 260: *Wa nīz mutaṣarrifīn wa ʿawānān-i wilāyāt ʿādat karda būdand ki agar dihī wa mawḍiʿī pādišāh-i waqt ba-idrār wa musāmaḥa yā iqṭāʿ wa ḫayrat wa baḫšiš wa inʿām ba-kasī dihad yā waqf kunad yā az ḫawātīn wa šāh-zādagān wa umarā kasī ḥimāyat-i mawḍiʿī karda bāšad wa ḥuqūq-i dīwānī na-dāda bāšad [...] badān bahāna iḍʿāf-i mutawağğihāt-i ānğā ba-dīwān-i buzurg taqrīr kunand wa dar iḥtisābiyāt-i ḫūd niwīsand wa ğihat-i ḫūd ba-rānand.*

In dieser Passage aus einem Erlaß Ġāzān Ḫāns ist von Minderungen der Einnahmen des Großen Diwans, also der Staatskasse, die Rede, die auf verschiedene Arten entstehen können, und zwar sowohl durch den Herrscher gewollt und verfügt und daher durch ihn zumindest theoretisch auch kontrollierbar, als auch auf eine schon grundsätzlich außerhalb der Kontrolle des Herrschers stehende Art. Wohl gerade in Bezug auf diese letzte Form besteht eine mißbräuchliche Übung der Steuereinnehmer, Minderungen der Einnahmen dem Großen Diwan anzulasten, dabei aber selbst zu kassieren. Minderungen der Ansprüche des Diwan entstehen nach Auskunft dieses Textes, wenn der Herrscher zugunsten einer so belohnten oder entlohnten Person darauf verzichtet. Die verschiedenen Formen, in denen das geschehen kann, bleiben hier unbeachtet[18]. In diesen Fällen bleibt die Steuerlast für die „Untertanen" die gleiche, nur der Empfänger wechselt; statt des Diwan ist es nun ein „offiziell Berechtigter". Bei den Stiftungen verzichtet der Herrscher auf Einnahmen aus Diwan-Land (oder aus Privatland, das spielt in diesem Zusammenhang keine Rolle) zugunsten des Stiftungszwecks; das Verfahren ist ähnlich wie bei den anderen Verfügungen: Es unterliegt jedenfalls grundsätzlich der Kontrolle des Herrschers. Nicht so der letzte genannte Fall: Es kam auch zu Minderungen der Einnahmen für den Großen Diwan, wenn hochgestellte Persönlichkeiten, vor allem Mitglieder der herrschenden Familie, einen Ort unter ihren Schutz, *ḥimāyat*, stellten. Dies wurde dann offenbar von den Beauftragten des Diwan in einer Form wie: Einnahmen aus Dorf NN: nichts, da *ḥimāyat* des oder der XY, in die Abrechnungen eingetragen. Diese unkontrollierte und unkontrollierbare Praxis ist es, die Ġāzān Ḫān abstellen will. – Dabei ist nicht klar, ob die eigentlichen Steuerzahler bei diesem *ḥimāyat*-Status Vergünstigungen erreichen konnten. Es ist auch möglich, daß die dem Diwan entgangenen Einnahmen einfach unter den Steuereinnehmern, die „*ḥimāyat*" in die Listen schrieben, und den Personen, unter deren *ḥimāyat* die Orte standen, aufgeteilt wurden.

Bartol'd meint, daß es sich für diese Dörfer, ja Städte gelohnt haben kann, sich unter *ḥimāyat* einer hochgestellten Persönlichkeit zu stellen[19], Petruševskij dagegen sagt, der Nutzen für sie sei unerheblich gewesen[20]. Bartol'ds Angabe, viele Städte, darunter das armenische Ani, hätten sich freiwillig in ein solches Verhältnis begeben, spricht eher dafür, daß

---

[18] Die fraglichen Verhältnisse erläutert bei Petruševskij, *Zemledelie*.

[19] Bartol'd, *Persidskaja nadpis'*, S. 326.

[20] Petruševskij, *Zemledelie*, S. 245.

sie doch einen Vorteil hatten; diesen sieht Bartol'd weniger in einer Senkung als in einer Regulierung der Steuerlast[21].

Dies *ḥimāyat*-Verfahren war weit verbreitet. Das ergibt sich schon aus dem Umstand, daß es in der zitierten Passage in einer Reihe steht mit den üblichen Übertragungen von Einkünften aus Land einerseits und Waqf-Land andererseits. Land unter *ḥimāyat* erscheint demnach als eine steuerrechtliche Kategorie *sui generis*.

In der zweiten von Bartol'd angeführten Passage geht es um die Entmachtung der „Jäger und Falkner"[22]. Ġāzān Ḫān will ihnen die Möglichkeit nehmen, sich unkontrolliert zu bereichern, indem sie in Gestalt von Sach- und Geldleistungen die Bevölkerung auspressen. Zur Schwächung der Position dieser Leute gehört neben der genaueren Registrierung ihrer Ansprüche auch, daß ihre „Schutzbefohlenen" wieder unter den *qalan* fallen: „Diejenigen, die bei ihnen in *ḥimāyat* waren, sind wieder unter den *qalan* gefallen"[23].

Auch hier stehen mächtige Personen zwischen der steuerpflichtigen Bevölkerung und der Diwan-Finanzverwaltung, wieder ist es deren Willkür, gegen die sich die Politik Ġāzān Ḫāns richtet. *Ḥimāyat* erscheint hier fast als ein Mittel, Leistungen, die eigentlich dem Diwan zustehen, vollends zu privatisieren. Ġāzān Ḫāns Herrschaft und die seiner Nachfolger war bekanntlich von dem wohl nicht immer erfolgreichen Streben gekennzeichnet, eine Regulierung und Kontrolle vor allem des Steuerwesens zu erreichen[24]. In diesem Sinn mußte die Zahl und die Kompetenz von Zwischeninstanzen beschnitten werden. Das traf nicht zuletzt Mitglieder der herrschenden Familie und Amire, also militärische, gleichzeitig tribale Führer. Solche hat man unter den erwähnten „Jägern und Falknern" zu vermuten.

Die bisherigen Belege stammen aus dem Iran unter mongolischer Herrschaft. Für Mittelasien gibt es für die gesamte Mongolenzeit keine entsprechenden Stellen, was angesichts der insgesamt schlechteren Quellenlage nicht verwundert. *Ḥimāyat* als steuertechnische Kategorie kommt in mittelasiatischen Quellen erst für das 16. Jahrhundert vor. In den

---

[21] Bartol'd wie Anm. 19.

[22] *ṣayyādān wa qūščiyān.*

[23] Rašīduddīn/Jahn, S. 344: *ānān ki dar ḥimāyat-i īšān būdand dāḫil-i qālān šuda-and.* – Zu *qalan* und der Wendung *dāḫil-i qālān* vgl. Smith, John M. Jr., *Mongol and Nomadic Taxation*, S. 52 ff.; vgl. unten S. 188.

[24] Vgl. die Kommentare zu den Steuerinschriften Abū Sa'īd Ḫāns: Bartol'd, *Persidskaja nadpis'*, und Hinz, *Steuerinschriften*. Aus dem Diwan Abū Sa'īds stammt auch der von Herrmann/Doerfer behandelte Erlaß: *Ein persisch-mongolischer Erlaß aus dem Jahr 725/1325.*

Texten aus der Timuridenzeit, in denen *ḥimāyat* auftaucht, bedeutet es nicht das beschriebene Verfahren im Umgang mit Steuerforderungen[25].

IVANOV schreibt nach *Maṭlab al-ṭālibīn*, auf Befehl Imām Quli Ḫāns[26] seien auch diejenigen Ländereien in die Steuerlisten eingetragen worden, deren Inhaber sich unter dem Schutz, *dar ḥimāyat*, der Scheiche von Ǧūybār, hier des Ḫwāǧa Īšān, befunden hätten[27].

Dieser Bericht weist Ähnlichkeiten mit dem aus Rašīduddīn auf, in dem die „Jäger und Falkner" mit Hilfe der *ḥimāyat* Abgaben vom Diwan weg in die eigenen Taschen lenkten. Im Fall der Scheiche von Ǧūybār sind es allerdings keine tribalen, sondern spirituelle Führer, die *ḥimāyat* ausüben. „Zurückfallen in den *qalan*" ist ersetzt durch Eingetragenwerden in die Steuerlisten; es kommt auf das gleiche hinaus; vermutlich mußten die Ländereien neu vermessen werden[28]. Zu beachten ist ferner, daß die Scheiche von Ǧūybār in die *silsila* der Ḫwāǧagān/Naqšbandiyya gehören; sie begegneten bereits mit ihrer Liegenschaftsverwaltung, die noch mehr gegliedert und durchstrukturiert war als die Ḫwāǧa Aḥrārs[29].

In einer Urkunde, in der der Šaybāniden-Herrscher ʿAbdulmalik jemanden beauftragt, in einer *hazāra* (Tausendschaft) in der Gegend des heutigen Ura-Tjube eine Revision durchzuführen, heißt es: „Gleichzeitig soll der Genannte die erwähnte Tausendschaft revidieren und die Haushalte [Herdfeuer], Personen und Rinder sowie die Steuerbefreiungen und Schutzverträge (*ḥimāyatī*) und alles Übrige so erfassen, daß er nicht ein Lamm und nicht eine Ziege vernachlässigt"[30]. Für den Fall des Ungenügens wird Allerhöchster Zorn angedroht.

Ḥimāyatī steht in einer Reihe mit *tarḫānī*; das ist eins der üblichen Wörter für Steuerbefreiung, wie sie vom Herrscher verliehen werden kann. Es liegt auf der Hand, in *ḥimāyatī* etwas Ähnliches zu sehen. Offenbar waren in dem zu revidierenden Bezirk Steuerbefreiungen mit

---

[25] S. 196 ff.

[26] Imām Qulī Ḫān (reg. 1611 – 1642) gehört bereits zur den Šaybāniden folgenden Dynastie der Aštarḫāniden oder Ǧāniden. Unter diesen hatten es die Scheiche von Ǧūybār zunächst schwer.

[27] IVANOV, *Chozjajstvo*, S. 79. – *Maṭlab al-ṭālibīn* von Abū'l-ʿAbbās Muḥammad Ṭālib ist eine (seltene) Hagiographie über die Scheiche von Ǧūybār.

[28] Das Vermessen der Ländereien, *ǧarīb kišīdan*, geht regelhaft einer neuerlichen Erhebung von Abgaben auf Land voraus, das bisher keine zahlte, aus welchem Grund auch immer. S. S. 230 f.

[29] S. o. S. 99 f. und 103.

[30] *ba-ham-rāhī mušār ilayhi hazāra-yi madkūra-rā taḥqīq karda az dūd wa nafar wa ǧarīb wa gāw wa tarḫānī wa ḥimāyatī wa ġayrihi ham-rā čunān sāzad ki yak barra wa yak būz-rā furū-guḏašt na-kunad*, EGANI/ČECHOVIČ, *Regesty* I, Urkunde 7 von 1566.

zweifelhaftem Charakter vorgekommen, wohl von der beschriebenen Art, daß nämlich der zuständige Steuereinnehmer sich mit einflußreichen Personen in der Gegend auf ein Verfahren geeinigt hatte, die dem Diwan zustehenden Steuern unter sich aufzuteilen. Der Erlaß fordert die Neuaufstellung der Steuerlisten. Sie müssen in großer Unordnung gewesen sein.

Bemerkenswert ist der Ausdruck *ḥimāyatī*, grammatikalisch ein Abstraktum, das demzufolge die Institution „Schutzverhältnis nach Art der *ḥimāyat*" bedeutet. Für die Šaybāniden-Zeit in Mittelasien könnte schon allein daraus auf das Bestehen einer solchen Institution geschlossen werden. Diese Institution scheint soweit anerkannt worden zu sein, daß sie wirksam war, solange dem Diwan nicht allzu viele Einkünfte entgingen.

Auch die Belegstellen aus dem *inšā'*-Buch *Maktūbāt wa asnād* lassen auf das Bestehen einer halbwegs anerkannten Institution *ḥimāyatī* schließen. Der oder die Verfasser dieses Werks benutzen *ḥimāyat* fast in der Bedeutung „Entschuldigung, keine Abgaben zahlen zu müssen". So ist z. B. eine Vorlage enthalten, nach der Anweisungen abgefaßt werden sollen, dem Schreiber das Schreibergeld auszuzahlen. Es heißt: „Niemand soll mittels *ḥimāyat* und niemand soll [auch sonst] sich in sein Schreibergeld einmischen. Niemand soll *ḥimāyat* ausüben"[31]. Ob es vorkam, daß die Verfasser des Werks, die gewiß selbst Schreiber waren, von ihren „Kunden" derlei hören mußten? – Festzuhalten ist das in dieser Vorlage sehr deutlich ausgedrückte Funktionieren von *ḥimāyat*: Einmischung (*madḫal*) eines Mächtigen in das Verhältnis zwischen einem „offiziell Berechtigten" und einem Zahlungspflichtigen. So auch in einer anderen Vorlage, die für Ernennungsschreiben dient: „[Die Einwohner des entsprechenden Bezirks] sollen wissen, daß alles, was ganz oder teilweise mit der erwähnten Angelegenheit zusammenhängt, in die Zuständigkeit [des Ernannten] fällt. Sie sollen niemandem *ḥimāyat* gewähren [...]"[32]. An manchen Stellen wirkt das Verbot von *ḥimāyat*, als werde es schon routinemäßig eingesetzt. Das läßt auf eine weite Verbreitung der Sache schließen.

Zusammenfassend gibt es für die Zeit der Īlḫāne in Iran und der Šaybāniden in Mittelasien Belege, daß unter der Bezeichnung *ḥimāyat*,

---

[31] *wa hīč kas az āfrīda ba-ḥimāyat wa hīč kas dar ḥaqq al-inšā'-i ū madḫal namūda ḥimāyat na-kunand*, *Maktūbāt wa asnād* 37 b.

[32] *wa muta'allaqāt-i muhimm-i maḏkūr-rā az ğuzwī wa kullī mufawwaḍ-i ū dānand wa kasī-rā ḥimāyat na-kunand*, ebda. 59 b.

als Abstraktum *ḥimāyatī*, Befreiung von Steuerleistungen an den Diwan erreicht werden konnte oder gewährt wurde. Dabei ist nicht davon die Rede, an wen die Zahlungen gehen, die eigentlich in den Diwan hätten fließen sollen. Alle Belege aber (bis auf die aus dem Formularbuch) sprechen davon, daß ein Herrscher dies Verhältnis abschaffen will, sei es, daß sich seine Politik gegen Unkontrollierbarkeit in der Finanzverwaltung richtet, sei es, daß der Schutzherr der *ḥimāyat* nach einem Machtwechsel in Ungnade gefallen ist, sei es, daß eine allgemeine Revision veranlaßt wird, wenn die Steuereinnahmen aus einer Gegend allzu spärlich geworden sind. Es ist in keinem Fall aber deutlich erkennbar, ob es sich um eine Manipulation der Steuereinnehmer und der Schutzherrn gehandelt hat oder ob die Schutzbefohlenen auch davon profitierten.

Ḥimāyat bei „entlaufenen Bauern"

Waren die Bauern an den Boden gebunden? Waren die kleinen und mittleren Bauern „Leibeigene", nachdem sie ihr Land an Ḫwāǧa Aḥrār verkauft oder es ihm auf sonst einem Weg überlassen hatten? ČECHOVIČ nimmt das an, wie oben ausgeführt[33].

In diesem Abschnitt soll nun nicht die Frage, ob es im Orient oder begrenzt in Mittelasien Leibeigenschaft gegeben habe, umfassend geklärt werden. Es werden einige Beobachtungen vorgetragen, die das Ergebnis von ČECHOVIČ zumindest relativieren.

Für die Zeit bis zur mongolischen Eroberung ist man sich, was Iran angeht, weitgehend einig, daß es keine Leibeigenschaft und keine Bindung an die Scholle gab[34]. Hingewiesen wird darauf, daß das islamische Recht den personenrechtlichen Status „Leibeigener" nicht kennt. Es gibt nur

---

[33] S. o. S. 151.

[34] Folgende sowjetische Autoren haben sich mit der Frage der Leibeigenschaft in dieser Zeit in Iran und Mittelasien befaßt:
- ABDURAIMOV, *Očerki* II, besonders S. 209 und 216 ff.
- FALINA, *Reformy Gazan-Chana*, S. 73,
- MACHMUDOV, *Zemledelie*, S. 101 ff.,
- NABIEV, *Istočniki po istorii krepostnogo prava v Srednej Azii*,
- PETRUŠEVSKIJ, *K voprosu o prikreplenii krest'jan k zemle v Irane v ėpochu mongol'skogo vladyčestva* (bringt im Vergleich zu *Zemledelie* mehr Material zur Lage bei den Mongolen selbst).
- *Ders.*, *Zemledelie*, S. 321 – 339,
- VJATKIN, *Vakufnyj dokument*.

Sklaven einerseits und freie *ḏimmīs* und freie Muslime andererseits. Wieweit die Freizügigkeit des Einzelnen durch die wirklichen Verhältnisse eingeschränkt war, muß von Fall zu Fall geklärt werden. Es scheint aber so zu sein, daß man grundsätzlich von Freizügigkeit auszugehen hat, also davon, daß Bauern das Recht hatten, ihr Land zu verlassen und entweder in ein anderes Dorf oder in eine Stadt zu gehen.

Mit der mongolischen Eroberung ändert sich das Bild in den betroffenen Gebieten dadurch, daß die Eroberer ihr System der militärischen Organisation in Zehntschaften, Hundertschaften usw. auch auf die ansässige Bevölkerung anwandten[35]. Ein Wechsel von einer militärischen oder Verwaltungseinheit zur anderen konnte nicht unter den betroffenen Personen abgemacht werden, sondern bedurfte einer Verfügung des Herrschers. In den ersten Jahren der Mongolenherrschaft wurde ein Bauer, der sein Dorf, besser: seinen Herrn, verließ, behandelt wie jemand, der unerlaubt versuchte, seine Zehntschaft oder Hundertschaft zu wechseln. Bei Ǧuwaynī heißt es: „Niemand kann aus der Tausendschaft oder Hundertschaft oder Zehntschaft, der er zugeteilt ist, an eine andere Stelle gehen, oder bei einer anderen [Abteilung, oder: bei jemand anders] Zuflucht suchen, und niemand kann einen solchen [Mann] bei sich aufnehmen“[36, 37]. In diesem Abschnitt bei Ǧuwaynī, der „Yāsā Čingīz Ḫāns“ gewidmet, heißt es *panāh* statt *ḥimāyat*; das erklärt sich vielleicht aus dem militärischen Zusammenhang des Textes. Das Gewähren einer neuen Stellung wird ebenso verboten wie das eigenmächtige Verlassen der Einheit. Man könnte folgern, daß einige Unterführer in der Versuchung waren, auf diese Weise, letztlich durch Abwerbung, ihre Anhängerschaft zu vergrößern, Lücken zu schließen oder Fehlbestände auszugleichen. Von dem doppelten Verbot aber, wie man sehen wird, blieb nur eins, nämlich dasjenige, das sich an die „Herren“ richtet.

---

35 Ein Beispiel gibt SMITH, John M. Jr.: *Mongol Manpower and Persian Population*, S. 271 ff. – Die Situation in Buchara wird geschildert in der Einleitung zu ARENDS/CHALIDOV/ČECHOVIČ, *Bucharskij vakf*, S. 9–18. Es wird betont, daß die Stadtbevölkerung sich in persönlicher Abhängigkeit von dem einen oder anderen Mitglied des Hauses Čingīz befand. – Dazu auch PETRUŠEVSKIJ, *Iz istorii Buchary XIII v.*

36 *hīč mard az hazāra wa ṣada wa dahī ki ānǧā ma'dūd bāšad ba-ǧā'-i dīgar na-tawānad raft wa ba-dīgarī panāh na-tawānad girift wa kasī ān kas-rā ba-ḫūd rāh na-tawānad dād*, Ǧuwaynī, *Ǧahān-gušā*, (QAZWĪNĪ), S. 24.

37 Zur Textkritik an Ǧuwaynī und den von ihm abhängigen Autoren vgl. AYALON, *The Great Yasa of Chingiz Ḫān* Teil A; zur Sache neuestens RATCHNEVSKY, *Die Rechtsverhältnisse bei den Mongolen*: Eigenmächtiges Verlassen der Einheit von Ögödei 1235 mit Körperstrafe bedroht (RATCHNEVSKY, S. 91). Vgl. auch MORGAN, D. O.: The „Great Yasa of Chingiz Khan“ and Mongol Law in the Ilkhanate, *BSOAS* 49 (1986), 163–176.

Die Grundlage für Aussagen über Bindung von Bauern an die Scholle im Īl-ḫānidischen Iran bildet der Erlaß Ġāzān Ḫāns, mit dem er das *iqṭāʿ*-Wesen (wieder) einführt. Dieser bei Rašīduddīn überlieferte Erlaß sieht vor, daß Bauern, die ihren angestammten Wohnsitz verlassen haben, aber noch keine 30 Jahre an ihrem neuen Aufenthaltsort leben, zurückgehen bzw. zurückgeschickt werden sollen, wenn sie nicht zwischenzeitlich in die Listen (*šumār wa qānūn*) einer anderen Provinz eingetragen worden sind. Der Erlaß ordnet den Inhabern von *iqṭāʿāt* an, diese Bauern auch nicht unter dem Vorwand, sie seien von weit her, bei sich aufzunehmen bzw. zu behalten, auf keine Weise sollen sie gesammelt werden, ihnen darf kein *ḥimāyat* gewährt werden, man soll sie nicht in die (als *iqṭāʿ* zugewiesenen) Dörfer lassen[38].

Daß dieser Erlaß nicht ohne Bedeutung für die Praxis war, zeigt der von Cleaves veröffentlichte und von Minorsky mit weiteren Kommentaren versehene Erlaß Abū Saʿīds von 720/1320. Cleaves übersetzt die entsprechende Passage (aus dem Mongolischen): „If their subjects, who, from thirty years [ago] until now, have not yet entered the *qānūn* in the number of other people, be with anyone, let them return and give [them back]"[39]. Dieses „to be with anyone" entspricht dem *pīš-i kasī būdan* oder *nazd-i kasī būdan* der persisch-sprachigen Erlasse. Gemeint ist immer, daß jemand anders als der „offiziell Berechtigte" Bauern bei sich untergebracht hat. Manchmal wird dies Unterbringen direkt *ḥimāyat* genannt, wie auch im zitierten *yarlıġ* von Ġāzān Ḫān, manchmal fehlt diese Bezeichnung. Der Vorgang ist wohl so vorzustellen, daß Herren, die meinten, sich das leisten zu können, Bauern bei sich aufnahmen, die es bei ihren ursprünglichen Herren nicht mehr aushielten; die „neuen" Herren riskierten dabei einen Konflikt mit dem „offiziell Berechtigten", der versuchen konnte, einen herrscherlichen Erlaß zu seinen Gunsten zu erwirken. Schon der Erlaß Ġāzān Ḫāns läßt die Bauern nicht völlig rechtlos; wenn es ihnen gelingt, sich in die Listen bei ihrem „neuen Herrn" eintragen zu lassen, oder 30 Jahre dort zu bleiben, hat der ursprüngliche „offiziell Berechtigte" keine Möglichkeit mehr, sie zurückzuschaffen. Die weitere Entwicklung ging wohl zunächst eher dahin, die Möglichkeiten der Bauern zu erweitern; Verbote werden jeweils ausgesprochen, sie bei sich aufzunehmen, von Bestrafung der Bauern erfährt man nichts.

Die nächste Etappe ist eine Vorlage für derartige Erlasse aus dem *Dastūr al-kātib*. Darin heißt es:

---

[38] Rašīduddīn/Jahn S. 306, d'Ohsson IV/425; Falina, *Reformy*, S. 73 f.

[39] Cleaves, *Mongolian Documents*, Urkunde III, S. 32; Minorsky, *A Mongol Decree*.

> „Sie [die geflohenen Bauern] sollen, wohin auch immer sie gegangen sein mögen, ganz unbesorgt an ihre angestammten Wohnsitze zurückkehren. Sie sollen sich keinem Auseinanderlaufen und keinem Vagabundieren [mehr] hingeben: Es wird nicht [mehr] versäumt werden, sie zu beschützen und für sie zu sorgen[40]. Die verständigen Ältesten sollen zum Diwan kommen und die Lage der Schwachen und ihre Zerrüttung darlegen, damit für Abstellen [dieser beklagenswerten Zustände] gesorgt werden kann. Die Gouverneure der Provinzen sollen ihnen [den Bauern] keinen Schutz gewähren, sondern sie allerschnellstens an ihre angestammten Wohnsitze zurück in Marsch setzen“[41].

Mit diesem Schreiben werden die Bauern in fast höflichem Ton aufgefordert, an ihre alten Wohnorte zurückzukehren. Ihnen wird versprochen, ihre Lage werde sich bessern, man werde jetzt offiziell für sie sorgen. Nur im letzten Satz, der den Gouverneuren verbietet, sie bei sich aufzunehmen, klingt eine Note an, die es fraglich erscheinen läßt, ob man Bauern geraten hätte, sich entsprechend diesem Schreiben zu verhalten. War es vielleicht so, daß die Aufnahme an einem anderen Ort für bedrängte Bauern das sicherste, vielleicht das einzige Mittel war, ihre Lage, wenn auch nur zeitweise, zu verbessern?

Von einem grundsätzlichen Verbot, woanders sein Glück zu versuchen, und damit zusammenhängenden Sanktionen liest man hier nichts. Das Verbot richtet sich gegen diejenigen, deren Stellung es erlauben würde, *ḥimāyat* zu üben und die Bauern bei sich aufzunehmen. In Erlassen, die nach der Vorlage in *Dastūr al-kātib* haben erstellt werden können, trifft der Herrscher eine Verfügung zugunsten des „offiziell Berechtigten“.

---

[40] *Muḥāfaẓat* übersetze ich etwas naiv mit „Fürsorge“. Möglicherweise ist es ein Terminus für durch den Diwan gewährten „Schutz“ im Gegensatz zu *ḥimāyat*, dem Schutz durch andere Personen. Das legt der von HERRMANN/DOERFER untersuchte Erlaß nahe (S. 319, Z 7 des Textes). Einen terminologischen Kommentar zu *muḥāfaẓat* gibt HERRMANN nicht. Weitere Belege: *Mihmān-nāma-yi Buḫārā* Faksimile fol. 116a (Üb. S. 143): *muḥāfaẓat-i ṯuġūr-i bilād-i Turkistān* „Schutz der Grenzen Turkestans“; ebda.: *muḥāfaẓat-i īn wilāyat wa ta'yīn-i ḥukkām wa dārūġagān* (Üb. S. 144) „[herrscherliche] Ordnung der Provinz und Einsetzen von Gouverneuren“. *Muḥāfaẓat* deutlich als staatlich garantierter Schutz in einer Urkunde Ṭahmāsps von 1595, SCHIMKOREIT, *Regesten* Nr. 38, FEKETE/HAZAI, *Paläographie*, Nr. 65.

[41] *ba har ǧā ki rafta bāšand ba dil ḫūšī yi tamām ba-waṭan-i ma'lūf āyand wa ba-hīč tafriqa wa taraddud ba-ḫūd rāh na-dihand dar ra'iyat wa muḥāfaẓat-i īšān ihmāl na-ḫwāhad raft kadḫudāyān-i kār-dān ba-dīwān āyand wa aḥwāl-i 'ağaza wa inkisār-i ḫūd bāz namāyand tā ba-tadāruk ihtimām rawad ḥukkām-i wilāyāt īšān-rā ba-ḥimāyat na-gīrand wa ba-zūdī-yi tamām ba-waṭan-i ma'lūf rawān gardānand*, PETRUŠEVSKIJ, *Zemledelie*, S. 337 Anm. 9.

Der chronologisch folgende Erlaß, der sich auf geflohene Bauern bezieht, stammt von Šāhruḫ[42]. In ihm wird nur dazu aufgefordert, die „offiziell Berechtigten“, die ihre Bauern wieder einsammeln wollen, nicht zu stören; der Erlaß richtet sich an Militärpersonen, die in der entsprechenden Gegend für so eine Unruhe gesorgt haben, daß die Bauern geflohen sind (also ist das Auseinanderlaufen nicht auf das Verhalten der „offiziell Berechtigten“ zurückzuführen). Eine Wendung wie „wo und bei wem immer sie sich aufhalten mögen“ kommt demzufolge nicht vor.

Aus der gesamten Turkmenen- und Timuridenzeit sind mir keine weiteren Belege bekannt. Die nächsten Stellen stammen bereits aus der Ṣafawidenzeit; es sind zwei Erlasse Šāh Ṭahmāsps. Auch in ihnen bezieht sich das Verbot eher drauf, geflohene Bauern bei sich aufzunehmen, als darauf, daß die Bauern nicht versuchen dürfen, einen „neuen Herrn“ zu finden. Der eine Erlaß stammt aus dem Jahr 935/1529; es heißt: „Die verstreuten Untertanen [...], wo und bei wem sie auch sein mögen, sollen [...] in ihre Häuser und Ortschaften kommen und sich der Bebauung widmen“. In der nächsten Passage weiche ich von der Lesung der Edition ab; es muß lauten: *hīč āfrīda mānič na-šuda ḥimāyat na-kunand* bzw. *na-kunad* „Niemand soll das hindern oder die Bauern bei sich in *ḥimāyat* aufnehmen“[43]. Weiter wird noch verfügt, die örtlichen Beauftragten des Schahs sollen dabei mitwirken. Im anderen Erlaß (von 942/1535) fehlt der Begriff *ḥimāyat*; das Verhältnis ist aber ganz dasselbe[44].

Auch aus dem 17. Jahrhundert gibt es noch Erlasse, die die Rückführung geflohener Bauern anordnen. In einer Urkunde von Šāh ʿAbbās I heißt es:

> „Es ergeht die Anordnung, daß, wo auch immer die betreffenden Bauern sich aufhalten mögen, sie dazu veranlaßt werden sollen, in ihre angestammte Heimat zurückzukehren und sich dort der Landwirtschaft zu widmen. Niemand, insbesondere nicht ein gewisser Ḥamīd [...] soll die Rückführung der Bauern behindern“[45].

Mit einer Klarheit, die nichts zu wünschen übrig läßt, legt diese Urkunde das Wesen solcher Erlasse dar: Ein „neuer Herr“, hier besagter

---

[42] Erlaß von 838/1434. Fekete/Hazai, *Paläographie* Nr. 5.

[43] Schimkoreit, *Regesten* Nr. 5; Fekete/Hazai, *Paläographie* Nr. 59. – Die Edition hat an der zitierten Stelle *ḥimāyat bu-kunand* „man soll sie beschützen“. Das Faksimile zeigt einen unpunktierten Text in *dīwānī*-Schrift, der also ebensogut *na-kunand* gelesen werden kann. Die zahlreichen Parallelstellen schließen die Lesung der Edition aus.

[44] Schimkoreit, *Regesten* Nr. 38; Fekete/Hazai, *Paläographie* Nr. 65.

[45] Schimkoreit, *Regesten* Nr. 143. Die Urkunde stammt von 1020/1611 und bezieht sich auf Georgien.

Ḥamīd, hat sich in die Rechte des „offiziell Berechtigten“ eingemischt. Die Urkunde richtet sich gegen ihn, nicht gegen die Bauern.

Das gleiche gilt für den *firmān* von 1041/1631, in dem vor özbekischen Überfällen aus Ḫurāsān nach Sīstān geflüchtete Bauern aufgefordert werden, sich wieder zurückzubegeben[46].

Es wird in diesem Typ von Erlaß also weniger den Bauern verboten, ihre Wohnorte zu wechseln, als den Herren, sie bei sich aufzunehmen. Wenn man sich vor Augen hält, daß infolge der mongolischen Eroberung und der nachfolgenden Ausplünderung Irans weite Landstriche wüst lagen, erhält diese Form des Erlasses neben dem Sinn, die Bauern da zu halten, wo sie nun einmal sind, und sie möglichst nicht zu vagabundierenden Haufen (= Räubern?) werden zu lassen, auch noch den, die Abwerbung von Bauern zu verbieten. Diese wäre in der Tat ökonomisch konsequent. Immerhin hat Rašīduddīn große Mengen von Sklaven erwerben müssen, um seine Güter bewirtschaften lassen zu können[47]. Möglicherweise konnte ein Grundherr, war er nur mächtig genug, Bauern „abwerben“ oder zumindest solche, die „unterwegs“ waren, bei sich aufnehmen und sie unter seinen „Schutz“ stellen, wodurch sie „seine“ Untertanen wurden. Die „offiziellen Berechtigungen“ durch Herkommen oder durch Verfügung des Herrschers wurden dadurch entwertet, und die Bemühungen verschiedener Herrscher, zu „geordneten“ Verhältnissen zu kommen, sind gut verständlich. Dennoch scheinen zumindest die Īlḫāne und die Šaybāniden-Herrscher, besonders aber letztere, *ḥimāyat* geduldet, manchmal sogar anerkannt zu haben.

In Iran, das könnte man hinter der Entwicklung vermuten, wird sich im Lauf der Jahre und Jahrzehnte der ökonomische Druck der Verhältnisse, nämlich der Unterbevölkerung, gegen die von den Mongolen anfangs versuchte Zwangswirtschaft durchgesetzt haben.

Nach PETRUŠEVSKIJ, das zusammenfassend für die Entwicklung in Iran, war die Freizügigkeit der Bauern zwar stark eingeschränkt, aber von einer vollen Bindung an die Scholle möchte er nicht sprechen. Bei ihm heißt es vorsichtiger: *zakrepostitel'naja politika feodal'noj gosudarstvennosti*, „auf Bindung an die Scholle abzielende Politik des feudalen Staatswesens“[48]. Er versäumt nicht, im Anschluß darauf hinzuweisen, diese Frage sei für die folgende Zeit, besonders für das 15. und 16.

---

[46] SCHIMKOREIT, *Regesten* Nr. 192; vgl. FRAGNER in *CHI* 6, S. 493.

[47] Vgl. *Mukātabāt-i rašīdī*, Üb. FALINA, Briefe 17 und 34.

[48] PETRUŠEVSKIJ, *Zemledelie* S. 339.

Jahrhundert, noch völlig unausgearbeitet[49]. Es ist richtig, daß sich in den Untersuchungen zur Timuridenzeit nichts darüber findet.

Für Mittelasien liegt, soweit mir bekannt, folgendes Material vor: einige Urkunden, besonders aus dem Fergana-Tal, und Formulare aus dem bereits erwähnten *inšā'*-Buch *Maktūbāt wa asnād*[50].

Zwei Formulare aus diesem Formularbuch weisen deutliche Parallelen zur zitierten Passage aus *Dastūr al-kātib* auf. Beide regeln die Einsetzung eines Amirs über Nomaden; diese sollen ihn als ihren Chef (*ḥākim wa dārūġa*) anerkennen und die fälligen Abgaben an ihn leisten. Danach heißt es: „Niemand, kein Sayyid, kein Scheich, kein Amir, niemand sonst aus dem Gefolge des Weltasyl-Palastes soll diesen Nomaden Schutz [*ḥimāyat*] gewähren; man soll sie den Gefolgsleuten genannten Empfängers überstellen"[51]. Die Ähnlichkeit mit *Dastūr al-kātib* ist im zweiten Text noch deutlicher[52]. Der Sinn ist jeweils der, daß die Untertanen, in diesem Fall Nomaden, sich der Botmäßigkeit eines vom Herrscher ernannten „offiziell Berechtigten" unterstellen und nicht etwa versuchen sollen, sich dem zu entziehen. Das betrifft immer auch Steuern und Abgaben. Die Untertanen, das geht aus dem Formular gleichfalls hervor, könnten sich entziehen, indem sie „Schutz", *ḥimāyat*, eines anderen suchen. Als Patrone kommen verschiedene Gruppen in Frage, genannt werden religiöse Führer und militärische, vielleicht auch zivile Würdenträger. Das „Entlaufen" von Untertanen, Bauern oder Nomaden,

---

[49] Ebda.

[50] *Maktūbāt wa asnād.* Das einschlägige Material ist behandelt worden von Volin, *K istorii sredneaziatskich arabov.* Volin datiert *Maktūbāt wa asnād* auf die Regierungszeit des Šaybāniden ʿAbdulʿazīz Ḫān, st. 1550, Volin S. 117f. Auszüge und Zusammenfassung des Materials von Volin in Abduraimov, *Očerki* II, S. 222. – Zu den Urkunden s. u. S. 180f. und Anm. 54.

[51] *Maktūbāt wa asnād* 26a: *hīč āfrīda az sādāt wa mašāyiḫ wa umarā wa mulāzimān-i dargāh-i ʿālam-panāh ǧamāʿa-yi čaġatāyān-rā ḥimāyat na-kunand wa ba-mulāzimān-i mušār ilayhi sipārand.*

[52] Niemand soll sich einmischen, die Dorfältesten und Bauern sollen den Ernannten als Chef anerkennen, in allen Angelegenheiten sich an ihn wenden, ihre Streitigkeiten vor ihn bringen, die Steuern und Abgaben wie von alters her an ihn zahlen, ihm in allem Folge leisten und ihn achten und ehren. „Überall, wo in den Provinzen und Bezirken seine Untertanen und Gemeindebauern auch hingegangen sein mögen: Sie sollen in die Obhut des Genannten an ihre angestammten Wohnsitze und Weidegründe zurückkehren und sich mit gesetzlichem Erwerb befassen, dabei völlig unbesorgt sein. Niemand soll sie in Schutz *ḥimāyat* nehmen und diese Verfügung hindern" *dar har ǧā az wilāyāt wa tūmānāt raʿāyā wa šurākā'-i ḫūd bāšand ba-ihtimām-i mušār ilayhi ba-yūrt wa manāzil-i ḫūd āmada ba-kasb-i ḥalāl bā farāġ-i bāl ištiġāl namāyand hīč kas ḥimāyat na-šawad wa māniʿ na-gardad, Maktūbāt wa asnād* 125b. Dieser Text ist auch bei Volin enthalten. Die Stelle aus *Dastūr al-kātib* s. o. Anm. 41.

bedeutet also, daß sie sich der Kontrolle des Diwan entziehen und sich eigenmächtig jemand anders unterstellen. Die jeweiligen Urkunden, die aufgrund solcher Formulare haben erstellt werden können, müßten also wiederum zweierlei regeln; einmal müßte jemand als vom Diwan oder Herrscher vorgesehener „offiziell berechtigter" Herr der Untertanen eingesetzt werden, der also befugt ist, die Abgaben einzuziehen, zweitens müßte verboten werden, daß irgendeine andere Person in dieses Verhältnis eingreift, sei es, daß die Untertanen sich entziehen, sei es, daß ein anderer „Herr" sie für sich einnimmt.

In einer Urkunde von 1682/83 aus dem Raum Ura-Tjube sehen wir dies in der urkundlichen Praxis belegt. Es heißt: „Was die Einwohner angeht, die weggelaufen sind, so sollen sie […] die Abgaben von ihrer Ernte den Beauftragten [des Inhabers der Urkunde] aushändigen, niemandem sonst sollen sie etwas geben und von dieser Verordnung nicht abweichen"[53]. In dieser Urkunde wird zwar der Begriff *ḫimāyat* nicht benutzt, es wird auch ein Verbot, den fraglichen Bauern *ḫimāyat* zu gewähren, nicht ausgesprochen; aber es wird deutlich, daß mit dem Verhältnis, das in den Formularen als *ḫimāyat* bezeichnet wird, Leisten von Abgaben verbunden ist und daß damit die Rechte des „offiziell Berechtigten" beschnitten werden.

Die Urkunden aus dem Fergana-Tal stammen aus dem 16. Jahrhundert[54]. Sie weisen genau die geschilderten Grundzüge auf. Es werden zwei Verfügungen getroffen; es wird ein „offiziell Berechtigter" ermächtigt, die Abgaben von einer Gruppe von Untertanen einzuziehen; jedem anderen wird verboten, sich da einzumischen. Dies ist von „Leibeigenschaft" verschieden, weil die Untertanen offenbar die Möglichkeit haben, den Herrn zu wechseln; es ist dabei aber klar, daß sie die Wahl zwischen einer Abhängigkeit und einer anderen haben, wobei beide gleich drükkend gewesen sein können.

Nabiev, der einige wenige der Urkunden aus dem Fergana-Tal herausgegeben hat, interpretiert die Verfügungen allerdings als Beweis, daß

---

[53] *az ān či fuqarā'-ī ki farār šuda rafta and ba-waṭan-i ḫūdhā āmada […] māl-i ġallāt-i ḫūd-rā ba-mulāzimān-i īšān dāda ba-dīgarī na-dihand az farmūda na-guḏārand*, Muchtarov, *Materialy po istorii Ura-Tjube*, Urkunde 12 von 1094/1682–3, Text S. 26, Faksimile S. 98.

[54] Die Sammlung umfaßt insgesamt 146 Stücke aus dem 15. bis 19. Jh. Behandelt worden sind sie ausführlich von Džuvanmardiev, A.: *K zemel'no-vodnym otnošenijam v Fergane v XVI–XIX* vv. [Zu den sozialen Beziehungen über Land und Wasser im Fergana-Tal, 16.–19. Jh.]. (Liegt mir nicht vor.) – Vgl. Abduraimov, *Očerki* II, S. 216. – Von Nabiev im Faksimile herausgegeben und übersetzt sind 6 Urkunden: Nabiev, *Istočniki*. Sie stammen aus den Jahren 1549 bis 1608–9. Urkunden 1–4 sind in čaġataiischer, 5 und 6 in persischer Sprache verfaßt.

die betreffenden Bauern an die Scholle und an die Person des Feudalherrn gebunden gewesen seien. Sein Argument ist, daß der Herrscher oder sein Vertreter, der Provinzstatthalter, die zuständigen Personen anweist, die entlaufenen Bauern aufzuspüren und sie dem Grundherrn oder seinen Beauftragten zu übergeben. Die Adressaten wären also jeweils „Staatsbeamte", mit „Polizeifunktion". Eine andere Interpretation wäre, daß das Schwergewicht der Verfügungen darauf liegt, anderen „Herren" die Einmischung in das Verhältnis des „offiziell Berechtigten" zu den fraglichen Bauern zu verbieten, und in den Adressaten jeweils diese Herren zu sehen.

Die *dispositiones* der veröffentlichten Urkunden enthalten folgende Anweisungen:

Urkunde 1. An die Inhaber von Steuerschecks, *barāt-dār*. Sie sollen von den geflohenen Bauern nichts einheben, solange diese nicht wieder an Ort und Stelle sind. (Entweder ist das eine Steuerbefreiung für die Bauern oder es weist darauf hin, daß sie in *ḥimāyat* sind und dem Zugriff der Diwan-Beauftragten, zu denen *barāt-dār* gehören, entzogen.)
Urkunde 2. An die *mulāzimlar* und andere. Die geflohenen Bauern sind dem Scheich von Karaskān zurückzugeben. Ihnen ist kein Schutz *ḥimāyat* zu gewähren. (Der Scheich ist der „offiziell Berechtigte").
Urkunde 3. An die „gerechten Begs" und andere. Die geflohenen Bauern sind den Beauftragten des Scheichs zurückzugeben. Ihnen ist kein Schutz *ḥimāyat* zu gewähren, und sie selbst sollen sich nicht um den Schutz einer anderen Person bemühen.
Urkunde 4. An Muḥammad Ḫalīl Kukaltāš[55]. Er soll die geflohenen Bauern dem Grundherrn, Šāh Zāhid, zurückführen.
Urkunde 5. Die schon etwas länger abwesenden Mullā ʿAlī mit seinen Söhnen und andere sollen zurückkehren, dabei unbesorgt sein. Niemand soll ihnen Schutz gewähren.
Urkunde 6. Karaskān und umliegende Ortschaften werden dem Scheich, Sulṭān Zāhid, als *suyūrġāl* übereignet[56]. Die Finanzbeauf-

[55] *Kukaltāš* (Köŋgültaš) ist ein Titel, mit dem der herrschenden Familie nahestehende Personen ausgezeichnet wurden. NABIEVS Behauptung, ein *kukaltāš* habe Verbindungen zur Geheimpolizei, ist aus der Luft gegriffen.

[56] *Suyūrġāl* ist eine der Formen, mit denen ein Herrscher jemanden durch Zuweisung der Steuereinkünfte aus einer Region entlohnen kann. Es gibt eine umfangreiche Literatur, einführend FRAGNER in *CHI* 6 mit weiteren Verweisen.

tragten, *arbāb*, sollen sich entsprechend verhalten. Die entlaufenen Bauern sollen zurückkehren, niemandes Schutz suchen[57].

Abduraimov führt eine weitere Urkunde aus dieser Sammlung an, in der den geflohenen Bauern (diese sind offenbar die Adressaten) mitgeteilt wird, man wisse, daß sie sich aufgrund der schweren Lage zerstreut hätten, sie sollten doch jetzt wieder zurückgehen[58].

Urkunden 2, 3 und 4 richten sich ausschließlich an einen „Herrn", nicht an die Bauern. Man gewinnt den Eindruck, die fraglichen Bauern befänden sich gerade bei diesen Adressaten der Urkunden in *ḥimāyat*, und der „offiziell Berechtigte" habe es vermocht, eine Urkunde zu seinen Gunsten zu erwirken. Nabievs Auffassung wird also zumindest durch diese Urkunden, wie auch durch Urkunde 1, nicht gedeckt; von Bindung an die Scholle kann auch in Bezug auf die übrigen Urkunden nur sehr eingeschränkt die Rede sein. Eher könnte man sagen, *raʿāyā* müßten sich unter der Aufsicht, Obhut, Botmäßigkeit, Knute, wie immer man will, eines Herrn befinden, anderenfalls sind sie vogelfrei, Flüchtige oder Räuber. Dabei können Bauern durchaus den Versuch machen, einen anderen Herrn zu finden, und dieser kann sie bei sich aufnehmen, wenn er den Konflikt mit dem früheren Herrn, dem „offiziell Berechtigten", eingehen kann und will. Dieser wird sich gegebenenfalls an den Herrscher wenden, um sein Interesse durchzusetzen und seine Einnahmequelle zurückzugewinnen. In den Urkunden liegen Verfügungen von Herrschern und Provinzgouverneuren zugunsten der ehemaligen Herren vor.

Abduraimov meint, daß Herrscher aufgrund der hohen Stellung gerade spirituell mächtiger Grundherrn selten gewagt hätten, in diesen oder anderen Fällen gegen deren Forderungen zu entscheiden. Er erklärt, daß die „Verfügungen zur gewaltsamen Rückführung geflohener Bauern in die Wirtschaft der Scheiche von Karaskān ausschließlich von den Statthaltern im Fergana und den Ḫānen in Taschkent ausgingen, und zwar auf Bitten oder Forderung der Sayyids"; diesen wurde, als besondere Auszeichnung oder Privileg, stattgegeben. Keineswegs, so Abduraimov, könnten die Urkunden als Hinweis darauf gewertet werden, Bindung an die Scholle habe etwa als Rechtsinstitut bestanden[59]. Dabei wäre noch hinzuzusetzen, daß die Verfügungen gar nicht so sehr auf die „gewaltsame Rückführung geflohener Bauern" zielten, sondern auf das Unterlassen einer Einmischung in die Rechte des „offiziell Berechtigten".

---

57 „Schutz" heißt in diesen Urkunden immer *ḥimāyat*, ob sie nun persisch oder čaġataiisch geschrieben sind.

58 Abduraimov, *Očerki* II, S. 218 mit Anm. 42.

59 Ebda., S. 218 f.

Ob es gelang, geflohene Bauern zurückzuholen, ist also eine Frage der jeweils obwaltenden politischen Umstände, zu denen auch gehört, ob ein Grundherr beim Herrscher über den Einfluß verfügt, eine entsprechende Verfügung zu seinen Gunsten durchzusetzen. Der Herrscher allerdings, so scheint es, konnte den *ra'āyā* ihren Aufenthaltsort anweisen. Das geschah auch in der Form eines Verbots von *ḥimāyat*; sowohl den Bauern wird verboten, *ḥimāyat* zu suchen, als auch den in Frage kommenden Herrn, sie zu gewähren.

Ḥimāyat und Nomaden

Eine für Iran nicht belegte Besonderheit des šaybānidischen Mittelasien ist, daß auch Gruppen von Nomaden in *ḥimāyat* stehen konnten. Ein Beleg war oben zitiert worden[60]. Das Formularbuch *Maktūbāt wa asnād*, dem er entstammt, ist aber nicht die einzige Quelle. Auch die Scheiche von Ǧūybār hatten Nomaden in *ḥimāyat*. IVANOV berichtet nach *Maṭlab al-ṭālibīn*: „Als Leute, die mit Ḫwāǧa Tāǧuddīn eng verbunden waren, nennt der Autor von *Maṭlab al-ṭālibīn* auch 25 Gruppen von Nomaden (*firqa*), die sich unter dem besonderen Schutz oder Patronat (*dar ẓill-i ḥimāyat*) des Ḫwāǧa befanden"[61]. Wie *ḥimāyat* in einem solchen Fall gewirkt haben könnte, geht aus einem Brief des Šaybāniden 'Abdullāh-Ḫān an den Ǧūybār-Ḫwāga Sa'd hervor, den ACHMEDOV nach *Rawḍat al-riḍwān* zitiert:

> „[...] Nawrūz und 'Alī Mardān überbrachten die Bitte Eurer Heiligkeit, die Tülkiči [einen Stamm] zu verschonen [...]. Dieser Stamm hat Uns schwer beleidigt: Bis heute hat niemand von ihnen die festgelegten Abgaben entrichtet, zur Zeit Pīr Muḥammad Ḫāns aber gaben sie jährlich außer der Naturalabgabe (*āšlıġ*) 12 000 Schafe. Ihr wißt, daß in derlei Fällen ein Raid auf den Nomadenstamm ausgeführt wird, und im vorliegenden Fall haben sie sogar schon drei Jahre [nichts gegeben], so daß sie 36 000 Schafe schulden. Zunächst war ein Raid und ein Massaker geplant [...], dann sollten die Schuldigen ermittelt und bestraft werden, aber, da Ihr beschlossen habt, dies Volk zu retten, schenken Wir ihnen allen das Leben"[62].

---

[60] S. o. S. 179 mit Anm. 51.

[61] IVANOV, *Chozjajstvo* S. 74.

[62] ACHMEDOV, *Rol' džujbarskich chodžej*, S. 25. – *Rawḍat al-riḍwān*, Autor Badruddīn-i Kāšmirī, ist ebenso wie *Maṭlab al-ṭālibīn* eine hagiographische Quelle zu den Scheichen von Ǧūybār, vgl. ABDURAIMOV, *Maloizvestnyj istočnik*. – Der Schreiber ist 'Abdullāh Ḫān II, reg. 1583–1598, vgl. die Tafel der Regierungszeiten aller mittelasiatischen Herrscher seit 1500 bei CARRÈRE D'ENCAUSSE, *Réforme et Révolution chez les Mu-*

Gleichgültig, ob diese Nomaden nun die Abgaben nicht leisten konnten oder nicht wollten, ob der Ḫān vielleicht in Wirklichkeit einen Raid nicht riskieren konnte: Sie kamen, so stellt es die Quelle dar, ungeschoren davon, weil sie unter *ḥimāyat* der Scheiche von Ǧūybār standen.

Sehr viel mehr als im mongolischen oder spätmongolischen Iran wurde *ḥimāyat* als Institution von den Herrschern Mittelasiens im 16. Jahrhundert anerkannt. Es ist nicht mehr davon die Rede, daß die Šaybāniden-Ḫāne sich dagegen wehren, daß ihnen Untertanen in dieser Weise entzogen werden. Auch wenn der Brief ʿAbdullāh Ḫāns an Ḫwāǧa Saʿd im Original vielleicht ein bißchen anders lautete, geht der Tenor doch weit über eine bloße Duldung hinaus. Das zeigen auch die anderen Briefe aus der Korrespondenz von Mitgliedern des Hauses Šaybān mit den Scheichen von Ǧūybār, die ACHMEDOV aus den Hagiographien zitiert. In einem weiteren solchen Brief etwa bittet ein Maḥmūd Sulṭān, der Ḫwāǧa möge sich dafür einsetzen, daß Landbesitz, den er von seiner Mutter geerbt hat, auch weiterhin steuerfrei sein möge. Der Brief schließt: „Daher erkühnte sich dieser Nichtswürdige, sich an Euch zu wenden, damit Ihr Euch großzügig erweist und Seine Hoheit an diesen Armen erinnert, Euch für ihn verwendet. Das ist ein Zeichen für Schutz und Aufrichten der Armen“[63].

Auch der Begriff *ḥimāyatī* als Bezeichnung für „Institution Schutzverhältnis nach Art der *ḥimāyat*“ ist für Nomaden belegt, allerdings erst für spätere Zeit; es ist eine Ernennungsurkunde für einen Qāḍī aus der Zeit zwischen 1702 und 1711[64]. Unter seinen Aufgaben wird genannt, die Nomaden in seinem Bezirk, und zwar sowohl die in *ḥimāyat* befindlichen wie auch alle übrigen (*ḥimāyatī wa ġayr-i ḥimāyatī*), sollten sich in allen Angelegenheiten an ihn wenden. Das läßt sich so verstehen, daß auch die in *ḥimāyat* befindlichen Nomaden der normalen Justiz, eben dem Qāḍī, unterstanden, und daß diese Institution nicht so weit ging, dem Schutzherrn auch offiziell die Rechtshoheit zuzuerkennen. Welche

---

sulmans de l'Empire Russe, S. 285. – Der im Brief genannte Pīr Muḥammad Ḫān war von 1546–67 Teilherrscher in Balḫ und von 1555–61 „nominelles Haupt des Šaybāniden-Staates“, ACHMEDOV aaO. S. 31, Anm. 48.

[63] ACHMEDOV ebda., S. 27, nach *Rawḍat al-riḍwān*. Die Diktion ist wohl ein Produkt des Autors der Hagiographie. Das russ. *pokrovitel'stvo* „Schutz“ steht manchmal, aber längst nicht immer für *ḥimāyat*. Die Quelle liegt mir nicht vor. – Wichtig an dieser Stelle ist, daß der Prinz als Schutzsuchender gesehen wird. Man ist weit entfernt von der Politik Ġāzān Ḫāns, derlei Schutzverhältnisse nach Möglichkeit zu begrenzen und unter Kontrolle zu halten.

[64] EGANI/ČECHOVIČ, *Regesty* II, Urkunde 64. Die Datierung ergibt sich aus den Regierungsdaten des erlassenden Herrschers.

Angelegenheiten allerdings die Urkunde durch den Qāḍī geregelt sehen will, läßt sich auf der Grundlage des vorhandenen Materials nicht sicher sagen[65].

Zusammenfassung für *ḥimāyat* bisher

Zusammenfassend: Es kann als gesichert gelten, daß es zumindest im īlḫānidischen, vielleicht auch ǧalāyiridischen Iran ein Institut *ḥimāyat* gab. Gemeint ist immer, daß eine Gruppe von steuerpflichtigen Untertanen, bis hin zu ganzen Städten, dem Zugriff des Diwan und seiner Beauftragten bzw. der „offiziell Berechtigten" entzogen wird. Dem Diwan blieb wohl oft nichts anderes übrig, als das *fait accompli* anzuerkennen. Belegt ist dies Institut hauptsächlich aus Versuchen von Herrschern, es einzuschränken oder abzuschaffen. *Ḥimāyat* heißt insbesondere auch die offenbar weit geübte Praxis, vagabundierende Bauern bei sich aufzunehmen, um so die eigenen Güter besser bewirtschaften zu können oder die wirtschaftliche Lage der Region zu verbessern. Dadurch wurden sie wiederum den „offiziell Berechtigten" entzogen. Dies steht im Gegensatz zur anfangs von den Mongolen geübten Zwangswirtschaft.

Ḥimāyat ist das Knüpfen eines Bandes der persönlichen Abhängigkeit oder Gefolgschaft. Wichtig für alle Untertanen war es, in irgendeinem solchen Verhältnis zu stehen, entweder zu einem „offiziell Berechtigten" oder zu einem „Schutzherrn". Wer nicht in einem solchen Verhältnis stand, hatte keinen positiven Rechtsstatus, war *outlaw*. Wird dies Aufnehmen flüchtiger oder wandernder Bauern zu Ende gedacht, entspricht es der Abwerbung von Untertanen.

Besonders das šaybānidische Mittelasien scheint von solcherart persönlichen Abhängigkeitsverhältnissen ganz durchdrungen. Über die auch aus Iran bekannte Praxis hinaus, Ackerbauern *ḥimāyat* zu gewähren, die aus dem Fergana-Tal belegt ist, bezieht sich *ḥimāyat* auch auf Nomaden. Im einen wie dem anderen Fall entgehen dem Diwan die Steuern; *ḥimāyat* heißt, daß die Untertanen nicht an ihn, sondern an ihren Schutzherrn

[65] Zumal die Urkunde defekt ist: Ein Stück der linken unteren Ecke fehlt, daher kann hinter *umūr* nicht mehr gelesen werden, ob diese Angelegenheiten noch erläutert werden. – Eine Annahme wäre: Der eingesetzte Qāḍī soll auftretende Konflikte zwischen seßhafter Bevölkerung und Nomaden zu schlichten versuchen. Derartige Konflikte geschildert in einem Erlaß von Ende 17./Anfang 18. Jh., in dem Nomaden aufgefordert werden, einen Scheich nicht zu stören und ihm auch sonst keine Unannehmlichkeiten zu bereiten (indem sie zu dicht an seine Kulturen herankommen?), SEMËNOV, *Očerk*, S. 15.

zahlen. Dabei fällt auf, daß auch spirituelle Führer als Schutzherren vorkommen, nicht nur Mitglieder der herrschenden Familie oder Amire, wie für Iran belegt.

Für die Timuridenzeit ist kein Beleg für *ḥimāyat* genannt worden. Das muß nicht heißen, daß das Institut als solches nicht vorkam: Insbesondere die Praxis der Scheiche von Ǧūybār wird nicht von einem Tag auf den anderen entstanden sein. Dabei liegt es nahe, in Ḫwāǧa Aḥrār ihren Vorläufer auch auf diesem Gebiet zu sehen.

Bevor das so beschriebene Institut *ḥimāyat* mit dem *inǧü* verglichen wird, sei ein Blick auf die weitere Entwicklung bei den Mongolen selbst gestattet. VLADIMIRTSOV berichtet, bei ihnen habe es in späterer Zeit legale Formen des Übergangs von einem Herrn zum anderen gegeben. Er beruft sich für das Folgende auf Quellen aus dem 17. und 18. Jahrhundert:

> « L'institution particulière du protectorat s'était développée chez les Mongols sur la base de la dépendance personnelle de l'*albatu* envers le seigneur. Si quelqu'un désirait abandonner une seigneurie pour s'établir avec son bétail dans les domaines d'un autre féodal sans tomber dans la condition d'un fuyard, il devait obtenir la ‹protection› (*sub protectio* [sic], *sub commenda*) soit du seigneur, soit de l'un de ses *albatu*; les Mongols appelaient ceci *tüšikü*, ‹trouver refuge, protection›»[66].

Man sieht in Grundzügen das gleiche Verhältnis wie bei *ḥimāyat* im mongolisch beherrschten Iran und im šaybānidischen Mittelasien. Die Untertanen müssen in einem Gefolgschaftsverhältnis stehen. Aber sie können, anders als in čingīzidischer Zeit, von einem Herrn zum anderen wechseln.

Inǧü

Inǧü ist eine türkisch-mongolische Institution[67]. Sie war im īlḫānidischen Iran verbreitet und kam auch in der Timuridenzeit vor. Bei aller Unsicherheit im Detail scheint klar zu sein, daß *inǧü* ein persönliches Abhängigkeitsverhältnis eines Untertanen zu einer hochgestellten Persönlichkeit bedeutet. RADLOFF gibt als (eine) Definition: *Inǧü* sei „jeder, der freiwillig in den Dienst eines Beg tritt und von ihm unterhalten

---

[66] VLADIMIRTSOV, *Le régime social des Mongols*, S. 222. – *Albatu* ist jemand, der der allgemeinen Dienstpflicht *alban* unterliegt, s. u. S. 188.

[67] Die Institution, nicht das Wort. Die Etymologie ist ungeklärt, so VERNON, *Uyghur Civil Documents*, S. 461.

wird"[68]. DOERFER übersetzt ziemlich konsequent mit „Domäne" und „Domänensklave"[69]. VERNON, der dieses Problem mit Fleiß umgeht („I have studiously avoided the problem of the *inğü* institution"), gibt dennoch eine Art Definition: „[It] essentially involved a special relationship between a ruler and a group of subjects assigned certain lands to cultivate or certain duties to perform, the proceeds of which labor belonged directly to that ruler"[70]. SMITH meint: „*Injü* is usually translated as ‚crown land' [Belege], but there is more to it than this [...]. ‚Royal or princely establishment' seems to me the phrase best suited to comprehend the mixed components of *injü* [...]"[71].

Es war erwähnt worden, daß die Mongolen ziemlich strikt zwischen Einkünften des Staates (Diwan) und solchen des Herrschers persönlich unterschieden[72]. MINOVI/MINORSKY nennen, neben *ḫāṣṣa*, *inğü* als eine Bezeichnung für die Quelle, aus der die Privateinkünfte des Herrscher stammen[73]. Im īlḫānidischen Iran gab es für *inğü*-Ländereien eine eigene Verwaltung, die *īnğū-yi kabīr* hieß; diese bestand parallel und teilweise in Konkurrenz zum *dīwān-i buzurg*[74].

Inğü als Einnahmequelle bezieht sich folgerichtig sowohl auf Ländereien als auch auf Personen. Das betonen PETRUŠEVSKIJ und BARTOL'D[75]. Nicht nur einzelne Grundstücke, sondern ganze Dörfer, Städte und Landstriche konnten *inğü* sein, und zwar einschließlich der Menschen. Die Einkünfte, die daraus erzielt wurden, dienten der Alimentation der herrschenden Familie oder einzelner ihrer Mitglieder.

Orte und ihre Bewohner konnten *inğü* werden entweder durch Übertragung, etwa als Mitgift einer Prinzessin[76], oder gewaltsam, durch

---

[68] RADLOFF, W.: *Versuch eines Wörterbuchs der Türk-Dialekte*. Bd. 1 S. 1455.

[69] DOERFER, *TMEN* II, S. 220 f. bringt auch eine große Menge von Belegstellen für *inğü*. – Belege v. a. aus Rašīduddīn und ihm zeitgenössischen Autoren bietet auch BARTOL'D, *Persidskaja nadpis'*, S. 329 ff.

[70] VERNON, *Uyghur Civil Documents*, S. 460 f.

[71] SMITH, John M. Jr.: *Mongol and Nomadic Taxation*, S. 55 Anm. 28.

[72] S. o. S. 167 f.

[73] Der von MINOVI/MINORSKY bei Naṣīruddīn-i Ṭūsī belegte Gegensatz von *inğü* und *dālāy* „allgemein" findet sich auch bei Rašīduddīn/JAHN, S. 305. Sowohl aus dem „allgemeinen" Land wie auch aus dem *inğü* können Verleihungen *iqṭā'* (Rašīduddīn/JAHN aaO.), Schenkungen (BELENICKIJ, *Zemlevladenie*) und Stiftungen (CLEAVES, *Mongolian Documents*, S. 29 mit Anm. 12 S. 70) vorgenommen werden.

[74] MINOVI/MINORSKY, *Naṣīr al-Dīn Ṭūsī*, S. 779. – *Īnğū-yi kabīr* belegt in: HERRMANN/DOERFER, *Ein persisch-mongolischer Erlaß*, S. 319 Text Z 12.

[75] BARTOL'D, *Persidskaja nadpis'*, S. 329; PETRUŠEVSKIJ, *O formach feodal'noj zavisimosti krest'jan*, S. 104.

[76] Dies wird gelegentlich als die ursprüngliche Bedeutung von *inğü* angenommen. Vgl. GABAIN, *Das Leben im uigurischen Königreich von Qočo*, Textband S. 58.

Gefangennahme als Beute bzw. Eroberung[77], drittens aber auch freiwillig, indem sie sich unter den „Schutz" einer hochgestellten Persönlichkeit, meist eines Mitglieds der herrschenden Familie, stellten. Damit unterstanden sie dem *inğü*-Diwan und fielen aus der Zuständigkeit des Großen Diwan heraus; sie wurden gewissermaßen zur „Privatdomäne" des entsprechenden Schutzherrn oder der königlichen Dame.

Insoweit kann eine Übersetzung mit „Domäne", „Kronland" und für die Personen „Domänensklave" gerechtfertigt scheinen. Es sind aber auch Personen *inğü*, die zwar in einem persönlichen Abhängigkeits- und Gefolgschaftsverhältnis zum Herrn stehen, aber trotzdem keine Sklaven sind. DOERFER zitiert den Satz „Ich bin dein *inğü*"[78]; das kann man kaum mit „Domänensklave" wiedergeben, wenn man die soziale Position desjenigen bedenkt, dem diese Aussage zugeschrieben wird: Es handelt sich um den Begründer der Regionaldynastie der Īnğūyiden[79].

Neben Quellen aus dem īlḫānidischen bis timuridischen Iran sind die zuerst von RADLOFF herausgegebenen uigurischen Privaturkunden ein wichtiges Vorkommen des Begriffs *inğü*[80]. In die Debatte über diese Urkunden soll hier nicht eingegriffen werden. Sicher scheint, daß *inğü* auch in diesen Urkunden ein persönliches Abhängigkeitsverhältnis bedeutet. In ihnen geht es nicht zuletzt um als *inğü* arbeitende Weingärtner, die, wie es früher immer gewesen sein soll, auch weiterhin von der Abgabe *qalan* befreit sein wollen[81]. VERNON äußert sich dazu wie folgt: „It is my view that work upon *inğü* or crown lands was one form of *alban*, and the levy known as *qalan* was another form of *alban*. Workers upon *inğü* properties were normally exempt from *qalan*"[82].

In Iran, so ein Ergebnis von SMITH, entspricht *qalan* der vor-mongolischen Besteuerung und insbesondere der Grundsteuer *māl*, für deren Einbringen der Große Diwan zuständig war[83]. Man findet also, will man VERNON folgen, in den uigurischen Privaturkunden grundsätzlich die gleiche Zweiteilung der Abgaben- und Dienstpflicht wie im īlḫānidischen

[77] Die meisten Inder, so AUBIN, die im Iran in *inğü*-Dörfern leben, stammten von eigens zum Zweck des Verkaufs geraubten Menschen ab; AUBIN, *L'ethnogénèse des Qaraunas*, S. 60. – Das ist ein Argument für die Nachbarschaft von *inğü* und Sklaverei.

[78] DOERFER, *TMEN* (wie Anm. 69). *man īnğū-yi tū am*, DOERFER übersetzt „Domänensklave".

[79] Vgl. EI² und İA s. v. *īndjū* und *incü*, wo nur diese Dynastie behandelt wird; vgl. auch AUBIN, *Deux Sayyids de Bam*.

[80] RADLOFF, *Uigurische Sprachdenkmäler*. – Eine ausführliche Bibliographie neben zahlreichen eigenen Erläuterungen gibt VERNON, *Uyghur Civil Documents*.

[81] S. o. Anm. 23.

[82] VERNON, *Uyghur Civil Documents*, S. 436.

[83] SMITH, John M. Jr.: *Mongol and Nomadic Taxation*, S. 50 und 54.

Iran: *inǧü* entsprechend der Arbeit für den Herrscher oder Beg persönlich oder für die Privatkasse eines Mitglieds der herrscherlichen Familie; *qalan* entsprechend der anderen Grundform, in der Dienst und Abgaben geleistet werden können, als Grundsteuer *māl*. *Alban* ist dabei die allgemeine Pflicht, Dienst oder Abgaben zu leisten, ob als Arbeit, in Naturalien oder in Geld[84].

Die Ähnlichkeit mit den oben als *ḥimāyat* geschilderten Verhältnissen geht recht weit. Sowohl *ḥimāyat* als auch *inǧü* bezeichnen Verhältnisse der persönlichen Abhängigkeit; in beiden Fällen gehen dem Großen Diwan bzw. den „offiziell Berechtigten" Einnahmen verloren; in beiden Fällen scheinen sie an einen Patron zu fließen; beide Verhältnisse konnten auch freiwillig von Untertanen eingegangen werden. In beiden Fällen wird es denen, die in die Patronage-Verhältnisse eintraten, um Steuern gegangen sein, entweder um Erleichterungen oder um Regulierung; der Zweck war, sich vor zu hohen, zu unregelmäßigen, zu häufigen Steuerforderungen zu schützen. Vor allem die Willkür, weniger die Härte der Steuer selbst scheint Anlaß für die Schutzsuche gewesen zu sein. Waren Steuererleichterungen aus *talǧi'a* und *ḥimāya* noch von der Gunst abhängig, in der ein Schutzherr beim Herrscher stand, so ist *ḥimāyat* in mongolischer und nachmongolischer Zeit ein eigenmächtiger Vorgang; auf die Erlaubnis des Herrschers wird nicht gewartet. *Inǧü* ist ebenso wie *ḥimāyat* dem Zugriff des Großen Diwan entzogen.

In der vormongolischen *talǧi'a* treten die Schutzbefohlenen ihr Besitzrecht *milk* an den Schutzherrn ab. Sie werden mit der Zeit zu Pächtern. Das muß bei der nachmongolischen *ḥimāyat* nicht so sein, bei ihr spielt das Besitzrecht nicht mehr die zentrale Rolle. Im *inǧü* kommt es vielleicht auf das Ausmaß der Fläche an, ob das Land Privatbesitz des Schutzherrn wird; in *inǧü*-Städten dürfte das Wirtschaftsleben so weitergegangen sein, als hätten die Besitzverhältnisse sich nicht geändert.

Personenrechtlicher Status der Menschen in *ḥimāyat* und *inǧü*. *Iltiǧā*

Ḥimāyat und *inǧü* knüpfen, anders als die vormongolische *talǧi'a*, die ein reines Vertragsverhältnis bleibt, ein Band persönlicher Abhängigkeit. *Inǧü* wird wohl auch deswegen, wenn es sich auf Personen bezieht, mit „Domänensklave" wiedergegeben; allerdings war auch erwähnt wor-

[84] VERNON, *Uyghur Civil Documents*, S. 146.

den, daß „Sklave“ nicht immer zu passen scheint, wenn man darunter einen Sklaven im islam-rechtlichen Sinn verstehen will. Gleichzeitig waren Bauern, die in *ḥimāyat* waren, von Leibeigenen abgesetzt worden; der Unterschied ist, daß die fraglichen Bauern ein *ḥimāyat*-Verhältnis, das sie freiwillig eingegangen waren, ebenso auch wieder lösen konnten, nämlich indem sie weiterzogen und sich unter den „Schutz“ eines anderen Herrn oder „offiziell Berechtigten“ stellen. Dennoch gibt es Hinweise darauf, daß mindestens *inğü* als Beeinträchtigung der persönlichen Freiheit verstanden wurde. Das Ausmaß dieser Beeinträchtigung müßte genauer untersucht werden, als es in dieser Arbeit geleistet werden kann. In diesem Punkt scheint ein Unterschied zwischen *inğü* und *ḥimāyat* zu bestehen. Darüber hinaus wird an manchen Stellen *iltiğā* als ein Begriff verwendet, der eine zumindest teilweise Aufgabe des personenrechtlichen Status als Freier beinhaltet.

Mukminova kommentiert eine Stelle in ʿAlīšīr Nawāʾīs Waqfiyya: „Die ungesetzlichen Verhältnisse im Lande (*besčinstva*) führten dazu, daß die juristisch freie steuerpflichtige Bevölkerung nicht selten gezwungen war, den Schutz hochgestellter Persönlichkeiten zu suchen, wobei man annehmen muß, daß sie dafür einen bestimmten Teil ihrer Einkünfte abtrat.“ Sie zitiert dann den entsprechenden Passus: „der Wunsch [das Streben] der Freien, in ein *inğü*-Verhältnis einzutreten“[85]. Nimmt man den Zusammenhang bei ʿAlīšīr hinzu, so ergibt sich, daß er *inğülik* in der Nähe von Sklaverei rückt: Er ist „beschämt, daß Freie ins *inğü*-Verhältnis einzutreten streben, und erwartet, daß Sklaven in die Freiheit hinauszutreten hoffen“[86]; das nennt er unter den Gründen, ein Waqf zu stiften.

Nach Tichonov gleicht die Lage der *inğü*-Bauern, von denen in den uigurischen Privaturkunden die Rede ist, der von Leibeigenen, ihre Arbeit charakterisiert er als Frondienst[87]. A. v. Gabain spricht in ihrem kurzen Kommentar dieser Urkunden ebenfalls von „Steuern und Frondienst“[88]. Es scheint aber nicht möglich zu sein, alle Personen, die *inğü* sind, entweder als Sklaven oder als Leibeigene zu bezeichnen. Eine weitere

[85] Mukminova, *K istorii*, S. 51. Sie zitiert aus der Ausgabe der Waqfiyya ʿAlīšīr Nawāʾīs Baku 1926, die fehlerhaft sein soll, vgl. Agâh Sirri Levend: *Ali Şir Nevai*. Cilt 1, S. 225 Anm. 1. – Der 4. Band dieses Werkes bringt Auszüge aus der Waqfiyya, aber nicht die fragliche Passage.

[86] ʿAlīšīr Nawāʾī: *Waqfiyya*, S. 175. An das Neu-Özbekische angelehnte kyrillische Graphie. *āzādlarınıng inğülük kirmäk ṭamaʿıdın tašnīʿı wa bandalarınıng āzādlıqqa čıqar umīdıdın tawaqquʿı.*

[87] Tichonov, *Zavisimye* indžu.

[88] Gabain, *Das Leben im uigurischen Königreich von Qočo*, Textband S. 60 f.

Möglichkeit wird gleichfalls von TICHONOV versucht: „Unter *inǧü* verstand man eine Form der persönlichen Abhängigkeit, unabhängig von der genau sozialen Kategorie, der die Leute angehörten; dieser Begriff hatte eine so weite Bedeutung wie zum Beispiel „abhängig" [russ. *zavisimyj*]"[89]. Dabei konnte, so TICHONOV, die Abhängigkeit sowohl ähnlich wie Sklaverei sein oder wie Leibeigenschaft, je nachdem, auf wen sie sich bezog.

Diese Erklärungen können nicht befriedigen. Zu sehr bleibt man an den europäischen Kategorien orientiert; es müßte die Eigengesetzlichkeit von Abhängigkeitsverhältnissen in der fraglichen Gesellschaft untersucht werden. Dazu könnte man als Voraussetzung und Ausgangspunkt die etwas lakonische Formulierung von GABAIN wählen: „Die Beschränkung der staatsbürgerlichen und der privaten Freiheit bestand aus vielen verschiedenen Graden und aus verschiedener Art"[90]. Eine grundlegende Schwierigkeit, was solche Verhältnisse in islamischen Regionen betrifft, ist eben, daß sich diese ganze Skala, die es bei Türken und Mongolen in vorislamischer Zeit offenbar gegeben hat, islam-rechtlich auf nur zwei Möglichkeiten reduziert, nämlich den freien Muslim und den (nichtmuslimischen) Sklaven; dazwischen gibt es allenfalls noch den freien *ḏimmī*, aber keine Abstufung persönlicher und staatsbürgerlicher Freiheit. Was *inǧü* angeht, so muß es vorläufig dabei bleiben, daß darunter eine wie auch immer geartete Form persönlicher Abhängigkeit verstanden wird, die von Autoren wie ʿAlīšīr Nawāʾī in der Nähe von Sklaverei gesehen wird, wobei klar zu sein scheint, daß *inǧü* keine Sklaven im islam-rechtlichen Sinn sind.

Einen weiteren Zustand zwischen „Frei" und „Sklave" könnte man in dem durch *iltiǧā* ausgedrückten Verhältnis sehen. Die Parallelität mancher Termini wird von PETRUŠEVSKIJ sogar als Synonymie aufgefaßt: „By the term *injü* was understood not only the land, but also the people living on the land, both peasants and land-owners, who were personally dependent on the Il-Khan, his wives or sons, on the basis of commendation (Arabic *iltijā*ʾ) and patronage (Arabic *iljā*ʾ, *ḥimāyat* [sic])"[91]. In

---

[89] TICHONOV, *Zavisimye* indžu, S. 27.

[90] GABAIN, *Das Leben im uigurischen Königreich von Qočo*, Textband S. 60. Zu den genannten Abhängigkeitsverhältnissen kämen noch *asīr* (s. o. S. 116 und Anm. 8), außerdem *nöker* (NABIEV, *Iz istorii feodal'nogo zemlevladenija v Fergane*, S. 33); für „Kriegsgefangene" ist auch *maḥbūsān* belegt (FEKETE/HAZAI, *Paläographie* Nr. 22). – Solche Abhängigkeitsverhältnisse im alttürkischen Kaganat bespricht z. B. KLJAŠTORNYJ, *O sobstvennosti na zemlju*; wesentlich gehört dazu das von den Mongolen bekannte Verbot, den Herrn zu wechseln.

[91] PETRUŠEVSKIJ in *CHI* 5, S. 516.

den dieser Arbeit zugrundeliegenden Quellen ist *ilǧā'* gar nicht belegt. Die Unterschiede von *ḥimāyat* und *inǧü* ließen sich so fassen, daß *inǧü* wahrscheinlich ein höheres Maß an persönlicher Abhängigkeit beinhaltet. *Iltiǧā* (ich wähle die persische Form) kommt in anderen Zusammenhängen vor, und zwar sind es politischere als die von *ḥimāyat*. Typisch sind folgende Stellen.

> *Mihmān-nāma-yi Buḫārā*: Einige timuridische Würdenträger haben sich in einer Festung in Ḫurāsān verschanzt und bilden dort ein letztes Widerstandsnest gegen Šaybānī Ḫān. Sie sind gezwungen, zu kapitulieren; dies Kapitulieren heißt *iltiǧā*[92].
> *Maktūbāt wa asnād*: Eine Gruppe von Nomaden verschlug es nach Irak, wo sie Opfer von Bedrückung und Bedrängnis wurden. Sie kommen unterwürfig zurück und suchen Schutz. *Iltiǧā* ist dies unterwürfige Schutzsuchen[93].
> *Taḏkirat al-šuʿarā* (Dawlatšāh): Der in allen Stücken geschlagene Ulug Bek flieht vor seinem Sohn nach Turkestan. Nicht einmal in Šāhruḫiyya läßt man ihn in die Stadt. Da entschließt er sich, Zuflucht beim Özbeken-Ḫān Abū'l-Ḫayr zu suchen: *Iltiǧā*[94].
> *Fatḥ-nāma* des Uzun Ḥasan Aq Qoyunlu: Teile des geschlagenen Heeres von Abū Saʿīd, dem Timuriden (1469) laufen zu den Aq Qoyunlu über bzw. ergeben sich; sie sind *multaǧī*[95].
> *Rašīduddīn*: Leute, die Verfügungen zu ihren Gunsten erwirken wollen, begeben sich zu einem Amir in *iltiǧā*; die Gegenseite tut das auch, und durch die verschiedenen sich widersprechenden Erlasse der Protektoren *ḥāmiyān* findet am Ende niemand mehr hindurch. – Eine ähnliche Verwendung auch bei Ǧāmī: Er unterstützt durch einen Brief die Bitte eines Amirs, in *iltiǧā* bei ʿAlīšīr aufgenommen zu werden; der wiederum soll beim Herrscher für den Amir bitten[96].

Gemeinsam ist allen diesen Belegstellen, daß *iltiǧā* „Schutzsuchen", „Zufluchtnehmen" bedeutet, wieder mit einem deutlichen Unterton von

---

92 *baʿdī baḫšiyān ki dar urdū-yi humāyūn būdand bā dar-ḫwāst wa iltiǧā ba-ʿizz-i ʿarḍ risānīdand, Mihmān-nāma* Faksimile 120 a, Üb. S. 148.

93 *[...] giriftār-i ẓulm wa sitam šuda [...] ba-dargāh-i ʿālam-panāh iltiǧā namūdand, Maktūbāt wa asnād* 98 a.

94 *[...] dar Šāhruḫiyya madḫal na-dādand mī-ḫwāst iltiǧā ba-Abū'l-Ḫayr Ḫān barad, Taḏkirat al-šuʿarā*, S. 406.

95 Kєçik, *Briefe und Urkunden* Nr. 7, *Fatḥ-nāma* des Uzun Ḥasan, Z 21.

96 Rašīduddīn/Jahn S. 297, d'Ohsson IV/415. Nur dieser letzte Beleg zeigt *iltiǧā* in großer Nähe zu einer der Bedeutungen von *ḥimāyat*, nämlich „Protektion vor Gericht", s. u. S. 196 f. – Urunbaev, *Pis'ma-avtografy*, Brief Nr. 175/180, Faksimile S. 53, Üb. S. 81.

„Aufgabe der persönlichen Entscheidungsfreiheit“, wie sie bei einer Kapitulation erwartet werden kann; *iltiǧā* bedeutet, sich völlig in die Hände dessen zu begeben, den man darum angeht.

Dazu paßt eine religiös-spirituelle Verwendung von *iltiǧā*: So wird das unterwürfige Flehen bezeichnet, das der Adept an Gott richten soll, damit ihm geholfen werde, sei es in einer spirituellen Angelegenheit[97], sei es in einer weltlichen[98]. Der Adept versteht sich bekanntlich als Sklave Gottes, als solcher hat er natürlich in allen Dingen seine Entscheidungsfreiheit aufgegeben und sich ganz Gott überantwortet.

Ganz eigenartig aber ist folgende Stelle aus *Silsilat*, wo dem Imam Zayn al-ʿĀbidīn folgender Satz zugeschrieben wird: „Einige verehren Gott als Geschenk [?], dies sind die Sklaven unter seinen Dienern; andere verehren ihn aus Furcht, das sind die *iltiǧā* unter seinen Dienern; einige aber verehren ihn aus Dankbarkeit, und dies sind die Freien unter seinen Dienern“[99]. Eigenartig ist hier nicht der theologische Inhalt; er soll ganz unbeachtet bleiben, daher ist auch die Unsicherheit in der Lesung nicht entscheidend. Eigenartig ist, daß der Schreiber sich offenbar eine Position zwischen Sklave und Freiem vorstellen kann, die es doch nach dem islamischen Recht nicht geben kann. Eben diese Stellung erscheint im Zitat als *iltiǧā*. Dadurch sind die politischen und die religiösen Verwendungen des Begriffs zusammengefaßt.

Zusammenfassung: Sowohl *inǧü* als auch *iltiǧā* bedeuten eine weitgehende Einschränkung, vielleicht Aufgabe der persönlichen Entscheidungsfreiheit, möglicherweise des personenrechtlichen Status als Freier, wenn auch gewiß nicht islam-rechtlich, so doch im Verständnis der Menschen. Analog dazu könnte ein ähnliches Verfahren bei *ḥimāyat* unterstellt werden. Allerdings kenne ich keine Textstelle, die einen solchen Schluß entweder unabdingbar aufdrängen oder schlüssig nahelegen würde. Entscheidend wird die Frage sein, wie man aus den bezeichneten

---

97 Z. B. *ḥaqīqat-i istiʿādat ḥusn-i ruǧūʿ ast ba-ḥaqq (s) wa iltiǧā ba-ū dar ǧamīʿ al-aḥwāl*, „Das wahre Schutzsuchen ist das rechte Sichwenden an Gott und das Sich-ihm-Unterwerfen in allen Dingen“, *Masmūʿāt* 136 b. Ähnlich *Faqarāt* 5/20, *Anīs* 63 b.

98 Wenn man z. B. jemand schlecht über einen reden hört, soll man nicht wütend werden, sondern hier ist das Ziel des geduldige Aushalten *ṣabr wa iltiǧā ba-ḥaqq*, *Masmūʿāt* 170 a, ähnlich *Anīs* 63 b.

99 *inna qawman ʿabada llāh (ʿazza wa ǧalla) wahbatan [...] fa-tilka ʿibāduhu ʾl-ʿabīd wa-āḫirīn ʿabadūhu ruʿbatan fa-tilka ʿibāduhu iltiǧā [sic] wa-qawman ʿabadūhu šukran fa-tilka ʿibāduhu ʾl-aḥrār*, *Silsilat* 199 a. – Es müßte eigentlich *ʿibāduhu ʾl-iltiǧāʾ* heißen; der Schreiber hat den Artikel vielleicht weggelassen, weil *iltiǧāʾ* ja bereits mit *alif* und *lām* beginnt. Eine andere Lesung konnte ich nicht sinnvoll werden lassen.

Verhältnissen wieder herauskommt. Dazu kann bei *ḥimāyat*, mehr als logische Folgerung denn als explizit belegt, geschlossen werden, man könne ebenso wieder heraus, wie man hineingekommen ist: indem man einen neuen Herrn findet. Bei *inǧü* ist das fraglich[100]; bei *iltiǧā* müßte, von den Situationen her, aus denen es berichtet wird, vom Wohlwollen des jeweiligen Herrn abhängen, was er mit den Personen tut, die sich in dieser Form unterwerfen.

Die Untersuchung persönlicher Abhängigkeitsverhältnisse steht erst an ihren Anfängen. Noch immer ist den Worten von CAHEN zuzustimmen:

> « L'histoire sociale et institutionnelle de l'Islam est en retard, et il n'est pas possible de la faire en s'en tenant aux exposés et aux cadres des traités classiques de Droit. Cela n'est pas à dire qu'elle soit impossible, et qu'on ne puisse faire dire aux textes autre chose que ce qui est au centre des préoccupations de leurs auteurs »[101].

Ḥimāyat und *tarbiyat*

Unter den allgemeineren Bedeutungen, die *ḥimāyat* annehmen kann, nehmen solche eine besondere Stellung ein, die *ḥimāyat* als von Gott oder einem Herrscher ausgeübt sehen; diese Komponente gehört zum Gesamtbild unbedingt hinzu. Die meisten Stellen aus der Literatur, die Dihḫudā in seinem Wörterbuch gibt, entstammen diesem Bereich. Aber auch in *Maktūbāt wa asnād* findet sich *ḥimāyat* in dieser Bedeutung, etwa: „Übe Fürsorge gegen die Untertanen, übe Schutz für die Reiche"[102]. Den augenfälligsten Beleg für *ḥimāyat* als Eigenschaft eines Herrschers hat *Silsilat*; in einer Geschichte, die den Topos „Heute Derwisch, morgen König" enthält, sagt ein Herrscher: „Heute bin ich an der Reihe, König zu sein, ich bin in Frieden gekommen. Morgen, wenn Ihr an der Reihe sein werdet zu herrschen, wendet Euch nicht in Grimm gegen mich und nehmt den Schatten des Königsvogels der *ḥimāyat* nicht von mir"[103]. *Ḥimāyat* ist hier ein Ausdruck für den allgemeinen Schutz, die herrscher-

---

[100] Wegen der Annäherung an den Status eines Sklaven. – VERNON allerdings meint, *inǧü*-Bauern hätten sich entscheiden können, nicht mehr *inǧü* zu sein, sondern *qalan* zu zahlen; VERNON, *Uyghur Civil Documents*, S. 436.

[101] CAHEN, *Notes pour l'histoire de la ḥimāya*, S. 302.

[102] *ra'iyat-rā ra'āyat kun mamālik-rā ḥimāyat kun*, *Maktūbāt wa asnād* 87 a, nochmals 116 a.

[103] Der Schluß: *sāya-yi humā-yi ḥimāyat az mā ma-gīrīd*, *Silsilat* 190 a. Die gleiche Geschichte auch in *Malfūẓ*, 134 b. – Zum *humā*, dem Königsvogel, vgl. RITTER, *Das Meer der Seele*, Index s. v. – König wird, auf wen der Schatten dieses Vogels fällt.

liche Fürsorge, wie ein Hirte sie für seine Herde hat, wie das Bild gängigerweise lautet.

Tarbiyat ist ebenso etwas, was Herrscher üben. Im *Mihmān-nāma* bedeutet es die huldvolle Zugewandtheit des Herrschers, nicht zuletzt deren materielle Erscheinungsform[104]. Auch in *Maktūbāt wa asnād* heißt es des öfteren, daß jemand, der lange treu gedient hat, nun als *tarbiyat* eine Belohnung bekommen solle[105]. Diese Bedeutung kennt auch *Mirṣād al-ʿibād*, dort wird das Verleihen eines *iqṭāʿ* als Akt der *tarbiyat* genannt[106]. Davon abgeleitet ist wohl die bekannte Bedeutung „Mäzenatische Protektion"; diese ist belegt bei Wāṣifī[107] und im Bābur-nāma[108]; gewiß gibt es noch sehr viele weitere Stellen. *Murabbī* „Gönner, Mäzen" wird entsprechend gebraucht und kommt in lobpreisender Titulatur vor, so in *Kazijskie dokumenty* auf Amire und Scheiche angewendet[109]. Auch der Autor von *Mirṣād al-ʿibād* lobt den Herrscher, dem er sein Werk widmet, als „Gönner und Sympathisant der Ulama und der Sufis"[110].

Das ist alles nichts Außergewöhnliches[111], und der Grund, alle diese Belege aufzuzählen, ist, einen Hintergrund zu schaffen für negative Bedeutungen der gleichen Termini, teilweise bei den gleichen Autoren und in den gleichen Werken. So heißt *tarbiyat* im *Mirṣād al-ʿibād* nicht nur „Mäzenatentum", sondern auch „Nepotismus"; der Autor beklagt, daß Qāḍīs nur noch nach Beziehungen, nicht mehr nach Fähigkeit eingesetzt werden, wobei die Anwärter „Gefälligkeiten" bringen müssen[112]. Der Herausgeber RIYĀḤĪ hält *tarbiyat* interessanterweise für ein

---

104 *Mihmān-nāma-yi Buḫārā*, Faksimile fol. 62 a/b und 109 b; Üb. S. 89 f. und 139.

105 *Maktūbāt wa asnād* 26 b, 27 a, 107 b.

106 *Mirṣād ul-ʿibād*, Text S. 475, Üb. S. 441.

107 *Badāyiʿ al-waqāyiʿ*, Ed. BOLDYREV, Bd. 1 S. 6 (fol. 2 b).

108 *Bābur-nāma* Ed. BEVERIDGE, 171 a. ʿAlīšīr Nawāʾī ist sowohl Nutznießer von *tarbiyat* (als junger Mann in Samarkand) als auch selbst *murabbī* (später in Herat).

109 *Kazijskie dokumenty* Urkunden Nr. 39, 42, 60.

110 *muḥibb wa murabbī-yi arbāb-i ʿulūm wa aṣḥāb-i qulūb*, *Mirṣād ul-ʿibād* Text S. 23, Üb. S. 44.

111 So ist auch das Mäzenatentum von allen Schutz- und Patronageverhältnissen am besten untersucht und wird bisweilen stellvertretend für diesen ganzen Bereich genommen. – Vgl. etwa SUBTELNY, *Alishir Navaʾi:* bakhshi *and* beg, *Dies.*, *Arts and Politics in Early 16th Century Central Asia.* – Wichtige Gedanken finden sich in AUBIN, *Le mécénat timouride à Chiraz*, wo auf die Funktionsweise des Mäzenatentums hingewiesen wird. Besonders timuridische Mäzene sind, so AUBIN, oft zu Unrecht in den Ruf eigener künstlerischer oder wissenschaftlicher Leistungen gekommen. Sie haben vielmehr die Werke anderer unter ihrem eigenen Namen verbreiten lassen.

112 *Mirṣād ul-ʿibād*, Text S. 476, Üb. S. 441 und Variante Text S. 462 Z 20: *wa dar īn ʿahd qaḍā bīštar ba-ḫidmatī mī-dihand yā ba-wāsiṭa-yi murabbī na ba-ahaliyyat.*

Synonym von *ḥimāyat*[113]. Es scheint, als seien solche Begriffe je nach Sichtweise des Autors mit positiver oder negativer Konnotation verwendet worden.

Ähnliches gilt für *ḥimāyat*. Außer „herrscherlicher Fürsorge" und den oben geschilderten steuertechnisch relevanten Schutzverhältnissen bedeutet es auch „unerlaubte Protektion bei Gericht", und zwar in timuridischer Zeit; es war darauf hingewiesen worden, daß die steuerrechtliche Bedeutung für die Timuridenzeit in den ausgewerteten Quellen nicht belegt ist[114]. Der erste Beleg entstammt dem *Šaraf-nāma* des ʿAbdallāh Marwarīd. In einer Urkunde, die für den Autor selbst bei seiner Ernennung zum Muḥtasib ausgestellt worden ist, heißt es (ich folge der Übersetzung ROEMER), der Amtsinhaber solle „niemandem die Möglichkeit zu Ungehorsam und Protektion geben"[115].

Die zweite Stelle verdeutlicht, was mit *ḥimāyat* „Protektion" gemeint ist. Sie ist den von URUNBAEV herausgegebenen autographischen Briefen Ǧāmīs entnommen. Ǧāmī berichtet, wahrscheinlich an ʿAlīšīr Nawāʾī, von einem Rechtsfall. Die Sympathien Ǧāmīs sind deutlich auf der Seite desjenigen, der ihn diesbezüglich aufgesucht hat. Aber er bittet nicht etwa, man möge seinen Protégé unterstützen, sondern: „Unter gar keinen Umständen sollen die Richter von den Festlegungen der Scharia abweichen. Wenn man in Widerspruch zur Scharia etwas wg. *ḥimāyat* von ihm genommen hat, so soll man es ihm zurückerstatten. Niemand soll [hier wie in anderen Fällen] *ḥimāyat* leisten"[116].

Deutlich ist, daß man sich bei Gericht Protektion erkaufen konnte, oder daß man mehr oder weniger diskret aufgefordert wurde, um Protektion nachzukommen. Genau diese Form der Korruption ist es, die Ǧāmī ablehnt und an der er sich nicht beteiligen will. Der Mann, für den er sich einsetzt und dessen Sache er für gerecht hält, soll auch ohne Protektion und ohne entsprechende Gefälligkeiten zu seinem Recht kommen. In seinen Briefen äußert Ǧāmī viele Bitten, vor allem für Einzelne; sei es, daß er Zuwendungen aus Stiftungen für sie erbittet oder Paßbriefe, damit sie Ḫurāsān verlassen können; er bittet für Einzelne und ganze Ortschaften um Steuererlaß und -ermäßigung. Bezogen auf Gerichte bittet er gelegentlich, man möge die Sache unvoreingenommen prüfen

---

[113] Vgl. *Mirṣād*, terminologische Erläuterungen des Ed., S. 562 f.

[114] S. o. S. 186.

[115] *Šaraf-nāma* ed. ROEMER: *Staatsschreiben der Timuridenzeit*, Faksimile 24 b, Üb. S. 54 (Urkunde 18).

[116] *muṭlaqan az qānūn-i šarīʿat taǧāwuz na-namāyand wa agar ba-ḫilāf-i šarīʿat čīzī ba-ḥimāyat girifta bāšand ba-īšān bāz gardānand hīč kas ḥimāyat na-kunad*, URUNBAEV, *Pisʹma-avtografy*, Brief Nr. 349 (355), Faksimile S. 75, Üb. S. 108.

und nicht auf Verleumder hören (sind Verleumder solche, die sich ihre Aussage abkaufen lassen?). Zu dieser Gruppe gehört auch der vorliegende Brief.

Die von Ǧāmī auf diese Weise geübte Protektion heißt aber nicht *ḥimāyat*, jedenfalls verwendet er selbst diesen Ausdruck nicht und hätte es sich wohl auch verbeten. Seine Briefe erlauben keinen Schluß darauf, welchen Begriff er für die Art von Protektion, die er übte und also islamrechtlich für unbedenklich hielt, benutzt haben könnte.

Zeigt sich bei Ǧāmī eine gewisse Zurückhaltung gegenüber all den mit *ḥimāyat*, *inǧü* oder *tarbiyat* bezeichneten Verhältnissen?

Dennoch war natürlich den Leuten, für die er sich einsetzte, klar, daß sie mit einem Schreiben Ǧāmīs vor Gericht oder bei einer Behörde ganz anders dastanden als ohne. Ob nicht außerhalb des engeren Freundeskreises die feinen Unterschiede, die er machte, verschwammen, so daß die von ihm geübte Protektion sich sehr wohl als *ḥimāyat* oder ähnliches darstellte? Ǧāmīs Skrupel, aus sehr genauer Kenntnis des islamischen Rechts erwachsen, könnten wie eine kaum verständliche Scheu gewirkt haben, die Dinge beim Namen zu nennen.

Ḥimāyat als „unerlaubte Protektion vor Gericht" ist gleichfalls bei Rašīduddīn belegt. In einem Erlaß ordnet Ġāzān Ḫān an, daß die Qāḍīs die Verhandlungen solange nicht beginnen sollen, bis die *ḥāmiyān*, Protektoren, das Gericht verlassen haben. Es war wohl üblich, daß die Prozeßparteien mit lärmendem Gefolge auftraten, worunter sich auch „Boten" der jeweiligen Schutzherren befanden, die entsprechende Nachrichten überbrachten[117]. Insbesondere brauchte man die Protektion hochgestellter Persönlichkeiten, wenn man sich mit Hilfe gefälschter oder ungültiger Urkunden Grundbesitz erschleichen wollte[118].

Protektion war ebenso nötig, wenn man sich unberechtigterweise in die Listen der Sayyids eintragen lassen wollte; zur Investitur eines Vorstehers der Sayyids *naqīb al-sādāt* gehört auch, daß er ermahnt wird, bei der Prüfung der Genealogien keine Protektion zuzulassen[119].

Eine weitere Bedeutung von *ḥimāyat* mit negativem Charakter ist in Quellen aus der Timuridenzeit belegt, „Decken von Übeltätern". So wird einem Gefolgsmann des Sulṭān Maḥmūd Mīrzā[120] vorgeworfen: „Unter der Deckung *ḥimāyat* von Sulṭān Maḥmūd lästerst und verleumdest du

---

[117] Rašīduddīn/Jahn S. 219, d'Ohsson IV/447.

[118] Rašīduddīn/Jahn S. 240, d'Ohsson IV/454; Falina, *Reformy*, S. 66.

[119] Aubin, *Documents Aq Qoyunlu*, S. 127 Z 37; Busse, *Kanzleiwesen* Nr. 3 Z 29 f.; es handelt sich um eine Urkunde, die zuerst von Ǧahānšāh Qara Qoyunlu ausgestellt und bis Alwand Aq Qoyunlu nachvollziehbar fortgeschrieben wurde.

[120] Diesen Timuriden empfanden die Ḫwāǧagān als besonders feindlich, s. u. S. 243 f.

die Muslime"[121]; Muslime, so darf unterstellt werden, meint an dieser Stelle wie auch mancherorts die Anhänger der Ḫwāǧagān. Sie zu lästern oder sich über sie zu beschweren ist in höchstem Maße *bī-adabī*; im Folgenden wird auch ausgeführt, daß der Mīrzā in großer Gefahr ist[122].

Auch Babur beschwert sich über seine Gegner: „Unter der Deckung eines solchen Feindes von mir, wie Tanbal, taten sie alles, was sie wollten"[123]. Ähnlich wie in der anderen negativen Bedeutung, „ungesetzliche Protektion vor Gericht" läuft diese Bedeutung darauf hinaus, daß ein Mächtiger seine Schützlinge der Wirkung der allgemein gültigen Gesetze und damit in diesem Fall der gerechten Strafe entzieht. Das ist vergleichbar mit der steuertechnischen Bedeutung, wo *ḥimāyat* hieß, daß steuerpflichtige Untertanen dem Großen Diwan entzogen werden. In allen Fällen ist das Grundmuster der Bedeutung von *ḥimāyat*, daß jemand abgesondert wird, der allgemeinen Rechtsprechung, Steuerverwaltung etc. nicht mehr untersteht, sondern nur noch seinem Patron, so daß alle anderen keinen Zugriff, keinen Einfluß mehr haben. „Schutz- und Patronageverhältnis" bedeutet also immer einen Gegensatz zum allgemein gültigen Recht, zur allgemein gültigen Verwaltung. Wer ein Anliegen an die Schützlinge hat, wer von ihnen etwas fordern zu können meint, riskiert den Konflikt mit dem Patron.

Ḥimāyat, von Sufi-Scheichen ausgeübt

Auch in hagiographischen Quellen ist von *ḥimāyat* die Rede, und manchmal sind es auch Sufi-Scheiche, die sie ausüben. Die oben zitierte Stelle über Sulṭān Maḥmūd Mīrzā ist dabei die einzige, in der *ḥimāyat* in einem „weltlichen" Sinn in den untersuchten Hagiographien vorkommt. Ansonsten handelt es sich um die Abwehr von spirituellen Kräften anderer Scheiche, um das Ziehen eines Schutzkreises, eines undurchdringlichen Zauns um den eigenen Bezirk[124]. Ein Adept hatte gefürchtet, Geister der ʿIšqīyān könnten ihm ein Leids antun; er ist beruhigt, weil er nun weiß, „daß ich im Schatten der *ḥimāyat* dieses Großen vor aller Unbill sicher sein werde"[125]. Diese Eigenschaft, die

---

[121] *tū ba-ḥimāyat-i Sulṭān Maḥmūd musalmānān-rā ġaybat wa šikāyat mī-kunī*, *Manāqib* 46 a.

[122] Zu *bī-adabī* s. o. S. 35 f.

[123] *Bābur-nāma* Ed. BEVERIDGE fol. 75 a.

[124] S. o. S. 82.

[125] *dar ẓill-i ḥimāyat-i īn buzurg az hama ayman ḫwāham būd*, *Silsilat* 168 b, vgl. *Rašaḥāt* S. 352.

eigenen Adepten behüten zu können, ist für einen Scheich von großer Bedeutung[126], sie wird geradezu als zentral betrachtet. In einem Bericht heißt es, in der Grabrede auf ʿAlā'uddīn-i Ġiǧduwānī sei gesagt worden: „Er lebte in unserer Nachbarschaft und wir waren unter der *ḥimāyat* seiner gnaden- und segenwirkenden Kraft und seines wunderwirkenden Vermögens. Nun ist er ins Reich der Barmherzigkeit Gottes eingegangen, jetzt ist Grund zur Furcht"[127]. In dieser Passage werden die spirituellen Kräfte eines Scheichs aufgezählt, mit deren Hilfe er seine Adepten vor Leid bewahrt, das sowohl aus weltlichen wie aus spirituellen Ursachen entspringen kann. Es sind *ḥimāyat*, „Schutzkraft", und *himmat*, „Verfügungskraft in der Wirklichkeit"[128]. Durch diese Kräfte bringt er die Adepten auch so weit, daß sie „reif" sind, „erwachsen"[129]. Der Anfänger wird mit einem Ei verglichen, er kann ein Vogel werden; aber Voraussetzung ist, daß er sich für die Wirkung von *himmat* und *ḥimāyat* öffnet[130].

Es war gezeigt worden, daß das Reinhalten des Bandes an Gott, vermittelt über den Scheich (die *nisbat*), die Grundlage für allen spirituellen Fortschritt ist[131]. Der Anstrengung des Adepten entspricht die Mühwaltung des Scheichs, seine *himmat* und *ḥimāyat* so einzusetzen, daß der Adept im Kampf gegen vielerlei Gefahren bestehen kann. Dabei gehört zum Reinhalten des Bandes nicht zuletzt die Exklusivität der Affiliation, überhaupt des Umgangs. Dies ist die gemeinsame Bedeutung von *ḥimāyat* in einem spirituellen und *ḥimāyat* in einem weltlichen Sinn: das Absondern, dem allgemeinen Zugriff entziehen. Spirituell ist das nur in Übergangsphasen als Rückzug aus der Gesellschaft zu verstehen, das Grundprinzip lautet bekanntlich *ḫalwat dar anǧuman*, „in der Welt, aber nicht von der Welt". Um dieser Anforderung, ja Herausforderung gewachsen zu sein, brauchen die Adepten die schützende Hand, eben die *ḥimāyat* des Scheichs. Fehlt sie, „ist Grund zur Furcht".

Gewiß kann die schützende Kraft eines Scheichs über dessen Tod hinaus wirken. Das führt zu einer der beiden Stellen, in denen Ḫwāǧa Aḥrār selbst *ḥimāyat*-Ausübung zugeschrieben wird. Es handelt sich um

---

126 Vgl. die Geschichten über spirituelle Zweikämpfe, s. o. S. 81.

127 *dar ham-sāyagī-yi mā būdand wa mā dar ḥimāyat-i ʿināyat wa barakat wa himmat-i īšān būdīm īnzamān īšān ba-ǧiwār-i raḥmat-i ilāhī raftand maḥall-i tars ast, Silsilat* 74 b, *Masmūʿāt* 179 a.

128 Zu *himmat* vgl. GRAMLICH, *Wunder der Freunde Gottes*, S. 171 – 173.

129 *Bāliġ*. S. o. S. 72.

130 *dar way [yaʿnī 'l-murīd] istiʿdād-i ṭayrī ast mawǧūd buwad agar qābil-i taṣarruf wa taʾṯīr-i himmat wa ḥimāyat-i murġī-yi bāliġ gardad, Silsilat* 13 a.

131 S. o. S. 74 f.

die späte Beschreibung der Gräber von Samarkand, die unter dem Namen *Samariyya* bekannt ist. Der Autor schreibt: „Von der spirituellen Präsenz *rūḥāniyyat* des Ḫwāǧa sind, was den Schutz *ḥimāyat* seiner edlen Nachfahren und der Leute von Samarkand angeht, viele Werke wunderwirkender Kraft bekannt“[132]. Das ist vermutlich ein eher weltlich-allgemeines Verständnis, Schutz vor mancherlei Schäden, Krankheit, Bankrott, Erobertwerden durch Feinde. Bemerkenswert ist, daß in der *Samariyya* nur für Ḫwāǧa Aḥrārs *rūḥāniyyat* der Begriff *ḥimāyat* verwendet wird. Die anderen Gräber, manche bedeutender noch als das Ḫwāǧa Aḥrārs, haben gewiß auch segensreiche Wirkung, aber Ḫwāǧa Aḥrār ist eben doch der Schutzherr *par excellence.*

Die andere Stelle findet sich im *Bābur-nāma*. Babur gibt eine Charakterisierung seines Onkels Sulṭān Maḥmūd Mīrzā und berichtet von dessen Eroberung Samarkands nach dem Tod Sulṭān Aḥmads (1494). Es heißt:

> „Er kam nach Samarkand und führte sogleich neue Regeln, neue Steuern und Sonderabgaben ein. Die Familie und Anhänger des Ḫwāǧa ʿUbaydullāh, die früher dank dessen Schutz *ḥimāyat* über die Armen und Elenden von Unrecht und Bedrückung in Steuern und Abgaben frei gewesen waren, begann man zu bedrängen und schlecht zu behandeln“[133], davon waren selbst die Nachfahren/Söhne Ḫwāǧa Aḥrārs nicht ausgenommen.

Es ist ein Außenstehender, der schreibt, wenn auch ein sympathisierender. Babur ist frei von allen islam-rechtlichen Skrupeln; das *Bābur-nāma* spricht auch sonst gelegentlich aus, was andere nicht so gern erwähnen. Die Hagiographien über Ḫwāǧa Aḥrār kennen *ḥimāyat* fast nur als spirituelle Kategorie; auf Ḫwāǧa Aḥrār wird in ihnen der Begriff *ḥimāyat* in einem weltlichen Verständnis nie angewendet. Babur allein bringt die spirituelle Kraft Ḫwāǧa Aḥrārs, von der er durchaus überzeugt war, in Zusammenhang mit dessen Politik in Steuerfragen; Babur ist die einzige Quelle, die direkt von *ḥimāyat* Ḫwāǧa Aḥrārs als einem steuertechnisch relevanten Verfahren spricht. Das *Bābur-nāma* ist nach dem Ende der Timuridenzeit entstanden, in Mittelasien herrschten bereits die Šaybāniden, und es kann sein, daß *ḥimāyat* für steuertechnische Zusam-

---

132 *rūḥāniyyat-i ḥaḍrat-ḫwāǧa-rā dar ḥimāyat-i awlād-i kirām wa ahālī-yi Samarqand āṯār-i taṣarruf-i ʿaǧīb ẓāhir ast, Samariyya* S. 35 Z 5.

133 Die entscheidende Passage: *nasaq wa ḫarǧ wa taḥmīl bunyād qıla bašladı ḥaḍrat ḫwāǧa ʿUbaydullāhnıng mutaʿallıqlarıġa kim burun ḫarǧ wa taḥmīllarda köp faqīr wa maskīnlarnıng ḥimāyatı bilä ẓulm wa taʿaddīdın ḫalāṣ bolurlar idi, Bābur-nāma* Ed. Beveridge 23 b. Vgl. frz. Üb. Bacqué-Grammont S. 64; aufgenommen auch von Machmudov, *Zemledelie*, S. 74.

menhänge wieder gebräuchlicher geworden war. In den meisten anderen Zusammenhängen, in denen von „Schutz" und ähnlichem die Rede ist, verwendet Babur aber *ra'āyat*, vor allem als Tätigkeit von Herrschern; *murabbī* heißt der Mäzen; an einer Stelle kam *ḥimāyat* als „Decken von Übeltätern" vor. Auch im *Bābur-nāma* ist Ḫwāǧa Aḥrār der einzige, von dem *ḥimāyat* in einem steuertechnisch relevanten Sinn berichtet wird. Man erinnere sich, daß damit gemeint ist, daß die Schützlinge nur an den Patron zahlen, nicht an den Diwan; im vorliegenden Fall spielt Babur ganz deutlich darauf an, die Anhänger Ḫwāǧa Aḥrārs, also diejenigen, die seiner Schutz- und Patronageorganisation angehörten, seien vor der Ankunft Sulṭān Maḥmūd Mīrzās in Samarkand steuerlich privilegiert gewesen.

Zur Erklärung sei als These vertreten, daß in der näheren Umgebung Ḫwāǧa Aḥrārs man dessen Steuerpolitik nicht mit *ḥimāyat* bezeichnete, vielleicht weil dieser Begriff im Zusammenhang mit seiner Verwendung in der Mongolenzeit anrüchig geworden war. Hinsichtlich der Bedeutung „ungesetzliche Protektion vor Gericht" konnten bei Ǧāmī solche Skrupel unterstellt werden. Das hinderte aber weder außenstehende Zeitgenossen noch die Nachwelt, gerade in Ḫwāǧa Aḥrār einen Schutzherrn, *ḥimāyat-gar*, großen Stils zu sehen.

Ḫwāǧa Aḥrār in Schutzverhältnissen

Der Gedanke, in der Wirtschaftsorganisation und in der politischen Tätigkeit Ḫwāǧa Aḥrārs könnten Schutzverhältnisse eine Rolle gespielt haben, ist nicht neu. Besonders die Verkäufe von kleinen und mittleren Grundbesitzern sind auf ein Schutzbedürfnis der Verkäufer zurückgeführt worden. Allerdings wird dabei ein sehr verschiedenes Resultat in der Lage der Bauern und eine sehr unterschiedliche Motivation Ḫwāǧa Aḥrārs unterstellt[134].

Nabiev stellt die Sache so dar, daß, da Ḫwāǧa Aḥrār schon sehr große Landstriche sein eigen genannt und kaum Steuern gezahlt habe, die Steuerlast auf die übrige Bevölkerung habe umverteilt werden müssen, so daß die Lage für die Einzelnen vollends unerträglich geworden sei. Im Ergebnis seien „die Bauern in dieser schweren Lage gezwungen gewesen, auf ihr Land zu verzichten, und sich, indem sie es ‚freiwillig' an Ḫwāǧa Aḥrār abtraten, unter seinen ‚Schutz' zu begeben"[135].

---

[134] S. o. S. 151.

[135] Nabiev, *Iz istorii politiko-ėkonomičeskoj žizni Maverannachra*, S. 40 f.

Čechovič schließt sich dem im wesentlichen an. Sie bemerkt, daß einige Grundstücke als Geschenk an Ḫwāǧa Aḥrār kamen und ergänzt: „Möglich, daß sich hinter diesen Verkäufen und Schenkungen manchmal so etwas wie eine *commendatio* eigener Art verbarg"[136].

Boldyrev schließlich sieht in den Verkäufen gleichfalls eine Art Schutzverhältnis, *commendatio*, gibt aber eine entgegengesetzte Interpretation:

> „Als welch wirksamer antifeudaler Schild die Naqšbandī-Organisation dem Volk diente, zeigt der Brauch des Pseudoverkaufs, der *commendatio*, mit der die Bevölkerung ihren Grund und Boden an Ḫwāǧa Aḥrār übereignete [...]. Die Verkäufer, das heißt die *precarii*, und der Käufer Ḫwāǧa Aḥrār setzten die Kaufverträge mit der größtmöglichen Feierlichkeit in Form und Stil der Zeit auf, obwohl in Wirklichkeit der Boden und übrige Besitz, selbst wenn er vom Gesetz her waqfiert wurde, in der Verfügung des bisherigen Besitzers blieb"[137].

Alle genannten Forscher gehen also davon aus, daß so etwas wie *commendatio* im Spiel ist, und daß dies einen Grund für den Übertrag von Land an Ḫwāǧa Aḥrār darstellt. Bisweilen wird auch die übrige Tätigkeit Ḫwāǧa Aḥrārs in wirtschaftlichen und politischen Bereichen herangezogen, um zu zeigen, wie er „Schutz" ausübte. Dabei halten Nabiev und bis zu einem bestimmten Maß auch Čechovič diesen Schutz für eine Propagandalüge; in Wirklichkeit sei den von Ḫwāǧa Aḥrār abhängigen Bauern von dessen Verwaltern das Mark ausgesogen worden[138]; zur Aufgabe von Besitzrechten habe nur die bittere Not die Bauern bewegen können. Boldyrev vertritt in der sowjetischen Literatur mit dem zitierten Aufsatz eine Mindermeinung; er hält das Wirken Ḫwāǧa Aḥrārs für im Sinne der Bauern und anderen kleinen Leute segensreich.

Welcher der dargestellten Formen von Schutzverhältnissen kommen diejenigen, die man Ḫwāǧa Aḥrārs Schutzorganisation vermuten darf, am nächsten?

Kleine und mittlere Grundbesitzer geben ihr Besitzrecht *milk* auf. Das ist vergleichbar mit der vormongolischen *talǧi'a*. Aber sie werden hernach als *muzāri'ān*, Pächter, bezeichnet; das wäre vergleichbar mit den späteren Formen der *talǧi'a*, wo die Schutzbefohlenen bereits zu Pächtern geworden sind. Gewiß treffen diese Merkmale auf *inǧü* nicht

---

136 Čechovič, *Samarkandskie dokumenty* S. 25.

137 Boldyrev, *Ešče raz k voprosu o Chodža-Achrare*, S. 53 f.

138 Nabiev wie Anm. 135, S. 35 f.

zu, da dort die Beeinträchtigung der persönlichen Freiheit weiter ging, als für die Pächter Ḫwāǧa Aḥrārs angenommen werden kann.

Soweit ersichtlich, wurde von den Ländereien Ḫwāǧa Aḥrārs nur der Zehent *ʿušr*, nicht aber die Grundsteuer *ḫarāǧ* erhoben. Was die kleinen und mittleren Grundbesitzer vor dem Verkauf schuldeten, steht in den Texten nicht. Im Prinzip dürfte sich die Steuerklasse eines Grundstücks durch Verkauf oder Stiftung nicht ändern. Da aber *ʿušr*-Land in Mittelasien selten gewesen zu sein scheint[139], kann nicht ausgeschlossen werden, daß Ḫwāǧa Aḥrār eine Änderung des Steuersatzes hat erreichen können. Dafür gibt es allerdings keine weiteren Belege. Auch dies entspräche Zügen der vormongolischen *talǧiʾa*.

Die Bauern im Schutzverhältnis geraten bei *ḥimāyat* und *inǧü* in persönliche Abhängigkeit vom Schutzherrn. Davon gibt es in den Quellen bezüglich der Gefolgschaft Ḫwāǧa Aḥrārs keine Spur. Vielmehr konnte für eine Reihe von Personen, die Land an ihn verkauften, angenommen werden, sie hätten sich eine verhältnismäßig unabhängige Position bewahren können. Wieder ähnelt das von Ḫwāǧa Aḥrār herbeigeführte Verhältnis am ehesten noch der *talǧiʾa*, die ebenso auf das Vertragsverhältnis begrenzt war und darüber hinaus keine weiteren Rechte und Pflichten schuf.

Die Schutzbefohlenen werden in *ḥimāyat* dem Zugriff aller Instanzen außer dem Patron entzogen. Dies scheint für die Klientel Ḫwāǧa Aḥrārs gegolten zu haben. Bei der *talǧiʾa* war das nicht in allen Fällen so; manchmal blieben *talǧiʾa*-Schützlinge dem Diwan gegenüber steuerpflichtig.

Die Schutz- und Patronageverhältnisse Ḫwāǧa Aḥrārs wären also am ehesten vergleichbar mit der *talǧiʾa* in ihren späteren Formen; von *ḥimāyat* ist das strenge Abgrenzen der Schutz- und Patronageorganisation von der allgemeinen „staatlichen“ Finanzverwaltung übernommen worden.

Ist es falsch, von „Pseudoverkäufen“ zu sprechen, wie BOLDYREV es tut? Sind es einfache Verkäufe, ohne Wenn und Aber und Pseudo? Dafür spricht erstens, daß man entgegen der Formulierung BOLDYREVs keineswegs davon ausgehen kann, alle Verkäufer von Land an Ḫwāǧa Aḥrār hätten über ihre Grundstücke auch weiterhin verfügen können, wenn auch andererseits ČECHOVIČs Einschätzung, es sei zu einer massiven Umverteilung oder Umsiedlung gekommen, ebenso in die Irre geht; es

---

139 So die Ergebnisse von DAVIDOVIČ, vgl. *Feodal'nyj zemel'nyj milk*. Auch der Autor der *Samariyya* hebt an einer Stelle hervor, das Land sei *ʿušr*; das war offenbar unüblich (S. 9).

gibt eine deutliche Fluktuation, deren Ausmaß aber nicht genau bestimmt werden kann. Zweitens spricht für einfache Verkäufe, daß in den entsprechenden Passagen der Urkunde fast immer die Formel *ḫarīda šuda ast* „Es ist gekauft worden" verwendet wird. Dazu könnte eingewendet werden, das sei eben die „größtmögliche Feierlichkeit in Form und Stil der Zeit". Gewiß ist aber, daß sich hinter diesen Verkäufen nicht massenhafte Schenkungen verbergen, wie manche Passagen bei ČECHOVIČ andeuten[140]. Es gibt nur zwei Stellen, an denen von der expliziten Bezeichnung des Übertrags als Verkauf abgewichen wird. Zunächst eine Wendung aus der Waqfiyya von 1489: „[Zu den gestifteten Grundstücken gehören auch] die Ländereien des Amīr Muḥammad [und anderer], die Ḫwāǧa Aḥrār übertragen worden sind"[141]. Die Form der Übertragung, ob Verkauf oder Schenkung, wird nicht benannt. Handelt es sich um eine sprachliche Eigenheit des Schreibers? Das läßt sich nicht völlig ausschließen, aber da sonst immer deutlich von Verkauf gesprochen wird, darf man vielleicht doch an eine andere Form des Übertrags denken.

Weiter gibt die bereits erwähnte Passage aus der Waqfiyya von vor 1490 zu denken: „Šamsuddīn und Fayḍuddīn und die anderen Ältesten alle schenkten Ḫwāǧa Aḥrār ungefähr 60 *mann* Land, das ihr Besitz war"[142]. Wären die Verkäufe nichts als Verkäufe, so gäbe es keinen Grund, die Form der Übertragung nicht klar zu benennen, und noch viel weniger gäbe es einen Grund, aus dem man, und sei es als Draufgabe, Ḫwāǧa Aḥrār etwas schenkt. Es drängt sich die Vermutung auf, hier seien Gegenleistungen vereinbart worden, die als Kaufpreis nicht genannt werden können. Das träfe für Gegenleistungen des Schutzherrn tatsächlich zu, die ja ihrer Natur nach in ihrer Höhe nicht festliegen können und daher als Kaufpreis nicht bezifferbar sind. Somit wären sie ein unbestimmtes, aleatorisches Element im Kaufvertrag, *ġarar*. Würden sie benannt, wäre die Gültigkeit des Vertrags gefährdet.

Weiter war den Notizen über Stiftung von gekauften Grundstücken bei Ṭawāwīs eigentümlich, daß, wo doch sonst sehr detaillierte Angaben gemacht wurden, die Preise, die man für die Grundstücke gezahlt hat, fehlen, bis auf die vier zuletzt aufgeführten. Darüber ließe sich trefflich spekulieren. Was ist tatsächlich gezahlt worden? Es wäre ein Argument für „Pseudoverkauf": Wenn kein Preis, oder nur ein symbolischer, gezahlt wurde, läßt man die Angabe besser weg.

---

[140] ČECHOVIČ, *Samarkandskie dokumenty*, S. 25; vgl. auch GROSS, *Khoja Ahrar*, S. 131. – Bis auf die im Folgenden angeführten beiden Stellen gibt es keine Hinweise auf Schenkungen, auch in den hagiographischen Quellen nicht.

[141] *Samarkandskie dokumenty*, Urkunde 10, Z 232.

[142] *Samarkandskie dokumenty*, Urkunde 11, Z 151 f.

Zusammenfassung

In diesem Kapitel sind Begriffe für Schutz- und Patronageverhältnisse aus verschiedenen Perioden der mittelasiatischen und iranischen Geschichte vorgestellt worden. Einer davon, nämlich *ḥimāyat*, erwies sich als facettenreich; er wird sowohl in einem steuertechnischen Zusammenhang gebraucht als auch für den „Schutz", also die Aufnahme geflohener Bauern; *ḥimāyat* bedeutet eine Tätigkeit des Herrschers, aber auch eine eher gegen den Herrscher gerichtete Eigenmächtigkeit einflußreicher Personen; es heißt „ungesetzliche Protektion vor Gericht"; es bedeutet das Abschirmen von Adepten durch einen Sufi-Scheich gegenüber unheilvoll wirkenden spirituellen Kräften. *Ḥimāyat* konstituiert in jedem Fall eine vom Rest der Gesellschaft abgesonderte Gruppe, ein vertikales Segment der Gesellschaft. Dabei vermischen sich „erworbene Loyalitäten" und „Loyalitäten von Kategorien"[143].

„Erworben" sind alle Loyalitäten, die mit einem formalen Akt, etwa dem Eintritt in eine sufische Gruppe, verbunden sind; aber auch die Verkäufe (oder „Pseudoverkäufe") von Grundstücken in der *talǧi'a* oder in den *talǧi'a*-artigen Fällen in der und um die Ortschaft Ṭawāwīs oder die Schenkungen von Grundstücken sind ein solcher formaler Akt: Individuen oder Gruppen gehen freiwillig ein Verhältnis ein, das gegenseitige Loyalität bedingt. Solche Verhältnisse, so MOTTAHEDEH, erlöschen beim Tod eines der Partner; im Falle Ḫwāǧa Aḥrārs war sicher an eine dauerhafte Bindung gedacht, die über den Tod des Schutzherrn hinaus Bestand haben sollte. Daß dennoch der Tod Ḫwāǧa Aḥrārs den Niedergang des ganzen Systems bewirkt, ist von geringerer Bedeutung, als daß bereits kurze Zeit später ähnliche Systeme von anderen Schutzherren aufgebaut werden.

„Loyalitäten von Kategorien" sind solche, die beispielsweise bewirken, daß Stadtbewohner oder seßhafte Bauern, gleichgültig, ob sie dem System „erworbener Loyalität" angehören, sich mit Bitten an Ḫwāǧa Aḥrār wenden, wie es etwa bei drohender Eroberung von Samarkand durch einen anrückenden Feind geschehen konnte.

Das von Ḫwāǧa Aḥrār aufgebaute System wirkt wie eine „Partei" (*ṭā'ifa*, engl. *faction*); sie hat klar bestimmte Gegner und weiß in der Regel, wer dazugehört und wer nicht. Den Kern der *ṭā'ifa* bildet die sufische Organisation der Naqšbandiyya; sie geht aber weit darüber

---

[143] Die Begriffe stammen aus MOTTAHEDEH, *Loyalty and Leadership*; engl.: „Acquired loyalties" und „Loyalties of category", vgl. bei MOTTAHEDEH die so überschriebenen Kapitel.

hinaus, es scheint sogar möglich zu sein, Positionen in der Verwaltung zu bekleiden, ohne der sufischen Gruppe anzugehören. Einen „mittleren Ring" um die sufische Gruppe herum bilden diejenigen, die mehr oder weniger formal dem Patronage-System beigetreten sind, durch Verkauf oder Schenkung von Grundstücken oder auf sonst eine Weise. Den „äußeren Ring" stellen diejenigen dar, die ihre Interessen von der *ṭā'ifa* mit-vertreten lassen, obwohl sie ihr nicht formal „beigetreten" sind; so die Handwerker von Samarkand, die seßhaften Bauern in der *wilāyat* Buchara, die Stadt Taschkent als Ganzes.

Der Grund für die Bildung und den schnellen Aufstieg einer solchen „*ṭā'ifa* der Stadtbevölkerung und der seßhaften Bauern für islamische Gerechtigkeit" ist in den Erschütterungen zu suchen, die für die timuridischen Regionen in der zweiten Hälfte des 15. Jahrhunderts charakteristisch sind: In Transoxanien reicht der Arm des Herrschers kaum noch so weit, den Schutz der Bevölkerung vor Nomadeneinfällen sicherzustellen; die Kontrolle über militärische Führer (Amire) und deren tribale Gefolgschaft ist merklich geschwunden; der Bedarf an Steuermitteln, besonders in Geld, hat aber darum nicht nachgelassen, im Gegenteil, er steigt, je mehr kriegerische Auseinandersetzungen nicht mehr mit Beutemachen außerhalb des timuridischen Herrschaftsbereichs verbunden sind, sondern in der Region selbst stattfinden, deren Bevölkerung, gleichgültig, wer im Augenblick siegreich ist, die Kriegslasten zu tragen hat.

Die Bildung einer solchen *ṭā'ifa* stellt einen Versuch dar, die Interessen der Stadtbevölkerung und der seßhaften Bauern gegen die von einem nomadischen Stil geprägte Form der Machtausübung wahrzunehmen. Dabei griff man nicht zu Mitteln des bewaffneten Aufstandes[144], sondern zu solchen der kontinuierlichen Einflußnahme beim Herrscher. Diese Einflußnahme ging auch über das vorher bekannte Bitten von einzelnen Scheichen insofern hinaus, als die *ṭā'ifa* über eine eigene organisatorische und wirtschaftliche Basis verfügte: den Grundbesitz Ḫwāǧa Aḥrārs und

[144] Im Gegensatz etwa zu den *sarbadārān*; vgl. den Konflikt zwischen sufischem „Quietismus" und offener Rebellion dargestellt bei AUBIN, *Aux origines*. – BOLDYREV meint: „Dieses Neue [im Wirken Ḫwāǧa Aḥrārs] bestand nun offenbar gerade in dem Versuch, gegen die feudalherrliche Räuberei nicht gewaltsam, nicht mit bewaffnetem Widerstand vorzugehen (Ḫwāǧa Aḥrār hatte nur zu gut begriffen, daß dies nur zur nächsten Runde „barbarischer Metzeleien" und entsetzlicher Verwüstung im Geiste der bekannten timuridischen Bruderkämpfe geführt hätte), sondern durch die für seine Zeit völlig neue Methode der Befriedung, des Zurückdrängens der zerstörerischen Prinzipien vermittels der enormen Kraft des sufisch-religiös-mystischen Einflusses, der durch ökonomische Macht noch unterbaut wurde (‚Befriedung von einer Position der Stärke aus')." BOLDYREV, *Eščë raz*, S. 59.

dessen Verwaltung, mit der sufischen Gruppe als Kern von beidem. Bitten Ḫwāǧa Aḥrārs konnten also nicht so leicht abgewiesen werden wie z. B. solche Bahā'uddīn 'Umars in Herat[145].

Dabei wird der Begriff *ḥimāyat* auf die Tätigkeit Ḫwāǧa Aḥrārs als Haupt dieser *ṭā'ifa* in einer zeitgenössischen Quelle nur einmal (Babur) angewendet, ein weiteres Mal in einer viel späteren (Samariyya). Dennoch muß das nicht bedeuten, daß nicht *ḥimāyat* eben die Absicht war; man kann aus den genannten Gründen sich gescheut haben, die Dinge beim Namen zu nennen.

145 S. o. S. 68.

8. Politische Tätigkeit

In diesem Kapitel wird an der politischen Tätigkeit Ḫwāǧa Aḥrārs und seiner *ṭā'ifa* gezeigt, wie er Schutz und Patronage geübt hat, für wen, und welchen Gegnern er dabei gegenüberstand.

Über das direkte politische Eingreifen Ḫwāǧa Aḥrārs liegen insbesondere in den Arbeiten von ČECHOVIČ und GROSS bereits wichtige Angaben vor[1]. Dabei wurden diejenigen Ereignisse, die auch in der historiographischen Literatur Erwähnung finden, an erster Stelle berücksichtigt. ČECHOVIČ gibt eine Übersicht über solche Ereignisse, in denen Ḫwāǧa Aḥrār nach Auskunft der Historiographen eine Rolle gespielt hat. Es sind:

1. Die Verteidigung Samarkands gegen Abū'l-Qāsim-i Bābur (1454),
2. Die Mission zu Nūr Saʿīd (einem „aufständischen" Amir), ein damit zusammenhängender Besuch in Herat und die folgende Abschaffung der *tamġā* in Transoxanien durch Sulṭān Abū Saʿīd (1460/61),
3. Der Friedensschluß in Šāhruḫiyya zwischen Sulṭān Abū Saʿīd und dem „aufständischen" Prinzen Muḥammad Ǧūkī (1463),
4. Die Beratung in Marw, nach der Abū Saʿīd zum Feldzug nach Westiran und Āḏarbāyǧān aufbrach, von dem er nicht zurückkehrte (1468),
5. Der Friedensschluß zwischen den drei nach Abū Saʿīds Tod in Transoxanien regierenden Timuriden (ohne Datum)[2].

GROSS gibt eine ausführlichere Darstellung der unter 1, 3 und 5 genannten Ereignisse; sie geht außerdem des längeren auf Ḫwāǧa Aḥrārs Rolle bei der Thronbesteigung durch Abū Saʿīd ein[3].

Es soll daher in diesem Kapitel nicht um die Schilderung der aufgezählten Ereignisse gehen; angestrebt ist vielmehr eine systematischere Darstellung der politischen Zielsetzung Ḫwāǧa Aḥrārs und seiner *ṭā'ifa* und der Umsetzung dieser Zielsetzung in politisches Handeln.

---

[1] ČECHOVIČ, *Samarkandskie dokumenty*, S. 17 und 21 ff.; GROSS: *Khoja Ahrar*, S. 89 ff.

[2] ČECHOVIČ, *Samarkandskie dokumenty*, S. 17.

[3] GROSS wie Anm. 1.

Dazu gehört die Untersuchung a) des Selbstverständnisses Ḫwāǧa Aḥrārs im politischen Geschehen: Warum mischt er sich überhaupt ein? b) Wie sah man die politischen Verhältnisse? Wie werden Freund und Feind bestimmt? Das wird anhand von Berichten über Straf- und Rachewunder untersucht. Hierzu gehört auch, welche Position dem Herrscher zugeschrieben wird. c) Ḫwāǧa Aḥrārs allgemeine Zielsetzung wird umrissen. Sie umfaßt die Durchsetzung islamischer Gesetzlichkeit und Abschaffung nicht-islamischer Regelungen türkisch-mongolischen Ursprungs, die zum Nachteil der städtischen und der seßhaften ländlichen Bevölkerung sind, vor allem in den Bereichen Steuern und Abgaben und bezüglich der Kriege unter den timuridischen Teilherrschern. Der Bereich der Steuern und Abgaben wird d) etwas eingehender und der Bereich der Kriege zwischen Teilherrschern e) untersucht. Dazu kommt f) Hilfe in Einzelfällen, Hilfe für Gruppen und Einzelpersonen. Schließlich folgt g) die Beurteilung einzelner Herrscherpersönlichkeiten durch die Ḫwāǧagān; eingegangen wird auf Timur, Šāhruḫ, Ulug Bek, Abū Saʿīd, Sulṭān Aḥmad und Maḥmūd Mīrzā.

Politisches Selbstverständnis

Wie ein roter Faden zieht sich die Begründung, warum man heute nichts Besseres tun kann, als mit den Herrschern Umgang zu pflegen, damit den Muslimen geholfen werde, durch die Berichte von Aussprüchen Ḫwāǧa Aḥrārs (in seinen Schriften selbst ist davon nicht die Rede)[4]. Als Kostprobe:

---

[4] GROSS fordert am Ende ihrer Arbeit, die von ihr unberücksichtigt gebliebenen mystischen Traktate Ḫwāǧa Aḥrārs seien zu untersuchen und meint: „These works may shed light on Ahrar's own conceptions of his social and religious position as well as on the relationship between Naqshbandi tenets and those of Ahrar" (*Khoja Ahrar* S. 163). Die Schriften Ḫwāǧa Aḥrārs beleuchten dessen weltliche Tätigkeit aber so gut wie gar nicht. Einige indirekte Schlüsse ließen sich ziehen (s. o. Kapitel „Erwerb des Lebensunterhalts" und „Innen und Außen"). Zentrale politische Begriffe wie *sulṭān* und *ẓulm* haben in ihnen eine rein religiöse Bedeutung. *Sulṭān* ist, im koranischen Sinn, die Herrschaftsmacht Gottes (s. o. S. 77); *ẓulm* ist allgemein definiert durch „Ein Ding dorthin tun, wohin es nicht gehört" *waḍʿ-i šay dar ġayr-i mawḍiʿ*, *Rašaḥāt* S. 197: Eine Standard-Definition, vgl. *Mirṣād ul-ʿibād* Text S. 351, Üb. 341 und MOTTAHEDEH, *Loyalty and Leadership*, S. 179. Es läßt sich anhand des Fehlens expliziter Erläuterungen gesellschaftlicher und politischer Positionen in Ḫwāǧa Aḥrārs Schriften der Schluß ziehen, daß dies für ihn kein „theoriewürdiger" Bereich war; Fragen wurden von Fall zu Fall entschieden.

> „Die Zeiten sind sehr schlecht geworden. Kein Werk ist für den, dem es gelingt, besser, als am Tor der Herrscher und Mächtigen zu stehen und den Armen und Unterdrückten zu helfen. Einem Amir gab er [Ḫwāǧa Aḥrār] den Rat: Hohe Stellung und Macht ist ein großes Geschenk; glücklich gepriesen, wer es zum Mittel macht, das Glück im Jenseits zu erringen“[5].

Dies ist ein konventionelles Motiv. Herrschern zu raten, wie sie regieren sollen, damit sie ihr Seelenheil nicht verlieren, kommt öfter vor und ist von Sufis gelegentlich als ihre Aufgabe gesehen worden[6]. Diese Position wird aber überspitzt. Es ist allgemein bekannt, daß es dem Berater eines Herrschers auf die Dauer kaum gelingen kann, sich frei von weltlichen Geschäften zu halten. Vielleicht muß er manchmal Dinge tun, die auf den ersten Blick verwerflich sind, in einem größeren Zusammenhang aber unvermeidlich oder segensreich. Dabei kann natürlich das in Kauf genommene Übel immer noch ein Übel sein. Dies geht aus folgender Passage hervor:

> Jemand kommt zu Ḫwāǧa Aḥrār und will, nachdem ein Zweifel ihn schon eine ganze Weile geplagt hat, diesen kundtun; er meint, Ḫwāǧa Aḥrār sei doch besser in einem Bergeswinkel, statt sich derart mit Herrschern und Mächtigen abzugeben, daß ihm nicht einmal Zeit bleibt, seine Adepten alle zu unterweisen. Ḫwāǧa Aḥrār wartet nicht ab, daß dieser Gedanke laut wird, sondern ergreift das Wort mit einer Gegenfrage: „Da ist jemand. Die Sultane und Herrscher und Unterdrücker hören auf seine Worte, durch seine Bitten finden die Muslime vor der Tyrannei der Unterdrücker und Bedränger Rettung, er ist die Ursache, daß die Verordnungen und Gebräuche der Tyrannen aufgehoben werden. Ist es diesem denn erlaubt, die Unterdrückten in der Hand der Unterdrücker zu lassen und in einen Bergeswinkel zu gehen, um dort dem Gottesdienst und der Ausbildung der Adepten obzuliegen? Welche dieser beiden Tätigkeiten ist hinsichtlich dieser Person wichtiger und näher [zu Gott], mit welcher dieser beiden Tätigkeiten ist es für ihn besser, sich zu befassen?“ „Die klausnerische Zurückgezogenheit aufzugeben und sich unter die Unterdrücker zu mengen“[7], lautet die, von Ḫwāǧa Aḥrār natürlich erwartete, Antwort.

---

[5] *zamān bisyār bad šuda ast hīč ʿamal bihtar az ān nīst ki agar kasī-rā muyassar šawad bar dar-i ḫāna-yi pādišāhān wa ḥukkām īstad wa faqīrān wa maẓlūmān-rā madad kunad wa ba-yakī az umarā ba-rasm-i naṣīḥat farmūdand niʿmat-i ǧāh wa iqtidār niʿmat-i ʿaẓīm ast dawlat-mand kasī ast ki ān-rā waṣīla-yi saʿādat-i āḫirawī sāzad, Maǧmūʿāt* 157 a.

[6] Vgl. die Ausführungen über den „Weg der Könige“ in *Mirṣād ul-ʿibād.*

[7] *Šaḫṣī ast salāṭīn wa ḥukkām wa ẓalama suḫan-i ū mi-šināwand wa ba-darḫwāst-i ū musalmānān az ẓulm-i ẓālimān wa sitamgārān naǧāt mī-yāband wa ba-sabab-i ū rusūm wa ʿādāt-i ǧabbārān bar ṭaraf mi-šawad ā-yā ū-rā rawā hast ki maẓlūmān-rā dar dast-i ẓālimān guḏārad wa dar kunǧ-i kūhī rawad wa ba-ʿibādat wa tarbiyat-i ahl-i irādat*

Der Umgang mit Herrschern, wie Ḫwāǧa Aḥrār ihn pflegte, war also manchen Adepten nicht ganz geheuer, immer wieder mußte er erklärt und begründet werden. In der eben angeführten Passage ist das Motiv, das zur Einmischung in die Politik führt, nicht mehr das Seelenheil des Herrschers, sondern das Wohl der Muslime, die man den Unterdrückern nicht überlassen darf. Wer diese Unterdrücker sind und was mit den „Verordnungen und Gebräuchen der Tyrannen" gemeint ist, werden wir noch sehen. Es geht Ḫwāǧa Aḥrār darum, zu begründen, daß die Suche nach dem eigenen Jenseitslohn und nach der Vereinigung mit Gott nicht an der Lage der Muslime allgemein vorbei betrieben werden kann. Dies scheint eine vergleichsweise neue Position in der islamischen Mystik zu sein[8].

Noch pointierter findet sich dieser Gedanke an folgender Stelle:

> „Wenn man einen Muslim sieht, der einem unterdrückerischen Menschen einen Becher Wein in die Hand gibt, soll man ihn ohne genaue Untersuchung nicht tadeln oder hindern und nicht aufhören, gut von ihm zu denken. Es kann doch sein, daß er so handelt, um einen Akt der Unzucht zu verhindern, weil er ja vielleicht auf keine andere Weise die Frau eines Muslims vor dem Unterdrücker retten konnte"[9].

Die aus anderen Zusammenhängen bekannte Argumentationsfigur: Urteile nicht auf den ersten Blick, vielleicht ist in dem, was von außen wie eine Untat aussieht, Gottes Gerechtigkeit am Werk[10], wird hier auf das politische Geschehen übertragen. Auch das könnte neu sein.

Die Ḫwāǧagān, heißt es an anderer Stelle, richten sich in ihrem Tun nach dem Erfordernis der Zeit, und gegenwärtig sei es am wichtigsten, den Muslimen zu helfen. Das sei vergleichbar mit einer Lage, wo man, im Gebet begriffen, jemanden ertrinken oder verbrennen sehe, und doch auch zu dessen Rettung eilen müsse, auch wenn das bedeute, daß man das Gebet vernachlässige[11]. Auf viele Arten wird begründet, daß man

---

mašġūl šawad ahamm wa awlā az īn dū kār nisbat ba-īn šaḫṣ kudām ast wa ba-kudām amr az īn dū kār mašġūl šawad ki bihtar buwad – tark-i ʿuzlat wa iḫtilāṭ-i ẓalama, Rašaḥāt S. 329.

[8] S. o. S. 206 und Anm. 144.

[9] *Agar musalmānī-rā bīnand ki ka'sa-yi šarābī ba-dast-i ẓālimī mī-dihad bāyad ki bī taḥqīq inkār wa taġayyur-i ū na-kunand wa ḥusn-i ẓann murtafaʿ na-dārand čūn mumkin ast ki ba-hīč wağh-i dīgar na-tawānista bāšad ki ḍāʾifa-yi musalmānī-rā az ẓālim ḫalāṣ šawad, Masmūʿāt* 127 a.

[10] Eine unter Sufis bekannte Denkfigur. Vgl. Farīduddīn-i ʿAṭṭar, *Taḏkirat al-awliyā* s. v. Ibrāhīm b. Adham; jemand beobachtet, wie an einer Wasserstelle ein Raubmord begangen wird, und will eingreifen; der Scheich hindert ihn daran; bald stellt sich heraus, daß es kein Mord, sondern gerechte Vergeltung war.

[11] Vgl. *Silsilat* 68 b, *Masmūʿāt* 156 b.

jetzt, im Interesse der Muslime, Einfluß auf das politische Geschehen nimmt. Einwände, das sei unfromm, werden zurückgegeben: Gerade das ist die fromme Tat in unserer Zeit.

Man sieht sich in einem Wächteramt. Es wird von einem Wächter erzählt, der den Leuten nützlich war. Ḫiḍr besucht ihn gelegentlich. Daher hält der Wächter es für schicklich, das Wächteramt aufzugeben und sich in der Zurückgezogenheit dem Gottesdienst zu widmen. Gegen seine Erwartung bleiben Ḫiḍrs Besuche jetzt aus; er kommt erst wieder, als der Wächter zurück an seinen Posten geht. Der Grund, sagt Ḫiḍr, daß er den Wächter in der Einsiedelei nicht habe besuchen können, sei, daß „die Muslime und Gottesknechte von dir einen Nutzen hatten“[12], wer aber in der Einöde lebe und bete, von dem hätten sie keinen Nutzen. Dessen Leben, so muß man schließen, ist also nicht in dem besonderen Maß gottwohlgefällig, das Besuche Ḫiḍrs rechtfertigt. Der Gottesfreund, der Initiierte muß in irgendeiner Weise den Menschen nützen, sonst hat er sein Ziel verfehlt. Daß dieses Wächteramt auch politisch verstanden wird, geht aus der Variante der Geschichte von Ḫiḍr und dem Wächter hervor: Dort sitzt der Wächter an einem Palasttor, und Ḫiḍr kommt zu ihm, „weil du am Tor des Herrscherpalastes saßest und dein Streben war, im Rahmen deiner Kräfte dich zu bemühen und den Muslimen zu nützen und die Unterdrückung abzuwehren. [Jetzt, so Ḫiḍr, komme ich nicht mehr, denn] Leute, die Gebet, Fasten, supererogatorische Gebete und Übungen treiben, gibt es viele, alle tun das. Dies Werk aber, mit dessen Gelingen du gewürdigt wurdest, ist edel und kommt selten vor“[13]. An anderen Stellen wird von einem Yasawul, also einem türkischen Militär, berichtet, er sei in dieser Wächterart tätig; er hat daher ganz erstaunliche Kenntnisse[14].

Die Grundzüge des politischen Selbstverständnisses der Ḫwāǧagān unter der Leitung Ḫwāǧa Aḥrārs sind deutlich geworden: Die vornehmste Tat in der Zeit ist es, der Unterdrückung zu wehren und den Muslimen zu nützen. Dazu muß man die fromme Zurückgezogenheit aufgeben und sich unter die Herrscher und Mächtigen, also gerade unter die Unterdrücker, mischen. Der Grund ist nicht, daß man diese zum Seelenheil führen will, sondern der Nutzen für die Muslime. Sind in diesem Zusammenhang anrüchige Taten zu vollbringen, so ist ein Übel gegen das

---

[12] *az tū musalmānān wa bandagān-i ḫuday muntafiʿ budand*, *Silsilat* 68 b – 69 a.

[13] *ki tū bar dar-i ḫāna-yi pādišāh būdī wa himmat-i tū ān būd ki ba-qadr-i imkān saʿy namāyī wa nafaʿī ba-musalmānī risānī wa ẓulmī dafʿ kunī [...] mardumī ki namāz wa rūza wa awrād wa daʿwat marʿī dārand bisyār ast wa hama-yi kas mī-kunand īn ʿamal ki tū tawfīq yāfta būdī ʿazīz wa qalīl al-wuǧūd būd*, *Masmūʿāt* 157 b.

[14] *Silsilat* 68 b, *Malfūẓ* 156 b.

andere abzuwägen. Schon die Selbstbeschreibung als Wächter und Fürsprecher, als einer, der den Muslimen nützt, deutet darauf hin, daß eben Schutz und Patronage gemeint ist.

Freund und Feind

Außer in Historiographien werden Ereignisse, in denen Ḫwāǧa Aḥrār in das politische Geschehen eingreift, auch in Hagiographien geschildert. Die entsprechenden Berichte erscheinen dabei als Berichte von Wundertaten Ḫwāǧa Aḥrārs. Es bietet sich daher an, zunächst einen Überblick über Wundertaten überhaupt zu geben, bevor die eigentliche politische Tätigkeit behandelt wird. Dabei wird es darauf ankommen, in den Berichten jeweils festzustellen, wer die „Begünstigten" und wer die „Geschädigten" der Wundertaten sind. In den Begünstigten wird man die Freunde der Ḫwāǧagān bzw. deren Zielgruppe sehen dürfen, in den Geschädigten entsprechend ihre Gegner oder die Gegner der Zielgruppe[15]. Dabei fällt in Bezug auf Ḫwāǧa Aḥrār auf, daß Wunderberichte, in denen jemand bestraft oder sonst geschädigt wird, bei weitem überwiegen. Besonders viele und eindrückliche Geschichten sind in *Rašaḥāt* und *Manāqib* überliefert. Sie werden jetzt vorgestellt.

1. Ḫwāǧa Aḥrār schrieb den Namen des Amirs, der ihn nicht zu Mīrzā ʿAbdullāh vorlassen wollte[16], an eine Wand und wischte ihn mit Speichel wieder aus. Der Amir starb binnen kurzem; ebenso wurde Mīrzā ʿAbdullāh durch Abū Saʿīd entthront (und getötet), weil er sich Ḫwāǧa Aḥrārs Plänen zur Kräftigung der Scharia nicht zur Verfügung stellen wollte[17].
2. Der *dīwān* Sulṭān Aḥmads, Mīrak Ḥasan, läßt wegen Finanznot seines Herrn bei Ḫwāǧa Aḥrār anklopfen. Er muß träumen, daß ihm die Haut bei lebendigem Leib abgezogen wird[18].

---

[15] Wunderberichte spiegeln die Wünsche und Erwartungen der Anhänger, s. o. S. 69 f.

[16] Mīrzā ʿAbdullāh war auf dem Thron von Samarkand der „Vorgänger" Abū Saʿīds. Ulug Bek wurde 1449 von seinem Sohn ʿAbdullaṭīf besiegt und beseitigt. ʿAbdullaṭīf seinerseits konnte sich nicht lange halten; er wurde ermordet; ʿAbdullāh folgte ihm. Zu den Details dieser Vorgänge BARTOL'D, *Ulug Bek*, S. 147–174, ROEMER, *Die Nachfolger Timurs*, S. 236 f.

[17] *Rašaḥāt* S. 288 (*rašaḥa* 2). Zu dem ganzen Zusammenhang vgl. GROSS, *Khoja Ahrar*, S. 95 ff.

[18] *Rašaḥāt* S. 299.

3. Ein *dārūġa* von Nomaden, Sayyid Aḥmad-i Sārid, hat einen Gefolgsmann Ḫwāǧa Aḥrārs geschlagen. Er wird daraufhin krank und stirbt[19].
4. Elf Steuereinnehmer (und zwar *tamġāčī*, *tamġā*-Einnehmer), die darauf bestehen, die *tamġā* wieder einführen lassen zu wollen und ihren Einfluß beim Herrscher geltend machen wollen, sind am anderen Morgen tot[20].
5. Ein Anhänger Ḫwāǧa Aḥrārs sieht im Traum, wie dieser allen Amiren, die dessen Land vermessen wollen, den Kopf abschlägt. Das war zur Zeit des Feldzugs von Sulṭān Aḥmad gegen ʿUmar Šayḫ und Maḥmūd Mīrzā; in diesem Feldzug kamen besagte Amire tatsächlich um[21].
6. Amīr Ǧānī, Statthalter von Samarkand für Abū Saʿīd, kommentiert dessen Aufhebung der *tamġā* mit bissigen Bemerkungen. Das überlebt er nicht[22].
7. Nach Ḫwāǧa Aḥrārs Tod wollte der Statthalter von Buchara, ʿAbdulʿalī Tarḫān, dessen Ländereien dort vermessen lassen. Mehrere Anhänger träumen, Ḫwāǧa Aḥrār ziehe beritten gegen den Tarḫān zu Felde. Bald verbreitet sich die Kunde, er leide an einer seltsamen Krankheit[23].
8. Ein reicher Mann lästerte einmal über Ḫwāǧa Aḥrār. Als Strafe bekam er keinen Bissen mehr durch den Hals[24].
9. Malik Islīm und Qubad, Statthalter von Taschkent, begingen ein *bī-adabī* gegen Gefolgsleute Ḫwāǧa Aḥrārs. Sie werden in einer folgenden kriegerischen Auseinandersetzung getötet[25].
10. Das Beispiel der beiden vorgenannten Amire sollte dem Ḥākim von Samarkand, Abū Saʿīd, zur Warnung dienen; es warnt der Herrscher Abū Saʿīd Mīrzā. Der Statthalter will aber nicht hören, widersetzt sich weiter. Das wird zur Todesursache[26].
11. Ein militärischer Unterführer kommt mit einem Steuerscheck auf Gerste als Viehfutter (*ǧū*) zu Ḫwāǧa Aḥrār, noch in dessen Taschkenter Zeit. Um das Futter zu bekommen, randaliert er und schlägt

---

19 Ebda. S. 300. Vgl. Gross, *Khoja Ahrar*, S. 79 f.
20 *Rašaḥāt* S. 300.
21 *Manāqib* 23 b.
22 Ebda. 17 b. Gross, *Khoja Ahrar*, S. 74.
23 *Manāqib* 8 b – 11 a.
24 *Rašaḥāt* S. 301.
25 *Manāqib* 18 b. Gross hält die beiden unbegründet für „rulers", *Khoja Ahrar*, S. 80.
26 *Manāqib* 14 a und 15 b.

Ḫwāǧa Aḥrārs Stallmeister. Schließlich erhält er das Gewünschte, äußert sich unterwegs ins Heerlager aber abfällig über Ḫwāǧa Aḥrār und seine Leute; da fällt er tot um[27].

12. Die Straf- und Rachewunder gegen Konkurrenten waren schon erwähnt worden. Ihre Opfer sind ein Konkurrent in Taschkent und die Gruppe der ʿIšqiyān unter ihrem Scheich Ilyās[28]. Gleichfalls genannt wurden die strafenden Taten gegen Qalandar-Derwische[29].
13. Eine Gruppe von Erzählungen befaßt sich mit Strafaktionen innerhalb von Ḫwāǧa Aḥrārs Wirtschaftsorganisation[30].
14. *Last but not least* in diesem blutigen Reigen stehen die Erzählungen, die vom Šayḫulislām von Samarkand, Burhānuddīn walad-i ʿIṣāmuddīn, genannt Ḫwāǧa Mawlānā, berichten. Er nimmt in Herat ein jämmerliches Ende; in geistiger Umnachtung beginnt er, sich zu benehmen wie ein Mistkäfer; die Symptome würde man heute als Koprophagie bezeichnen. Neben vielen Verleumdungen und Schmähungen, die er sich hat zuschulden kommen lassen, wird ihm vorgeworfen, Anstifter einer Verschwörung gewesen zu sein, bei der die führenden Amire und er nach dem Ende Abū Saʿīds vereinbarten, Ḫwāǧa Aḥrār nicht mehr aufzusuchen und ihn also aus dem politischen Geschehen auszuschalten. Er gewann die Amire dadurch, daß er ihnen eine Fatwā versprach, mit der sie den Besitz Ḫwāǧa Aḥrārs einziehen können sollten[31].

---

[27] Ebda. 38 a/b. „Steuerscheck" ist *barāt*.

[28] S. o. S. 81 f.

[29] S. o. S. 60 Anm. 105 und S. 91.

[30] Bauern, die sich ungerechtfertigt über einen Verwalter Ḫwāǧa Aḥrārs beschwert haben, werden bestraft, *Manāqib* 35 b – 36 a.

[31] *Rašaḥāt* S. 304 f., *Silsilat* 173 b – 174 b. Weniger heftig sind die Vorwürfe gegen Burhānuddīn in *Manāqib* 39 b – 41 b. Stattdessen heißt es dort, er habe einen Mörder gedungen, um Ḫwāǧa Aḥrār zu erledigen, 41 b. Von einer Kontroverse in Steuerfragen ist aber nicht die Rede. – Ḫwāndamīr zeichnet ein völlig anderes Bild dieser Person, wenn er auch die Übersiedlung nach Herat wohl bestätigt, aber nicht motiviert. Sein Todesdatum wird mit 876/1472 angegeben, *Ḥabīb al-siyar* IV/104 f. – GROSS betont in ihrem Bericht über den Kampf Ḫwāǧa Aḥrārs gegen Burhānuddīn drei Punkte: „1. Burhān al-Dīn's impolite behavior towards Ahrar after the death of Abū Saʿīd which implied that Abū Saʿīd's death was the fault of Ahrar. 2. Burhān al-Dīn's accusations that Ahrar was a ‚gatherer of worldly possessions'. 3. Burhān al-Dīn's outward expression of his disbelief in the spiritual abilities and exalted position of Ahrar", *Khoja Ahrar* S. 77. – Burhānuddīns Bündnis mit den Amiren und die versprochene Fatwā erwähnt sie nicht. Burhānuddīn sah im Tod des Herrschers, als dessen Mann Ḫwāǧa Aḥrār zu gelten hat, keinen Anlaß zur Trauer, sondern eine Gelegenheit, Ḫwāǧa Aḥrār auszuschalten.

Diese Aufzählung bietet einen großen Teil des in *Rašaḥāt* und *Manāqib* enthaltenen einschlägigen Materials. Die Geschichten erlauben zuverlässige Schlüsse, wen man als hauptsächlichen Gegner ansah.

Die erste und bei weitem wichtigste Gruppe, sowohl was die Zahl der Berichte als auch das soziale Gewicht angeht, sind Amire. Ihnen wird zur Last gelegt, daß sie ungehorsam sind, d. h. den Plänen Ḫwāǧa Aḥrārs nicht bedingungslos folgen wollen (Bericht 1, vielleicht 9 und 10). Ein weiterer wichtiger Bereich ist die von Amiren befürwortete und durchgesetzte Steuerpolitik (Berichte 4–7). Besonders die Erhebung der *tamġā* ist strafwürdig, daneben der Versuch, die Ländereien Ḫwāǧa Aḥrārs vermessen zu lassen. Dazu ausführlich im entsprechenden Abschnitt.

Geahndet wird weiter beleidigendes oder anmaßendes Verhalten Gefolgsleuten Ḫwāǧa Aḥrārs gegenüber, vor allem Schläge (Berichte 3 und 11). Die Strafe fällt ebenso streng aus, als wäre der Scheich selbst Opfer des *bī-adabī*-Verhaltens gewesen. Anmaßend ist auch der Versuch des *dīwān* in Bericht 2, Geld zu verlangen (Ḫwāǧa Aḥrār gibt, wenn er gibt, unaufgefordert und nach eigenem Gutdünken).

Amire also werden bestraft wegen Widersetzlichkeit, Habgier, nicht den Vorstellungen entsprechender Steuerpolitik, Anmaßung und Übergriffen gegen Gefolgsleute.

Die zweite Gruppe der „Geschädigten“ sind Konkurrenten.

Die dritte Gruppe sind Lästerer. Das überschneidet sich zum Teil mit den ersten beiden (Berichte 6 und 8–12).

Viertens ist Geschädigter der Šayḫulislām (Berichte zu 14). Schon sein Vater ʿIṣāmuddīn war Opfer eines Rachewunders geworden, und zwar durch die Kraft von Ḫwāǧa Aḥrārs Lehrer Niẓāmuddīn-i Ḫāmūš[32]. Ihm wird alles vorgeworfen, was den anderen Gruppen auch zum Unheil wird, aber darüber hinaus noch Amtsmißbrauch (die Fatwā zugunsten der Amire). Wohlgemerkt richtet sich der Zorn Ḫwāǧa Aḥrārs und seine strafende Kraft nicht gegen „die Ulama“, sondern gegen diese eine Person, die allerdings als das Haupt der Samarkander Ulama zu gelten hat[33].

---

[32] *Nafaḥāt*, S. 402; *Rašaḥāt*, S. 111 und Variante S. 115. – Die Geschichte kann hier nicht aufgeschlüsselt werden. Den von BARTOL'D in ihr gesehenen Beweis für die feindliche Einstellung „der Derwische“ Ulug Bek gegenüber kann ich in ihr nicht finden, wenn ähnlich wie bei Ḫwāǧa Aḥrār alle Straf- und Rachewunder berücksichtigt werden, die *Rašaḥāt* als die diesbezüglich ausführlichste Quelle Niẓāmuddīn-i Ḫāmūš zuschreibt. Vgl. BARTOL'D, *Ulug Bek*, S. 123. S. auch unten S. 240 f.

[33] Es gibt Ulama, die mit Ḫwāǧa Aḥrār zusammenarbeiten, wenn sie auch wahrscheinlich eine Minderheit bilden. S. o. S. 50.

Auffälligerweise fehlen Herrscher unter den „Geschädigten" von Straf- und Rachewundern. Die Hauptgruppe der Gegner sind eindeutig die Amire. Das geht auch aus den übrigen Berichten hervor, in denen Amire als Gruppe die Gegenkraft im Einfluß beim Herrscher bilden. Es sind:

1. Sie raten Abū Saʿīd, vor Abū'l-Qāsim-i Bābur zu fliehen, und zwar nach Turkestan. Sie widersprechen Ḫwāǧa Aḥrār, der auf Standhalten drängt, mit dem Argument, dies sei ein Todesurteil[34].
2. Sulṭān Maḥmūd, der zusammen mit Amir Mazīd Arġūn auf Samarkand zog, um es zu erobern, stützte sich auf Amire und Turkmenen. Wieder will der Herrscher, Sulṭān Aḥmad, fliehen, wieder hindert Ḫwāǧa Aḥrār ihn daran[35].
3. Die özbekischen Amire im Gefolge Šaybānī Ḫāns werden für die Ermordung von Ḫwāǧa Aḥrārs Sohn Muḥammad Yaḥyā und dessen Familie verantwortlich gemacht. Der Herrscher selbst wird reingewaschen, er soll Muḥammad Yaḥyā noch die Möglichkeit zur Flucht angeboten haben und ihm dazu haben verhelfen wollen[36].

Das ergibt folgende Sicht des politischen Geschehens: Der Herrscher ist weitgehend neutral[37]. Einem Herrscher werden nie oder fast nie wirkliche Übeltaten vorgeworfen, nicht einmal die Ermordung Muḥammad Yaḥyās in *Rašaḥāt*, obwohl die Özbeken zur Zeit der Abfassung des Buches bereits Herat bedrohten[38]. Welche Politik der Herrscher verfolgt, hängt davon ab, welche „Partei" sich mit ihrem Rat durchsetzen kann. Als Ratgeber kommen aus der Sicht der Hagiographie zwei Lager in Frage: „Wir" und „die anderen". „Die anderen", das sind in der Hauptsache die Amire, das heißt das unmittelbare, militärisch orientierte Gefolge des Herrschers. Zu „den anderen" gehört auch der Šayḫulislām von Samarkand; er hat die Rolle des *spiritus rector* bei einem besonders verruchten Unternehmen der Amire.

---

[34] *Rašaḥāt* S. 291.

[35] Ebda. S. 294; *umarā wa tarāka*.

[36] Ebda. S. 326. Etwas anders allerdings die späte Kompilation IVAN UzSSR 1883/III; dort wird Šaybānī Ḫāns Niederlage gegen Ismāʿīl den Ṣafawiden (Marw 1510) auf die Bluttat an Muḥammad Yaḥyā und anderes *bī-adabī* gegen die Söhne Ḫwāǧa Aḥrārs zurückgeführt, 93 a.

[37] Das wird auch durch die Ausführungen von GROSS zur Sichtweise des Herrschers nahegelegt, der ebenso wie der Scheich ein Repräsentant Gottes auf Erden ist, *Khoja Ahrar* S. 67. Schon daher kann ein Herrscher nicht auf Dauer feindlich gegen Sufis (und überhaupt gute Muslime) auftreten; tut er es doch, ist auch das Gottes Wille.

[38] Vgl. BODYREV: *Očerk iz žizni geratskogo obščestva*, S. 339 f.

Diese Sichtweise der Parteien weicht deutlich ab von dem, was über die Gruppierungen zur Zeit Ulug Beks in der Literatur gesagt worden ist, vor allem, was die Person des Herrschers und ihre Position angeht. Bei BARTOL'D etwa steht Ulug Bek auf der Seite der Amire zusammen mit „den Ulama" als Gesamtgruppe, seine Gegner sind „die Derwische" als Gruppe, die als Exponenten der Volksmassen auftreten[39].

Über die expliziten Mitglieder der sufischen Organisation, die darum gruppierten Anhänger und Schützlinge der *ṭā'ifa* hinaus sind Freunde nur noch individuell feststellbar; Termini sind *muḫliṣ*, *muḥibb* und ähnliches. Bis auf das schon öfter zitierte Beispiel der Belagerung Samarkands durch Abū'l-Qāsim-i Bābur kommen „Volksmassen" als handelndes Subjekt nicht vor. Im erwähnten Fall kommen sie zu Ḫwāǧa Aḥrār mit der Bitte, für sie beim Herrscher tätig zu werden, sie erkennen ihn also zumindest in diesem einen Fall als ihren Sprecher an.

„Begünstigte" in Wundertaten zu suchen, ist bei Ḫwāǧa Aḥrār vergeblich; es sei auf die beiden Fälle hingewiesen, in denen Sa'duddīn-i Kāšġarī seine wunderwirkende Kraft einsetzte, um Gefolgsleute aus den mittleren bis unteren Schichten vor den Zudringlichkeiten von Steuereinnehmern zu schützen[40].

Daß die Lage bei den Freunden doch etwas unschärfer ist als bei den Feinden, die ja großenteils namentlich genannt werden können, mag daran liegen, daß die *ṭā'ifa* Ḫwāǧa Aḥrārs eine defensive Politik verfolgte; sie diente der Abwehr von Zumutungen und dem Abschaffen als ungerecht empfundener Zustände, aber nicht dem Aufbau einer „neuen Gesellschaft", eines „islamischen Idealstaats" oder derlei.

„Negative Loyalität", also Zusammenhalt gegen einen Gegner, ist nach MOTTAHEDEH typisch für „Parteien" (*factions*)[41]; wie weit in der *ṭā'ifa* Ḫwāǧa Aḥrārs gegenseitige Hilfe über den Kern der sufischen Gruppe hinaus verbreitet war, läßt sich nicht feststellen.

---

39 BARTOL'D, *Ulug Bek*, S. 122 und 166 f. – Man beachte auch die Mühe, mit der der Herausgeber dieses Bandes der *Sočinenija*, Ju. BREGEL', sich, wohl gegen besseres Wissen, davon abzusetzen versucht, Ḫwāǧa Aḥrār habe tatsächlich eine breite Gefolgschaft im Volk gehabt; *Sočinenija* II/2, Einleitung S. 6 und Anm. 122 zu S. 167.

40 S. o. S. 69.

41 MOTTAHEDEH, *Loyalty and Leadership*, S. 160.

Auftrag und Zielsetzung

Ḫwāǧa Aḥrār fühlte sich, das ist in der Literatur von ALGAR, GROSS und BOLDYREV betont worden, beauftragt, die Muslime vor dem Übel der Unterdrücker zu schützen[42]. Diesen Auftrag, so erkennt er früh, kann er ohne die Unterstützung von Herrschern nicht erfüllen[43]. Von Beginn seiner politischen Tätigkeit an (ca. 1450) ist also sein Streben darauf gerichtet, in Zusammenarbeit mit dem jeweils in Frage kommenden Herrscher für die Durchsetzung der Scharia und die Abschaffung nicht-islamischer Bräuche und Regelungen zu wirken.

Der Autor von *Rašaḥāt* stellt folgenden Ausspruch Ḫwāǧa Aḥrārs an den Beginn einer „politischen Wundererzählung", nämlich den Bericht davon, wie Ḫwāǧa Aḥrār unter den drei timuridischen Teilherrschern von Transoxanien Frieden stiftete:

> „Wenn wir das Amt eines Scheichs ausüben würden, fände kein Scheich in dieser Zeit einen Adepten. Aber uns ist eine andere Aufgabe übertragen worden, nämlich die Muslime vor dem Übel der Unterdrücker zu bewahren. Zu diesem Zweck müssen wir uns unter die Herrscher mengen und ihre Seelen erobern und auf diese Weise das Ziel der Muslime verwirklichen"[44].

An dieser Stelle weist der Zusammenhang auf ein „Übel der Unterdrücker" hin, nämlich die fortwährenden kriegerischen Auseinandersetzungen zwischen den timuridischen Teilherrschern. Dem Wirken Ḫwāǧa Aḥrārs als Friedensstifter wird im übernächsten Abschnitt nachgegangen.

Weitere allgemeine Äußerungen Ḫwāǧa Aḥrārs zu seinem politischen Auftrag finden sich in seinen Briefen. Mehrfach äußert er darin die Bitte, die „Gebräuche der Fremden" abzuschaffen. Ein Beispiel:

> „Wir stehen in der Erwartung, daß Gott die Herrscher mit der Gunst beehren möge, sich dafür zu verausgaben, was von ihnen verlangt wird, nämlich dem Propheten Muḥammad nachzufolgen, im Gegensatz zu den Bräuchen der Nichtmuslime, und diese umzustürzen. Lob sei Gott, daß er so manchen dieser guten Wünsche hat Wirklichkeit werden lassen.

---

[42] ALGAR, Survey, S. 138; GROSS, *Khoja Ahrar*, S. 66 f.; BOLDYREV, *Ešče raz*, S. 59.

[43] *Rašaḥāt* S. 288 (*rašaḥa* 2), GROSS, *Khoja Ahrar*, S. 49 f.

[44] *agar mā šayḫī mī-kardīm dar īn rūzgār hīč šayḫī murīd na-mī-yābad līkan mā-rā kār-i dīgar farmūda and ki musalmānān-rā az šarr-i ẓalama nigāh dārīm ba-wāsiṭa-yi īn ba-pādišāhān bāyist iḫtilāṭ kardan wa nufūs-i īšān-rā musaḫḫar gardānīdan wa ba-tawassuṭ-i īn ʿamal maqṣūd-i muslimīn-rā bar āwardan*, *Rašaḥāt* S. 295. Vgl. ALGAR, *Survey*, S. 138; GROSS, *Khoja Ahrar*, S. 66 f. Die von GROSS zitierte Übersetzung BROWN (*The Darvishes*, S. 153 f.) ist ungenau; ALGAR ist vorzuziehen.

Wir hoffen, daß es den Herrschern mit Gottes Hilfe gelingen möge, alle diese Bräuche abzuschaffen“[45].

Die im Original erhaltenen Briefe sind bekanntlich an den Hof zu Herat gerichtet, an dem Ḫwāǧa Aḥrārs Einfluß der Vermittlung anderer, nämlich Ǧāmīs und ʿAlīšīr Nawāʾīs bedurfte; dennoch scheinen eine ganze Reihe von Briefen an Ḥusayn-i Bāyqarā direkt gerichtet zu sein, so auch der, dem folgende Passage entstammt:

„Gott hat den in Seligkeit verewigten Märtyrer-Sultan [Abū Saʿīd] zur Ursache werden lassen, das Übel mancher Regelungen der Nichtmuslime in Māwarānnahr aufzuheben. Wir bitten Euch, Euer edles Bemühen darauf zu richten, das Übel der Regelungen der Nichtmuslime auch in jener Provinz [Ḫurāsān] aufzuheben“[46].

„Regelungen der Nichtmuslime“ sind die türkisch-mongolischen Besteuerungspraktiken, besonders die *tamġā*; diese hatte Ḥusayn-i Bāyqarās Vorgänger Abū Saʿīd auf Verlangen Ḫwāǧa Aḥrārs für Transoxanien aufgehoben. Es kann im letzten Zitat kaum etwas anderes gemeint sein als dieser Vorgang. Auf die Steuerpolitik Ḫwāǧa Aḥrārs wird im nächsten Abschnitt eingegangen.

Auf diese und ähnliche Briefe spielt Ǧāmī an, der in zweien seiner Dichtungen, nämlich *Silsilat al-ḏahab* und *Tuḥfat al-aḥrār* Lobpreisungen Ḫwāǧa Aḥrārs hinterlassen hat. An beiden Stellen ist davon die Rede, daß Ḫwāǧa Aḥrār durch seine Briefe Čingīzidisches, daher Unterdrückerisches aufgehoben habe. Es heißt einmal: „Durch Barmherzigkeit und Strenge reinigte er die Welt vom Rauch des Hauses Čingīz“[47]; zum andern: „Wenn der Ḫwāǧa sein juwelenstreuendes Schreibrohr bemühte, wusch er die čingīzidische Unterdrücker-Schrift ab“[48]. Im Anschluß an das erste Zitat wird Ḫwāǧa Aḥrārs Auftreten gegen *tamġā* und *yarġū*

---

[45] *intiẓārī mī-kišīm ki ḥaqq (s) pādišāhān-rā ba-tawfīq-i ṣarf kardan-i ḫūd-rā dar ānči maqṣūd ast az īšān mušarraf gardānad yaʿnī ittibāʿ-i Ḥaḍrat Muḥammad [...] ba-muḫālafat-i rusūm-i bīgānagān wa bar andāḫtan-i ān ḥamdan lillāh (s) ki baʿḍī az ān ārzūhā-rā ḥaqq (s) muyassar gardānīd umīdwār hastīm ki ba-iʿdām-i tamām-i ān rusūm muwaffaq šawand, Maǧmūʿa-yi murāsalāt* Nr. 24.

[46] *ḥaqq (s) sabab gardānīda ḥaḍrat-i sulṭān-i saʿīd-i šahīd-i marḥūm šarr-i baʿḍī rusūm-i bīgānagān-rā az wilāyat-i Māwarānnahr bar dāšt iltimās az Ḥaḍrat-i Šumā mī-kunam ki himmat-i šarīf maṣrūf bar ān bāšad ki šarr-i rusūm-i bīgānagān az ān wilāyat bar dāšta*, Ebda. Nr. 49/50. *ān wilāyat* ist ebenso wie *ān ǧānib* immer die jeweils andere Seite des Oxus, also hier eben Ḫurāsān.

[47] *kard ṣāfī ba-luṭf-i ʿunf-āmīz * ʿālam az dūd-i dūda-yi čingīz*, vgl. Boldyrev, Eščë raz, S. 55. Ǧāmī, *Haft awrang*, S. 160.

[48] *dāda čū gam kilk-i guhar-rīz-rā * šusta sitam-nāma-yi čingīz-rā*, Boldyrev S. 55, *Haft Awrang* S. 384.

noch besonders hervorgehoben[49]. BOLDYREV kommentiert die entsprechenden Passagen wie folgt:

> „Am wesentlichsten jedoch scheint der von unserer [i. e. der sowjetischen] Wissenschaft unberücksichtigt gebliebene direkte Hinweis Ǧāmīs auf das offenbar wichtigste Anliegen Ḫwāǧa Aḥrārs, auf den Kampf gegen das „Erbe Čingīz Ḫāns“ (*sitamnāma-yi čingīz*, die ‚čingīzidische Unterdrükkerschrift“), d. h. gegen die aus der Zeit der mongolischen Eroberung stammende Tradition der räuberischen Ausplünderung des Volkes, der Gesetz gewordenen Willkür von Gewalttätern“[50].

Die in den Quellen nachweisbare Politik Ḫwāǧa Aḥrārs und seiner *ṭā'ifa* beschränkt sich auf diese beiden Bereiche: Verhinderung kriegerischer Auseinandersetzung; Abschaffung türkisch-mongolischer Steuerregelungen. Allgemeine Moralvorstellungen, etwa gegen den weit verbreiteten Alkoholkonsum an Höfen oder gegen andere Lustbarkeiten, die in der „Gegnerschaft der Derwische“ gegen Ulug Bek eine Rolle gespielt haben, werden von Ḫwāǧa Aḥrār nicht mitgeteilt[51]. Das muß natürlich nicht heißen, daß er nicht ebenso diese Verstöße gegen das islamische Gesetz verurteilt hat. Es ist aber bemerkenswert, daß er das „Übel der Unterdrücker“ in Bereichen sah, in denen die muslimische Bevölkerung darunter litt, nicht in solchen, wo das Seelenheil des Herrschers allein in Frage steht.

Steuerpolitik

Initiativen Ḫwāǧa Aḥrārs auf dem Gebiet der Steuerpolitik werden in Bezug auf zwei Steuern berichtet: Erstens die *tamġā*, zweitens die Abgabe *dahyāzdah*. Im ersten Fall geht es darum, daß diese schon lange bestehende Steuer abgeschafft werden soll, im zweiten darum, ihre Neueinführung zu verhindern.

---

[49] *Yarġū* ist laut DOERFER „der (mongolische) Gerichtshof, gerichtliche Untersuchung, Verhör (eventuell Disziplinarstrafe mit Foltern)“, *TMEN* IV/58 Nr. 1784. Die genannten Beispiele zeigen, daß *yarġū* eine Gerichtsbarkeit neben der islamischen bedeutet. Zur Zeit Ǧāmīs gab es das wohl nicht mehr; DOERFER: „Nach dem Sturze des Mongolenreichs wurde das *yarġū* überhaupt durch die *šarī'at* abgelöst; das Wort, falls es noch vorkommt, erscheint hier in der Bedeutung ‚Disziplinarstrafe‘ “, ebda. S. 61.

[50] BOLDYREV, *Eščë raz*, S. 56.

[51] BARTOL'D, *Ulug Bek*, S. 166; ROEMER, *Die Nachfolger Timurs*, S. 236; SPULER, *Geschichte Mittelasiens*, S. 225. – Insbesondere sind keine feindseligen Äußerungen zur nicht-religiösen Wissenschaft überliefert, s. u. S. 242.

Die *tamġā* ist im Lauf der Jahrhunderte von verschiedenen Produkten und in verschiedener Höhe erhoben worden. In Naṣīruddīn-i Ṭūsīs Abhandlung zum Finanzwesen erscheint sie als „a capital levy amounting to 1/240 of the capital", wobei MINOVI/MINORSKY kommentieren, dies sei sehr niedrig, auch wenn die Abgabe jährlich neu erhoben worden sei[52]. Unter späteren Īlḫānen aber erhöhte sich der Satz, HINZ spricht von 5½% von einheimischen Kaufleuten in Tabriz 1309[53]. HINZ beschreibt die *tamġā* als „Umsatzsteuer", die von der abgesetzten Ware erhoben wurde; der Satz machte in dem von ihm untersuchten Ostanatolien unter den Aq-Qoyunlu 5% von der abgesetzten Ware aus. Zölle (*bāǧ*) wurden in der Regel als eigene Kategorie behandelt, manchmal aber unter der Sammelbezeichnung *tamġawāt* zusammengefaßt. Allgemein war die *tamġā* eine Steuer, die von „der Stadt" eingezogen wurde, „das Land", so heißt es einmal, gab *yāsā*'[54]. Daher ist die *tamġā* auch oft als eine besonders einträgliche Steuer beschrieben worden. ĖFENDIEV/FARZALIEV schreiben, unter den Īlḫānen seien von den 115 *tūmān*, die von Stadt und Bezirk Tabriz eingezogen wurden, allein 87,5 *tūmān* aus der *tamġā* erlöst worden[55]. An anderen Stellen heißt es direkt, die *tamġā* sei die „flüssigste, liquideste" Steuer (*naqdtarīn*)[56].

Ein *tamġāčī* ist jemand, der diese Steuer eintreibt. In auf Ḫwāǧa Aḥrār und seine Zeit bezogenen Texten begegnen Amire, die *tamġāčī* sind[57]. Allgemein darf davon ausgegangen werden, daß der Herrscher die Einnahmen aus der *tamġā* verpachtete; dabei, so BARTOL'D, sei es vorgekommen, daß der Steuerpächter sehr viel mehr einnahm, als mit dem Diwan ausgemacht war[58].

Bei dem chronischen Mangel an liquiden Mitteln, unter dem auch die timuridischen Herrscher litten, ist es nicht verwunderlich, daß Versuche, die *tamġā* auf Verlangen der städtischen gewerbetreibenden Bevölkerung, als deren Fürsprecher islamische Würdenträger, Amtspersonen oder Scheiche, auftraten, abzuschaffen, entweder als Etiketten-

---

52 *Minovi/Minorsky, Naṣīr al-Dīn Ṭūsī on Finance*, S. 781.

53 HINZ, *Das Steuerwesen Ostanatoliens*, S. 191.

54 HINZ, *Steuerinschriften*, S. 746 (Text), S. 749 (Üb.). – Im gleichen Aufsatz wird von verschiedenen Gelegenheiten gesprochen, bei denen die *tamġā* teilweise aufgehoben wurde: *tamġā* auf Leinsaaten S. 753, für bestimmte Personen S. 757 f., schließlich der Erlaß Šāh Ṭahmāsps von 1565, in dem neben sonst unter der Bezeichnung *tamġā* laufende Abgaben vom städtischen Gewerbe auch *tamġawāt* aufgehoben werden, S. 759 Text Z 3. – Zu diesem Erlaß vgl. auch HORST, *Zwei Erlasse Šāh Ṭahmāsps*.

55 ĖFENDIEV/FARZALIEV, *O podati tamga*, S. 240; Quelle: Qazwīnī, *Nuzhat al-qulūb*.

56 MINOVI/MINORSKY, *Naṣīr al-Dīn Ṭūsī*, S. 781; Quelle: Rašīduddīn.

57 Z. B. *Masmūʿāt* 137 b, *Rašaḥāt* S. 300 (s. o. S. 214 Bericht 4).

58 BARTOL'D, *Persidskaja nadpis'*, S. 333.

schwindel durchgeführt wurden oder nur kurzlebig waren. Unter Šāhruḫ etwa wurde die *tamġā* nominell aufgehoben, bestand aber *de facto* als *zakāt* fort[59]. Dazu paßt, daß solche „Aufhebungen der *tamġā*" wohl gelegentlich vorkamen, wenn ein Herrscher sein Ende nahen fühlte oder in sonst eine bedrohliche Lage geriet, in der es angezeigt schien, sich der Unterstützung der städtischen Bevölkerung und des Wohlwollens der islamischen Würdenträger zu versichern[60]. Schon daß man von vielen Herrschern Berichte hat, sie hätten die *tamġā* ganz oder teilweise aufgehoben, spricht dafür, daß jeweils der Nachfolger sie wieder einführte.

So wundert es nicht, daß man im šaybānidischen Mittelasien die *tamġā* wieder vorfindet, die doch unter den letzten Timuriden auf Verlangen Ḫwāǧa Aḥrārs abgeschafft worden war[61]. Man konnte auf sie nicht verzichten, eben weil sie in Geld erhoben werden konnte; hätte man sich, wie die Exponenten der islamischen Gesetzlichkeit forderten, ganz auf die Grundsteuern *ʿušr* und *ḫarāǧ* verlassen, wäre man allzusehr in der Naturalwirtschaft geblieben[62].

Bemerkenswert ist in diesem Zusammenhang, daß Ulug Bek sich in seiner Steuerpolitik vor allem auf die *tamġā* stützte. Als sein Sohn ʿAbdullaṭīf eigenmächtig die *tamġā* in Balḫ aufhob, wo er Statthalter war, überzog Ulug Bek ihn mit Krieg[63]. Mīrḫwānd und Ḫwāndamīr kommentieren den entsprechenden Bericht mit den Worten: „Mīrzā Ulug Bek zeigte (allzu) großen Eifer im Eintreiben der Steuern *tamġā* und *zakāt*"[64]. *Zakāt* kann, wie bei Šāhruḫ, eine Deckbezeichnung für Abgaben sein, die einen ähnlichen Charakter wie die *tamġā* haben.

---

[59] HINZ, *Steuerwesen Ostanatoliens*, S. 191. – Die Praxis, *tamġā*-Steuern unter der Bezeichnung *zakāt* weiter zu erheben, wurde mindestens in Herat wohl öfter geübt. Den Passus, mit dem ein Inhaber eines Paßbriefes von solchen Abgaben befreit wird, *zakātčiyān li-ʿillat-i zakāt taʿarruḍ na-risānand* (49 b) übersetzt ROEMER folgerichtig mit „Die *Tamġā*-Einheber sollen ihn wegen der *Zakāt* nicht behelligen" (*Staatsschreiben*, S. 104; vgl. auch den Kommentar auf S. 181). – Zu wiederholten Aufhebungen und Wiedereinführungen der *tamġā* vgl. FRAGNER in CHI 6, S. 534 und 540 ff., den zitierten Aufsatz von ĖFENDIEV/FARZALIEV für die Entwicklung in Iran bis Ṭahmāsp, gekennzeichnet durch wiederholte Versuche, ohne die *tamġā* auszukommen, dazu neben HINZ, *Steuerinschriften* auch HORST, *Zwei Erlasse*; zur *tamġā*-Politik unter Uzun Ḥasan Aq Qoyunlu speziell MINORSKY, *The Aq Qoyunlu and Land Reforms*, S. 450. Zur Situation in Transoxanien Anfang des 16. Jh. vgl. HAARMANN, *Staat und Religion in Transoxanien*, S. 364 f.

[60] BARTOL'D, *Persidskaja nadpis'*, S. 333; Quelle: *Bābur-nāma*.

[61] HAARMANN, *Staat und Religion in Transoxanien im frühen 16. Jh.*, S. 364 f.

[62] Diese Grundsteuern werden vornehmlich in Naturalien erhoben, s. o. S. 106 f.

[63] ČECHOVIČ, *Iz istočnikov po istorii Samarkanda*, S. 308.

[64] Ebda. S. 309; *mīrzā Uluġ Bīk dar bāb-i ḥuṣūl-i wuǧūh-i tamġā wa zakāt mubālaġa-yi bisyār dāšt*, *Rawḍat al-ṣafā* VI/260, *Ḥabīb al-siyar* Bombay III/3, 157.

Die Kehrseite dieser Politik Ulug Beks war, daß die Grundsteuern nach den Worten BARTOL'DS „bis auf ein Minimum" reduziert waren. Die Quelle hierfür ist Dawlatšāh[65]. Die entsprechende Passage hat mehrere Publikationen sowjetischer Wissenschaftler hervorgerufen; der gemeinsame Tenor ist, daß die Grundsteuern unter Ulug Bek geringer gewesen seien als zur Zeit Dawlatšāhs ein halbes Jahrhundert später[66]. Sowjetische Wissenschaftler neigen dazu, Ulug Bek positiv zu sehen, und so wird dieses niedrige Niveau der Grundsteuer als Zeichen dafür gewertet, daß die Lage der Bauern besser gewesen sei als sonst. Dazu ist aber Voraussetzung, daß die Bauern entweder die Grundsteuer direkt entrichten, also *milk-dār* sind, oder daß die Grundbesitzer den niedrigen Steuersatz an sie weitergeben. Davon kann man aber keineswegs ausgehen[67]. Es dürfte vielmehr so sein, daß Ulug Bek den niedrigen Steuersatz den Amiren zu Gefallen eingeführt hat. Diese Politik wäre komplementär zur *tamġā*-Orientierung, durch die die Steuerlast im wesentlichen auf die Städte fiel. Bezeichnenderweise ist Ulug Bek einer der wenigen Herrscher, dem eine Abschaffung oder Ermäßigung der *tamġā* gerade *nicht* nachgesagt wird[68].

Wer zahlte in der Stadt die *tamġā*, wer hatte also das brennendste Interesse daran, sie aufzuheben, in wessen Interesse forderten islamische Würdenträger dies immer wieder? HINZ meint, Käufer und Verkäufer hätten sich in die „Umsatzsteuer" geteilt[69]. *Tamġā* wurde auch von Waren

---

[65] Dawlatšāh, *Taḏkirat al-su'arā* S. 404. BARTOL'D, *Ulug Bek* S. 132.

[66] Neben ČECHOVIČ, *Iz istočnikov po istorii Samarkanda*, noch: ACHMEDOV, *Ulug-bek i političeskaja žizn'*, und: DAVIDOVIČ, *Svidetel'stvo Daulatšacha*.

[67] Schon BARTOL'D meint, der niedrige Steuersatz habe „zur Wohlfahrt der bäuerlichen Bevölkerung beigetragen" (wie Anm. 65). ČECHOVIČ meint: „Die Quellen des 15. Jh. charakterisieren die Politik Ulug Beks in Bezug auf die Bauern als wohlwollend (die landwirtschaftliche Steuer in Māwarānnahr war unter Ulug Bek niedriger als in der Folgezeit)" (aaO. S. 307). Dabei wird davon ausgegangen, daß die Bauern die Grundsteuer zahlen. Das ist aber nach den Regeln des ḥanafitischen Rechts nicht so. ČECHOVIČ analysiert an keiner Stelle, ob man in „den Bauern" die Begünstigten dieser Steuerpolitik zu sehen hat, sie setzt es einfach voraus. – DAVIDOVIČ schreibt: „Wenn dabei [der Steuerpolitik Ulug Beks] der Anteil, den die weltlichen und geistlichen Feudalherren von den Bauern erhielten, gleich blieb, so wäre die Ausbeutungsrate der Bauern auf Ländereien verschiedener Kategorien (nach dem besitzrechtlichen Status) zu verschieden geworden. Das wäre nicht ohne Reaktion seitens der Bauern geblieben" (aaO. S. 32). Diese Argumentation kann nicht überzeugen. Es ist nicht einzusehen, daß ein Herrscher wie Ulug Bek, der in allem der Tradition seines Großvaters Timur nacheiferte (und das war eine Steppentradition), ausgerechnet die seßhaften Bauern bei der Steuerpolitik hätte begünstigen sollen.

[68] BARTOL'D, *Ulug Bek* S. 133.

[69] HINZ, *Steuerwesen Ostanatoliens*, S. 193.

sehr geringen Werts erhoben, darunter auch solchen, die Bauern aus der Umgebung täglich zu Markt trugen, wie etwa Brennholz[70]. ČECHOVIČ ist also nicht zuzustimmen, wenn sie vermutet, daß „man wohl kaum annehmen darf, daß diese Steuer von den ärmsten Schichten der Handwerker erhoben wurde, die als Gehilfen und Lehrlinge bei Besitzern von Werkstätten arbeiteten und selbst keine hatten"[71]. Darauf kommt es vielmehr gar nicht an, da *tamġā* keine Gewerbesteuer ist, die von der Produktion erhoben wurde, sondern eine Marktsteuer, die beim Verkauf eingezogen wird; sie trifft also jedes Geschäft auf dem Markt, darunter auch solche, die von armen und ganz armen Handwerkern und Bauern getätigt werden. Im folgenden bemerkt ČECHOVIČ auch: „Aber eine große Anzahl von Handwerksbetrieben waren im 15. Jahrhundert, wie auch später, sehr kleine Werkstätten, in denen die Besitzer mit ihren Familien arbeiteten. Diese Handwerker, die wahrscheinlich die Mehrheit der Bewohner Samarkands ausmachten, waren daher auch äußerst interessiert an der Abschaffung der *tamġā*"[72].

Man sieht also, daß ein bedeutender Teil derjenigen Menschen, die als soziale Klientel Ḫwāǧa Aḥrārs wie der Ḫwāǧagān überhaupt festgestellt worden war, ein lebhaftes Interesse hatten, daß diese Steuer abgeschafft wurde. Um die steuerpolitischen Konsequenzen (notwendige Erhöhung der Grundsteuer bzw. deren Einzug in Geld) machte man sich keine Gedanken.

Bis zur Abschaffung der *tamġā* unter Abū Saʿīd (1460/61) dürfte gerade diese Steuer einen bedeutenden Teil der Einkünfte des Diwan in Geld ausgemacht haben[73]. Das wird auch aus den Stellen deutlich, an denen dieser Vorgang berichtet wird. ʿAbdurrazzāq schreibt, die *tamġā* sei auf Bitten Ḫwāǧa Aḥrārs erlassen worden (es ist nur von der *tamġā* Samarkands und Bucharas die Rede), sie habe jedes Jahr eine schwere Summe ausgemacht[74]. Eine ganz ähnliche Wortwahl findet sich in *Ma-*

---

[70] ÉFENDIEV/FARZALIEV, O *podati* tamġā, S. 239. Daß auch Waren von geringem Wert *tamġā* schuldeten, belegen gleichfalls die Arbeiten von HINZ und PETRUŠEVSKIJ, *Zemledelie* S. 386 f.

[71] ČECHOVIČ, *Iz istočnikov po istorii Samarkanda*, S. 310.

[72] Ebda.

[73] Vgl. für einen Eindruck von Größenordnungen die Aufstellung in HINZ, *Steuerwesen Ostanatoliens*, S. 189. Ungefähr ein Drittel des Steuervolumens stammt aus Abgaben, die als *tamġā* bezeichnet werden. Dazu kommen noch einige, die möglicherweise andernorts unter diese Sammelbezeichnung fallen.

[74] *tamġā-yi Samarqand wa Buḫārā ki mablaġī-yi sangīn būdand muṭlaqan bar andāḫtand*, *Maṭlaʿ al-saʿdayn* II/1233. S. auch Isfizārī, *Rawḍāt al ǧannāt*, II/250.

nāqib: Abū Saʿīd erläßt, Ḫwāǧa Aḥrār zu Gefallen, die *tamġā* von Māwarānnahr, die jedes Jahr große Summen eingebracht hat[75].

Aus dem bereits zitierten Bericht, nach dem einige *tamġāčī* Sulṭān Aḥmad bereden wollten, diese Steuer wieder einzuführen, kann man schließen, daß sie unter diesem Herrscher aufgehoben blieb[76]. Dafür spricht auch der zitierte Brief, in dem Ḥusayn-i Bāyqarā aufgefordert wird, seinerseits in Ḫurāsān entsprechend zu verfahren[77].

Die Frage ist, wieweit Ḫwāǧa Aḥrār in Sachen *tamġā* uneigennützig handelte. Vor allem sowjetische Autoren verneinen das mit unterschiedlicher Heftigkeit. Bald heißt es, durch die Aufhebung der *tamġā* seien der Staatskasse große Einnahmen verloren gegangen[78], dann wird Ḫwāǧa Aḥrār Demagogie vorgeworfen, sein Einsatz für die Aufhebung der *tamġā* habe nur dazu gedient, die Massen fester an sich zu binden[79], schließlich findet man, er habe an seine eigenen Handelsunternehmungen gedacht[80]; diese Argumente werden beibehalten, auch wenn sonst die Aufhebung der *tamġā* als progressive Tat gepriesen wird[81].

Die Frage nach der persönlichen Interessiertheit Ḫwāǧa Aḥrārs könnte als eine Scheinfrage abgetan werden; in der Tat ist es wichtiger, zu begreifen, wie die Steuerpolitik in einer gegebenen Gesellschaft aufgebaut ist, als einem bestimmten Akteur auf der historischen Bühne unlautere Motive vorzuhalten. Zur Sache müßte eingewendet werden, daß es eine Interessenparallelität gegeben haben kann zwischen allen, die hauptsächlich oder nicht zuletzt von Marktgeschäften lebten mit solchen, die aus religiösen Motiven für die Abschaffung der *tamġā* eintraten. Wenn es sich dann findet, daß ein religiöser Führer auch Marktgeschäfte treibt und also nicht nur in seinen religiösen Belangen an der Abschaffung der *tamġā* interessiert ist, muß man ihm das ja nicht

---

[75] *Mīrzā ba-rasm-i niyāz tamġā-yi wilāyat-i Māwarānnahr-rā ki har sāl mablaġhā ḥāṣil mī-šuda baḫšīda būdand*, *Manāqib* 17 b.

[76] S. o. S. 214 Bericht 4.

[77] S. o. S. 220.

[78] Nabiev, *Iz istorii politiko-ėkonomičeskoj žizni*, S. 39.

[79] Čechovič, *Samarkandskie dokumenty*, S. 22 und 28.

[80] „Die islamische Geistlichkeit, die wichtige Stellungen im Wirtschaftsleben der Städte einnahm, erreichte manchmal aus eigennützigen Interessen, aber unter dem Mäntelchen demagogischer Losungen, die Minderung oder Abschaffung der *tamġā*", Ėfendiev/Farzaliev, *O podati tamga*, S. 241. Beispiel ist – natürlich – Ḫwāǧa Aḥrār.

[81] So bei Nabiev, wie Anm. 78 (weil es ʿAlīšīr ist, der sich gegen die *tamġā* ausspricht); tendenziell auch Ėfendiev/Farzaliev, S. 240 (wenn es die „städtische Bevölkerung Āḏarbāyǧāns" ist, die derlei fordert, oder ein „progressiver" Aq-Qoyunlu-Herrscher, der sich dafür einsetzt). – Zu den Widersinnigkeiten in der sowjetischen Literatur vgl. Boldyrev, *Eščë raz*.

vorwerfen, sondern kann es genausogut als Anzeichen dafür verstehen, daß er der Schicht, deren Interessen er vertritt, nicht zuletzt auch selbst angehört. Bei Schutz- und Patronageverhältnissen ist ja auch nicht davon auszugehen, daß der Patron uneigennützig handelt, sondern daß es eben eine Interessengemeinschaft zwischen Patron und Klientel gibt; diese ist im vorliegenden Fall im Übereinstimmen von ökonomischen Interessen sowohl der städtischen Händler und Handwerker als auch solcher Bauern, die Produkte zu Markt bringen, mit Ḫwāǧa Aḥrār als selbst auch in diesem Sinne wirtschaftlich Tätigem und Ḫwāǧa Aḥrār als religiösem Führer gegeben. Die Interessen werden als Forderung nach Durchsetzung islamischer Gesetzlichkeit geäußert, weil allen Beteiligten bewußt ist, daß sie ökonomisch unter dem islamischen Gesetz besser fahren als unter den „Bräuchen der Nichtmuslime". Es gibt also den in der sowjetischen Literatur oft unterstellten Gegensatz zwischen islamischem Gesetz und Wohlfahrt des Volkes in dieser Zeit in vielen Punkten gar nicht, und es gibt im Fall der *tamġā* auch keinen Gegensatz zwischen den Interessen Ḫwāǧa Aḥrārs und denen der „kleinen Leute".

Die zweite Abgabe, gegen die Ḫwāǧa Aḥrār sich vehement einsetzt, wird als *dahyāzdah* bezeichnet. Es ist nicht ganz klar, was damit gemeint ist. ČECHOVIČ gibt als Erklärung: „Buchstäblich: 10 Prozent. Hier: Bezeichnung einer zehnprozentigen Abgabe"[82]. Als „10 Prozent" und „zehnprozentige Abgabe", in Entsprechung zum arabischen *ʿušr*, ist pers. *dahyak* gebräuchlich[83]. MINOVI/MINORSKY übersetzen die Stelle, in der *dahyāzdah* in Naṣīruddin-i Ṭūsīs Schrift vorkommt, wie folgt: „the additions (*farʿ*) which have been levied in proportion (?) of eleven to ten [...] of (the amount of) the taxes as the fee of the officials (*jihat-i marsūm-i kārkunān*)"[84], so daß sich eine Abgabe zugunsten der Steuereinnehmer in Höhe von 10% der Diwan-Steuer (*aṣl*) ergibt; das würde der Wortbedeutung besser entsprechen.

In den auf Ḫwāǧa Aḥrār bezogenen Quellen ist *dahyāzdah* an verschiedenen Stellen diejenige Steuer, die erhoben wird, wenn der Herrscher ganz mittellos ist. Auf eine solche Erzählung wurde schon verwiesen[85]. Ḫwāǧa Aḥrār kommt der Einführung dieser Abgabe zuvor, indem er Sulṭān Aḥmad eine bedeutende Summe Bargeld zukommen läßt; das spräche eher dagegen, daß *dahyāzdah* in der zweiten Hälfte des 15.

[82] ČECHOVIČ, *Samarkandskie dokumenty*, S. 405 Anm. 266.

[83] Kommt in dieser Bedeutung vor in: *Samarkandskie dokumenty* S. 312, ARENDS/CHALIDOV/ČECHOVIČ, *Bucharskij vakf*, S. 32; *Kazijskie dokumenty* Urkunde 60. Zur Wortbedeutung auch DAVIDOVIČ, *Feodalʼnyj zemelʼnyj milk*.

[84] MINOVI/MINORSKY, *Naṣīr al-Dīn Ṭūsī*, S. 762 (Text) und 765 (Üb.).

[85] S. o. S. 106 f.

Jahrhunderts noch als Abgabe zugunsten des Steuereinnehmers verstanden werden kann; es liegt vielmehr nahe, eine Ergänzungs-Abgabe zur Grundsteuer in Geld zu vermuten. In einem weiteren Bericht versucht Ḫwāǧa Aḥrār, die Einführung der *dahyāzdah*-Abgabe abzuwenden, indem er einen Brief an den Sultan schreibt. Da das Ereignis datiert wird (auf 880), ist der Adressat Sulṭān Aḥmad. Ḫwāǧa Aḥrār argumentiert in diesem Brief, er habe weltlichen Besitz gesammelt, damit nach seinem Ableben den Armen und Elenden etwas Bares (*ḫarǧī*) bleibe. Einiges davon habe Mawlānā ʿĀdil unter sich[86], anderes sei in Viehbesitz angelegt. Wenn der Adressat den Muslimen gnädig gegenübertrete, so sei Ḫwāǧa Aḥrār einer von ihnen; wenn nicht, so lasse er sich auch nicht von ihnen trennen[87]. Der Tenor dieses Briefes ist darin zu sehen, daß Ḫwāǧa Aḥrār im Guten wie im Bösen zu den von der neuen Abgabe bedrohten Muslimen hält, daß der Sultan sich ihn also zum Feind macht, auch wenn er den Ḫwāǧa selbst von der Abgabe ausnimmt. Von einem Erfolg dieser Aktion wird nichts berichtet. Aber dem Sultan wird klar gewesen sein, daß er die Spitze der Patronage-Organisation, nämlich den Patron, in diesem Fall nicht von der Klientel würde abspalten können.

Es wird deutlich, daß mit *dahyāzdah* in diesem Fall wie auch oben eine Steuer gemeint ist, die in Geld zu entrichten ist. Der Hinweis Ḫwāǧa Aḥrārs auf *ḫarǧī*, das seinen Gefolgsleuten bleiben müsse, ist wohl so zu verstehen.

Ob der in *Masmūʿāt* auf 880 datierte Versuch, *dahyāzdah* zu erheben, der gleiche ist, wie der zuerst erwähnte, dem Ḫwāǧa Aḥrār mit einer „freiwilligen" Zahlung zuvorkam, läßt sich nicht feststellen. Bei dieser einen oder einer anderen oder dritten Gelegenheit sagt Ḫwāǧa Aḥrār zu einer Gruppe von Amiren: „Gott hat euch, ohne daß ihr euch hättet bemühen oder anstrengen müssen, großes Glück [= materiellen Reichtum] gewährt. Heute wollt ihr euren Reichtum auf Kosten der Armen und Elenden stärken und vermehren. Bei Gott, wir werden sehen, wie weit ihr damit kommt!"[88] Der Autor hebt hervor, das sei zur Zeit der

---

[86] Ein Mann dieses Namens kommt ansonsten nicht vor. Wenn man emendieren will, wäre ʿAlī ein Vorschlag, Mawlānā ʿAlī ist als Chef der Verwaltung bekannt, s. o. S. 97 f.

[87] *ānči az dunyā paydā sāḫta būdīm ba-mulāḥaẓa-yi ān būd ki agar iǧāzat-i safar-i mubārak šawad fuqarā wa masākīn-rā fī 'l-ǧumla ḫarǧī bāšad baʿḍī ba-dast-i Mawlānā ʿĀdil ast wa baʿḍī uštur wa baʿḍī asp wa gūsfand hast pīš-i ān ǧamāʿat ki hast ḫwāhand guft agar bar musalmānān taraḥḥum farmāyand mā nīz dar qiṭār-i īšān bāšīm agar musalmānān-rā miḥnatī bāšad mā az īšān ǧudā na-bāšīm wa 'l-salām*, Masmūʿāt 191 b.

[88] *ḥaqq (t) šumā-rā dawlathā-yi ʿaẓīm bī saʿy wa ihtimām-i šumā dāda ast ḥālā taqwiyat wa taʾyīd-i dawlat ba-amwāl-i fuqarā wa masākīn mī-kunīd wa-llāh ḫwāhīm dīd kār ba-kuǧā ḫwāhad rasīd*, Masmūʿāt 172 b.

Einforderung und des Erlasses von *dahyāzdah* gewesen. – Gedroht wird an dieser Stelle eindeutig mit dem spirituellen Wirkungsvermögen, das Ḫwāǧa Aḥrār in Stand setzt, die von ihm überlieferten Straf- und Rachewunder zu vollbringen. Mit den „Armen und Elenden" meint Ḫwāǧa Aḥrār wie auch im oben angeführten Brief an den Sultan seine eigene Gefolgschaft; beide Male könnte ebensogut „Mystiker, meine Adepten" oder „Angehörige meiner Schutz- und Patronageorganisation" übersetzt werden. Diese Doppeldeutigkeit ist vermutlich intendiert.

Ein weiterer Bericht schildert, wie Sulṭān Maḥmūd einmal *dahyāzdah* hat einheben wollen. Das ist also eine andere Gelegenheit. Sulṭān Maḥmūd hat sich nach dem Tode Sulṭān Aḥmads in Besitz der Stadt Samarkand gebracht: „In diesen Tagen wollte Sulṭān Maḥmūd *dahyāzdah* von allen Gläubigen, ob reich oder arm, einziehen lassen, und setzte für die Gefolgsleute und Viehaufseher Ḫwāǧa Aḥrārs 500 000 Dinar fest; die einziehen zu lassen war er im Begriff"[89]; es kommt nicht so weit, eine Krankheit wirft ihn aufs Lager, von dem er nicht wieder aufsteht. Dieser Bericht ergänzt die Angaben im *Bābur-nāma*[90]. Babur hatte wohl diesen Vorgang im Sinn, als er meinte, daß die „Armen und Elenden" wie auch die Angehörigen Ḫwāǧa Aḥrārs vorher vor solchen Übergriffen geschützt gewesen seien. Eben darin sah Babur die *ḥimāyat* Ḫwāǧa Aḥrārs. Die Tätigkeit Ḫwāǧa Aḥrārs wird in Bezug auf die hier in Frage stehende *dahyāzdah*-Abgabe durch die hagiographische Quelle bestätigt, nur daß sie eben den Terminus *ḥimāyat* umgeht. – Beachtlich an dieser Geschichte ist ferner, daß die gesamte Wirtschaftsorganisation Ḫwāǧa Aḥrārs durch den Herrscher auch bei Sonderabgaben als eine wirtschaftliche Einheit behandelt wird. *Dahyāzdah* soll nicht etwa von den Pächtern etc. einzeln, sondern *en bloc* von Ḫwāǧa Aḥrārs Erben gezahlt werden, eine runde Summe. Bemerkenswert ist ferner, daß Sulṭān Maḥmūd *dahyāzdah* in Geld einzufordern beabsichtigt. Das bestätigt, daß die Abgabe auch in den anderen berichteten Fällen als Abgabe in Geld zu verstehen ist; ein Grund für das Einfordern solcher Abgaben könnte sein, daß, seit die *tamġā* weggefallen war, sich der Mangel an liquiden Mitteln soweit verschärft hatte, daß man dazu überging, Zuschläge zur Grundsteuer in Geld zu erheben. Das erklärt die Vehemenz, mit der Ḫwāǧa Aḥrār und seine *ṭā'ifa* diesen Versuchen Widerstand entgegensetzen, und auch, warum in den Quellen von anderen Steuern als *tamġā* und *dahyāzdah*

---

[89] *Sulṭān Maḥmūd dar ān ayām bar mu'minān az ḫāṣṣ wa 'āmm dahyāzdah ḥawāla mīḫwāst kunad wa pānṣad hazār dīnār bar mulāzimān wa čūpānān-i ḥaḍrat-īšān raqm zada wa dar maqām-i ḥawāla kardan būd, Manāqib* 26 a.

[90] S. o. S. 200.

kaum die Rede ist. Daß man Grundsteuer in Naturalien zahlte, wie ebenfalls belegt[91], war schließlich auch islam-rechtlich in Ordnung und scheint die Wirtschaften, große wie kleine, nicht über ein erträgliches Maß hinaus belastet zu haben. Bedrohlich schienen, was das Dorf angeht, vor allem Abgaben in Geld, ganz gleich, in welcher Höhe.

Ein weiteres steuerpolitisches Tätigkeitsfeld wird durch den Bericht bei Isfizārī berührt, dem zufolge Ḫwāǧa Aḥrār sich bei Abū Saʿīd dafür verwendet haben soll, von der neu eingerissenen Praxis abzurücken, die Grundsteuern einzufordern, noch bevor die Ernte abgeschlossen ist. Dabei war dem Ḫwāǧa ein Teilerfolg beschieden; Abū Saʿīd setzte den vor der Ernte fälligen *ḫarāǧ*-Anteil auf 2 *dāng*, also ein Drittel, fest, „wenn es notwendig ist"[92].

In allen diesen Fällen nahm Ḫwāǧa Aḥrār sowohl die eigenen wie auch die Interessen seiner Klientel, der „Armen und Elenden" wahr. Etwas anders liegen die Dinge bei den Versuchen, Vermessungen der Ländereien zu verhindern. Dabei geht es darum, den privilegierten steuerrechtlichen Status zu bewahren. Gegner sind auch in diesem Fall immer Amire. Deren Plan schlägt fehl, sei es, daß sie die entsprechenden machtpolitischen Voraussetzungen nicht schaffen können, sei es, daß auf wunderbare Weise ihr Vorhaben vereitelt wird. Ein Beispiel sei zitiert, weil es außerdem noch für die Sicht der Friedenspolitik Ḫwāǧa Aḥrārs durch die Amire wichtig ist. Man zog gegen ʿUmar Šayḫ, hatte dessen Statthalter bereits Šāhruḫiyya abgenommen und wandte sich nun gegen Taschkent.

> „Einige Amire und Finanzverwalter [Sulṭān Aḥmads], die nicht an Ḫwāǧa Aḥrār glaubten, sagten: Der Grund, daß wir keine Provinzen erobern, ist die erhabene Gegenwart Ḫwāǧa Aḥrārs. Wenn es nicht so wäre, so fiele uns diese Provinz doch sofort in die Hand. Sie kamen überein: Wenn wir Taschkent und Ṣayrām und Andiǧān erobert haben, vermessen wir die Dörfer Ḫwāǧa Aḥrārs, von der festgestellten Fläche erheben wir die Grundsteuer. Alle Kassen werden so gefüllt"[93]. Nach anfänglichen

---

[91] S. o. S. 106 f.

[92] ARUNOVA, *K istorii narodnych vystuplenij*, S. 35; Isfizārī, *Rawḍāt al-ǧannāt* II/250; s. o. Anm. 118 zu S. 149 f.

[93] *ǧamʿī az umarā wa baʿḍī az dīwāniyān ki īmān ba-ṭarīq-i ḥaḍrat-īšān na-dāštand gufta and māniʿ-i giriftan-i wilāyāt wuǧūd-i šarīf-i ḥaḍrat Ḫwāǧa būd wa-gar na hamān waqt īn wilāyat muyassar mī-šud wa muqarrar karda and ki Tāškand wa Ṣayrām wa Andiǧān ki girifta mī-šawad mawāḍiʿ-i ān-ḥaḍrat-rā [8 a] ǧarīb mī-kišīm wa az qarār-i ǧarīb māl ḥawāla mī-kunīm wa hama-yi ḫazāyin mamlū mī-šawad*; *Manāqib* 7 b – 8 a. – NABIEV übersetzt den Schluß: „Die ganze Staatskasse wird sich auf einen Schlag füllen" (*Iz istorii politiko-ėkonomičeskoj žizni*, S. 39), was die Geschichte verfälscht: Die Amire wollen wohl eher ihre eigene Kasse füllen. Aber NABIEV braucht diese

Erfolgen gelingt die Eroberung Taschkents doch nicht, man zieht unverrichteter Dinge wieder ab und muß sich noch anhören: „Ihr geht ja, ohne die Dörfer Ḫwāǧa Aḥrārs vermessen zu haben“[94].

Auf den engen Zusammenhang von Vermessen und Erheben der Grundsteuer, gemeint: des *māl*, also des *ḫarāǧ*, wurde bereits hingewiesen[95]. Daß die Ländereien Ḫwāǧa Aḥrārs diese Steuer nicht schuldeten, war wohl ein Privileg, das mit der Person des Ḫwāǧa zusammenhing und ihm persönlich vom Sultan gewährt wurde. Wenn die Machtverhältnisse sich änderten, so konnte es auch aufgehoben werden. So ist auch erklärlich, warum nach dem Tode Ḫwāǧa Aḥrārs der Statthalter von Buchara, ʿAbdulʿalī Tarḫān, sofort versucht, die in seinem Bezirk liegenden Ländereien Ḫwāǧa Aḥrārs zu vermessen und *māl* zu erheben. Die Verwalter Ḫwāǧa Aḥrārs fliehen zur Zentrale nach Samarkand, sie fühlen sich wohl an Leib und Leben gefährdet[96]. Diese Berichte zeigen, wie sehr Schutz- und Patronageverhältnisse an die Person des Patrons gebunden sind.

In diesem Zusammenhang ist darauf hinzuweisen, daß es den Söhnen Ḫwāǧa Aḥrārs nicht oder nicht in vollem Umfang gelang, für die restlichen Jahre timuridischer Herrschaft in Transoxanien die von ihrem Vater aufgebauten Verhältnisse zu bewahren. Sie verwickelten sich in die Thronfolge-Streitigkeiten, wobei jeder von ihnen einen anderen Prätendenten unterstützte. Damit knüpften sie ihr eigenes Schicksal an das ihres jeweiligen Kandidaten. Beide konnten sich aber nicht recht durchsetzen, so daß Šaybānī Ḫān bei seiner Eroberung Transoxaniens eher Babur als Gegner entgegentrat als einer der beiden von den Söhnen Ḫwāǧa Aḥrārs favorisierten Prinzen[97]. Die vorherrschende Stellung der Nachkommen Ḫwāǧa Aḥrārs im Leben der Naqšbandiyya erlischt damit für längere Zeit; der Besitz der Familie wird von den Özbeken ebenso eingezogen wie die Stiftungen; allerdings gelingt es späteren Nachfahren, wieder einen großen Teil der Stiftungen unter ihre Kontrolle zu bringen[98].

Geschichte als Beweis dafür, daß Ḫwāǧa Aḥrār nur ganz wenig Steuern gezahlt habe, nämlich nur den *ʿušr*, und daß der Staat daher kurz vor dem Ruin gestanden hätte, so daß alle verbleibenden Steuerzahler um so härter hätten belegt werden müssen.

94 *dihhā-yi ḥaḍrat-īšān ǧarīb na-kišīda mī-rawīd*, *Manāqib* aaO.

95 S. o. S. 107.

96 *Manāqib* 9b.

97 Vgl. KAZAKOV, *Synov'ja Chodži Achrara* nach *Ḥabīb al-siyar* IV. Siehe auch MUKMINOVA, *O nekotorych istočnikach*, und *Dies.*, *Narodnye dviženija v Uzbekistane*.

98 Nach einem langwierigen Rechtsstreit, der in den *Samarkandskie dokumenty* teilweise beurkundet ist; vgl. Urkunde 13 von 1514: Zeugenaussagen darüber, daß Ḫwāǧa Aḥrār seinen Sohn Muḥammad Yaḥyā zu Lebzeiten als Mutawallī der Stiftungen zugunsten

Auch wenn das Schutz- und Patronagesystem Ḫwāǧa Aḥrārs ihn selbst nicht lange überdauert hat, so bleibt die Institution doch erhalten. Es kann geradezu als Argument für die Festigkeit und Notwendigkeit solcher Systeme gewertet werden, daß man ähnliche Verhältnisse im 16. Jahrhundert unter der Schutzherrschaft anderer Patrone wie Mīr-i ʿArab, Maḫdūm-i Aʿẓam und der Scheiche von Ǧūybār wiederfindet[99].

Friedenspolitik

Im oben angeführten Zitat beschweren sich Amire darüber, daß Ḫwāǧa Aḥrār sie daran hindert, „Provinzen zu erobern", also ihren Machtbereich auszuweiten und Beute zu machen. Es scheint, daß sie Grund dazu hatten. Ḫwāǧa Aḥrār bemühte sich verschiedentlich um Ausgleich zwischen den timuridischen Teilherrschern, mit wechselndem Erfolg[100], aber sein Eingreifen ist eben doch als Bremse begriffen worden.

In mehreren Briefen an den Hof zu Herat fordert er Ḥusayn-i Bāyqarā auf, sich friedlich zu verhalten. „Was kann Gutes dabei herauskommen, wenn zwei Gruppen von Muslimen, die zueinander gehören, miteinander

von *muḫawwaṭa-yi mullāyān* eingesetzt habe (vgl. Urkunde 10, Z 753). Urkunde 14, Protokoll einer Gerichtsverhandlung von 1533; das Gericht stellt fest, daß die umstrittenen Objekte (wohl aus Urkunde 10) Waqf sind und der Anspruch des Urenkels des Stifters, Muḥammad Yaḥyā b. ʿAbdulbāqī b. Muḥammad Yaḥyā, zu Recht besteht. In Urkunde 15 (ebenfalls von 1533) wird ein weiterer (letzter?) Versuch abgewiesen, die Stiftungen Ḫwāǧa Aḥrārs als *milk* zu reklamieren. 1543 folgt eine (wohl vollständige) Steuerbefreiung einer Reihe von Besitzungen des genannten Muḥammad Yaḥyā, die sich jemand widerrechtlich angeeignet hatte (Urkunde 16). – Diese Aufzählung zeigt, daß der Weg der Nachkommen Ḫwāǧa Aḥrārs zurück in ihre alten Positionen lang und dornenreich war; erst die zweite Generation der Šaybāniden erkannte ihre Ansprüche an.

99 Zu den Scheichen von Ǧūybār vgl. die Arbeiten von IVANOV, ABDURAIMOV und ACHMEDOV. – Mīr-i ʿArab ist der Gründer der nach ihm benannten Madrasa in Buchara, die heute noch als islamische Lehranstalt dient; zu ihm vgl. DŽURAEVA, *Mir-i Arab*. Er starb zwischen 1527 und 1546, DŽURAEVA S. 78. – Maḫdūm-i Aʿẓam ist der eigentliche Hauptvertreter der mittelasiatischen Naqšbandiyya vor den Scheichen von Ǧūybār. Seine Rolle, sein Leben und Wirken ist noch ganz unerforscht. Vgl. AKIMUŠKIN, Vorwort zu Šāh Maḥmūd Čurās: *Chronika*, S. 255 Anm. 20. Er starb 949/1542–3. – Die weitere Entwicklung des Verhältnisses von Scheichen und Herrschern in Mittelasien im 17. Jh. vgl. MCCHESNEY, *The Amirs of Muslim Central Asia*, S. 67 ff.

100 Besonders ČECHOVIČ betont, daß die Bedeutung Ḫwāǧa Aḥrārs nicht nur in den hagiographischen Quellen, sondern auch in der Literatur, angefangen mit BARTOL'D, überschätzt worden sei. Sie weist auf mehrere erfolglos gebliebene Unternehmungen Ḫwāǧa Aḥrārs hin (*Samarkandskie dokumenty*, S. 23).

Krieg führen?"[101]; „In dieser Zeit, wo die Muslime auf beiden Seiten [des Oxus] Mühsal leiden, kann außer dem Wunsch nach Frieden nichts das Herz erfüllen"[102]; „Ich Armer wünsche mir, daß unter denen, zu denen ich gehöre, Freundschaft herrsche; die Muslime leiden Mühsal"[103]. Aber es blieb nicht bei diesen Appellen an den guten Willen der Herrscher. Ḫwāǧa Aḥrār war auch im praktisch-politischen Geschehen bestrebt, kriegerische Auseinandersetzungen nach Möglichkeit zu verhindern; war das aussichtslos, so ging es darum, das Schlimmste für die städtische Bevölkerung abzuwenden, das ist die Gefangenschaft *asīrī*.

Es sind eine Reihe von Fällen bekannt, in denen Ḫwāǧa Aḥrār in dieser Weise tätig wurde. Der erste (und bekannteste) Fall ist das „Friedenstiften unter den drei Padischahs"[104], als zweiten Fall kann man die „Mission zu Nūr Saʿīd" nennen[105], als dritten die Vermittlung mit Muḥammad Ǧūkī[106]. Das Muster ist jedesmal ähnlich; es kommt zu einer Verständigung, wobei der Herrscher, der am meisten dem Einfluß Ḫwāǧa Aḥrārs unterliegt, Einbußen hinnehmen muß. Beim „Friedenstiften unter den drei Padischahs" etwa muß Sulṭān Aḥmad Taschkent abtreten, es fällt (vorübergehend) an die *muġūl*; die weitere Geschichte Taschkents ist eine Frage des Kräfteverhältnisses zwischen dem Teilherrscher von Fergana, ʿUmar Šayḫ, und Yūnus Ḫān, dem Herrscher der *muġūl*. In der Auseinandersetzung mit Muḥammad Ǧūkī und Nūr Saʿīd muß der Herrscher (Abū Saʿīd) den „Rebellen" freies Geleit gewähren; er verzichtet auf seinen herrscherlichen Strafanspruch. Daß er Muḥammad Ǧūkī gefangen setzt und daß dieser bis zu seinem baldigen Ende zu Herat im Kerker schmachtet, wirkt vergleichsweise mild. In der Mission zu Nūr Saʿīd gelingt es nicht, diesen zur Aufgabe der Steppenfestung Nūr Atā zu bewegen. In Abwehr von Abū'l-Qāsim-i Bābur ist das unmittelbare Resultat, daß Abū Saʿīd die Kontrolle über das Land zwischen Amu Darja und Murġāb verliert, er gewinnt sie erst später, mit ganz Ḫurāsān, wieder.

---

101 *az ān ki dū qabīla-yi musalmānān ki ḫwīš bāšand ǧang kunand či ḫayr ḫwāhad būd*, *Maǧmūʿa-yi murāsalāt* Nr. 52/53.

102 *dar īn zamān ki muslimīn az ǧānibayn dar zuḥmat šuda and ǧuz iltimās-i ṣulḥ hīč čīz bar ḫāṭir na-mī-āyad*, Ebda. Nr. 19.

103 *īn faqīr ḫwāstam ki miyān-i ḫwīšān dūstī šawad musalmānān zuḥmat mī-kišand*, Ebda. Nr. 27.

104 *Silsilat* 171 b – 173 b; *Ḥabīb al-siyar* IV/109; Gross, *Khoja Ahrar*, Appendix F, S. 182 ff.

105 *Maṭlaʿ al-saʿdayn* II/1230 – 33; Čechovič, *Samarkandskie dokumenty* S. 17; Isfizārī, *Rawḍāt al-ǧannāt* II/248.

106 *Manāqib* 13 a – 14 a; *Maṭlaʿ al-saʿdayn* II/1122 – 1127 und 1267 – 1276; Gross, *Khoja Ahrar*, Appendix E, S. 179 ff., Isfizārī, *Rawḍāt* II/251, 263 f.

Alle diese Berichte werden in der Hagiographie als Wundertaten Ḫwāǧa Aḥrārs geschildert; in der Historiographie steht eher dessen Verhandlungsgeschick im Vordergrund, wenngleich Ḫwāǧa Aḥrār durchaus auch in dieser Hinsicht übernatürliche Gaben zugesprochen werden[107]. Das Interesse, das Ḫwāǧa Aḥrār bei seinen Vermittlungsaktionen leitet, wird besonders deutlich in einem Bericht aus *Manāqib*; dort wird das Geschehen nach Samarkand verlegt, nach den historiographischen Quellen ist Šāhruḫiyya Schauplatz der Handlung. Die Zitadelle wird belagert (von Muḥammad Ǧūkī), und es herrscht Not. „Ḫwāǧa Aḥrār schrieb einen Brief und schickte Leute, die von außerhalb Getreide [...] brachten. Andere Leute taten es den Beauftragten Ḫwāǧa Aḥrārs nach und kamen und gingen, so daß unter den Menschen Handel und Genüge herrschte“[108]. Der Ton liegt auf dem Nutzen für die Leute. Die politischen Parteiungen, besser: die augenblicklichen dynastischen Lager, spielen eine untergeordnete Rolle, so sehr, daß der Schreiber der Hagiographie die Orte und die handelnden Personen verwechselt; in den Historiographien spielt das Ganze in Šāhruḫiyya, dort ist allerdings Muḥammad Ǧūkī der Belagerte. Typisch ist auch, daß Ḫwāǧa Aḥrār mit einem Brief auftritt, der so stark wirkt, daß nicht nur die Beauftragten, also die Inhaber dieses „Passierscheins“, unbehelligt durch den Belagerungsring gehen, sondern auch andre. Daher kann diese Geschichte als bezeichnend dafür gelten, wie Anhänger Ḫwāǧa Aḥrārs dessen politische Tätigkeit sahen. Wieder sind es die Erwartungen der Klientel, die sich in den Wunderberichten niederschlagen. Daher tut es auch nicht viel zur Sache, ob Ḫwāǧa Aḥrār bei seinen Friedensmissionen immer oder auch nur überwiegend erfolgreich war. Die Leute, die sich auf ihn verließen und auf ihn hofften, hatten keinen anderen „Friedensstifter“, und sie konnten sich daher nicht anders verhalten.

Läßt sich der Krieg nicht vermeiden und nützen alle Vermittlungsversuche nichts, so gilt es, die Versklavung der Stadtbevölkerung, hauptsächlich von Samarkand, zu verhindern. In diesem Sinn wirkt Ḫwāǧa Aḥrār auch darauf hin, daß die Stadt verteidigt wird, einmal zur Zeit Abū Saʿīds gegen Abū'l-Qāsim-i Bābur, ein zweites Mal unter Sulṭān Aḥmad gegen den von Sulṭān Maḥmud Mīrzā unterstützten Mīr Mazīd-i Arġūn[109]. Dabei betonen die Belagerer jedes Mal, beziehungsweise ihnen

---

[107] Z. B. *Ḥabīb al-siyar* IV/109.

[108] *Manāqib*, 14 a, Gross, *Khoja Ahrar*, S. 181.

[109] *Silsilat* 41 b; *Rašaḥāt* S. 293. -- Mīr Mazīd war einer der Großamire unter Abū Saʿīd; seine Machtbasis lag am Nordufer des Amu Darja, also in Ḥiṣār, wo Sulṭān Maḥmūd Teilherrscher war. Die Führer des Stammes Arġūn betätigten sich des öfteren als

wird unterstellt, sie hätten es besonders auf die Söhne und Töchter der Bewohner abgesehen. Es leuchtet ein, daß die Stadtbevölkerung auf Standhalten drängt. Der Herrscher, auch das Heer und die Amire können fliehen, sich nach Nomadenart „in die Tiefe des Raums" zurückziehen. Opfer dieser Art Kriegführung sind diejenigen, die dann Beute des Angreifers würden. Auch in diesem Fall wirkt also Ḫwāǧa Aḥrār als Schutzausübender[110].

Hilfe in Einzelfällen

Ist das Unglück eingetreten und ist eine Stadt, die unter dem Schutz Ḫwāǧa Aḥrārs steht, erobert worden, gleichgültig, von wem, so hilft Ḫwāǧa Aḥrār mit Mitteln aus der eigenen Schatulle, die Lasten abzufangen. Bekannt ist der Fall, daß Mīrzā ʿUmar Šayḫ einmal „auf schlechte Gedanken kam und den Muslimen [in Taschkent] eine Last auferlegte und Geld einziehen ließ"[111], Ḫwāǧa Aḥrār springt ein und begleicht einmal einen Jahresbetrag von 250 000 Dinar, ein weiteres Mal gibt er 70 000 Dinar.

Einem anderen Bericht zufolge waren die Qazaq-Herrscher übereingekommen, die Provinz und Stadt Taschkent zu verwüsten. Um sie zu beruhigen, erhalten sie von Ḫwāǧa Aḥrār ein Geschenk von 50 bis 60 000 Dinar.

Ein vornehmer Qazaq, der abreist (wohl gleichfalls aus Taschkent), bekommt aus diesem Anlaß fast 10 000 Dinar überreicht[112].

Die Zahlen sind jeweils belanglos; entscheidend ist das Prinzip, daß Ḫwāǧa Aḥrār den Einwohnern einer Stadt, die unter seinem Schutz steht, die Tribute und Abpressungen abnimmt. Es gibt keinen Grund, daran zu zweifeln, daß besonders für die Stadt Taschkent ein solches Schutzverhältnis bestand; gerade dort hatte Ḫwāǧa Aḥrār den größten Einfluß und daher auch die größte Verantwortung.

Königsmacher, vgl. *Maṭlaʿ al-saʿdayn* II/987 f. GROSS, die diese Stelle zitiert (*Khoja Ahrar*, S. 97), übersieht die Rolle der Arġūn bei der Thronbesteigung Abū Saʿīds. Vgl. auch die zahlreichen Erwähnungen Mīr Mazīds in *Ḥabīb al-siyar* IV (s. v. im Namensregister).

110 Diese Rolle behalten die Aḥrārīs auch später. Ihr Einfluß in der Region Samarkand ist um die Jahrhundertwende 1600 groß genug, daß das damalige Familienoberhaupt Hāšim-i Aḥrārī dafür sorgen kann, daß die Stadt in einem „Cousin-clan war" verteidigt wird; vgl. MCCHESNEY, *The Reforms of Bāqī Muḥammad Khan*, S. 79.

111 *Manāqib* 17 b – 18 a.

112 Beide Stellen *Manāqib* 20 a. – Solche Geschenke oder Lösegelder heißen *sawġāt*.

Bei einer anderen Gelegenheit hatten Özbeken die Provinz Taschkent überfallen und Gefangene gemacht. Ḫwāǧa Aḥrār stiftet 1000 *karbās*-Kleider für diejenigen, die Verwandte auszulösen haben[113].

Auch Ḫwāǧa Aḥrārs Hilfe für Taschkent und Umgebung bei einer Hungersnot war bereits erwähnt worden[114].

Alle diese Beispiele zeigen mit großer Klarheit, daß Ḫwāǧa Aḥrār seine Heimatstadt unter besondere Obhut genommen hatte.

Die ganze Bandbreite der Hilfe in Einzelfällen, auch für Einzelpersonen, wird in den Briefen an den Hof zu Herat sichtbar. Es wird um Steuererleichterung und -erlaß in Einzelfällen gebeten, um Unterstützung bei Handelsunternehmungen, um die Rückgabe von geraubten Sklaven und Tieren[115]. Eine große Anzahl von Briefen sind Bitten um Reisepapiere und allgemeine Empfehlungsschreiben, mit denen der Inhaber sich besser Gehör verschaffen konnte. Solche Briefe heißen *sipāriš*; sie werden auch von anderen Scheichen ausgestellt und gegebenenfalls lange Zeit aufbewahrt; zu Ḫwāǧa Aḥrār kommt einmal jemand, der ein Empfehlungsschreiben vorzeigt, das Ḫwāǧa Pārsā für seinen Großvater aufgesetzt hat[116].

Zum Schluß dieses Abschnittes sei ein Bericht zitiert, der deutlich macht, daß manche Gruppen sich lieber auf politischen bzw. spirituellen

---

[113] S. o. S. 106.

[114] S. o. S. 105 f.

[115] *Maǧmūʿa-yi murāsalāt*. Vgl. die veröffentlichten Briefe aus dieser Sammlung in SEMËNOV, *Dva avtografa*: eine Bitte um Freilassung zweier Gefangener; Ermahnung zur Freundschaft zwischen den Herrschern und Bitte, die Muslime keine Mühsal leiden zu lassen. – Faksimiles in URUNBAEV, *Pisʼma-avtografy*: Bitte, geraubte Sklaven und Tiere aufspüren und zurückbringen zu lassen; Bitte, dem Verwalter eines in Ḫurāsān gelegenen neu erworbenen Landbesitzes behilflich zu sein; Bitte, den Überbringer des Schreibens von der Steuer *nāmbardār* zu befreien. – Brief von Ṣūfī ʿAlī: Bitte, zwei Derwischen zum Rest des Geldes zu verhelfen, das ihnen für den Ḥaǧǧ bewilligt worden war. Brief von Muḥammad Yaḥyā: Bitte, einem Bewohner Mašhads das Erbe seines Vaters zu übertragen. Brief von Qāsim: Bitte, einigen Beauftragten Ḫwāǧa Aḥrārs bei der Abwicklung ihrer Handelsgeschäfte in Herat behilflich zu sein. – Von NABIEV teilweise übersetzte Briefe (In: *Iz istorii politiko-ėkonomičeskoj žizni*): Mitteilung, daß wegen Zerrüttung von Leuten diese nach Ḫurāsān wollen und daß sie unruhig werden (NABIEVs Übersetzung ist verbesserungsbedürftig) (S. 43); der oben genannte Brief, der um Rückführung geraubten Gutes bittet (S. 44); eine allgemeine Aufforderung, der Scharia zu folgen (vielleicht vom Typ „Kampf gegen türkisch-mongolische Regelungen", s. o. S. 219 f.); der oben zitierte Brief mit Richtung gegen die *rusūm-i bīgānagān* (s. o. S. 219 f. und Anm. 43), NABIEVs Übersetzung ist irreführend, er übersetzt nämlich *bīgānagān* als „Ketzer" und interpretiert das als Schiiten, woran sich eine Spekulation anschließt, daß unter dem religiös toleranten Ulug Bek die Schiiten in Transoxanien Gewissensfreiheit genossen.

[116] *Masmūʿāt* 190 b.

Schutz verließen als auf Verteidigungsanlagen. Ein gewisser Šayḫzāda Ḫalaf, der zu den *mašāyiḫ-i turk* gehört und bei den Amiren großes Ansehen genießt, sagt dem (zuständigen) Amir, an einer bestimmten Stelle müsse eine Festung gebaut werden. (Übt er für diesen Bezirk gleichfalls eine Art Patronage?) Die Leute sollen beim Bau Zwangsarbeit leisten. Sie gehen aber stattdessen zu Ḫwāǧa Aḥrār und bringen vor, zwei oder drei Mal seien ihre Familien, sei ihr Besitz aus dieser Festung schon weggeführt worden; Ḫwāǧa Aḥrār wird zornig und sagt, er werde gar nicht erst an den Amir, sondern gleich an den Sultan schreiben. Der unterbindet dann den Bau der Festung. Der Amir schweigt daraufhin, aber der Scheich will sich nicht geschlagen geben und sagt, er habe keine Angst vor Ḫwāǧa Aḥrār, schließlich gehöre er nicht zu dessen Muriden. Er wird krank und nur durch Erbarmen Ḫwāǧa Aḥrārs, und auch dann nur mit großer Mühe, wieder gesund[117].

Dieser Bericht zeigt die Unsicherheiten des Lebens in den ländlichen Gebieten besonders deutlich. Er zeigt ebenfalls, wie Scheiche miteinander darum rivalisieren, wer eine bestimmte Region „schützt". Dabei versagen in der fraglichen Zeit die von den Amiren und ihren spirituellen Ratgebern, den *mašāyiḫ-i turk*, angewendeten „traditionellen" Mittel vor dem beginnenden Übergewicht der Nomaden, Qazaq oder Özbeken; die Timuriden sind am Ende des 15. Jahrhunderts schon lange nicht mehr in der Lage, die Sicherheit auch stadtnaher ländlicher Zonen vor Nomadenüberfällen zu garantieren. So sieht die ländlich-seßhafte Bevölkerung nicht mehr ein, warum sie zum Festungsbau Zwangsarbeit leisten soll, wenn diese Festungen doch nicht bieten können, was sie sollen (vielleicht, weil die timuridischen Garnisonen es vorziehen, mit den Nomaden zu verhandeln oder gar zu fliehen, wie es die Sultane im Großen auch halten). Man sucht Schutz also anderswo, und wenn man sich militärisch nicht schützen kann, so muß man sich unter den Schutz eines begeben, der entweder andere Mittel als militärische anwendet, oder der wenigstens hilft, wenn aller Schutz vergebens war.

Beurteilung einzelner Herrscher

Der Herrscher, so war ausgeführt worden, wird im allgemeinen neutral gesehen, als über den Dingen stehend[118]. Das hängt mit dem göttlichen Ursprung der Herrschergewalt zusammen[119]. Nicht die Theo-

---

[117] *Manāqib* 30 b.

[118] S. o. S. 217.

[119] Ausführlich bei GROSS, *Khoja Ahrar*, S. 56 ff.

rie des Herrschertums soll hier aber Thema sein, sondern die Frage, ob sich die Beurteilung einzelner Herrscher änderte, je nachdem, wie sie sich verhielten. Dabei sind enge Beziehungen zwischen Scheichen der Ḫwāǧagān und dem jeweiligen Timuriden von Bahā'uddīn an unterstellt worden, der am Hofe Timurs dafür gesorgt haben soll, daß man die islamischen Gesetze einhielt[120], man hat Ḫwāǧa Pārsā großen Einfluß auf Šāhruḫ nachgesagt[121], vor allem aber ist Ulug Bek als Zielscheibe von Zorn und Anklage der Derwische gesehen worden, diese als sein Antipode[122], man hat sogar Ḫwāǧa Aḥrār die Verantwortung für die Ermordung Ulug Beks in die Schuhe schieben wollen[123]. Es mag daher von Interesse sein, wie diese Herrscherfiguren in den hagiographischen Quellen gesehen werden und welche Beziehungen man zu ihnen unterhielt oder unterhalten zu haben sich zu erinnern meinte.

Timur. Auch Timurs Herrschaft ist gottgewollt; er hat sich selbst als Gefäß der göttlichen Herrschaftsmacht gesehen[124]. Aber sonst sind die Berichte und Urteile, in denen Timur vorkommt, scharf ablehnend (mit einer Ausnahme). Er hat durch sein geraubtes Gut Ḫurāsān zu einem Greuel gemacht[125]; als er Ḫurāsān eroberte, haben fromme Männer kein Fleisch vom Markt mehr gegessen[126]. Ein Sufi, so wird ihm hinterbracht, soll ihn als Ungläubigen bezeichnet haben, auf Nachfrage verschärft er sein Urteil noch: Jeden, der dich einen Muslim nennt, nenne ich einen Ungläubigen[127]; das büßt der Derwisch mit dem Tode, er wird vom Minarett herabgeworfen. – Ein anderer Derwisch hatte das Vertrauen von Timurs Frau Saray Mulk Hanım gewonnen. Sie lud ihn zum Essen ein, und der Derwisch mußte mit Timur aus einer Schüssel essen. Später sah man ihn in der Stadt, wie er das Abwasser eines Hammam trank. Von erstaunten Passanten gefragt, antwortete er: Gute Leute, wenn ihr

---

120 SCHIMMEL, *Mystical Dimensions*, S. 365 (ohne Quelle); übernommen bei GROSS, *Khoja Ahrar*, S. 58.

121 GROSS, *Khoja Ahrar*, S. 43 und 58.

122 So in den gängigen, auf BARTOL'DS *Ulug Bek* fußenden Gesamtdarstellungen.

123 So in *Istorija Uzbekskoj SSR, Feodal'nyj stroj*: „Die Repräsentanten des religiösen Obskurantismus behinderten die fortschrittlichen Kräfte in deren schöpferischer Arbeit so lange, bis sie sich durchgesetzt hatten. Nach der tragischen Ermordung Ulug Beks durch die Geistlichkeit siegten die Kräfte der Reaktion in Māwarānnahr endgültig", S. 342. Der Autor dieses Kapitels ist A. Ju. JAKUBOVSKIJ. Mit Namensnennung hält RADŽABOV Ḫwaga Aḥrar für die Ermordung Ulug Beks für verantwortlich: *Abdurrachman Džami*, S. 61 und 172.

124 *Malfūẓ* 104 b.

125 *Silsilat* 138 b.

126 *Masmūʿāt* 168 b.

127 *Manāqib* 83 b – 84 a.

wüßtet, was ich habe essen müssen[128]. Alle diese Geschichten stellen Timur als den Gipfel der Unreinheit dar.

Die Ausnahme sind die *Maqāmāt-i Amīr Kulāl*. In diesem Text kommt ein Bericht vor, wie er auch aus anderen Zusammenhängen bekannt ist[129], daß Timur nämlich den Scheich um dessen Segen bittet. Amīr Kulāl weigert sich, sieht aber dennoch eine große Zukunft für Timur voraus. Auch eine Einladung nach Samarkand nimmt er nicht an, schickt aber seinen Sohn Sayyid ʿUmar, dem er aufträgt, Timur zu ermahnen, er solle Frömmigkeit und Gerechtigkeit auf seine Fahne schreiben. Vor allem soll Sayyid ʿUmar keine Geschenke (als Gelübde *naḏr* oder sonstwie) annehmen[130]. Er bleibt auch standhaft, obwohl Timur zunächst die ganze *wilāyat* Buchara, später die Stadt und schließlich sogar nur das Heimatdorf anbietet. Am Ende wird Timur doch noch der geistigen Obhut des Šamsuddīn-i Kulāl anvertraut[131].

Auch in dieser Erzählung wird Timur nicht als ein mustergültiger Herrscher angesehen. Allerdings verdankt der Text viel der Topik, daß Timur „den Derwischen" als Bittsteller gegenübertrat und daß sein Erfolg letztlich auf deren Unterstützung zurückzuführen ist.

Von irgendeiner Verbindung Bahā'uddīns mit Timur ist in den Hagiographien, die für diese Arbeit ausgewertet worden sind, nicht die Rede.

Šāhruḫ. Das Bild Šāhruḫs ist wesentlich positiver, wenn auch nicht so positiv, wie aus dem gängigen Urteil über Šāhruḫ als einem fast bigotten Herrscher eigentlich angenommen werden müßte. Er kommt oft im Zusammenhang mit dem Vorwurf an die Scheiche von Herat vor, sie seien nicht persönlich zum Herrscher gegangen, um die Beseitigung nicht-islamischer Regelungen zu erbitten[132]. Das bedeutet, daß solche Bräuche noch bestanden; als Hauptverantwortliche dafür werden aber hochgestellte Persönlichkeiten am Hof genannt[133], nicht der Herrscher selbst, der als Appellations-Instanz erscheint. Lobend erwähnt wird, daß er ein offenes Ohr für die Scheiche hatte; um so unverständlicher, daß

---

[128] *Silsilat* 127 b, *Masmūʿāt* 200 a.

[129] Vgl. etwa HORST, *Timur und Ḫōǧā ʿAlī*; AUBIN, *Comment Tamerlan prenait les villes*, S. 88 ff. u. v. a. m.

[130] *Maqāmāt-i Amīr Kulāl* S. 18 ff.

[131] Ebda. S. 21. – Dies ist die einzige direkte Verbindung zwischen Timur und dem legendären Šamsuddīn-i Kulāl, dessen (angebliches?) Grab in Šahr-i sabz gezeigt wird; vgl. PUGAČENKOVA, *Šachr-i sjabz pri Timure i Ulug Beke*. Üb. (ROGERS), Teil II, S. 122. – Zu Sayyid ʿUmar: SEMĔNOV, *Nadpis' na nadgrobii psevdo-Seijid Omara*.

[132] *Masmūʿāt* 217 b, 219 b; Variante 178 b – 179 a.

[133] *Masmūʿāt* 204 b.

diese nicht das Beste daraus gemacht haben. Das höchste Lob erhält er aus dem Munde eines *waʿẓ*-Predigers; allerdings ist er in der Predigt anwesend: „Wenn die Geschöpfe mit der Gegenwart eines Herrschers beehrt sind, der dem islamischen Gesetz folgt, und für diesen Gnadenerweis nicht danken, so werden sie schnell mit der Gegenwart eines unterdrückerischen Herrschers geschlagen“[134]; Hwāǧa Aḥrār zitiert das, um hinzuzufügen, genau das gelte auch für Sulṭān Aḥmad. Aber so ganz als *Pādišāh-i musalmān* will man Šāhruḫ doch nicht gelten lassen[135].

Ein Einfluß Ḫwāǧa Pārsās auf Šāhruḫ ist nicht nachweisbar; die einzige Aktion, die diesbezüglich berichtet wird, ist ein Beschwerdebrief aus Buchara über Sulṭān Ḫalīl[136]. Wenn einer der Ḫwāǧagān-Scheiche Umgang mit Šāhruḫ hatte, dann eher Ḥasan-i ʿAṭṭār[137]. Viel bedeutender in Herat waren damals aber andere Persönlichkeiten, Prediger und Scheiche[138].

Ulug Bek. Ulug Bek wird das Festhalten an Bräuchen der Mongolen vorgeworfen. Das bezieht sich vor allem auf das Weintrinken und auf allerhand Feste, wobei das Mongolische darin besteht, daß Frauen und Männer gemeinsam feiern[139]. Dagegen tritt auf der von Ulug Bek ernannte Muḥtasib Sayyid ʿĀšiq. Er greift bemerkenswerterweise nicht Ulug Bek wegen dessen Trunkenheit an, sondern den anwesenden Šayḫulislām ʿIṣāmuddīn, der gegen das Trinken nicht eingeschritten war[140]. In einer anderen Frage wird Ulug Bek vorgehalten, er habe die islamischen Regelungen des (Ehe-) Rechts außer Kraft gesetzt und die Bräuche der Ungläubigen (= Mongolen) praktiziert[141].

Dennoch sieht man Ulug Bek als richtende, grundsätzlich neutrale Instanz. Im Eherechtsfall sieht er ein, daß er falsch entschieden hat. – Als einmal Ḫwāǧa Pārsā verleumdet wurde, merkwürdige Ḥadīṯe zu lehren, kommt es zu einer Probe- und Prüfveranstaltung, der Ulug Bek als Richter vorsitzt[142]. Auch in den Erzählungen von Niẓāmuddīn-i Ḫāmūš, die eine ähnliche Tendenz haben wie die von Sayyid ʿĀšiq, tritt

---

134 *waqtī ki ḫalāyiq mušarraf bāšand ba-wuǧūd-i pādišāhī ki ū-rā istiqāmat bāšad wa šukr-i īn niʿmat-i ʿuẓmā na-gūyand zūd bāšad ki mubtalā bāšand ba-wuǧūd-i pādišāh-i ẓālim*, *Masmūʿāt* 197 a.

135 Ebda. 201 b.

136 S. o. S. 69.

137 S. o. S. 68 und Anm. 14 zu S. 24.

138 Persönlichkeiten wie Zaynuddīn-i Ḫwāfī, Bahāʾuddīn ʿUmar und andere.

139 *Ḥabīb al-siyar* IV/35.

140 Ebda.; *Silsilat* 73 a/b; *Masmūʿāt* 177 b.

141 *Ḥabīb al-siyar* IV/36.

142 *Rašaḥāt* S. 60 f.

Ulug Bek als Richter auf[143]. Er wird als Herrscher zwar nicht geschätzt, weil er zu sehr an den Bräuchen der Mongolen festhält, aber die Kritik und die Angriffe der Frommen richten sich in der Hauptsache nicht gegen ihn, sondern gegen diejenigen Ulama, die sozusagen als „Kollaborateure" fungieren.

Eine Ausnahme bilden wieder die *Maqāmāt-i Amīr Kulāl.* Dort wird erzählt, Ulug Bek habe einmal in Sūḫārī am Grabe Amīr Kulāls das Freitagsgebet verrichten wollen. Er wohnte dort einer Predigt bei, die der Autor der *Maqāmāt* gehalten haben will, und wurde vom damaligen *šayḫ-i mazār*, Amīr Kulāls Enkel Amīr-i Kalān, im *ǧamāʿat-ḫāna* bewirtet. Darauf schickt Ulug Bek durch einen Amir einen Beutel Silber, markiert eine Münze und sagt, wenn Amīr-i Kalān *wilāyat* habe, werde er diese Münze zurückschicken (Topos: Beglaubigungswunder). Die beiden Scheiche überlegen, wie sie sich verhalten sollen. Das Geld nehmen? Dann sind „die Amire" beleidigt. Nicht nehmen? Dann ist „jener Mann" (Ulug Bek) beleidigt. Man entscheidet, das Geld zu nehmen und für „die Arbeit" zu verwenden. Ulug Bek erhält die bewußte Münze zurück und wird aufgefordert, sie in seine Schatulle zu legen, damit Gott in ihr segensreich wirken möge; aber er möchte bitte nichts mehr schenken[144]. Man ist weit entfernt von den Vorwürfen, die in Samarkand gegen Ulug Bek erhoben werden. Im Gegensatz zur eifernden Haltung der Samarkander sieht man Ulug Bek völlig pragmatisch; wie an anderen Stellen auch liegt die Ehre über den hohen Gast mit einer gewissen Ziererei im Wettstreit, in dem schließlich der real existierende Geldbeutel obsiegt. Diese Erzählung hat deswegen besonderen Wert, weil sie die einzige ist, die nicht aus Samarkander Sicht geschrieben ist. In Buchara sah man Ulug Bek vielleicht etwas anders[145].

Außer Niẓāmuddīn-i Ḫāmūš wird keinem der Ḫwāǧagān-Scheiche die eifernde „Samarkander Haltung" gegen Ulug Bek nachgesagt. Ḫwāǧa Aḥrār war zwar zur Zeit Ulug Beks in Samarkand (als junger Mann), es wird aber keine Begegnung, kein Ausspruch überliefert. Ganz unsinnig

---

[143] *Rašaḥāt* S. 111 und 115; *Nafaḥāt* S. 402.

[144] *Maqāmāt-i Amīr Kulāl*, S. 74. – *Amīrān* könnte an dieser Stelle auch Amīr Kulāl und Amīr Ḥamza meinen.

[145] Neben der bekannten Bucharer Madrasa ließ Ulug Bek auch im abgelegenen Ġiǧduwān eine bauen. Ob diese einen anderen Stil pflegten als die Samarkander Madrasa Ulug Beks, an der die exakten Wissenschaften eine verhältnismäßig große Rolle spielten? Vgl. Pugačenkova, *Architekturnye pamjatniki Maverannachra ėpochi Ulugbeka* (mit Abb.).

ist es, ihn mit Ulug Beks Ende in Verbindung zu bringen[146]. Aus der späteren Zeit stammt folgendes Urteil Ḫwāǧa Aḥrārs über Ulug Bek: „Mīrzā Ulug Bek war, obwohl ein Mann großen Wissens, doch allzu tief in der Nachfolge der čingīzidischen Bräuche befangen" und hebt lobend hervor, daß es mit dem gegenwärtigen Herrscher doch anders stehe[147].

Im Gegensatz zur gängigen Auffassung in der sowjetischen Literatur und in den auf BARTOL'D fußenden Gesamtdarstellungen wird auf Ulug Beks „Förderung der exakten Wissenschaften" gar nicht Bezug genommen. Der von JAKUBOVSKIJ und anderen konstruierte Gegensatz zwischen Ulug Bek als kultiviertem Herrscher und „dem Klerus" als reaktionären Finsterlingen ist in den Quellen nicht belegbar[148].

Am besten ließe sich die Haltung „der Derwische" zu Ulug Bek vielleicht so kennzeichnen: Es kostete Mut, Ulug Bek zu belehren, aber es war doch möglich. Vor allem bedurfte er des Rates sehr.

Abū Saʿīd. Alle hagiographischen Quellen sind sich darin einig, daß eine enge Beziehung zwischen Abū Saʿīd und Ḫwāǧa Aḥrār bestand. Das wird zumindest teilweise durch die Historiographen bestätigt[149]. Abū Saʿīd ist der erste timuridische Herrscher, von dem ein regelrechtes *pairing* mit einem Ḫwāǧagān-Scheich nachgewiesen werden kann, im Gegensatz zu Timur und Bahā'uddīn sowie Šāhruḫ und Ḫwāǧa Pārsā. Ḫwāǧa Aḥrār scheint bei Abū Saʿīd ein und aus gegangen zu sein. Erstmals ist der Einfluß eines Scheichs auf einen Herrscher so groß, daß ein Vergleich mit dem der Amire überhaupt in Frage kommt.

Lobend erwähnt wird natürlich zuvörderst seine Bereitschaft, unislamische Steuern aufzuheben. Weiter werden Unterwerfungsgesten von ihm überliefert, ähnlich wie von Šāhruḫ[150]. Im Ergebnis wird auf ihn, im gleichen Atemzug wie auf den engen Mitarbeiter Ḫwāǧa Aḥrārs, Mawlānā Qāsim, die Segensformel *raḥmat allāh ʿalayhi* angewendet[151].

Sein Ende im Feldzug nach Westiran und Āḏarbāyǧān ist daher im Sinn der Hagiographie erklärungsbedürftig; dabei kann auch eine Rolle spielen, daß er für dieses Unternehmen schließlich die „Erlaubnis",

---

146 Ulug Bek unterlag seinem Sohn ʿAbdullaṭīf im Kampf um die Macht; dieser ließ ihn auch beseitigen. Vgl. oben Anm. 123.

147 *Mīrzā Ulug Bīk bā wuǧūd-i dānāʾī dar itbāʿ-i rusūm-i čingīzī ba-īn nawʿ mubāliġ būd aḥwāl-i pādišāh-i ʿaṣr nīst maḥall-i ḥamd wa šukr ast, Masmūʿāt* 178 a.

148 JAKUBOVSKIJ, *Samarkand pri Timure i Timuridach*, S. 62 ff.

149 GROSS, *Khoja Ahrar*, S. 95 ff. und Appendix A, S. 165 ff.

150 Z. B. *Manāqib* 53 b – 55 b.

151 *Masmūʿāt* 215 b.

möglicherweise den Rat Ḫwāǧa Aḥrārs hatte[152]. In den Hagiographien gibt es entsprechend Berichte, nach denen Ḫwāǧa Aḥrār am Erfolg gezweifelt habe, weil es durch den Wunsch geprägt gewesen sei, Familien und Besitz der Menschen zu rauben und zu versklaven[153]. Das sind die Argumente, die bei Ḫwāǧa Aḥrār immer gegen das Kriegführen überhaupt angeführt werden[154].

Sulṭān Aḥmad. Von Sulṭān Aḥmad berichten die Hagiographien viele und fast exzessive Unterwerfungsgesten. Auch auf ihn wird die Formel *raḥmat allāh ʿalayhi* angewendet[155]. Er wird als Überlieferer von Ḫwāǧa Aḥrār akzeptiert; er selbst findet, niemand besser als er wisse über Ḫwāǧa Aḥrār Bescheid[156]. Das Bild, das Babur von ihm zeichnet, bestätigt sich: Sulṭān Aḥmad hörte auf den Rat Ḫwāǧa Aḥrārs, war aber ein schwacher Mensch, dessen Wille in der Hand der Amire war[157]. Das reicht aber offenbar aus, über ihn zu sagen: „Unser Herrscher hält sich streng an das Gesetz. Es ist Grund, dankbar zu sein, daß der Herrscher dieser Zeit Sulṭān Aḥmad ist"[158]. Vom Kampf um den Einfluß beim Herrscher, den die *ṭāʾifa* Ḫwāǧa Aḥrārs gegen die Amire führen mußte, zeugen die vielen Berichte von Straf- und Rachewundern. In ihnen ist ähnlich wie in den Samarkander Geschichten von Ulug Bek der Herrscher die Appellations-Instanz, die Amire die Gegner[159]. Nicht einmal bei einem „schwachen" Herrscher wie Sulṭān Aḥmad konnte es gelingen, den Einfluß der Amire zu brechen. Im Gegenteil muß die Regierungszeit Sulṭān Aḥmads als eine Zeit angesehen werden, in der die Amire der Kontrolle des Sultans fast völig entglitten; nach Sulṭān Aḥmads Tod kommt es zu keiner anerkannten „Zentralmacht" in Samarkand mehr[160].

Sulṭān Maḥmūd. Sulṭān Maḥmūd war zunächst Teilherrscher in Ḥiṣār und nach Sulṭān Aḥmads Tod für wenige Monate Herrscher in Samarkand, bis auch er starb. Für die Ḫwāǧagān ist er die *bête noire.* Er wird geradezu als „schlecht" bezeichnet, damit wird eine Prophezeiung eingeleitet, daß er wohl Sulṭān Aḥmads Nachfolge antreten, diesen aber nur um kurze Zeit überleben werde[161]. Besonders sein Wirken in Sa-

152 *Maṭlaʿ al-saʿdayn* II/1321.
153 *Manāqib* 5 a/b.
154 S. o. S. 233.
155 *Manāqib* 8 b.
156 *Silsilat* 85 a.
157 *Bābur-nāma* 19 a; in der frz. Üb. BACQUÉ-GRAMMONT ausgelassen.
158 *Silsilat* 85 a.
159 S. o. S. 217 f.
160 S. o. S. 231 f.
161 *Manāqib* 25 a.

markand wird scharf getadelt, auch Babur verurteilt ihn, wie erwähnt[162]. Auch früher schon erlebt man ihn als Gegner; so zeigt er sich besonders lange störrisch, als Ḫwāǧa Aḥrār unter den drei Brüdern Frieden stiften will[163]; er unternimmt einen Zug auf Samarkand mit Unterstützung des Amirs Mazīd-i Arġūn, von dem Ḫwāǧa Aḥrār sagt, wenn es zum Rauben sei, dann könne es gelingen, nicht aber werde die Einnahme der Stadt glücken, denn diese habe Herren, die so nicht besiegbar seien[164]. Besonders in diesem letzten Fall ernennt Ḫwāǧa Aḥrār sich selbst zum Schutzherrn über die Stadt Samarkand, eine Rolle, die er auch bei anderen Gelegenheiten innehatte[165]. Auch andere Scheiche weisen darauf hin, Ḫwāǧa Aḥrār sei der eigentliche Herr der Stadt[166]. So verstanden, ist Sulṭān Maḥmūd, der dies gar nicht anerkennen will, sein Gegenspieler.

Kriterien für die Beurteilung von Herrscherpersönlichkeiten sind also: Erstens das Ausmaß, in dem ein Herrscher an nicht-islamischen Regelungen festhält. Das geht über Weintrinken und andere Sittlichkeits-Vorschriften weit hinaus. Eine besonders große Rolle spielt das Rauben und Sklavennehmen, das Timur, Sulṭān Maḥmūd, aber auch Abū Saʿīd vorgeworfen wird. Weiter ist die Steuerpolitik wichtig. Sie wird bei Ulug Bek mit gemeint sein, obwohl sie nicht eigens erwähnt wird; vielleicht war nur allzu bekannt, daß unter dessen Festhalten an den *rusūm-i čingīzī* auch seine Betonung der *tamġā* fiel.

Zweitens ist das Ausmaß wichtig, in dem Herrscher ihr Ohr den Ḫwāǧagān öffnen. Dabei werden Abū Saʿīd und Sulṭān Aḥmad mit Unterwerfungsgesten vorgestellt, ebenso Šāhruḫ, obwohl dieser eher mit anderen Scheichen zu tun hatte.

Bei alledem werden aber die Herrscher doch überwiegend in einer neutralen Position gesehen, als oberste Instanz. Das gilt auch für Ulug Bek, in manchen Geschichten sogar für Timur. Sulṭān Maḥmūd ist der einzige, der frontal kritisiert wird. Vielleicht wurde er als Herrscher gar nicht akzeptiert.

---

162 S. o. S. 200.

163 *Silsilat* 173 a.

164 *Manāqib* 23 a.

165 So bei der Belagerung durch Abū'l-Qāsim-i Bābur.

166 Abū Naṣr-i Pārsā-yi Balḫī tritt dem Gerücht entgegen, Abū'l-Qāsim-i Bābur habe Samarkand genommen. Das könne nicht sein, denn die Stadt „hat einen Herrn, ohne dessen Erlaubnis niemand sie einnehmen kann", *Silsilat* 179 a, *Malfūẓ* 130 b.

Schluß

Abschließend werden die wichtigsten Ergebnisse der Arbeit zusammenfassend dargestellt.

Die Ḫwāǧagān sind eine sunnitisch-mystische Gruppierung, die im iranisch bestimmten Milieu der Dörfer und Flecken der *wilāyat* Buchara sowie in dieser Stadt selbst ihren sozialen Ursprung hat. Diesem Milieu bleibt sie bis zur Zeit Bahā'uddīns verhaftet. Mit der im türkischen Umfeld tätigen Yasawiyya unterhält sie „gutnachbarliche" Beziehungen; man kann an eine örtliche und ethnische „Arbeitsteilung" denken. Adepten und Anhänger der Gruppe stammen aus Kreisen dörflichen und kleinstädtischen Handwerks, man geht solchen Berufen nach oder treibt Landwirtschaft. Ulama kommen vor, aber nur sehr am Rande. Irgendwelche Beziehungen zu politischen Machthabern werden nur ausnahmsweise erwähnt; Bahā'uddīns Lehrer Amīr Kulāl soll einen Kontakt mit Timur gehabt haben; Bahā'uddīn wird Tätigkeit an der Seite des Ḫalīl bzw. Qāzān Sulṭān nachgesagt. Die Gruppe hat zunächst nur lokale Bedeutung; ihre überörtlichen Verbindungen weisen am ehesten nach Turkestan.

Erst zur Zeit Bahā'uddīns und vor allem in der Generation seiner Nachfolger setzt ein örtlicher und sozialer Ausdehnungsprozeß ein. Geographische Richtung der Ausdehnung ist SO, die Straße über Qaršī nach Ḥiṣār und Herat. Die wichtigsten Nachfolger Bahā'uddīns lehren in Buchara (Ḫwāǧa Pārsā) und in Ḥiṣār (ʿAlā'uddīn-i ʿAṭṭar und Yaʿqūb-i Čarḫī, an zwei verschiedenen Orten); deren Nachfolger wiederum findet man in Balḫ, Herat und nun auch in Samarkand.

Nur für Herat läßt sich über die soziale Charakteristik der Gruppe in dieser Zeit etwas sagen. Im Gegensatz zu Buchara dominieren in Herat Ulama und Personen, deren Hauptbeschäftigung in mystischen Übungen und diesbezüglichem Lehren und Lernen zu bestehen scheint. Die reich ausgestatteten Herater *awqāf* führen in dieser Stadt, und das betrifft keineswegs nur die dortigen Ḫwāǧagān, zur Herausbildung einer Schicht von „hauptberuflichen" Mystikern. Die für Buchara typischen „kleinen Leute" rücken in den Quellen an den Rand; die erwähnten „Intellektuellen" treten entweder zur üblichen Klientel hinzu oder verdrängen sie. In Herat reichen die Verbindungen der Gruppe bereits in der ersten Hälfte des 15. Jahrhunderts bis in Hofkreise; später, zur Zeit Ǧāmīs, verfügt man über nachweisbaren und nicht unbedeutenden Einfluß beim Herrscher.

Wiederum ein anderes Bild bietet Samarkand zur Zeit Ḫwāǧa Aḥrārs, also in der zweiten Hälfte des 15. Jahrhunderts. Hatte Ḫwāǧa Aḥrārs Vorgänger dort noch recht glücklos operiert, gelingt dem Nachfolger der Durchbruch. Von vornherein bestehen gute und enge Beziehungen zum Herrscher, die sich im Lauf der Zeit noch festigen. Den Lebensunterhalt bestreitet man nicht, wie die Herater, aus Stiftungen, sondern aus eigener Landwirtschaft; das war bereits in Taschkent so, wo Ḫwāǧa Aḥrār seine ersten Adepten um sich geschart hatte. Diese Landwirtschaft wird nicht mehr, wie in Buchara, individuell betrieben, sondern in großem Maßstab.

Anhänger findet die Gruppe um Ḫwāǧa Aḥrār in allen Schichten der Gesellschaft. Den Hauptanteil machen aber seßhafte Bauern und städtische Handwerker und Kaufleute aus; auch das unterscheidet die Samarkander Gruppe von der Herater.

Überall und über den ganzen untersuchten Zeitraum hin wacht die Gruppe eifersüchtig über ihre Anhänger. Vor allem Kontakte mit anderen Scheichen sind nicht gestattet. Unter anderem dies verleiht der Gruppe einen starken inneren Zusammenhalt, auf den es ihr auch sonst bei der Gestaltung des Gruppenlebens nicht zuletzt ankommt. Dieser Zusammenhalt ist gewiß ein Faktor bei der Konkurrenz mit anderen Gruppen, aus der die Ḫwāǧagān in der Regel erfolgreich hervorgehen, wie nicht nur die Berichte in den Hagiographien, sondern auch die Ausdehnung der Gruppe zeigt. In dieser Konkurrenz spielt neben publikumswirksamen Maßnahmen und Kontakten zu politisch einflußreichen Personen auch der Ruf eine Rolle, daß die Ḫwāǧagān sich auf „natürliche" und „übernatürliche" Weise für ihre Anhänger einsetzen und vieles für sie vermögen. In Samarkand kehrt sich auch das bis dahin positive Verhältnis zu türkischen Scheichen, ob sie der Yasawiyya zuzuordnen sind oder nicht, in ein scharf konkurrierendes um. Der Turkestaner Ḫwāǧa Aḥrār kann auch Menschen türkischer Zunge und Lebensart für sich gewinnen, darunter auch Nomaden.

Die Regelung der Nachfolge scheint dabei eher offen gewesen zu sein. Jedenfalls weist die Gruppe, so sehr auf den einzelnen Scheich ausgerichtet die jeweiligen Ortsgruppen auch sein mögen, keine überörtliche Hierarchie auf. Scheiche von mehr als örtlicher Bedeutung müssen diese durch Anerkennung anderer gewinnen, einen formalen Akt gibt es nicht.

In den folgenden Kapiteln der Arbeit wird die äußere, die wirtschaftliche und politische Tätigkeit Ḫwāǧa Aḥrārs und des Zirkels um ihn untersucht. Den Beginn macht die Darstellung des Verwaltungsapparats, mit dessen Hilfe Ḫwāǧa Aḥrār seine landwirtschaftlichen und kaufmännischen Angelegenheiten betrieb. Die Hauptmerkmale dieser Verwaltung sind eine relativ starke Zentralisiertheit, eine relativ starke Strukturiertheit und Komplexität. Die gesamte Verwaltung ist auf die Person Ḫwāǧa Aḥrārs ausgerichtet. Rentpächter gibt es nicht. Die Verwalter sind Ḫwāǧa Aḥrār direkt verantwortlich; er kann sie auch ablösen, wenn sie unfähig sind oder die Bauern in den verwalteten Gebieten sich zu Recht über sie beschweren. Die Zentrale erledigt alle Geschäfte mit dem Diwan; von Ḫwāǧa Aḥrārs Besitz scheint der Zehent erhoben worden zu sein, aber nicht *ḫarāǧ*. Andere Abgaben können nicht nachgewiesen werden; über den Zehent hinaus ist von „freiwilligen" Zahlungen Ḫwāǧa Aḥrārs die Rede (s. u.). Die gesamte Wirtschaftsorganisation Ḫwāǧa Aḥrārs wird vom Herrscher aus als eine Einheit behandelt.

Weiter führt die Zentrale eine umfangreiche Korrespondenz mit Herrschern und deren Gefolgsleuten.

Als vertragliche Verknüpfungen zwischen der Zentrale und den abhängigen Bauern kommt Ernteteilungs-Pachtverträge *muzāraʿa* in Frage. Andere Pachtverträge vom Typ *iǧāra*, hinter denen sich auch Rentpachten verbergen könnten, sind nicht nachweisbar. Unter den von Ḫwāǧa Aḥrār abhängigen Bauern sind mit Sicherheit auch solche, die in noch gut funktionierenden Dorfgemeinschaften leben. Andere sind Einzelbauern, die ihren eher kleinen bzw. mittleren Grundbesitz oder einen Teil davon an Ḫwāǧa Aḥrār verkauft haben. Schenkungen an Ḫwāǧa Aḥrār sind die Ausnahme; Schenkungen von Mächtigen kommen in den Quellen nicht vor und werden von der Gruppe abgelehnt.

Die Untersuchung der wirtschaftlichen Verhältnisse im Dorf, insbesondere die Verkäufe von kleinem und mittlerem Grundbesitz an Ḫwāǧa Aḥrār, macht es wahrscheinlich, daß die von ihm abhängigen Bauern in einem Schutz- und Patronageverhältnis standen. Solche Verhältnisse haben in verschiedenen Formen und unter verschiedenen Bezeichnungen in der islamischen Geschichte eine große Rolle gespielt. Von besonderer Bedeutung waren die als *ḥimāyat* bezeichneten Verhältnisse. Darunter wird in mongolischer und nachmongolischer Zeit verstanden, daß steuerpflichtige Untertanen dem Zugriff des Diwan entzogen werden oder sich entziehen. Eine Sonderform davon ist, daß Bauern, die ihre angestammten Wohnsitze verlassen haben, zu anderen als den „offiziell berechtigten" Herren gehen und alle Zahlungen nur noch an die „neuen Herren" leisten. Es gibt daneben aber auch noch andere Patronageverhältnisse, die ein größeres Ausmaß an persönlicher Abhängigkeit gestiftet haben werden (*inǧū, iltiǧā*). Die Untersuchung solcher Verhältnisse wäre weitere Forschung wert.

Die von Ḫwāǧa Aḥrār aufgebauten Schutz- und Patronageverhältnisse ließen sich am ehesten noch mit der in vormongolischer Zeit verbreiteten *talǧi'a* vergleichen, deren Merkmale waren, daß die Schutzbefohlenen ihr Besitzrecht aufgeben, im Endeffekt zu Pächtern werden, aber über dies Vertragsverhältnis hinaus in keiner Abhängigkeit zum Patron standen. Die strikte Abschirmung der Schutzbefohlenen vor allen übrigen Mächten, auch und nicht zuletzt vor dem Diwan, die bei Ḫwāǧa Aḥrār auch zumindest intendiert war, ist dabei eher für die *ḥimāyat* kennzeichnend.

Da der begründete Eindruck besteht, daß Ḫwāǧagān-Scheiche die von ihnen ausgeübte Patronage nicht mit einem der ansonsten gebräuchlichen Termini belegt haben, gibt es in den hagiographischen Quellen keine direkten Hinweise darauf, daß die Protegierten sich in solchen Verhältnissen sahen, und daß zumindest ein Teil der Anhängerschaft Ḫwāǧa Aḥrārs sich steuerliche Vorteile versprach, als er sich dem Scheich anschloß. Steuervorteile, sei es Erleichterung, sei es Regulierung, zu erwirken, war ein Grundmotiv bei allen Schutz- und Patronageverhältnissen; dafür wurden auch persönliche Abhängigkeiten in Kauf genommen. Allerdings gibt es keine ausreichenden Anzeichen dafür, daß Bauern in *ḥimāyat*, ob bei Ḫwāǧa Aḥrār oder bei anderen Schutzherren, an die Scholle gebunden gewesen sind; der soziale Status vieler der Anhänger Ḫwāǧa Aḥrārs ist von dem von „Leibeigenen" sehr verschieden.

Das gesamte Material führt zu dem Ergebnis, Ḫwāǧa Aḥrār habe an der Spitze eines vertikalen Segments der Gesellschaft seiner Zeit gestanden, einer *ṭā'ifa*, deren Kern durch die sufische Gruppe der Naqšbandiyya gebildet wird, die aber weit darüber hinaus reicht. Die Tätigkeit dieser Gruppe wird vom sympathisierenden, aber außenstehenden Beobachter Babur als *ḥimāyat* bezeichnet; man schreibt *ḥimāyat* in späterer Zeit auch dem Wirken Ḫwāǧa Aḥrārs (bzw. dessen *rūḥāniyyat*) zu, so daß direkte Hinweise auf das bezeichnete Schutz- und Patronageverhältnis unter Verwendung der dafür geläufigen Terminologie nicht fehlen.

Die Untersuchung der politischen Tätigkeit Ḫwāǧa Aḥrārs und seiner *ṭā'ifa* bestätigt dies Ergebnis. Die Politik dieser *ṭā'ifa* richtete sich im Namen der islamischen Gesetzlichkeit gegen Praktiken, die durch die Mongolen entweder eingeführt oder verstärkt angewendet worden waren, und die sich bis in die späte Timuridenzeit erhalten hatten. Dazu gehören insbesondere Praktiken der Steuererhebung, nicht zuletzt die Erhebung der *tamǧā*-Abgabe und anderer Abgaben, vor allem in Geld.

Gegen diese Praktiken, gleichzeitig auch gegen diejenige soziale Gruppe, die für die türkisch-mongolischen Bräuche eintrat, nämlich die Amire, richtete sich der Widerstand der *ṭā'ifa* Ḫwāǧa Aḥrārs.

Ein zweites wichtiges Feld, in dem die Ḫwāǧagān politisch tätig waren, ist die Friedenspolitik. Wiederholt versuchte Ḫwāǧa Aḥrār, zwischen kriegführenden timuridischen Teilherrschern Frieden oder Waffenstillstand zu vermitteln.

All dies geschah zugunsten der eigenen Klientel und der von den Ḫwāǧagān vertretenen Interessen der seßhaften Landbevölkerung und der Städte.

Patronage im engeren Sinn scheinen besonders Stadt und Provinz Taschkent genossen zu haben. Es gibt mehrere Berichte, denen zufolge Ḫwāǧa Aḥrār aus eigenen Mitteln Tribute oder sonstige Abpressungen entrichtete, die Eroberer oder gierige Nachbarn der Stadt auferlegten. Für andere Städte und Gebiete liegen die Patronageverhältnisse mehr im Dunkeln. Daneben half Ḫwāǧa Aḥrār, wie auch Ǧāmī, in vielen Einzelfällen, vor allem durch Empfehlungsschreiben.

Das Bild des Herrschers bleibt im wesentlichen neutral; nur seine Entourage wird bei gegebenem Anlaß heftig angegriffen. Das gilt auch für Herrscher, denen besondere Sympathien für Mystiker seitens der Ḫwāǧagān nicht nachgesagt werden, wie z. B. Ulug Bek. Nur ausnahmsweise wird ein Herrscher direkt getadelt.

Auch wenn Ḫwāǧa Aḥrārs Schutz- und Patronageverhältnis nach seinem Tod durch die Streitigkeiten zwischen seinen Söhnen und die Wirren der letzten Jahre timuridischer Herrschaft in Transoxanien schweren Schaden nahm, so daß es bei der Eroberung des Landes durch die Özbeken zunächst aufhörte zu fuktionieren, hatte das von ihm entwickelte System Bestand. Im weiteren Verlauf des 16. Jahrhunderts sieht man Vertreter der Naqšbandiyya wie Mīr-i ʿArab und Maḫdūm-i Aʿẓam an der Spitze ähnlicher Systeme, bis in der Mitte des 16. Jahrhunderts die Scheiche von Ǧūybār auf den Plan treten, denen es gelingt, in einem prekären Gleichgewicht von Zusammenarbeit und Konflikt mit der herrschenden Dynastie bis zu deren Ende das Leben in Transoxanien mit zu prägen.

Quellen und Literatur

(anonym, ohne Titel) (Über Nachkommen Ḫwāǧa Aḥrārs und ihr Schicksal während der Eroberung Transoxaniens durch Šaybānī Ḫān) HS IVAN UzSSR 1883/III.

Mīr ʿAbdulawwal-i Nīšāpūrī: *Masmūʿāt.* HS IVAN UzSSR 3735/II.

(ʿAbdulḫāliq-i Ġiǧduwānī): Risāla-yi ṣāḥibiyya. Ed. Saʿīd Nafīsī. – In: *FIZ* 2 (1332 HS), S. 78–100.

Maqāmāt-i Ḫwāǧa ʿAbdulḫāliq-i Ġiǧduwānī wa ʿĀrif-i Rīwgarī. Ed. Saʿīd Nafīsī. – In: *FIZ* 2 (1333 HS), S. 1–18.

Ḏikr- i Ḫwāǧa-yi Ḫwāǧahā Ḫwāǧa-yi ǧahān Ḫwāǧa ʿAbdulḫāliq-i Ġiǧduwānī. HS Ethé 1923/I.

Abduraimov, M. A.: Maloizvestnyj istočnik po istorii agrarnych otnošenij v Buchare v XVI v. [Eine wenig bekannte Quelle zu den Wirtschaftsverhältnissen auf dem Lande in Buchara, 16. Jh.]. – In: *NAA* 1968 (3), S. 121–128.

ders., *Očerki agrarnych otnošenij v Bucharskom chanstve* II. [*Abrisse der Wirtschaftsverhältnisse auf dem Lande im Khanat von Buchara*]. Taschkent 1970.

ders., Perežitki sel'skoj obščiny v uzbekskom kišlake Chumsan (XIX – načalo XX vv.). [Überreste der Dorfgemeinde im uzbekischen Qišlaq Chumsan, 19. und Anfang 20. Jh.]. – In: *Sovetskaja Ėtnografija* 1959 (4), S. 43–45.

ʿAbdurraḥmān-i Ǧāmī: *Haft Awrang.* Ed. Murtaḍā. Teheran 1337 HS.

ders., *Nafaḥāt al-uns.* Ed. Tawḥīdī Pūr. Teheran 1336 HS.

ders., *Risāla.* (Auf dem Rand von *Maqāmāt* Abū'l-Muḥsin, S. 138–158).

ders., Suḫanān-i Ḫwāǧa Pārsā. Ed. M. Molé, *FIZ* 6 (1337 HS), S. 294–303.

ʿAbdurrazzāq-i Samarqandī: *Maṭlaʿ al-saʿdayn wa maǧmaʿ al-baḥrayn.* Ed. M. Šāfiʿ. Bd. II, Lahore 1949.

Abū Mafāḫir Yaḥyā: *Awrād al-aḥbāb.* Ed. Īrāǧ Afšār. Teheran 1345 HS.

Abū'l-Muḥsin Muḥammad Bāqir b. Muḥammad ʿAlī: *Maqāmāt-i Bahā'uddīn-i Naqšband (Maqāmāt* Abū'l-Muḥsin). Lithographie Buchara 1327 H/1909.

Abū Ṭāhir b. Qāḍī Abū Saʿīd-i Samarqandī: *Samariyya.* Teheran 1331 HS.

Abū Yūsuf Yaʿqūb b. Ibrāhīm: *Kitāb al-ḫarāǧ.* Kairo 1302/1884–5.
Frz. Üb.: Fagnan, E.: *Le livre de l'impôt foncier.* Paris 1921. Engl. Üb.: Ben Shemesh, A.: *Taxation in Islam III. Abū Yūsuf's Kitāb al-kharāj.* Leiden 1969.

Achmedov, B.: *Gosudarstvo kočevych uzbekov. [Der Staat der nomadischen Özbeken].* M 1965.

ders., Rol' džujbarskich chodžej v obščestvenno-političeskoj žizni Srednej Azii XVI–XVII vv. [Die Rolle der Scheiche von Ǧūybār im gesellschaftlichen und politischen Leben Mittelasiens, 16. und 17. Jh.). – In: *„Duchovenstvo i političeskaja žizn'"*, S. 16–31.

ders., Ulugbek i političeskaja žizn' Maverannachra XV v. [Ulugbek und das politische Leben Māwarānnahrs im 15. Jh.): – In: *„Iz istorii ėpochi Ulugbeka"*, S. 5 – 66.
Afsachzod, A.: *Rūzgor wa osori Abdurrahmoni Ǧomī.* (Tadžikisch.) Duschanbe 1980.
Aghnides, N. P.: *Muhammedan Theories on Finance.* Lahore ²1961.
Aḥrār: s. ʿUbaydullāh.
ʿAlā'uddīn-i ʿAṭṭār: *Kalimāt-i qudsiyya.* HS Ethé 1920/V.
Algar, H.: Bibliographical Notes on the Naqshbandī Ṭarīqat. – In: G. F. Hourani (Ed.): *Essays on Islamic Philosophy and Science.* Albany NY 1975, S. 254 – 259.
ders., The Naqshbandi Order: A Preliminary Survey of Its History and Significance. – In: *SI* 1976, S. 123 – 152.
ders., The Naqshbandī Order in Republican Turkey. (Vortrag in *„Berliner Institut für vergleichende Sozialforschung"*, 18 – 20 Dec. conference). Berlin o. J.
ders., Silent and vocal *dhikr* in the Naqshbandī Order. – In: *„Akten des VII. Kongresses für Arabistik"* (Göttingen 1974). 1976, S. 39 – 46.
Faḫruddīn ʿAlī b. Ḥusayn al-Wāʿiẓ al-Kāšifī (al-Ṣāfī): *Rašaḥāt ʿayn al-ḥayāt.* Lithographie Lucknow 1892.
ʿAlī-yi Rāmītanī: *Risāla.* (Auf dem Rand von *Maqāmāt* Abū'l-Muḥsin), S. 20 – 36.
„Ališer Navoi". M/L 1946.
Allen, T.: Timurid Herat. *Beihefte TAVO* B 56. Wiesbaden 1983.
Arends/Chalidov/Čechovič (eds): *Bucharskij vakf XIII v. [Ein Bucharer Waqf aus dem 13. Jh.].* (Pamjatniki pis'mennosti Vostoka 52). M 1979.
Arunova, R.: K istorii narodnych vystuplenij v gosudarstve Timuridov XV v. [Zur Geschichte der Volksaufstände im Timuridenstaat, 15. Jh.]. – In: *Kratkie soobščenija IVAN SSR*, 37 (1960), S. 34 ff.
Aubin, J.: Aux origines d'un mouvement populaire médiéval: le cheykhisme du Bayhaq et du Nichâpour. – In: *Studia Iranica* V/2 (1976), S. 213 – 224.
ders., Comment Tamerlan prenait les villes. – In: *SI* 19 (1963), S. 83 – 122.
ders., L'ethnogénèse des Qaraunas. – In: *Turcica* 1 (1969), S. 65 – 94.
ders., Le mécénat timouride à Chiraz. – In: *SI* 8 (1957), S. 71 – 88.
ders., Note sur quelques documents Aq Qoyunlu. Archives Persanes Commentées I. – In: *Mélanges Massignon* I, Damaskus 1956, S. 123 – 148.
ders., Etudes Safavides I: Šāh Ismāʿīl et les notables de l'Iraq Persan. – In: *JESHO* 2/1 (1959), S. 37 – 81.
ders., Un santon quhistani de l'époque timouride. – In: *REI* 1967, S. 185 – 216.
ders., Deux sayyids de Bam au XVᵉ siècle. – In: *Abh. der Wiss. und der Lit., Geistes- und sozialwiss. Kl.* 1956 Nr. 7 Wiesbaden. S. 373 – 501.
ders., Un Soyurghal Qara-Qoyunlu concernant le bulūk de Bawānāt-Harāt-Marwart. – In: Stern (Ed.): *„Documents from Islamic Chanceries"* (Oriental Studies III). Oxford 1965, S. 159 – 170.
Ayalon, D.: The Great Yasa of Chingiz Khan. A Re-Examination. A. – In: *SI* 33 (1971), S. 97 – 140.
Azimdžanova, S. A.: Ob odnom dokumente po vodnym otnošenijam v Srednej Azii. [Über eine Urkunde zu wasserrechtlichen Beziehungen im Mittelasien]. – In: *Izvestija AN UzSSR (SON)*, (3) 1957, S. 23 – 26.
Bābur (Ẓāhiruddīn Muḥammad): *Bābur-nāma.* Ed. A. Beveridge. GMS 1, Leyden/London 1905.

Russ. Üb. (Sal'e): Taschkent 1958.
Frz. Üb. (Bacqué-Grammont): Paris (UNESCO), 1980 (*Le livre de Babur*).
Barnes, J. R.: *An Introduction to Religious Foundations in the Ottoman Empire*. Leiden 1986.
Bartol'd, V. V.: Persidskaja nadpis' na stene anijskoj mečeti Manuče. [Die persische Inschrift an der Manučihr-Moschee zu Ani]. – *Sočinenija IV*, 1966, S. 313 – 338.
ders., Turkestan v ėpochu mongol'skogo našestvija. [Turkestan zur Zeit der mongolischen Invasion]. – *Sočinenija* I.
ders., Ulugbek i ego vremja [Ulug Bek und seine Zeit]. – *Sočinenija* II/2, M/L 1964, S. 25 – 198.
Belenickij, A.: K istorii feodal'nogo zemlevladenija v Srednej Azii i Irane v timuridskuju ėpochu (XIV – XV vv). [Zur Geschichte der feudalen Inhaberschaft von Grund und Boden in Mittelasien und im Iran zur Timuridenzeit, 14. und 15. Jh.]. – In: *Istorik Marksist* (4) 1941 (92), S. 43 – 58.
Beveridge, H.: The Rashaḥāt-i ʿAinal-Ḥayāt. – In: *JRAS* 1916, S. 59 – 75.
„Bližnij i Srednij Vostok. Tovarno-denežnye otnošenija pri feodalizme". [Naher und Mittlerer Osten. Ware-Geld-Beziehungen unter dem Feudalismus]. – „Bartol'dovskie čtenija 1978". M 1980.
Boldyrev, A. N.: Eščë raz k voprosu o Chodža-Achrare. [Noch einmal zur Frage Ḫwāǧa Aḥrār]. – In: *„Duchovenstvo i političeskaja žizn'"*, S. 47 – 63.
ders., Očerki iz žizni geratskogo obščestva v XV – XVI vv. [Skizzen aus dem Leben der Herater Gesellschaft, 15. und 16. Jh.]. – In: *TOVĖ* IV/1947, S. 313 – 421.
ders., *Zajnaddin Vasifi*. Stalinabad 1957.
Bosworth, C. E.: Abū ʿAbdallāh al-Khwārazmī on the Technical Terms of the Secretary's Art: a Contribution to the Administrative History of Medieval Islam. – In: *JESHO* 12 (1969), S. 113 – 164.
Bregel' Ju.: *Persidskaja Literatura [Persische Literatur]*. 3 Bde, M 1972.
ders., The Role of Central Asia in the History of the Muslim East. – *The Afghanistan Council Occasional Papers* Nr. 20, 1980.
Brentjes, B.: Spätislamische Architektur Mittelasiens. – In: *CAJ* 28 (1984), S. 10 – 35.
Brown, J.: *The Darvishes, or Oriental Spiritualism*. Ed. Rose. Reprint London 1968.
„Bucharskaja i navoiskaja oblasti" [Karte: Die Bezirke von Buchara und Navoi]. GUGK, M 1985.
Busse, H.: *Untersuchungen zum persischen Kanzleiwesen. (An Hand turkmenischer und safawidischer Urkunden)*. Kairo 1959.
Cahen, C.: Mouvements populaires et autonomisme urbain dans l'Asie musulmane du moyen âge. I – III. – In: *Arabica* 5 (1958), S. 225 – 250; 6 (1959), S. 25 – 56 und 233 – 265.
ders., Notes pour l'histoire de la *ḥimāya*. – In: *Mélanges Massignon* I, Damaskus 1956, S. 287 – 303.
Čarḫī s. Yaʿqūb.
Carrère d'Encausse, H.: *Réforme et Révolution chez les Musulmans de l'Empire Russe*. Paris [2]1981.
Castagné, J.: Le culte des lieux saints de l'Islam au Turkestan. – In: *L'Ethnographie n. s.*, 46 (1951), S. 46 – 124.

Čechovič, O. D.: *Bucharskie dokumenty XIV v. [Urkunden aus Buchara, 14. Jh.]*. Taschkent 1965.
dies., Bucharskie pozemel'nye akty XIV v. [Urkunden über Grundbesitz aus Buchara, 14. Jh.]. – In: *Problemy istočnikovedenija* 4 (1955), S. 223 – 242.
dies., Čerty ėkonomičeskoj žizni Maverannachra v sočinenijach po fikchu i šurutu [Züge des Wirtschaftslebens Transoxaniens in Werken des *fiqh* und *šurūṭ*]. – In: „*Bližnij i Srednij Vostok*", S. 220 – 230.
dies., *Dokumenty k istorii agrarnych otnošenij v bucharskom chanstve. Vyp. I: akty feodal'noj sobstvennosti na zemlju XVII – XIX vv. [Urkunden zur Geschichte der Wirtschaftsbeziehungen auf dem Lande. 1. Bd.: Urkunden über feudalen Grundbesitz, 17. – 19. Jh.]* [mehr nicht erschienen]. Taschkent 1954.
dies., Iz istočnikov po istorii Samarkanda XV v. [Aus den Quellen zur Geschichte Samarkands im 15. Jh.]. – In: „*Iz istorii ėpochi Ulugbeka*", S. 300 – 361.
dies., K probleme zemel'noj sobstvennosti v feodal'noj Srednej Azii. [Zum Problem des Eigentums an Grund und Boden im feudalen Mittelasien]. – In: *ONU* 1976 Nr. 11, S. 36 – 44.
dies., O diplomatike i periodizacii sredneaziatskich aktov. [Über Diplomatik und die Periodisierung mittelasiatischer Urkunden]. – In: „*Istočnikovedenie i tekstologija*", S. 224 – 230.
dies., Oborona Samarkanda v 1454 g. [Die Verteidigung Samarkands im Jahr 1454]. – In: *Izvestija AN UzSSR (SON)*, 1960 Nr. 4, S. 36 – 44.
dies., *Samarkandskie dokumenty XV/XVII vv. (O vladenijach Chodži Achrara v Srednej Azii i Afganistane). [Urkunden aus Samarkand. Zu den Besitzungen Ḫwāǧa Aḥrārs in Mittelasien und Afghanistan]*. – M 1974.
dies., V. V. Bartol'd i puti dal'nejšego issledovanija problemy milka. [Bartol'd und die Wege der weiteren Untersuchung des *milk*-Problems]. – In: „*Formy* ...", S. 146 – 158.
dies., Vakufnyj dokument vremeni Timura iz kollekcii Samarkandskogo muzeja. [Eine Waqf-Urkunde aus der Zeit Timurs aus der Sammlung des Samarkander Museums]. – In: *Ėpigrafika Vostoka* 4 (1951), S. 56 – 67.
dies., Zadači sredneaziatskoj diplomatiki. [Aufgaben der mittelasiatischen Diplomatik]. – In: *NAA* 1969 Nr. 6, S. 75 – 82.
(Čechovič, O. D.): Spisok opublikovannych rabot doktora istoričeskich nauk O. D. Čechovič. [Liste der veröffentlichten Arbeiten von Dr. hist. O. D. Čechovič]. – In: „*Istočnikovedenie i tekstologija*", S. 240 – 243.
Čechovič, O. D./Egani, A.: Regesty sredneaziatskich aktov. (S fotoproizvedeniem publikuemych vpervye). Materialy k svodnomu katalogu aktovych istočnikov. [Regesten mittelasiatischer Urkunden. Mit Faksimile der zuerst veröffentlichten. Materialien zum Gesamtkatalog dokumentarischer Quellen]. – In: *Pis'mennye pamjatniki vostoka. Ežegodnik.* 1974 (ersch. M 1981), S. 47 – 57; Faksimiles S. 305 – 336.
(dasselbe) Teil II, *Pis'mennye pamjatniki vostoka* 1975 (ersch. M 1982), S. 34 – 51; Faksimiles S. 277 – 317.
Čechovič, O. D./Vil'danova, A. B.: Ob obščinnom vodo-zemlepol'zovanii, oboznačaemom terminom „pajkal". [Über die gemeinschaftliche Wasser- und Bodennutzung, die als „pajkal" bezeichnet wird]. – In: *NAA* 1965 Nr. 1, S. 110 ff.

dies., Vakf Subchan-Kuli-Chana Bucharskogo. [Die Stiftung des Subḥān-Qulī-Ḫān von Buchara]. – In: *Pis'mennye pamjatniki vostoka* 1973 (ersch. M 1979), S. 213 – 235.

Cleaves, Francis W.: The Mongolian Documents in the Musée de Téhéran. – In: *HJAS* 16 (1953), S. 1 – 107.

Coslovi, F.: Il ruolo secolare della ṭarīqa Naqšbandī. Note preliminari. – In: *Annali Ca'Foscari* 14 III (*ser. or.* 6), 1975, S. 123 – 129.

ders., Liste des manuscrits arabes et persans microfilmés (Fonds Molé) de l'Institut de Recherche et d'Histoire de Textes. I: *Studia Iranica* 7/1 (1978), S. 117 – 156; II: *Studia Iranica* 14/2 (1985), S. 245 – 254.

Crone, P.: *Roman, provincial and Islamic Law.* Cambridge 1987.

Čurās, Šāh Maḥmūd b. Fāḍil: *Chronika.* Ed. Akimuškin, O. F. (Pamjatniki pis'mennosti Vostoka 45). M 1976.

Davidovič, E. A.: Denežnoe chozjajstvo i častičnoe vosstanovlenie torgovli v Srednej Azii posle mongol'skogo našestvija XIII v. po numizmatičeskim istočnikam. [Die Geldwirtschaft und die teilweise Wiederherstellung des Handels in Mittelasien nach der mongolischen Invasion im 13. Jh. nach numismatischen Quellen]. – In: *NAA* 1970 Nr. 6, S. 57 – 67.

dies., Feodal'nyj zemel'nyj milk v Srednej Azii XV – XVIII vv.: suščnost' i transformacii. [Der feudale Grundbesitz *milk* in Mittelasien vom 15. bis 18. Jahrhundert. Wesen und Wandlungen]. – In: „*Formy* ...", S. 39 – 62.

dies., Materialy dlja charakteristiki ėkonomiki i social'nych otnošenij v Srednej Azii XVI v. [Materialien zur Charakterisierung des Wirtschaftssystems und der sozialen Beziehungen in Mittelasien, 16. Jh.]. – In: *Izvestija otdelenija obščestvennych nauk AN TadžSSR*, 1961, vyp. 1 (24).

dies., O vremeni maksimal'nogo razvitija denežno-tovarnych otnošenij srednevekovoj Srednej Azii. [Über die Zeit der maximalen Entwicklung der Ware-Geld-Beziehungen im mittelalterlichen Mittelasien]. – In: *NAA* 1965 Nr. 6, S. 83 – 91.

dies., Svidetel'stvo Daulatšacha o razmerach zemel'noj renty pri Ulugbeke. [Das Zeugnis Dawlatšāhs über das Ausmaß der Grundrente unter Ulugbek]. – In: *Pis'mennye pamjatniki Vostoka* 1971 (ersch. M 1974), S. 19 – 37.

dies. (Rez. zu:) P. P. Ivanov: Chozjajstvo džujbarskich šejchov. – In: *Sovetskaja Ėtnografija*, 1955 Nr. 3, S. 187 – 192.

Dawlatšāh-i Samarqandī: *Taḏkirat al-šu'arā'.* Ed. Muḥ 'Abbāsī. Teheran 1137 HS.

Dāya s. Nağmuddīn.

Doerfer, G.: *Türkische und mongolische Elemente im Neupersischen.* 4 Bde, Wiesbaden 1963 – 1975.

Doerfer, G./Hermann, G.: Ein persisch-mongolischer Erlaß des Ǧalāyiriden Šeyḫ Oveys. – In: *CAJ* 19 (1975), S. 1 – 84.

„*Duchovenstvo i političeskaja žizn' na bližnem i srednem Vostoke v period feodalizma. Bartol'dovskie čtenija 1982*". *[Die Geistlichkeit und das politische Leben im Nahen und Mittleren Osten im Feudalismus. Bartol'd-Lektüren 1982].* M 1985.

Džuraeva, G. A.: Mir-i Arab i političeskaja žizn' v Buchare v XVI v. [Mīr-i 'Arab und das politische Leben in Buchara, 16. Jh.]. – In: „*Duchovenstvo*", S. 74 – 79.

Ėfendiev, O. A./Farzaliev, Š. F.: O podati „tamga" i eë značenii v gorodskoj ėkonomike Azerbajdžana i sopredel'nych stran v XV – XVI vv. [Die *tamġā*-Steuer und ihre Bedeutung im Wirtschaftsleben der Städte Āḏarbāyǧāns und benachbarter Länder, 15. und 16. Jh.]. – In: *„Bližnij i Srednij Vostok"*, S. 238 – 243.

Egani, A. A.: „Karanda" kak social'naja kategorija. [*Kāranda* als soziale Kategorie]. – In: *NAA* 1966 Nr. 6, S. 106 – 109.

ders., O dvuch značenijach termina „rajati" v Srednej Azii v XVI – XIX vv. [Über die zwei Bedeutungen des Begriffs *ra'iyat* in Mittelasien, 16. – 19. Jh.]. – In: *„Formy ..."*, S. 85 – 96.

Eraydin, S.: *Tasavvuf ve Tarikatlar.* Istanbul 1981.

Ethé, H.: *Catalogue of Persian Manuscripts in the Library of the India Office.* 2 Bde. Oxford 1903.

Faḍlullāh b. Rūzbihān-i Iṣfahānī-yi Ḫunǧī: *Mihmān-nāma-yi Buḫārā.* Faksimile und russ. Übersetzung v. R. P. Džalilova. M 1976.
Dt. Teilübersetzung Ott, U.: *Geschichte Transoxaniens im 16. Jh.*, Freiburg 1974.

ders., *Šarḥ al-wiṣāya.* HS İstanbul, Beyazit 1056/II; Coslovi, *Fonds Molé* I Nr. 84.

Falina, A. I.: Reformy Gazan-Chana. [Die Reformen Ġāzān-Ḫāns]. – In: *Učënye Zapiski IVAN SSSR*, 1959 (17), S. 51 – 76.

Faroqhi, S.: Vakıf Administration in Sixteenth Century Konya: The Zaviye of Sadreddin-i Konevi. – In: *JESHO* 17 (1974), S. 145 – 172.

Fāṣiḥ-i Ḫwāfī, Aḥmad b. Ǧalāluddīn: *Muǧmal-i Fāṣiḥī.* Ed. Muḥ. Farruḫ, Mašhad 1339 HS.
Russ. Üb. Jusupova: *Mudžmal-i Fasichi.* Taschkent 1980.

Fekete, L.: *Einführung in die persische Paläographie. 101 persische Dokumente.* Aus dem Nachlaß des Verfassers herausgegeben von G. Hazai. Budapest 1977.

Finster, B.: Sīstān zur Zeit timuridischer Herrschaft. – In: *Archäologische Mitteilungen aus Iran N. F.* 9 (1976), S. 207 – 215.

Fitrat, R. R.: Tri dokumenta po agrarnomu voprosu v Srednej Azii. [Drei Urkunden zur Bodenfrage in Mittelasien]. – In: *Zapiski IVAN SSSR II/2*, L 1933.

Fletcher, J.: Interpretative History: Parallels and Interconnections in the Early Modern Period, 1500 – 1800. – In: *Journal of Turkish Studies* 9 (1985), S. 37 – 58.

ders., The Naqshbandiyya and the dhikr-i arra. – In: *Journal of Turkish Studies* 1 (1977), S. 113 – 119.

(Fletcher, J.): A Bibliography of the Publications of J. Fletcher. – In: *HJAS* 46/1 (1986), S. 7 ff.

Floor, W. M.: The Guilds in Iran. – In: *ZDMG* 125 (1975), S. 99 – 116.

„Formy feodal'noj zemel'noj sobstvennosti i vladenija na Bližnem i Srednem Vostoke. Bartol'dovskie čtenija 1975 g." [Formen des feudalen Grundbesitzes und Inhaberschaft von Boden im Nahen und Mittleren Osten. Bartol'd-Lektüren 1975]. M 1979.

Fragner, B.: *Repertorium persischer Herrscherurkunden. Publizierte Originalurkunden (bis 1848).* – Berlin 1980.

ders., Social and internal economic affairs. – In: *CHI* 6 (Cambridge 1986), S. 491 – 567.

Gabain, A. v.: *Das Leben im uigurischen Königreich von Qočo. (850–1250).* Wiesbaden 1973.
Ǧalāl-i Harawī: Risāla-yi rāh-numāy ʿuqda-gušāy. Ed. M. Molé. – In: *FIZ* 6 (1337 HS), S. 285–293.
Ǧāmī s. ʿAbdurraḥmān.
Ġiǧduwānī s. ʿAbdulḫāliq.
Gordlevskij, V. A.: Bachauddin Nakšbend Bucharskij (k voprosu o nasloenijach v Islame). [Bahā'uddīn-i Naqšband aus Buchara. Zur Frage der Schichtungen im Islam]. – In: *Izbrannye sočinenija* III, M 1962, S. 369–388.
Gramlich, R.: *Die schiitischen Derwischorden Persiens. II. Glaube und Lehre.* Wiesbaden 1976.
ders., *Die Wunder der Freunde Gottes.* Wiesbaden 1986.
Gross, Jo-Ann: *Khoja Ahrar: A Study of the Perceptions of Religious Power and Prestige in the Late Timurid Period.* (Unveröff. Diss. NY 1982). DA 8307829.
Haarmann, U.: Staat und Religion in Transoxanien im frühen 16. Jh. – In: *ZDMG* 124/2 (1974), S. 332–369.
Habib, M.: Some Notes on the Naqshabandi Order. – In: *Muslim World* 59 (1969), S. 40–49.
(anonym): Haḏā intisāb ṭarīqa ʿulyā naqšbandiyya. Ed. M. Molé. – In: *FIZ* 6 (1337 HS), S. 304 ff.
Haque, Ziaul: *Landlord and Peasant in Early Islam. A Study of the Legal Doctrine of Muzāraʿa or Share-Cropping.* – Islamabad 1977.
Hartmann, M.: Ein Heiligenstaat im Islam: Das Ende der Caghataiden und die Herrschaft der Choǧas in Kaschgarien. – In: *Der islamische Orient.* Berlin 1910, S. 195–374. (Reprint Amsterdam 1976).
Herrmann, G./Doerfer, G.: Ein persisch-mongolischer Erlaß aus dem Jahr 725/1325. – In: *ZDMG* 125 (1975), S. 317–346.
Hinz, W.: Steuerinschriften aus dem Mittelalterlichen Vorderen Orient. – In: *Belleten* 13 (1949), S. 745–769.
ders., Das Steuerwesen Ostanatoliens im 15. und 16. Jahrhundert. – In: *ZDMG* 100 (1950), S. 177–201.
Horst, H.: *Timur und Ḫōǧā ʿAlī. Ein Beitrag zur Geschichte der Ṣafawiden.* Wiesbaden 1958 (Abh. der Akademie der Wissenschaften und der Literatur. Abh. der geisteswissenschaftlichen Klasse 1958 Nr. 2).
ders., Zwei Erlasse Šāh Ṭahmāsps I. – In: *ZDMG* 110 (1961), S. 301–309.
Ḫwāǧa Pārsā: *Risāla-yi qudsiyya.* HS Ethé 1920/1.
Ḫwāndamīr, Ġiyāṯuddīn: *Ḥabīb al-siyar.* 4 Bde, Teheran 1333 HS.
Ibn Baṭṭūṭa: *Voyages.* Trad. Defremery/Sanguinetti. Notes et introduction St. Yérasimo. Paris (Maspero) 3 Bde. 1982.
Ibn Rūzbihān s. Faḍlullāh.
„Istočnikovedenie i tekstologija srednevekovogo Srednego i Bližnego Vostoka. Bartol'dovskie čtenija 1981 g.“ [Quellenkunde und Textologie des mittelalterlichen Nahen und Mittleren Ostens. Bartol'd-Lektüren 1981.] M 1984.
„Istorija uzbekskoj SSR“. Taschkent 1955.
Ivanov, P. P.: *Chozjajstvo džujbarskich šejchov. K istorii feodal'nogo zemlevladenija v Srednej Azii XVI–XVII vv. [Die Wirtschaft der Scheiche von Ǧūybār. Zur Geschichte der feudalen Inhaberschaft von Grund und Boden in Mittelasien. 16. und 17. Jh.].* M/L 1954.

„Iz archiva šejchov Džujbari.“ [Aus dem Archiv der Scheiche von Ǧūybār]. M/L 1938.

„Iz istorii ėpochi Ulugbeka“ [Aus der Geschichte der Epoche Ulugbeks]. Taschkent 1965.

Jakubovskij, A. Ju.: Čerty obščestvennoj i kul'turnoj žizni ėpochi Ališera Navoi. [Züge des gesellschaftlichen und kulturellen Lebens der Epoche ʿAlīšīr Nawāʾīs]. – In: *„Ališer Navoi“*. M/L 1946, S. 5 – 30.

ders., *Samarkand pri Timure i Timuridach [Samarkand unter Timur und den Timuriden]*. – L 1933.

Kāšifī s. ʿAlī.

„Kazachstan i Srednjaja Azija. Atlas avtomobil'nych dorog.“ [Straßenkarten von Kazachstan und Mittelasien]. GUGK M 1982.

Kazakov, B.: Anonimnoe žitie Chodži Achrara. [Eine anonyme Hagiographie über Ḫwāǧa Aḥrār]. – In: *„Istočnikovedenie i tekstologija“*, S. 103 – 108.

ders., Mjatež tarchanov v Samarkande v 901 g. ch. (1496 g.). [Die Rebellion der Tarchane in Samarkand im Jahre 901/1496]. – In: *„Filologija i istorija stran zarubežnoj Azii i Afriki“*. L 1965, S. 75 ff.

ders., Synov'ja Chodži Achrara i poslednie Timuridy. [Die Söhne Ḫwāǧa Aḥrārs und die letzten Timuriden]. – In: *„Duchovenstvo“*, S. 80 – 91.

„Kazijskie dokumenty XVI v.“ [Qāḍī-Urkunden des 16. Jh.]. Taschkent 1937.

Keçik, M. Ş.: *Briefe und Urkunden aus der Kanzlei Uzun Ḥasans. Ein Beitrag zur Geschichte Ost-Anatoliens im 15. Jahrhundert.* – Freiburg/Br. 1976.

Khadr, M.: Deux actes de Waqf d'un Qaraḫānide d'Asie Centrale. – In: *JA* 255 (1967), S. 305 – 334.

Kisljakov, N. A.: Patriarchal'no-feodal'nye otnošenija u osedlogo naselenija bucharskogo chanstva. [Patriarchalisch-feudale Beziehungen bei der seßhaften Bevölkerung des Khanats von Buchara]. – In: *Trudy 25. meždunarodnogo kongressa Vostokovedov 1960*. Bd. III, M 1963, S. 77 – 83.

Kissling, H. J.: Einiges über den Zejnije-Orden im Osmanischen Reiche. – In: *Der Islam* 39 (1964), S. 143 – 179.

Kljaštornyj, S. G.: O sobstvennosti na zemlju v tjurkskom kaganate. [Über den Besitz an Grund und Boden im türkischen Kaganat]. – In: *„Formy ...“*, S. 97 – 101.

Köprülü, F.: L'institution de Vakouf. – In: *Vakıflar Dergisi* 2 (1942), Partie Française S. 3 – 44.

Krawulsky, D.: *Ḫurāsān zur Timuridenzeit nach dem Tārīḫ-i Ḥāfiẓ-i Abrū*. TAVO-Beihefte B 46/1 und 46/2. Wiesbaden 1982 – 1984.

Kutbaev, Z. A.: *K istorii vakufnych vladenij Chodža Achrara i ego potomkov. [Zur Geschichte des Stiftungsbesitzes Ḫwāǧa Aḥrārs und seiner Nachkommen]*. – Avtoref. kand. diss., Taschkent 1970.

Lambton, A. K. S.: *Landlord and Peasant in Persia*. Oxford 1969.

Lings, M.: *A Moslem Saint of the Twentieth Century. Shaikh Aḥmad al-ʿAlawī*. London 1961.

Løkkegaard, F.: *Islamic Taxation in the Classical Period. With special reference to the circumstances in Iraq*. Kopenhagen 1950. Reprint in: „Islamic Taxation. Two Studies“. NY 1973.

Machmudov, N.: *Zemledelie i agrarnye otnošenija v Srednej Azii v XIV – XV vv. [Landbau und Wirtschaftsbeziehungen auf dem Lande in Mittelasien, 14. und 15. Jh.]*. – Duschanbe 1966.

Mağmū'a-yi murāsalāt. Abschrift Adilov. HS IVAN UzSSR 4245.

Maktūbāt wa asnād. HS LO IVAN SSSR A-210.

Malfūẓ. HS Ethé 1919/IV.

Manz, B. F.: The Office of *Darugha* under Tamerlane. – In: *Journal of Turkish Studies* 9 (1985), S. 59 – 70.

-Marġinānī, Burhānuddīn: *al-Hidāya*. (Aus der pers. Übersetzung ins Engl. übertragen von Ch. Hamilton. [2]1870. Reprint Lahore 1957).

Martin, B. G.: Seven Safawid Documents from Azarbayjan. – In: Stern (Ed.): *„Documents from Islamic Chanceries."* (Oriental Studies III), Oxford 1965, S. 171 – 206.

Masson, M. E./Pugačenkova, G. A.: *Šachr-i sjabz pri Timure i Ulug Beke. [Šahr-i sabz unter Timur und Ulug Bek]*. (Urspr. Trudy SAGU 49, Taschkent 1953, S. 17 – 96.).
Engl. Üb. Rogers: Teil I: *Iran* 16 (1978), S. 103 – 126; Teil II: *Iran* 18 (1980), S. 121 – 143.

McChesney, R. D.: The Amirs of Muslim Central Asia in the XVII Century. – In: *JESHO* 26 (1983), S. 33 – 70.

ders., The „Reforms" of Bāqī Muḥammad Khan. – In: *CAJ* 24 (1980), S. 69 – 84.

Meier, F.: *Abū Sa'īd-i Abū'l-Ḫayr (357 – 440/967 – 1049). Wirklichkeit und Legende*. Teheran/Liège 1976.

Miklucho-Maklaj, N. D.: *Persidskie i tadžikskie rukopisi Instituta Narodov Azii AN SSSR. (Kratkij alfavitnyj katalog). [Die persischen und tadžikischen Handschriften des Instituts der Völker Asiens der AN der UdSSR. Kurzer alphabetischer Katalog]*. 2 Bde, M 1964.

Minorsky, V.: The Aq Qoyunlu and Land Reforms. – In: *BSOAS* XVII-3 (1955), S. 449 – 462.

ders., A Mongol Decree of 720/1320 to the Family of Shaikh Zahid. – In: *BSOAS* 17 (1954), S. 515 – 525.

ders., A Soyurghal of Qāsim b. Jahāngīr Aq-Qoyunlu (903/1498). – In: *BSOAS* IX-4 (1939), S. 927 – 960.

Minorsky, V./Minovi, M.: Naṣīr al-Dīn Ṭūsī on Finance. – In: *BSOAS* X-3 (1940), S. 755 – 789.

Molé, M.: Autour du Daré Mansour. L'apprentissage mystique de Bahā' al-Dīn Naqshband. – In: *REI* 27 (1959), S. 35 – 66.

ders., *Les mystiques musulmans*. Paris 1965.

ders., Quelques traités naqshbandis. – In: *FIZ* 6 (1337 HS), S. 273 – 284.

ders., La version persane du Traité de dix principes de Najm al-Dīn Kobrā. – In: *FIZ* 6 (1337 HS), S. 37 – 51.

Monogarova, L. F.: Struktura sovremennoj sem'i tadžikov. [Die Familienstruktur bei den Tadžiken heute]. – In: *Sovetskaja Ėtnografija* 1982 Nr. 3, S. 13 – 26.

Mottahedeh, R.: *Loyalty and Leadership in an Early Islamic Society*. Princeton 1980.

Muchamedžanov, A. R.: K istorii vodnogo chozjajstva zerafšanskoj doliny. [Zur Geschichte der Wasserwirtschaft im Tal des Zerafschan]. – In: *Izvestija AN UzSSR, (SON)*, 1960 Nr. 4, S. 45 – 50.

Muḥammad Qāḍī: *Risāla az ḥaḍrat Mawlānā Muḥammad Qāḍī*. HS Ethé 1923/XXV.

ders., *Silsilat al-'ārifīn wa taḏkirat al-ṣiddīqīn*. HS IVAN UzSSR 4452/I.

Muchtarov, A.: *Materialy po istorii Ura-Tjube. [Materialien zur Geschichte von Ura-Tjube].* M 1963.

Müller, Hans: Sklaven. – In: *„Wirtschaftsgeschichte des Vorderen Orients in islamischer Zeit"*. HdO Abt. 1, Bd. 4, Abschn. 6, T. 1, S. 53 – 83.

Mukminova, R. G.: *K istorii agrarnych otnošenij v Uzbekistane XVI v. po materialam Vakf-name. [Zur Geschichte der Wirtschaftsbeziehungen auf dem Lande in Uzbekistan, 16. Jh. auf der Grundlage eines* Waqf-nāma*].* Taschkent 1966.

dies., Narodnye dviženija v Uzbekistane v 1499 – 1501 gg. [Volksbewegungen in Uzbekistan 1499 – 1501]. – In: *Izvestija AN UzSSR*, Taschkent 1950 Nr. 1.

dies., O nekotorych istočnikach po istorii Uzbekistana načala XVI v. [Über einige Quellen zur Geschichte Uzbekistans am Anfang des 16. Jh.]. – In: *Trudy IVAN UzSSR*, vyp. III, 1954.

Nabiev, R. N.: Istočniki po istorii krepostnogo prava v Srednej Azii. [Quellen zur Geschichte der Leibeigenschaft in Mittelasien]. – In: *Archeografičeskij ežegodnik za 1963 g*, M 1964, S. 87 – 105.

ders., Iz istorii feodal'nogo zemlevladenija v Fergane v XVI – XVII vekach. [Aus der Geschichte der feudalen Verfügung über Grund und Boden im Fergana des 16. – 17. Jh.]. – In: *Izvestija AN UzSSR, (SON)*, 1960 Nr. 3, S. 25 – 35.

ders., Iz istorii politiko-ėkonomičeskoj žizni Maverannachra XV v. (Zametki o Chodža-Achrare). [Aus der politischen und wirtschaftlichen Geschichte Transoxaniens im 15. Jh. Bemerkungen zu Ḫwāǧa Aḥrār.]. – In: *„Velikij uzbekskij poėt. Sbornik statej"*. Taschkent 1948, S. 25 – 49.

Nafīsī, Sa'īd: Muqaddima bar risāla-yi ṣāḥibiyya. – In: *FIZ* 1, 80 – 87.

Naǧmuddīn-i Rāzī: *Mirṣād ul-'ibād min al-mabda' ilā 'l-ma'ād.* Ed. Muḥ. Riyāḥī. Teheran 1973.
Engl. Üb. Algar: *The Path of God's Bondsmen from Origin to Return.* NY 1982.

Nawā'ī, Ališir: Waqfiyya. – In: *Äsärlär* Bd. 13, Taschkent 1966, S. 157 – 180.

Nevaî Ali Şir: Vakfiyye (Auszüge). – In: Levend, A. S.: *Ali Şir Nevaî.* Cilt 4. *Divanlar ile Hamse dışındaki eserler.* Ankara 1968, S. 26 – 36.

Noth, A.: *Heiliger Krieg und heiliger Kampf im Islam und Christentum. Beiträge zur Vorgeschichte und Geschichte der Kreuzzüge.* Bonn 1966.

d'Ohsson, M.: *Histoire des Mongols* Bd. IV. La Haye/Amsterdam 1835, Reprint Tientsin 1940.

Papazjan, A. D.: *Persidskie dokumenty Matenadarana. I. Ukazy, vyp. 1, XV – XVI v. [Persische Urkunden aus Matenadaran. I. Erlasse, 1. Bd., 15. – 16. Jh.].* Erevan 1956.

ders., *Persidskie dokumenty Matenadarana. II. Kupčie. Vyp. 1, XIV – XVI v. [Persische Urkunden aus Matenadaran. II. Kaufverträge. 1. Bd., 14. – 16. Jh.].* Erevan 1968.

Pertsch, W.: *Verzeichniss der persischen Handschriften der königl. Bibliothek zu Berlin.* Berlin 1888.

Petruševskij, I. P.: Iz istorii Buchary XIII v. [Aus der Geschichte Bucharas im 13. Jh.). – In: *Učënye zapiski LGU. Serija vostokovedčeskich nauk.* Vyp. 1 L 1949.

ders., K voprosu o prikreplenii krest'jan k zemle v Irane v ėpochu mongol'skogo vladyčestva. [Zur Frage der Bindung der Bauern an die Scholle im Iran unter Mongolenherrschaft]. – In: *VI* 1947 Nr. 4.

Petrushevsky, I. P.: The socio-economic condition of Iran under the Il-Khans. – In: *CHI* 5 (Cambridge 1968), S. 483 – 537.

Petruševskij, I. P.: *Zemledelie i agrarnye otnošenija v Irane XIII – XIV vv. [Landbau und Wirtschaftsbeziehungen auf dem Lande im Iran, 13. – 14. Jh.]*. M/L 1960.
Pers. Üb.: Kišāwarz, K.: *Kišāwarzī wa munāsabāt-i arḍī dar Īrān-i ʿahd-i muġūl*. 2 Bde Teheran 1344 HS.

Pletnev, I. E./Švab, Ju. Z.: Architekturnyj ansambl' u mazara Chodža Achrara v Samarkande. [Der Gebäudekomplex beim Grabmal Ḫwāǧa Aḥrārs in Samarkand]. – In: *„Srednjaja Azija v drevnosti i Srednevekov'e. Istorija i kul'tura."* M 1977, S. 160 – 164.

Popović, A./Veinstein, G.: *Les ordres mystiques dans l'islam*. Paris 1986.

Pröbster, E.: Privateigentum und Kollektivismus im mohammedanischen Liegenschaftsrecht insbesondere des Maghrib. – In: *Islamica* IV (1929/1931), S. 343 – 511.

Pugačenkova, G. A.: Architekturnye pamjatniki Maverannachra ėpochi Ulugbeka. [Baudenkmäler Transoxaniens aus der Zeit Ulug Beks]. – In: *„Iz istorii ėpochi Ulugbeka"*, S. 227 – 255.

dies., *Šedevry Srednej Azii. [Mittelasiatische Meisterwerke]*. Taschkent 1986.

Radloff, W.: *Uigurische Sprachdenkmäler*. M/L 1928. Reprint Osnabrück 1972.

ders., *Versuch eines Wörterbuchs der Türk-Dialekte*. SPb 1893 – 1911.

Radtke, B.: *Al-Ḥakīm at-Tirmiḏī. Ein islamischer Theosoph des 3./9. Jahrhunderts*. Freiburg/Br. 1980.

Radžabov, M.: *Abdurrachman Džami i tadžikskaja filosofija XV v. [ʿAbdurraḥmān-i Ǧāmī und die tadžikische Philosophie im 15. Jh.]*. Duschanbe 1968.

Rašīduddīn, Faḍlullāh Abū'l-Ḫayr: *Geschichte Ġāzān-Ḫāns aus dem Taʾrīḫ-i Mubārak-i Ġāzānī*. Ed. Jahn. GMS N. S. 14, London 1940.

ders., *Mukātabāt-i rašīdī*.
Russ. Üb.: *Perepiska* (Falina). M 1971.

Ratchnevsky, P.: Die Rechtsverhältnisse bei den Mongolen im 12. – 13. Jh. – In: *CAJ* 31 (1987), 64 – 110.

Rāzī s. Naǧmuddīn.

Ritter, H.: *Das Meer der Seele*. Leiden 1955.

Roemer, H. R.: Die Nachfolger Timurs. Abriß der Geschichte Zentral- und Vorderasiens im 15. Jahrhundert. – In: Gramlich (Ed.) *„Islamwissenschaftliche Abhandlungen. Fritz Meier zum 60. Geburtstag."* Wiesbaden 1974, S. 226 – 262.

ders., *Staatsschreiben der Timuridenzeit. Das Šaraf-Nāma des ʿAbdallāh Marwarīd in kritischer Auswertung*. Wiesbaden 1952.

Rogers, M.: Waqfiyyas and Waqf-Registers: New Primary Sources for Islamic Architecture. – In: *Kunst des Orients* 11 (1976/77), S. 182 – 196.

(Ṣalāḥuddīn-i Buḫārī): *Anīs al-ṭālibīn wa ʿuddat al-sālikīn*. HS Fatih 2560; Coslovi, *Fonds Molé* I Nr. 1.

Samarqandī s. ʿAbdurrazzāq.

Şapolyo, E. B.: *Mezhepler ve Tarikatlar Tarihi*. Istanbul 1964.

-Saraḫsī, Šamsuddīn: *Kitāb al-mabsūṭ*. 30 Teile in 15 Bänden, Kairo 1906 – 13.

Savory, R. M.: A 15th Century Safavid Propagandist at Harāt. – In: *„American Oriental Society Middle West Branch Semi-Centennial Volume"*, London 1969, S. 189 – 197.

(Mawlānā Šayḫ): *(Manāqib)*. HS IVAN UzSSR 9730.

Ščeglova, O. P.: *Katalog litografirovannych knig na persidskom jazyke v sobranii LO IVAN SSSR. [Katalog der lithographierten persischen Bücher aus der Sammlung des LO IVAN SSSR]*. 2 Bde. M 1975.

Schacht, J. s. Ṭabarī.

Schimkoreit, R.: *Regesten publizierter ṣafawidischer Herrscherurkunden. Erlasse und Staatsschreiben der frühen Neuzeit Irans*. Berlin 1982.

Schimmel, A.: *Mystical Dimensions of Islam*. Chapel Hill 1975.

Semënov, A. A.: Bucharskij traktat o činach i zvanijach i ob objazannostjach nositelej ich v srednevekovoj Buchare. [Ein Traktat aus Buchara über Dienstränge und -bezeichnungen und die Verpflichtungen ihrer Träger im mittelalterlichen Buchara]. – In: *Sovetskoe Vostokovedenie* V (1948), S. 137–153.

ders., Dva avtografa Chodži Achrara. [Zwei Autographe Ḫwāǧa Aḥrārs]. – In: *Ėpigrafika Vostoka* V (1951), S. 51–57.

ders., Nadpis' na nadgrobii psevdo-seijid Omara v Gur-i Ėmire v Samarkande. [Die Inschrift auf dem Kenotaph des Pseudo-Sayyid ʿUmar im Gūr-i Amīr zu Samarkand]. – In: *Ėpigrafika Vostoka* I (1947), S. 23–26.

ders., Očerk pozemel'no-podatnogo i nalogovogo ustrojstva b[yvšego] Bucharskogo chanstva. [Abriß des bodenrechtlichen und Steuer-systems des *ci-devant* Khanats von Buchara]. – *Trudy SAGU, Serija* II, Orientalia, *vyp.* 1. Taschkent 1929.

Šihābuddīn: *Maqāmāt-i Amīr Kulāl*. Lithographie Buchara 1328/1909.

Smith, John Masson Jr.: *The History of the Sarbadār Dynasty 1336–1381 AD and its Sources*. The Hague (usw.) 1970.

ders., Mongol and Nomadic Taxation. – In: *HJAS* 33 (1970), S. 46–85.

ders., Mongol Manpower and Persian Population. – In: *JESHO* 18 (1971), S. 271 ff.

Spuler, B.: Geschichte Mittelasiens seit dem Auftreten der Türken. – In: *HdO* I/V/5 S. 123–310. Leiden und Köln, 1966.

Storey, C. A.: *Persian Literature. A bio-bibliographical survey*. 3 Bde. London 1927–1953.

Subtelny, E. M.: Alishir Nava'i: *bakhshi* and *beg*. – In: *„Eucharisterion: Essays Presented to Omeljan Pritsak on his Sixtieth Birthday"*. 2 Bde. (= *Harvard Ukrainian Studies* III/IV, 1979/80), S. 797–807.

dies., Arts and Politics in Early 16th Century Central Asia. – In: *CAJ* 27 (1983), S. 121–148.

Suchareva, O. A.: Potomki Chodža Achrara. [Die Nachkommen Ḫwāǧa Aḥrārs]. – In: *„Duchovenstvo"*, S. 157–168.

Ṭabarī, Abū Ǧaʿfar: *Kitāb iḫtilāf al-fuqahāʾ*, ed. Schacht: *Das Konstantinopler Fragment des K*. Leiden 1933.

Tagirdžanov, A. T.: *Opisanie persidskich i tadžikskich rukopisej vostočnogo otdela biblioteki LGU. [Beschreibung der persischen und tadžikischen Handschriften in der orientalistischen Abteilung der Bibliothek der LGU]*. I. Istorija, Biografija, Geografija. L 1962.

Tichonov, D.: Zavisimye indžu. [Die abhängigen *inǧü*]. – In: *Trudy instituta istorii, archeologii i ėtnografii AN KazSSR*, Alma-Ata 8 (1960).

Togan, A. Z. V.: Gazan-Han Halil ve Hoca Bahaeddin Nakşbend. (Persisch). – In: *Necati Lugal Armağanı*, Ankara 1968, S. 775–784.

Trimingham, J. S.: *The Sufi Orders in Islam*. Oxford 1971.

ʿUbaydullāh b. Maḥmūd (Ḫwāǧa Aḥrār): *Faqarāt*. Lithographie Taschkent 1328/1910.
ders., *Risāla-yi Anfās-i nafīsa*. Auf dem Rand von *Maqāmāt* Abū'l-Muḥsin.
ders., *Risāla-yi Ḥūrā'iyya*. Lithographie Taschkent 1328/1910.
ders., *Risāla-yi wālidiyya*. Lithographie Taschkent 1328/1910.
Udovitch, A. L.: *Partnership and Profit in Medieval Islam*. Princeton 1970.
Urunbaev, A. U.: *Pis'ma-avtografy Abdurrachmana Džami iz „Al'boma Navoi"*. *[Die autographischen Briefe ʿAbdurraḥmān-i Ǧāmīs aus dem „Album Nawā'ī"]*. Taschkent 1982.
„Velikij uzbekskij poėt". Taschkent 1948.
Vernon, Clark L.: *Introduction to the Uyghur Civil Documents of East Turkestan (13th – 14th Centuries)*. Unveröff. Diss. Indiana Univ. 1975; DA 76-2795.
Veselovskij, N. I.: Pamjatnik Chodži Achrara v Samarkande. [Die Gedenkstätte für Ḫwāǧa Aḥrār in Samarkand]. – In: *„Vostočnye zametki. Sbornik statej i issledovanij professorov i prepodavatelej Fakul'teta Vostočnych jazykov Imp. S.Pb-skogo Universiteta."* SPb 1895, S. 321 – 335.
Vjatkin, V. L.: Vakufnyj dokument Išrat-chane. [Die Stiftungsurkunde des ʿIšrat-ḫāna.]. – In: *„Mavzolej Išratchane"*. Taschkent 1958.
Vladimirtsov, V. Ja.: *Le régime social des Mongols*. Paris 1948.
Volin, S. L.: K istorii sredneaziatskich arabov. [Zur Geschichte der Araber in Mittelasien]. – In: *Trudy vtoroj sessii associacii arabistov*. L 1941, S. 111 – 126.
Yaʿqūb-i Čarḫī: *Risāla-yi Unsiyya*. HS Ethé 1919/I.
Zaynuddīn-i Wāṣifī: *Badāyiʿ al-waqāyiʿ*. Ed. Boldyrev. 2 Bde, M 1961.

Nachträge

Isfizārī Muʿīnuddīn Muḥammad: *Rawḍāt al-ǧannāt fī awṣāf madīnat Harāt*. Ed. Muḥ Kāẓim. 2 Bde, Teheran 1339 HS.
Morgan, D. O.: The ‚Great Yasa of Chingiz Khan' and Mongol Law in the Ilkhanate. – In: *BSOAS* 49 (1986), 163 – 176.
Johansen, B.: *The islamic law on land tax and rent*. London (etc.) 1988.

Abkürzungen

AN	Akademija Nauk [Akademie der Wissenschaften].
BSOAS	Bulletin of the School of Oriental and African Studies, London.
CAJ	Central Asiatic Journal.
DA	Dissertation Abstracts.
FIZ	Farhang-i Īrān-zamīn.
GUGK	General'noe upravlenie geodezii i kartografii, Moskau. [Hauptverwaltung für Geodäsie und Kartographie].
HJAS	Harvard Journal of Asiatic Studies.
IVAN	Institut Vostokovedenija Akademii Nauk [Orientalisches Institut der Akademie der Wissenschaften].
JA	Journal Asiatique.
JESHO	Journal of the Economic and Social History of the Orient.
KazSSR	Kazachskaja Socialističeskaja Sovetskaja Respublika [Kasachische Sowjetrepublik].
L	Leningrad.
LGU	Leningradskij Gosudarstvennyj Universitet [Leningrader Staatsuniversität].
LO	Leningradskoe otdelenie [Leningrader Abteilung].
M	Moskau.
NAA	Narody Azii i Afriki [Völker Asiens und Afrikas].
NY	New York.
ONU	Obščestvennye Nauki v Uzbekistane [Gesellschaftswissenschaften in Uzbekistan].
REI	Revue des Etudes Islamiques.
SAGU	Sredne-aziatskij gosudarstvennyj Universitet [Mittelasiatische Staatsuniversität], Taschkent.
SI	Studia Islamica.
SON	Serija Obščestvennych Nauk [Gesellschaftswissenschaftliche Reihe].
SPb	Sankt Petersburg.
TadžSSR	Tadžikskaja Socialističeskaja Sovetskaja Respublika [Tadžikische Sowjetrepublik].
TAVO	Tübinger Atlas des Vorderen Orients.
TMEN	Türkische und Mongolische Elemente im Neupersischen (Doerfer).
TOVĖ	Trudy Otdela istorii, kul'tury i isskustva Vostoka Gosudarstvennogo Ėrmitaža [Arbeiten der Abteilung für Geschichte, Kultur und Kunst des Ostens in der Eremitage].

UzSSR	Uzbekskaja Socialističeskaja Sovetskaja Respublika [Uzbekische Sowjetrepublik].
VI	Voprosy istorii (Geschichtliche Fragen].
ZDMG	Zeitschrift der Deutschen Morgenländischen Gesellschaft.

Indices

Vorbemerkung

In allen drei Indices sind allzu häufig wiederkehrende Ausdrücke weggelassen, wie z. B. „Iran“, „Mittelasien“; „Ḫwāǧa Aḥrār“, „Naqšbandiyya“; „*ḥimāyat*“, „Pacht“, „Dorf“. Manches davon läßt sich über das Inhaltsverzeichnis leicht erschließen. Unberücksichtigt für die Indices blieben auch die Tafeln und das Schlußkapitel.

Ortsnamen

Personen und Gruppen

Sachen und Begriffe

Bei Fragen zur Produktsicherheit wenden Sie sich bitte an:
If you have any questions regarding product safety,
please contact:

Walter de Gruyter GmbH
Genthiner Straße 13
10785 Berlin
productsafety@degruyterbrill.com